**Reise-Taschenbuch**

azoren

**Susanne Lipps**

## Senkrechtstarter

Eine gewaltige Geometrie wohnt den Teeplantagen von São Miguel inne. Im Inselnorden überziehen sie Hügel und Täler mit ihren geschwungenen Hecken, die mit Verästelungen und labyrinthischen Verzweigungen an die Abdrücke von Fingerkuppen erinnern. Oder an die Wellen des Atlantiks, wären sie nicht so unglaublich grün. Eng sind die Lücken dazwischen, in die sich zur Erntezeit die Plantagenarbeiter quetschen, um die feinen jungen Blätter abzurasieren. Zur Freude der Teetrinker, die später genießen dürfen.

# Überflieger

**Graciosa**
**Insel der totalen Ruhe**

Nicht viel los, aber schön

Biosphärenreservat

Santa Cruz da Graciosa

Furna do Enxofre
**Mysteriöse Vulkangrotte**

**Immer in Feierlaune**

**Terceira**

**São Jorge**
**Wie ein Walrücken im Meer**

Planschvergnügen im Lavapool

Biscoitos

Algar do Carvão

Praia da Vitória

**Faial**
**Kompakte Hortensieninsel**

Velas
Dorf? Stadt?

Junge Abenteuer-szene

**Spektakuläre Nordküste**

Vulkanhöhlen und Schwefel-grotten

Der Hafen der Insel

Zona de Adegas

Vulcão dos Capelinhos

Calheta

Angra do Heroísmo

**Durch eine Aschewüste spazieren**

Horta

Weinberge im Schachbrettmuster

Pico

**Zum Besteigen schön: Portugals höchster Berg**

**Die schönste Kneipe im Atlantik**

Lajes

**Von Walfängern zu Walschützern gemausert**

**Pico**
**Lieblingsziel der Naturtouristen, einfach anders als die anderen …**

**Schönste Stadt der Azoren, vornehm gestern wie heute**

# Delfine

**Corvo**
**Klein, aber oho!**

400 Einwohner und ein Riesenkrater

Individualisten entdecken den westlichsten Ort Europas

**Zum Wundern und zum Wandern schön!**

**Flores**

Fajã Grande

Santa Cruz das Flores

**Die Uhren gehen hier langsamer**

**Atlantischer Blumentopf**

**Die Azoren** — Reste des versunkenen Atlantis? Mal eben drüberfliegen, von Ost nach West und von Nord nach Süd. Wiesen, Berge, Meer und Blumen!

# Vulkanpower mitten im Atlantik

## Wale!

**Wandern, Whalewatching, Canyoning**

*São Miguel*

**Da wächst ja Tee!**

**Groß und blau, klein und grün: zwei Seen im Riesenkrater**

Sete Cidades ●

**Geheimnisvoll in Wolken gehüllter Vulkanberg**

**Aufstrebendes Städtchen mit Meerespromenade**

● Pico da Vara

Ribeira Grande

● Furnas **Hier kommt Dampf aus dem Boden**

Ponta Delgada ●

● Villa Franca do Campo

**Urbanität tanken in der Hauptstadt**

**Superkai für Kreuzfahrtschiffe**

**Historischer Ort im Dornröschenschlaf**

**Die Insel im Abseits mit Revieren für Schnorchler, Taucher und Wellensurfer**

*Santa Maria*

**Die Bucht, in der Kolumbus ankerte**

**Proppere Dörfer, saftige Weiden, Wein-terras-sen**

Anjos ●

Vila do Porto ●

**Kleine Insel, kleine Hauptstadt – herrlich beschaulich**

# Querfeldein

**Fundstücke** — zwischen Meer und Bergen, stillen Dörfern und sympathischen Kleinstädten, beschaulicher Lebensweise und ganz viel Natur. Auf den Azoren gibt es Raum für jede Menge neue Erfahrungen.

## Das Wetter mal so, mal so

Eigentlich sind die Inseln ja für das Azorenhoch bekannt. Doch manchmal macht es sich rar. Dann wechseln Schauer mit Sonnenschein in rascher Folge ab. Immer aber ist es mild, der ausgleichenden Wirkung des Atlantiks geschuldet. So lassen die gemäßigte Temperaturen eine üppige subtropische Flora gedeihen.

## Vulkane und Badeplätze

Zu den allgegenwärtigen Zeugen des Vulkanismus zählen Kraterseen, Lavaströme und heiße Dämpfe. Thermalquellen werden auf São Miguel und Graciosa für Badezwecke genutzt. Erfrischend hingegen ein Bad im selbst im Hochsommer recht kühlen Atlantik. Sie haben die Qual der Wahl zwischen dunklen Basaltsandstränden und bizarren Brandungspools in den Klippen.

In Kleinstädten und Fischerhäfen ist man unter Einheimischen. Historische Wohnkultur vermitteln Gutshaushotels und Bauernkaten. Einblicke ins Dorfleben inklusive. Die Gärten der ›Orangenbarone‹? Mittelalterlich anmutende ländliche Feste? Landwirte zu Pferd oder mit dem Eselskarren? Alles ist möglich.

## Abenteuer zu Land und zu Wasser

Gipfelstürmen der Montanha do Pico ist natürlich ein Muss. Wer mit plötzlich aufziehendem Nebel umgehen kann, wird auch auf den Pico da Vara (São Miguel) und um die Caldeira do Cabeço Gordo (Faial) wandern. Aufregendes Küstenfelsentrekking wird auf São Jorge und Flores geboten. Sofern Sie lieber aufs Mountainbike steigen, werden Sie auf fast allen Inseln fündig. Auch auf dem Wasser kommen Sie auf Ihre Kosten, vor allem natürlich bei Bootsexkursionen zur Beobachtung von Walen, Delfinen, Meeresschildkröten und Seevögeln. Taucher erleben unter Wasser Haie, Rochen und allerlei skurriles Meeresgetier. Kajakfahrer tummeln sich vor den Küsten oder auf Kraterseen.

### Für Nachtschwärmer

Ponta Delgadas Flanierzone am Meer lässt niemanden kalt. Wer dabei sein will, wenn die junge Azorenszene feiert, der kommt an den Bars der Portas do Mar nicht vorbei. Sie zählen nicht dazu? Macht nichts, auch tagsüber pulsiert hier das Leben.

**Schon einmal ausprobiert, vulkanisch zu kochen? Bei den brodelnden Quellen von Furnas kein Problem. Und es schmeckt einfach köstlich!**

## Zum Nasswerden

Canyoning und Coasteering sind ja mittlerweile fast schon Standard, und auch von Cascading haben Sie bestimmt schon einmal etwas gehört. Geht selbstverständlich alles auf den Azoren! Der allerneueste Schrei auf São Jorge heißt jedoch Wasserwandern. Bei dieser feuchtfröhlichen Variante des Trekking stapfen Sie mitten in den munter plätschernden Wildbächen herum. Ohne ortskundigen Guide läuft aber gar nichts, deshalb vorher erkunden.

# Inhalt

## Vor Ort

### São Miguel / Santa Maria 14

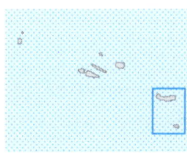

### Faial 96

*Von ferne grüßt der Vulkan, im Hafen liegen die Segler: Horta auf Faial ist malerisch und kosmopolitisch zugleich.*

# Pico 122

# São Jorge 148

# Terceira und Graciosa 168

## Flores und Corvo 210

# Das Kleingedruckte

# Das Magazin

# Vor

Mitten in den Bergen und fern von Europa – der Reiz der Azoren liegt in ihrer vielfältigen Landschaft.

# Ort

# São Miguel und Santa Maria

**Vielfalt auf kleinem Raum** — gibt es auf São Miguel. Ruhig geht es dagegen auf der kleineren Insel Santa Maria zu.

Seite 23
## Jardim do Palácio de Sant'Ana

Über einem Teich kreisen stahlblaue Libellen. Welch ein Kontrast zu den bunten sorgfältig gehegten Blumenbeeten.

Seite 28
## Café Central

Sehen und gesehen werden, dazu erlesene Teesorten und feines Gebäck in Ponta Delgada.

Seite 34
## Sete Cidades

In einem Riesenkrater liegen blauer und grüner See, die meistfotografierten Sehenswürdigkeiten der Azoren.

Darf's noch ein Tässchen Tee sein oder doch lieber Kaffee?

Eintauchen

Seite 40
## Ponta da Ferraria

Vulkankegel und dunkle Lavaströme prägen São Miguels Westspitze.

Seite 45
## Praia de Santa Bárbara

Gewinner im Schönheitswettbewerb mit Sand vor Felskulisse, Wellenreitern und Bar.

Seite 66
## Miradouro do Castelo Branco

Ein wahrer Leckerbissen für Mittelalterfans. Der Blick schweift weit von der Küste bis hin zum Furnas-See.

Seite 67

# Furnas

Der nostalgische Kurort war schon im 17. Jh. für die Heilkraft seiner Wässer bekannt. Er punktet mit wildromantischen Parks, warmen Badeteichen und dampfenden Fumarolen. Aber auch Golfer und Wanderer finden hier reichlich Abwechslung.

Seite 79

# Pico da Vara

Irgendwo gewesen sein, wo sonst niemand war? Dann probieren Sie doch einmal den zweithöchsten Berg der Azoren aus. Oft wabert Nebel am Gipfel.

Seite 84

# Pedreira do Campo

Der ehemalige Steinbruch hat wertvolle Fossilien freigegeben und zur avantgardistischen architektonischen Gestaltung angeregt.

Seite 85

# Praia Formosa

Zugegeben, kein ganzjähriges Vergnügen: Im Sommer bietet der sonnigste Strand des Archipels viel Sand, der im Winter allerdings den Fluten weicht. Die gigantischen Wellen locken die internationale Surferszene an.

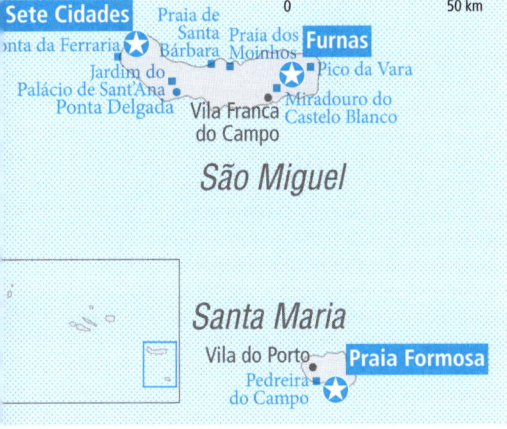

Sete Cidades
Praia de Santa Bárbara
Praia dos Moinhos
Furnas
nta da Ferraria
Jardim do Palácio de Sant'Ana
Pico da Vara
Miradouro do Castelo Blanco
Ponta Delgada
Vila Franca do Campo

0          50 km

*São Miguel*

*Santa Maria*

Vila do Porto
Praia Formosa
Pedreira do Campo

Fisch Hawaii: azorianische Variante des Toastklassikers?

Wo relaxt es sich auf São Miguel am schönsten? Vielleicht auf der Gartenterrasse des Café Moinho am Praia dos Moinhos bei Porto Formoso. (Seite 51)

# São Miguel – die Große zuerst

V

Viele Azorenreisende kommen gar nicht über São Miguel hinaus. Die größte Insel des Archipels hat mit ihrer großartigen Natur und diversen kulturellen i-Tüpfelchen schon genug für einen ganzen Urlaub zu bieten. Allgegenwärtig sind vulkanische Erscheinungen. Riesenkrater wie die Caldeira das Sete Cidades und die Caldeira do Fogo sind von Seen ausgefüllt, in Furnas und anderswo treten brodelnd heiße Quellen aus dem Boden.

Der Osten von São Miguel gilt wegen seiner Abgeschiedenheit als ›zehnte Insel‹, hier ragt als zweithöchster Berg der geheimnisvolle Pico da Vara auf. Oft hüllt er sich in Wolken, die Besteigung ist dennoch ein besonderes Erlebnis. Groß sind die Unterschiede zwischen Berg und Tal. An den Küsten herrscht ein mildes Klima, das zum Baden oder zum Genießen der Sonne im Straßencafé verführt.

São Miguel lädt zum Sightseeing, Wandern, Whalewatching, Canyoning, Rad- und Kajakfahren ein. Die Hauptstadt Ponta Delgada versprüht lebendige Urbanität, hat als Sehenswürdigkeiten Baudenkmäler und subtropische Parks.

Ruhiger geht es auf dem Land zu. Bäuerlich und windgepeitscht ist der Os-

**ORIENTIERUNG** 🅞

**Infos:** www.visitazores.com. Vor Ort Büros in Ponta Delgada, Furnas und am Flughafen. Städtische Infobüros gibt es in größeren Orten.
**Verkehr:** Flughäfen Ponta Delgada (São Miguel, 3 km westl. der Stadt, Gepäckaufbewahrung, Stadtbus 500 m entfernt am anderen Ende der Landebahn beim alten Flughafenterminal). **Fluginfos:** www.ana.pt, www.sata.pt. **Fährschiffe:** www.atlanticoline.pt, ab Ponta Delgada im Sommer je 2–3 x pro Woche zu allen Inseln. Gut ausgebautes **Inselbusnetz**; alle wichtigen Orte werden mehrmals pro Tag bedient (am Wochenende eingeschränkt). Drehkreuz ist Ponta Delgada. Es gibt drei Gesellschaften: AVM (T 296 30 13 58) fährt in den Westen, Varela (T 296 30 18 00) in den Südosten und CRP (T 296 30 42 60) in den Nordosten. Aktuelle Fahrpläne unter www.azoren-online.com.

ten bei Mosteiros, subtropisch-mediterran wirkt die Südküste bei Caloura und Vila Franca do Campo. Keramik, Tee, Ananas und Maracujalikör sind Produkte von São Miguel, deren Produktion Sie besichtigen können.

# Ponta Delgada

📍 **Karte 6, D 4**

Willkommen in der größten und wichtigsten Stadt der Azoren, ihrem politischen, wirtschaftlichen und kulturellen Zentrum. Das hört sich erst mal ›mächtig‹ an, doch eigentlich ist Ponta Delgada eher ein überdimensioniertes Fischerdorf, in dem man sich herrlich treiben lassen kann – auf Kopfsteinpflasterstraßen von Platz zu Platz, von Café zu Café.

## EINEN ÜBERBLICK VERSCHAFFEN

Schon der Anmarsch über das pünktchengemusterte Kopfsteinpflaster zur Aussichtsebene **Portas do Mar** hat was. Die langen Stufen der Rampe zu erklimmen, als Zuschauertribüne konzipiert, kann bei Sommerhitze allerdings anstrengend werden. Doch einmal oben, kann man sich am Hafen- und Horizontblick gar nicht satt sehen. Unbedingt auch zurückschauen: Das ist die perfekte Sicht über die Stadt!

## Meeresfront und Altstadt

### Schick aufgepeppt

Die **Portas do Mar** ❶ (›Meerespforten‹) sind das moderne Aushängeschild der Stadt. Wie ein Keil schiebt sich der Schiffskai für Autofähren und Kreuzfahrtschiffe zwischen die beiden Jachthäfen. Hier und an der Uferstraße drängen sich Geschäfte, Bars und Restaurants. Dahinter liegen umtriebige Plätze, von denen Gassen in Richtung Altstadt abzweigen.

*Strahlende Kulisse vor dramatischem Abendhimmel: Ponta Delgadas Hafenpromenade ist bei Einheimischen und Touristen beliebt.*

# Ponta Delgada

## Ansehen

1 Portas do Mar
2 Praça Gonçalo Velho
  Cabral/
  Portas da Cidade
3 Câmara Municipal/
  Praça do Município
4 Igreja Matriz
5 Igreja de Santo Cristo/
  Convento da Esperança
6 Igreja de São José
7 Jardim António
  Borges
8 Jardim do Palácio de
  Sant'Ana
9 Jardim Botânico José do
  Canto
10 Gruta do Carvão
11 Pinhal da Paz
12 Museu Carlos Machado
13 Núcleo de Santa Bárbara
14 Núcleo de Arte Sacra/
  Igreja do Colégio de
  Todos os Santos
15 Museu Militar dos Açores

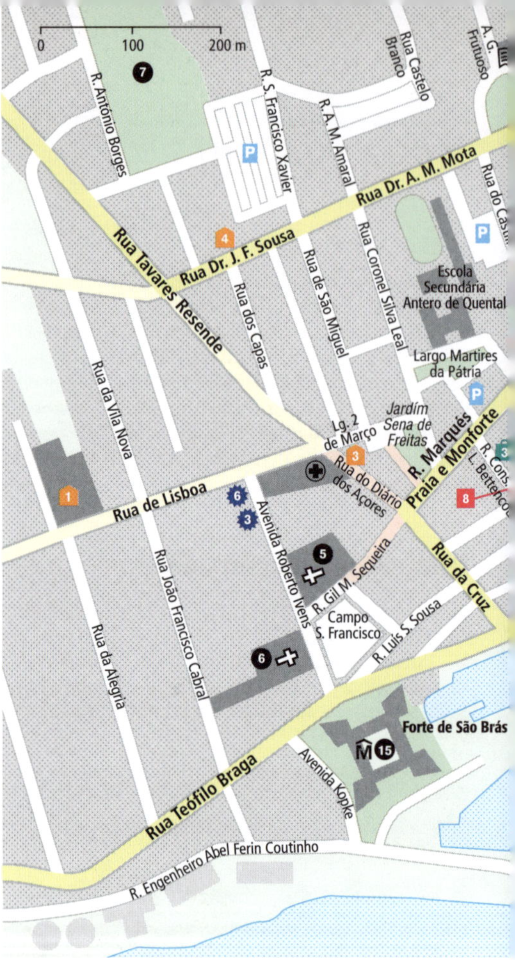

## Schlafen

1 Azoris Royal Garden
2 Camões
3 Casa das Palmeiras
4 Casa Vitoriana
5 Casa do Jardim
6 Praia de Santos
7 Quinta das Acácias

## Essen

1 Café Central
2 Mercado do Peixe
3 Yacht Club

4 Rotas da ilha verde
5 Nacional
6 O Galego
7 O Roberto
8 Adega Regional
9 Gastronomo

## Einkaufen

1 Mercado da Graça
2 O Rei dos Queijos

3 Centro Regional de Apoio
  ao Artesanato
4 Loja do Peter
5 Parque Atlántico
6 O Chocolatinho
7 Louvre Michaelense

## Bewegen

1 Piscina Natural Portas
  do Mar

Map labels:

0  100  200 m

R. António Borges
R. Castelo Branco
R.S. Francisco Xavier
R. A. M. Amaral
A. G. Frutuoso
Rua Dr. A. M. Mota
Rua Dr. A. Casm...
Rua Tavares Resende
Rua Dr. J. F. Sousa
Rua dos Capas
Rua de São Miguel
Rua Coronel Silva Leal
Escola Secundária Antero de Quental
Rua da Vila Nova
Largo Martires da Pátria
Lg. 2 de Março
Jardím Sena de Freitas
R. Marquês
Praia e Monforte
R. Fons. L. Betten...
Rua de Lisboa
Rua do Diário dos Açores
Avenida Roberto Ivens
Rua João Francisco Cabral
Rua da Alegria
R. Gil M. Sequeira
Campo S. Francisco
R. Luís S. Sousa
Rua da Cruz
Forte de São Brás
Rua Teófilo Braga
Avenida Kopke
R. Engenheiro Abel Ferin Coutinho

| | |
|---|---|
| **2** Piscina São Pedro | **Ausgehen** |
| **3** Carreiro | **1** Baía dos Anjos |
| **4** Rent a Bike Azores | **2** Bar do Pi |
| **5** ANC Azores Holidays | **3** Lava Jazz |
| **6** Nuno Vasco Carvalho | **4** Colégio 27 |
| **7** MobyDick-Tours | **5** Arco 8 Azores |
| **8** SeaBottom Azores | **6** Coliseu Micaelense |
| **9** Futurismo | |

**FAKTENCHECK**  **F**

**Einwohner:** 69 000
**Bedeutung:** Regierungssitz der
Azoren, wichtigster Flughafen
**Stimmung auf den ersten Blick:**
heiter und jung
**Stimmung auf den zweiten Blick:**
zufrieden, ein wenig provinziell, aber
gewollt kosmopolitisch
**Besonderheiten:** Sommertou-
rismus, Hafen für Kreuzfahrtschif-
fe, Frachter und Fähren, beste
Einkaufsmöglichkeiten der Azoren,
Universität, älteste Tageszeitung
Portugals (»Açoriano Oriental«)

## Hier platzieren Sie sich richtig

Früher machten die Schiffe direkt vor der weitläufigen **Praça Gonçalo Velho Cabral** ➋ fest, wo das dreiteilige Stadttor **Portas da Cidade** von 1783 Ankömmlinge noch heute begrüßt. Auch ein Denkmal für Gonçalo Velho Cabral, der die Erstbesiedelung von São Miguel in die Wege leitete, ziert den Platz. Dieser wurde mit seinen Arkaden nach dem Vorbild der berühmten Praça do Comércio in Lissabon gestaltet. In beiden Richtungen auf der Meerespromenade wird zu allen Tages- und Abendzeiten flaniert. Einen größeren Teil des Jahres sind die Stadtbewohner dabei fast unter sich. Wenn dann doch einmal vier Kreuzfahrtschiffe gleichzeitig anlegen, wie 2018 erstmals geschehen, wird es gelassen hingenommen. Denn nicht wenige Touristen gehen mit Einkaufstüten zurück an Bord – so profitieren die vielen kleinen Läden.

## Vor der Aussicht steht Kletterei

Landeinwärts schließt an den Arkadenplatz die intime **Praça do Município** an. Hier steht die **Câmara Municipal** ➌, das überschaubar große, aber feine Renaissance-Rathaus (16. Jh.) mit einer Statue des Inselschutzpatrons Michael davor. Sein barocker Glockenturm von 1724 kann auf einer abenteuerlich engen Wendeltreppe bestiegen werden und bietet einen Panoramablick über die Stadt. Einst diente er zum Einläuten der Sperrstunde und um Feuer oder Ausbrüche von Gefängnisinsassen anzuzeigen.
Mo–Fr 9.30–17.30 Uhr, Eintritt frei

## Doch mal in die Kirche gucken

Zwei opulente Medaillons über dem Südportal der **Igreja Matriz** ➍ (16. Jh.) zeigen König João III. und seine Gattin Catarina. Der Monarch unterstützte die Bauarbeiten und stiftete sowohl dieses als auch das ebenso prächtige Westportal – Beispiele für den aufwendigen manuelinischen Stil auf den Azoren, den Joãos Vorgänger Manuel I. kreiert hatte.

Kirchenpatron ist der in Portugal sehr populäre Sebastian, der während der Christenverfolgungen im Römischen Reich von Bogenschützen niedergestreckt wurde. Seine Statue – von Pfeilen durchbohrt – wird im Hauptaltar verehrt. Sehenswert auch die Sakristei mit blau-weißen Azulejos (17. Jh.) und einer üppigen Stuckkonstruktion im Rokoko-Stil. Von den verschiedenen gedrechselten Holzretabeln wurden manche mit Blattgold und Malereien geschmückt.
Largo da Matriz, tagsüber i. d. R. geöffnet

## Erntefrisches frisch vom Markt

Vieles im **Mercado da Graça** ➊ stammt von Landwirten auf São Miguel, vor allem natürlich die berühmte Ananas. Ponta Delgadas zentrale Markthalle blickt auf eine lange Tradition zurück, die bis 1848 zurückreicht. Damals wurden die Südfrüchte der Insel bis nach England exportiert. Neben der Riesenauswahl an Obst und Gemüse lohnt der Markt auch wegen des ›Käsekönigs‹ (s. S. 31) unbedingt einen Besuch.
Rua do Mercado, Mo–Do 7–18, Fr 7–19, Sa 7–14 Uhr

## Fromme Geschichten

Beim Betreten der **Igreja de Santo Cristo**  am Campo de São Francisco läuft so manchem Besucher ein Schauer über den Rücken. Nicht die üppige Verzierung des Altarraums mit Holzdrechselwerk und Gold ist es, die im Zentrum der Aufmerksamkeit steht, sondern, auf den ersten Blick unscheinbar und hinter einem Gitter streng gesichert, die Büste des **Senhor Santo Cristo dos Milagres.** Keiner anderen Heiligenfigur bringen die Azorianer eine vergleichbare Verehrung entgegen. Byzantinisch mutet sie an, stammt vielleicht sogar wirklich aus dem mittelalterlichen Konstantinopel. Einen Beleg dafür gibt es nicht. Zahllose Wunder soll der Christus schon bewirkt haben. Von Krankheiten geheilte und von Schicksalsschlägen verschonte Gläubige stifteten zum Dank Schmuck und Edelsteine, mit denen die Holzfigur über und über behängt ist.

*Einen Strauß Blumen gefällig? In Ponta Delgada läuft alles etwas ruhiger.*

Die Kirche ist Teil des Nonnenklosters **Convento da Esperança,** dem die Büste seit 1576 gehört. Zuvor wurde das wertvolle päpstliche Geschenk in Caloura aufbewahrt. Erst ab 1700 breitete sich der Kult des Senhor Santo Cristo dos Milagres auf ganz São Miguel und den anderen Azoreninseln aus, eifrig propagiert von der Nonne Teresa de Anunciada (1658–1738), deren Lebensweg in der Klosterkirche auf

---

### PILGRIMS ON THE ROAD **P**

Frühmorgens an einem Samstag vor Ostern. Drei Dutzend Männer, mit dickem Wollumhang bekleidet und einem bunten Pilgertuch um den Hals, versammeln sich vor der Igreja Matriz. Gegenüber hat das Café Central gerade die Tische herausgestellt. Neugierig drehen sich die ersten Gäste herum. Die *romeiros* legen ihre Pilgerstöcke sorgfältig vor dem Eingang ab und betreten die Kirche, um ein Gebet zu verrichten. Dann ziehen sie zum Convento da Esperança, wo sie ergreifende Gesänge vortragen und dem Senhor Santo Cristo ihre Reverenz erweisen. Weiter geht es, nach einem kurzen Halt an der verschlossenen Franziskanerkirche, durch die Stadt und dann über Landstraßen rund um die Insel, stets ein monotones Ave Maria murmelnd. Eine Woche sind sie unterwegs, besuchen dabei zahllose Kirchen und Kapellen. Rund 3500 Männer aller Altersgruppen, vom Kind bis zum Greis, machen sich in der Fastenzeit auf diesen beschwerlichen Weg, einem uralten Brauch folgend. Erst in diesem Jahrtausend gab es halbherzige Versuche, auch weibliche Pilgergruppen zusammenzustellen. Doch fanden sich nur wenige Frauen bereit, die Mühen der Pilgerfahrt auf sich zu nehmen.

*Farbenfroh präsentieren sich die Häuser in Ponta Delgada, das weniger Stadt als eher überdimensioniertes Fischerdorf ist.*

Azulejos dargestellt ist. Sie führte das gewaltige Kirchenfest zu Ehren des Heiligen ein (s. S. 33).

### Ein Veto des Papstes

Vis-à-vis von den Nonnen hatten sich schon 1525 Franziskanermönche einquartiert. Ihr Kloster ist zwar längst aufgelöst, aber ihre **Igreja de São José** ❻ blieb als Kirche für das inzwischen im Franziskanerkonvent untergebrachte Hospiz erhalten. Sie birgt schöne Barockretabel und Azulejos (18. Jh.). Interessant ist aber vor allem ein Blick rechts in die Kapelle der Schmerzensmadonna. Hier begann jedes Jahr eine Prozession, der sich unterwegs immer mehr Flagellanten anschlossen – Gläubige, die sich zur Buße selbst mit Peitschen geißelten. Erst 1864 wurden derlei Praktiken vom Papst untersagt.

Campo de São Francisco, Mo–Fr 14–18 Uhr

## Speckgürtel der Stadt

### Dschungelromantik pur

Baumgiganten, riesige Farne und üppige Kletterpflanzen lassen im **Jardim António Borges** ❼ an den tropischen Regenwald denken. Beim Südeingang des Stadtparks erinnert eine Büste an seinen Gründer António Borges (1812–1880), seines Zeichens Ananasproduzent und Kosmopolit. Er ließ sich auf Reisen in die europäischen Hauptstädte inspirieren. Sein mit Azulejos verziertes Gewächshaus, in dem er mit der Aufzucht von Ananas experimentierte, steht noch am unteren Gartenrand. Heute gedeihen darin Bromelien.

Den unteren Teil des Parks prägt eine Sammlung von Palmen. Wie der gewaltige Gummibaum stammen sie aus der Gründungszeit des Gartens.

Darüber schließt eine romantische Fels- und Grottenlandschaft an. Während die Gärtner in Europa eine solche meist künstlich schaffen mussten, war sie hier durch einen Lavastrom und die Öffnungen einer Vulkanhöhle vorgegeben. In luftfeuchten Senken wachsen Baumfarne aus den Bergwäldern Australiens, rundherum stehen urwüchsige Araukarien aus Ozeanien und Südamerika. Ganz oben links führt neben einer Bougainvillea, die mit viel Geduld zum Baum mit dickem Stamm erzogen wurde, ein geheimnisvoller Höhlengang zu einem Gartenhaus mit Aussichts-Dachterrasse.
Rua António Borges, Mo–Fr 9–20, Sa/So/Fei 9–21 Uhr, Eintritt frei

## Bunte Teppiche aus Blumen

Am See gleich links vom Eingang des **Jardim do Palácio de Sant'Ana** ❽ schwirren Singvögel und Libellen. Jenseits der großen Wasserfläche füllen vielfarbige Blumenbeete den Raum. Mit ihren sorgfältig komponierten Mustern wirken sie wie orientalische Teppiche. Sie sind der wohlbehütete Schatz des Parks. Im Palais im oberen Teil der Anlage, Mitte des 19. Jh. von José Jácome Correia im damals aktuellen Stil des Klassizismus errichtet, hat heute der Präsident der Azoren seinen offiziellen Sitz. Er ist aber leider nicht zu besichtigen. Wer sich an den Pflanzenornamenten satt gesehen hat, kehrt also durch eine Palmenallee zum See zurück, um dort auf einer Parkbank die Seele baumeln zu lassen.
Rua José Jácome Correia, wechselnde Zeiten unter www.azores.gov.pt, zuletzt April–Sept. Di–Fr 10–16 (17) Uhr, Okt.–März geschl. oder nur Sa nachmittags, 2 €, Ausweis mitnehmen, max. 30 Besucher gleichzeitig erlaubt

## Pflanzensammelleidenschaft

Noch ein Garten? Ja, Daumen hoch. Den Eingang des wildromantischen **Jardim Botânico José do Canto** ❾ markiert ein riesiger Neuseeländischer Weihnachtsbaum. Er blüht in seiner Heimat von Mitte Dezember bis Mitte Januar, hier auf der Nordhalbkugel aber im Sommer. Mit seinen weißgrau behaarten Blättern und roten Blütenquasten ist er auf den Azoren fast allgegenwärtig.

Schnurgerade führt eine schattige Allee auf das Denkmal für José do Canto (1820–1898) zu. Der kulturell und wissenschaftlich sehr interessierte Mann bereiste Paris und London und lernte dort die seinerzeit aktuellen Gartenstile kennen. Daraufhin engagierte er einen englischen Landschaftsarchitekten zwecks Gestaltung des Familienparks in Ponta Delgada. So schön die Anlage noch immer ist, die einstige Vielfalt lässt sich nur noch erahnen. Mehr als 3000 (nach anderen Quellen sogar 6000) Pflanzenarten und Sorten, für einen Privatgarten so oder so eine ungeheure Zahl, hatte José do Canto einst zusammengetragen. Die meisten wurden inzwischen überwuchert.

### DIE GARTENSTADT **G**

Ponta Delgada ist eine grüne Stadt. Zu verdanken ist dies den *gentlemen farmers,* den reichen und gebildeten Landbesitzern des 19. Jh. Ihr Vermögen mehrten sie mit dem Anbau und Export von Ananas, Orangen und Tabak. Manche von ihnen investierten hohe Summen, um – dem Geschmack der Zeit entsprechend – Parkanlagen im Stil englischer Landschaftsgärten, jedoch mit exotischer, dem milden Klima angepasster Bepflanzung zu schaffen. Dabei traten sie in einen Wettstreit um die neuesten botanischen Raritäten.

An der linken Gartenseite steht die viktorianische Orangerie, heute ein Festpavillon. An riesige Bäumen vorbei und durch ein Bambusdickicht erreicht man den unvollendet gebliebenen **Palácio José do Canto.** Davor fällt der Blick von einem Aussichtsbalkon auf einen wahrhaft raumgreifenden, um 1845 gepflanzten Gummibaum. Von der Nordostecke des Palastgebäudes geht es abwärts über eine Rasenfläche und durch einen dschungelartigen Gartenbereich, wo Palmen und Goldbambus im Schatten höherer Bäume gedeihen. Bald darauf verlässt man den Park dort, wo man ihn betreten hat.

Rua José do Canto 9, www.josedocanto. com, www.facebook.com/jardimbotanicojose docanto, April–Sept. 9–19, Okt.–März 9–17 Uhr, 4 €

### Den Grottenolm geben

Die ganze Palette an für Vulkanhöhlen typischen Strukturen wird in der **Gruta do Carvão ❿** gezeigt: Stricklava, Basaltstalaktiten, Lavatropfen, Quarzinblasen. Die 1650 m lange Lavaröhre durchzieht Ponta Delgada von Nordwest nach Südost. In starkem Gegensatz zu ihrer Länge ist sie nur etwa 8 m breit und maximal 6,4 m hoch. Schon der berühmte portugiesische Chronist Gaspar Frutuoso erwähnte im 16. Jh. die Höhle, die damals durch zwei Einsturzlöcher westlich der Festung São Brás betreten werden konnte. Heute befindet sich der Einstieg im oberen Bereich, nahe der Umgehungsschnellstraße. Zwei Führungen werden angeboten: Die kurze Tour (45 Min., keine Anmeldung erforderlich) deckt einen 200 m langen Höhlenabschnitt ab, die anspruchsvollere lange Tour (nur nach Voranmeldung) führt 800 m in den Tunnel hinein. Grottenolme wurden übrigens keine in der Gruta do Carvão gefunden, dafür aber verschiedene pigment- und augenlose Kleinstlebewesen aus der Verwandtschaft der Gliederfüßer.

Rua do Paim, T 961 39 70 80, http://amigos dosacores.pt/grutadocarvao und bei Facebook, tgl. 10–12.30, 14–18 Uhr, kurze Tour 10.30, 11.30, 14.30, 15.30 und 16.30 Uhr, 5 €, lange Tour min. 2 Pers., 20 €

### Wilder Tag im Waldpark

Ausflugsziel Nr. 1 der *pontadelgadenses,* wie die Bewohner der Hauptstadt etwas sperrig heißen, ist der Waldpark **Pinhal da Paz ⓫.** Auf 49 ha Fläche kann nach Herzenslust gepicknickt und gespielt werden. Spaziergänger, Jogger und Mountainbiker drehen ihre Runden auf einem 15 km langen Wegenetz. Sogar Konzerte finden hier statt. Der Park ist ein Mix aus Themengärten, Freizeitgelände und Wald. Anfang des 20. Jh. legte ihn António do Canto Brum, Spross einer berühmten Adelsfamilie, auf seinem Erbteil an, ursprünglich als Baumschule gedacht. Doch schon bald erkannte der Gründer die Möglichkeiten, die ihm das durch scharfkantiges Vulkangestein gegliederte Gelände bot. Die vorhandenen Kiefern und einheimischen Baumarten ergänzte er durch Kryptomerien, Eukalyptus und exotische Blütenbüsche. Heute ist die Azorenregierung für das Areal verantwortlich.

Am großzügigen Parkplatz beginnt bei einer Infotafel mit Lageplan eine Waldpiste, die bei einem Forsthaus auf einen breiten Weg trifft. An diesem reihen sich rechts die Themengärten: Kamelien- und Farngarten, ein Labyrinth aus Buchsbaumhecken, ein Sukkulentengarten auf der zerklüfteten Oberfläche eines Lavastroms. Versäumen Sie nicht den Aufstieg zum höchsten Punkt des Parks, wo Sie von einem Miradouro nach Ponta Delgada schauen! Von dort führt der direkte Rückweg zum Parkplatz durch die nördliche, dicht bewaldete Zone des Pinhal da Paz.

Fajã de Cima, www.azores.gov.pt, April–Okt. Mo–Fr 8–18 (19), Sa/So 10–18 (20) Uhr, Nov.–März Mo–Fr 8–16 Uhr, Sa/So geschl., Eintritt frei

# TOUR
# Zweimal Ananas satt

**In den Plantagen von Fajã de Baixo**

Altmodische Gewächshäuser, oft hinter hohen Mauern verborgen, prägen das Bild in Ponta Delgadas Vorort Fajã de Baixo. Hier wird seit 1864 Ananas kultiviert. Als es im 19. Jh. zum raschen Niedergang der Orangenproduktion kam, entdeckten die Farmer die Südfrucht als neues Exportgut. Die Plantação de Ananases ›Augusto Arruda‹ bietet einen ausgeschilderten Rundgang durch die Plantage. Für die empfindliche Tropenfrucht ist das Klima auf São Miguel keineswegs ideal. Nur der Anbau im Treibhaus gewährleistet eine ganzjährige Ernte. So erklärt sich der relativ hohe Preis der Früchte.

Die Jungpflanzen, durch Ableger gewonnen, stehen zunächst ein halbes Jahr in schwülwarmen Frühbeeten bei rund 30 Grad Celsius und müssen täglich bewässert werden. In die großen Treibhäuser umgesetzt, werden sie vier Monate später mehrmals abends durch schwelendes Feuer geräuchert, um den Blütenansatz anzuregen. Acht Monate nach dieser Prozedur erfolgt die Ernte. Zwar erreicht die Azoren-Ananas keine sonderliche Süße, dafür aber ein beachtliches Aroma. Davon können Sie sich im Shop der Plantage überzeugen.

Ein intimeres Erlebnis bietet die 1 km südlich gelegene, kleinere Plantage Ananases Santo António. Im Lagergebäude erläutert ein Video den Anbau. Dann können Sie, geführt durch eine Mitarbeiterin, einen Blick in die Gewächshäuser werfen. Die Produktion erfolgt biologisch. Wer mag, kann frisch geerntete Ananas oder Likör und Gelee aus den süßen Früchten erstehen.

**Anfahrt:** Mit dem Bus 304, 306 (Varela) hin, zurück mit 100er-Linien (CRP) ab Rua Dr. José Bruno Tavares Carreiro.

## Museen

### Buntes Inselallerlei

**⑫ Museu Carlos Machado:** Eine symmetrische Außentreppe im Stil der Renaissance beeindruckt an dem ehemaligen **Convento de Santo André** (16. Jh.). Heute logiert hier das Inselmuseum mit seinem Hauptsitz, dem **Núcleo de Santo André**. Museumsgründer Carlos Machado, seines Zeichens Gymnasiallehrer, steuerte die umfangreiche naturhistorische Sammlung bei. Diese sowie eine Ausstellung zur Geschichte des Klosters sind schon zu sehen, ebenso Wechselausstellungen. Ein weiterer Flügel soll renoviert werden, um auch den Bestand des Museums an Trachten, alten Gebrauchsgegenständen, Gemälden und Skulpturen zeigen zu können. Allerdings gehen die Planungen für den Geschmack vieler kulturbeflissener Inselbewohner zu zögerlich voran.

Rua Guilherme Poças und Rua Dr. Carlos Machado, http://museucarlosmachado.azores. gov.pt, April–Sept. Di–So 10–17.30, Okt.– März Di–So 9.30–17 Uhr, 2 €, Kombiticket drei Núcleos 5 €

### Einst ein Mädchenpensionat

Der **⑬ Núcleo de Santa Bárbara** befindet sich schräg gegenüber in einer ehemaligen, quasi klösterlichen Unterkunft für junge Mädchen. Der Bau aus dem 17. Jh., seit 1933 verwaist, wurde restauriert und beherbergt heute Wechselausstellungen.

Rua Dr. Carlos Machado s/n, April–Sept. Di–So 10–13, 14–17.30, Okt.–März Di–So 9.30–13, 14–17 Uhr, 2 €, Kombiticket drei Núcleos 5 €

### Nicht nur religiöse Kunst

Auch ganz in der Nähe, am Largo do Colégio, gibt die einstige Jesuitenkirche **Igreja do Colégio de Todos os Santos** den würdigen Rahmen für den **⑭ Núcleo de Arte**

*Er hat mit Sicherheit den besten Blick auf die Igreja do Colégio de Todos os Santos. Die Fassade der ehemaligen Jesuitenkirche gilt als die schönste Kirchenfront der Azoren.*

**Sacra** ab. Schon ihre reich verzierte Front aus grauem Vulkangestein mit geschweiftem Barockgiebel (Mitte 18. Jh.) – die wohl schönste Kirchenfassade der Azoren – ist mehr als einen Blick wert. Neben der Kirche im einstigen Ordenshaus, bei der heutigen Rezeption, war eine Schule für die Jungen des Inseladels untergebracht. In einer Galerie ist dort jetzt sakrale Kunst früherer Jahrhunderte ausgestellt, Skulpturen und Gemälde aus der Jesuitenkirche und anderen Kirchen auf São Miguel. Das Bild der Krönung der Jungfrau malte Vasco Pereira Lusitano, einer der gefragtesten Künstler seiner Zeit, 1604 in Sevilla. Interessant auch die indo-portugiesischen Christusfiguren (17./18. Jh.) aus Elfenbein. In der Kirche sind prächtige Altäre zu sehen. Einer davon, aus Eichen- und Zedernholz gedrechselt mit Pflanzenmotiven und Engelsfiguren, gilt als größte Holzschnitzarbeit in ganz Portugal. Schöne Azulejos mit Pflanzen- und Vogelabbildungen und eine Krippe aus dem 18./19. Jh. birgt die Sakristei.
Largo do Colégio s/n, April–Sept. Di–So 10–13, 14–17.30, Okt.–März Di–So 9.30–13, 14–17 Uhr, pro Núcleo 2 €, Kombiticket drei Núcleos 5 €

### Ein finsteres Gewölbe
**⓯ Museu Militar dos Açores:** Das Militärmuseum logiert in der trutzigen Hafenfestung **Forte de São Brás**. Auf einem fast schon abenteuerlichen Rundgang durch die alten Gewölbe, verwinkelten Tunnelgänge und über die Wehrmauer zeigt es Uniformen, Waffen und verschiedenes militärisches Gerät (19./20. Jh.). Den Grundriss des Renaissancebaus entwarf um 1567 der italienische Festungsbaumeister Tomazo Benedetto. Damals war die Sicherung des Hafens von Ponta Delgada notwendig geworden, weil sich die Angriffe französischer und englischer Korsaren auf die Küsten der portugiesischen Atlantikinseln zu häufen begannen.
Av. Infante Dom Henrique, Mo–Fr 10–18 Uhr, 3 €

## Schlafen

Einige moderne Großhotels mit allem Komfort prägen die Skyline der Stadt hinter dem Jachthafen. Individualisten finden Unterkunft in der Altstadt oder in den Vororten. Achtung: Während der Festa do Senhor Santo Cristo dos Milagres (s. S. 33) sind alle Hotels ausgebucht.

### Designhotel mit Pepp
**❶ Azoris Royal Garden:** Ein guter Kompromiss für alle, die das Besondere suchen und doch nicht auf die Annehmlichkeiten eines größeren Hotels (knapp 200 Zimmer) verzichten möchten. Stylish eingerichtet, mit Zen-Garten im Innenhof und asiatisch angehauchtem Spa. Gratis-Tiefgaragennutzung, fußläufig zur Innenstadt gelegen.
Rua de Lisboa, T 296 30 73 00, www.azorishotels.com, DZ ab 70 €

### Überschaubar und fein
**❷ Camões:** Kleines und familiäres Komforthotel in einem relativ zentralen, historischen Stadthaus. Details der Einrichtung thematisieren die portugiesischen Entdeckungsfahrten. Manche Zimmer blicken zum idyllischen Patio mit altem Brunnen.
Largo de Camões 38, T 296 20 95 80, www.hotelcamoes.com, DZ ab 60 €

### Charmante Villa
**❸ Casa das Palmeiras:** Liebevoll renoviertes Stadthaus von 1901 mit 10 eleganten Gästezimmern, jedes individuell eingerichtet. Ganz dezent standen dabei Motive aus der Botanik Pate.
Rua Diário dos Açores 26, T 919 02 02 73, www.casapalmeiras.com, DZ ab 90 €

### Grüne Stadtidylle
**❹ Casa Vitoriana:** Ein seltenes Beispiel viktorianischer Baukunst. Seit dem 19. Jh. ist das Bürgerhaus in Familienbesitz. Romantisch dekorierte Ferienwohnungen

und Zimmer sowie ein Ferienhaus im Garten, wo tropisches Obst und biologisch gezogene Kräuter gedeihen.
Rua Dr. João Francisco de Sousa 34, T 962 31 18 57, www.casavitoriana.com, DZ ab 90 €

### Im Palast wohnen

**5 Casa do Jardim:** Hell eingerichtete Zimmer im Erdgeschoss des Palácio José do Canto (s. S. 24), allerdings mit sehr kleinen Fenstern. Dafür ist der Park ringsherum jederzeit zugänglich und freie Parkplätze gibt es auch.
Rua José do Canto 9, T 296 65 03 10, www.josedocanto.com, DZ ab 55 €

### Radlerfreundliches Gästehaus

**6 Praia de Santos:** Hier ist man auf Radler bestens eingestellt, mit dem eigenen Verleih Rent a Bike Azores (s. S. 32). Die Unterkunft hat einiges zu bieten, was junge, kosmopolitische Atmosphäre und Design betrifft, in ihrer Art einzigartig auf den Azoren. Mit dem Badeplatz Forno da Cal praktisch vor der Haustür.
São Roque, Rua Praia de Santos 41, T 919 01 61 35, www.praiadesantosguesthouse.com, DZ ab 73 €

### Zum Relaxen

**7 Quinta das Acácias:** Kleine Landhäuser mit Terrasse in einem herrschaftlichen Park, eine absolute Idylle. Das Obst und die Kräuter des Gartens dürfen geerntet werden. Entspannt wird in der Hängematte oder auf der Gartenliege. Von der Stadt (8 km entfernt) bekommt man nicht viel mit. Buchbar über Internetportale.
Livramento, Rua Maiorca Lapinha 74, T 296 64 21 66, DZ ab 95 €

## Essen

### Lifestyle-Location

**1 Café Central:** Das Traditionscafé von 1924 erfindet sich immer wieder neu. Hier spielt sich das soziale Leben der Stadt ab. Die Tische draußen sind der ideale Platz für einen zwanglosen Brunch mit regionalem Brot, Butter und Marmeladenauswahl, Käse und Ananas (8,50 €). Großartige Teeauswahl! Auch abends immer gut für ein Bier und eine leichte Mahlzeit.
Largo da Matriz 15, T 296 28 28 82, www.grupoanjos.pt, Mo–Do und So 8–24, Fr/Sa 8–2 Uhr

### Fischspezialist

**2 Mercado do Peixe:** Originelles Kellerrestaurant mit großer Auswahl an Seafood aus einheimischen Gewässern. Zwar etwas touristischer geworden als früher, aber immer noch schmackhafte *cataplana*. Abends oft Livemusik.
Av. Infante D. Henrique 13/15, T 296 28 12 41, tgl. 11.30–23 Uhr

### Jachtenblick

**3 Yacht Club:** Hier sitzen Touristen und Einheimische einträchtig beieinander, um zum frischen Fisch oder regionalen Steak den Blick auf den neueren Teil des Jachthafens zu genießen. Wer zu mehreren kommt, sollte mal die *mariscada* (Meeresfrüchteplatte) probieren. Mittelpreisig.
Marina Poente, Loja 23, T 296 28 42 31, www.grupoanjos.pt, tgl. 12–14 Uhr

### Fleischlos glücklich

**4 Rotas da ilha verde:** Einziges rein vegetarisches und teilweise sogar veganes Restaurant. Auf der Speisekarte stehen Köstlichkeiten wie Auberginen-Cannelloni oder sautierter Tofu. Reservieren!
Rua Pedro Homem 49, T 296 62 85 60, Mo–Fr 12–15, 19–22, Sa 19–22 Uhr, So/Fei geschl.

### Der Klassiker

**5 Nacional:** Ein Dauerbrenner im historischen Stadtkern. Bei der gediegenen azorianischen Küche kann man nicht viel falsch machen. Angenehmer Service, gemütliches Ambiente. Noch günstige Preise.

# TOUR
# Fahrspaß
# à la Südostasien

**Im Tuk-Tuk zu Ponta Delgadas Stränden**

## Infos

**Karte** 6, D 4

**Start/Ziel:** Ponta Delgada

**Tuk-Tuk Azores:** Av. Infante Dom Henrique, beim Posto de Turismo, T 912 48 21 26, www.tuktukazores.com, Strandtour 1 Std. (16 km) für 2 Erw. 30 €

Tuk-Tuk heißen die Autorikschas in Asien wegen des charakteristischen Motorgeräuschs. In Europa sind sie elektrisch angetrieben, superleise und der neueste Schrei. Die kuriosen Dreiräder mit Platz für bis zu sechs Personen warten an der Uferstraße von Ponta Delgada, gegenüber der **Praça Gonçalo Velho Cabral**. Lassen Sie sich doch beispielsweise zu den Stränden der Stadt fahren. Die freundlichen Fahrer sprechen Englisch und geben unterwegs jede Menge Erläuterungen.

Nachdem der Jachthafen passiert ist, biegt das Gefährt in die **Avenida do Mar** ein. Hier stehen nette Sommervillen am Wasser, nicht wenige mit Herzchenbildern von Yves Decoster (s. S. 31) dekoriert. Durch die Klippen führt eine von Joggern, Walkern und Radfahrern gerne frequentierte Promenade. Es gibt eine Badestelle bei einem alten Kalkofen mit vorgelagerter Vogelschutzinsel und einen **Aussichtsplatz** zu sehen.

Dann kommt die exponierte Kirche des lang gezogenen Fischervororts **São Roque** mit einem kleinen Strand davor in Sicht. Dahinter erstreckt sich die dunkelsandige **Praia das Milícias**, an der sich in den frühen Abendstunden Wellensurfer einfinden, und die naturbelassene **Praia do Pópulo**. Das Tuk-Tuk macht zunächst einen Abstecher zu einer Aussichtsstelle an der flachen Landspitze zwischen den beiden Stränden. Dann bleibt Zeit, um an der Praia do Pópulo ein wenig herumzuspazieren, bevor die Rückfahrt nach Ponta Delgada durch das Ananasanbaugebiet von Fajã de Baixo ansteht.

Rua Acoreano Oriental 18, T 296 62 99 49,
Mo–Fr 12–15, 18–22.30, Sa 18–22.30 Uhr

### Schlicht und gut

**6** **O Galego:** Die Einheimischen lieben dieses eher spartanisch eingerichtete Lokal, denn hier wird bestes azorianisches Rindfleisch schmackhaft zubereitet.

Rua da Praia dos Santos 21, T 296 70 08 57, Mo–Sa 12–15, 19–22 Uhr

### Bewährte Adresse

**7** **O Roberto:** In dem stylishen Wintergarten an der Uferstraße konzentriert man sich trotz der Nähe zum Hafen mehr auf Fleischküche statt auf Fisch (etwa auf Steak-Varianten). Auf günstige Menüangebote achten.

Av. Infante D. Henrique 14, T 296 28 37 69, So–Fr 12–15, 18.30–23 Uhr

### Typisches Flair

**8** **Adega Regional:** Das Restaurant ist eigentlich immer voll, wobei die Locals überwiegen. Auf nette, etwas rustikale Dekoration wird Wert gelegt. Die Atmosphäre ist familiär. Besonders lecker ist der Fisch aus dem Tagesfang. Mittelpreisig.

Rua do Melo 70, T 296 28 47 40, Di–So 12–15, 18.30–22 Uhr

### Gerade angesagt

**9** **Gastrónomo:** Die Fischqualität ist top. Landestypische, einfache Einrichtung mit Neonlicht. Viele einheimische Gäste. Der Empfang in dem familiengeführten Restaurant ist sehr persönlich. Besser reservieren!

São Pedro, Rua da Boa Nova 49, T 296 38 10 95, Mo 19–23, Di–Sa 12–15, 19–23 Uhr

*Beim Bummel durch die Rua Machado dos Santos fällt einem die gemächliche Gangart in der Stadt auf: Obwohl Hauptstadt der Azoren, bleibt Ponta Delgada liebenswert entspannt.*

# Einkaufen

### Erntefrisches vom Markt
**1 Mercado da Graça:** s. S. 20

### Azorenkäse
**2 O Rei dos Queijos:** Käse von allen Azoreninseln bietet ›Käsekönig‹ Carlos Bernardo in seinem bis unter die Decke mit Käselaiben gepflasterten Laden außen an der Ecke der Markthalle an. Dabei blickt er auf eine über 40-jährige Erfahrung zurück. Größer könnte die Auswahl gar nicht sein, dennoch halten sich die Preise in Grenzen. Außerdem Wein, Likör, Tee, süße Backwaren, Marmeladen und Thunfischkonserven.
Rua do Mercado, www.oreidosqueijos.com, Mo–Do 8–18.30, Fr 7–19, Sa 7–17, So 9–12 Uhr

### Kunsthandwerk
**3 Centro Regional de Apoio ao Artesanato:** Schöne, handgefertigte Stücke von den Inseln in zeitgemäßem Design: Handgewebtes, Stickereien, Flechtwerk, Holzarbeiten. Alles geschmackvoll präsentiert und mit Echtheitslabel.
Rua Conselheiro Dr. Luís Bettencourt 24, Mo–Fr 9–12.30, 14–17.30 Uhr

### Atlantikseglerflair
**4 Loja do Peter:** Filiale des Shops von Peter Café Sport (s. S. 101) auf der Insel Faial. Klamotten, Sport- und Geschenkartikel mit dem kultigen Wal-Logo.
Portas do Mar, Loja 13, www.petercafesport. com, Mo–Do, So 10–22, Fr/Sa 10–23 Uhr

### Shoppingcenter
**5 Parque Atlântico:** Größtes Einkaufszentrum der Azoren mit zahlreichen Geschäften für Mode, Einrichtungsgegenstände, Sportartikel, Elektronikgeräte und vieles mehr. Im OG eine Fastfood-Oase (regionale, asiatische, italienische Küche).
Rua da Juventude, www.parqueatlanticoshop ping.pt, Mo–Do und So 8.30–22, Fr/Sa

## HERZCHENBILDER **H**

Yves Decoster schafft nicht nur wandfüllende Kunstwerke (s. S. 285, sondern malt auch handliche Bilder zum Mitnehmen. Eine Verkaufsstelle gibt es nicht. Man kann den Künstler unter yvesdeco@ hotmail.com oder über Facebook kontaktieren und eine Übergabe auf São Miguel verabreden.

8.30–23 Uhr, Geschäfte/Gastronomie z. T. erst ab 10 Uhr

### Süße Versuchungen
**6 O Chocolatinho:** Aus belgischer Schokolade werden Pralinen, mit azorianischen Aromen, gezaubert. Kleines Café.
Rua da Misericórdia 30, www.ochocolatinho. pt, So–Do 10–22, Fr/Sa 10–24 Uhr

### Beste Teeauswahl
**7 Louvre Michaelense:** Wie eine alte *mercearia* (Krämerladen) eingerichtet ist dieser auf verschiedenste Sorten Tee spezialisierte, trendige Shop. Mit Teestube.
Rua António José d'Almeida 8, www.face book.com/louvremichaelense, tgl. 9–20 Uhr

# Bewegen

### Schwimmen
Direkt vor der Stadt liegt die **Piscina Natural Portas do Mar 1** (Juni–Sept. tgl. 10–18 Uhr, 1 €) mit Betonliegeflächen und Einstiegen in das Hafenbecken der Marina Pêro de Teive und gleich nebenan die **Piscina São Pedro 2** (2,50 €), ein Schwimmbad mit diversen Pools, Sprungturm, Rutsche und Sonnendeck. Ponta Delgadas wirklich attraktive Badestrände liegen aber im Stadtteil **São Roque**, 3 km östlich des Zentrums (Busse von CRP und Varela).

*Vom Strand ins Hotel bummeln und dann in ein nettes Restaurant in Ponta Delgada gehen – Urlaub!*

### Zweiräder und Spaßmobile

Ganz auf Fahrräder spezialisiert ist **Carreiro** ❸ (Rua do Mercado 17, T 296 24 08 70, www.carreiro.pt) mit Verleih und geführten Touren (Mai–Sept. jeden Sa halbtags Sete Cidades inkl. Fahrrad 45 €, wegen der Höhenunterschiede durchaus anspruchsvoll). Mit Auslieferung auf der ganzen Insel gegen Gebühr.

**Rent a Bike Azores** ❹ (São Roque, Rua Praia de Santos 41, T 919 01 61 35, www. bike-rentals-azores.com) punktet mit mehreren ›selbstgeführten‹ Radtouren zu den Highlights der Insel, Shuttle-Service und einem eigenen Gästehaus (s. S. 32).

Gegenüber vom Hotel Marina Atlântico vermietet **ANC Azores Holidays** ❺ (Av. Dr. João Bosco Mota Amaral, T 967 30 99 09, www.ancmotorent.com) Fahrräder, Mopeds, Quads und Wohnmobile (s. S. 235) und bietet geführte Quad- oder Buggy-Touren an. Mountainbikes und Scooter verleiht **Nuno Vasco Carvalho** ❻ (Rua António Joaquim Nunes Silva 55, T 296 62 83 04).

### Wale und Delfine beobachten

Im Jachthafen beginnen verschiedene Bootsausflüge. Für Nostalgiker und alle, die es ruhiger angehen lassen möchten, macht sich **MobyDick-Tours** ❼ (www. mobydick-tours.com) 2 x tgl. mit einer über 60 Jahre alten Personenfähre, die früher zwischen Flores und Corvo fuhr, auf die Suche nach Walen und Delfinen. **SeaBottom Azores** ❽ (www.seabottomazores. com) hält nicht nur Ausschau nach den großen Meeressäugern, sondern durch den Glasboden des Bootes auch nach Fischen und anderen untergetauchten Lebewesen. Der Abenteuer-Veranstalter **Futurismo** ❾ (www.futurismo.pt) hat außer Whalewatching und Schwimmen mit Delfinen noch eine ganze Palette von Aktivitäten wie Canyoning, Tauchen und SeeKajakfahren im Programm. Seine Flotte umfasst einen behäbigen Festrumpf-Katamaran und – für Abenteuernaturen – mehrere Zodiacs sowie das rasante Fiberglasboot »Song of Whales«.

## Ausgehen

Ponta Delgada bietet das aufregendste Nightlife der Azoren. Im Stil des großen Vorbilds Lissabon werden am Wochenende die *noites* (Nächte) zum Tage gemacht. Am meisten los ist im Sommer, speziell im August. Hotspot sind die **Portas do Mar** ❶, wo etwa im **Baía dos Anjos** ❶ (www. baiadosanjos.com, tgl. 8–6 Uhr) jeden Fr/ Sa ab Mitternacht mit Live-Events die Party steigt. Jung und ungezwungen präsentiert sich die **Bar do Pi** ❷ an der Molenspitze (tgl. 14–4 Uhr), mit Superausblick von der Terrasse, minimalistischem Ambiente und einer riesigen Cocktail-Auswahl.

Das gesetztere azorianische Publikum liebt Jazz. Wie im eigenen Wohnzimmer fühlt man sich im **Lava Jazz** ❸ (Av. Roberto Evens, www.lavajazz.com, Di 21–24, Mi/Do 17–24, Fr 17–1, Sa 21–1 Uhr), wo Mi–Sa ab 22 Uhr Jazz live zu hören ist und dazu angesagte Häppchen wie Knoblauchwurst von Santa Maria oder Rebhuhnpastete serviert werden. Eine smarte Kombi aus Restaurant und Jazzclub ist das **Colégio 27**  (Rua Carvalho Araújo 27, T 917 00 83 54, http://colegio27.com, tgl. 19–24 Uhr) in einem 400 Jahre altem Gebäude. Das Dinner eher höherpreisig mit regionalen Produkten, frischem Fisch und Bio-Fleisch. Am Wochenende vor allem Jazz und Latino. Live-Performances meist Fr/Sa ab 20 Uhr. Angesagt für Kunstfreunde ist **Arco 8 Azores** s. S. 285.

### Traditionstheater

**Coliseu Micaelense:** Seit 1917 eine feste Größe in Ponta Delgada. Vorstellungen finden meist samstags statt: Oper, Operette, Varieté, Ballett, Zirkus. Rua de Lisboa, T 296 20 95 00, www.coliseumicaelense.pt, Theaterkasse Di–Fr 13–19, Sa 14–19 Uhr sowie ab 2 Std. vor Veranstaltungsbeginn

## Feiern

- **Tremor Festival:** fünf Tage im April. Alternative Konzerte, Überraschungsaktionen, Dialog zwischen Kunst und Kultur (45 €). Infos: www.tremor-pdl.com.
- **Festa do Senhor Santo Cristo dos Milagres:** fünf Wochen nach Ostern. Das aufwendigste Fest der Azoren lockt Tausende von Gläubigen an, auch viele Emigranten. Ausgehend vom Convento da Esperança zieht am Samstag eine Prozession über den mit Blumenteppichen ausgelegten Campo São Francisco. Anschließend bringen die Teilnehmer Kerzen und Geschenke als Opfer dar. Am Sonntag liest der Bischof von Terceira eine Messe auf dem Platz. Sechs Tage lang geht es in der Innenstadt fast rund um die Uhr lebhaft zu. *Tasquinhas* (Buden) verkaufen regionale Snacks auf die Hand. Legendär der Lichterschmuck an Kirchen und Palästen aus über 160 000

Glühbirnen. Infos: www.santo-cristo.com.
- **Ocean Lava Azores Islands Triathlon:** ca. 1. Novemberwochenende. Der recht neue Event fordert die Teilnehmer in den Disziplinen Schwimmen (4 km), Radfahren (120 km) und Laufen (30 km) heraus. Gestartet wird an den Portas do Mar.

## Infos

- **Information:** Delegação de Turismo de São Miguel, Av. Infante Dom Henrique, T 296 30 86 10, www.visitazores.com. Filiale am Flughafen: T 296 28 45 69.
- **Flugzeug:** Flughafen 3 km westlich des Stadtzentrums. Taxi ca. 10–13 €. Linien der Gesellschaft AVM und Minibus A (s. unten) halten 1 km entfernt am östlichen Ende der Landebahn (zum Terminal 15 Min. zu Fuß).
- **Inselbusse:** Endstation der meisten Linien an der Av. Infante Dom Henrique nahe Tourismusbüro. Die Gesellschaften CRP (Nordosten), AVM (Westen) und Varela (Südosten) teilen sich das Inselnetz auf (derzeit keine funktionierende Website).
- **Stadtbusse:** Ab Praça Vasco da Gama drehen drei Minibuslinien Mo–Fr 7.30–

*Werk eines bekannten Künstlers oder Kinderhände? Egal, die bunten Pflastersteine sehen schick aus.*

19.30, Sa 8–12.30 Uhr Runden durch das Stadtzentrum (ca. alle 15 Min.); Tickets beim Fahrer, Einzelfahrt 0,50 €, 10er-Block 4 €. Die Außenbezirke sind mit Überlandbussen zu erreichen.

- **Taxis:** Praça Gonçalo Velho Cabral (T 296 20 50 50), Praça Vasco da Gama (T 296 65 21 28).
- **Parken:** In der Innenstadt blaue Zone (Parkautomat, 0,50–0,80 €/Std).
- **Hop-on, hop-off:** Gelbe Ausflugsbusse starten im Sommerhalbjahr ab Ponta Delgada im 60-Min.-Takt an jeweils drei Wochentagen zu Touren nach Sete Cidades und zur Lagoa do Fogo. Unterwegs können Sie an mehreren Haltestellen aus- und später wieder zusteigen. Erläuterungen über Kopfhörer auf Deutsch. Gestartet wird an der Avenida Infante Dom Henrique beim Forte de São Brás (ww.yellowbustours.com, 16 €, online 14,40 €).

---

**S**

### ZU FUSS ENTLANG DER STEILKÜSTE

Am Parkplatz beim **Miradouro do Caminho Novo** 7 km nordwestlich von Ponta Delgada beginnt ein schmaler Fahrweg, der nach 800 m bei einem weiteren Parkplatz in den **Wanderweg PRC 20 SMI Rocha da Relva** (3 Std. inklusive Rückweg, leicht) überleitet. Die gut ausgebaute Route erschließt eine spektakuläre Küstenlandschaft. An einer Felswand entlang geht es sanft abwärts zu einer *fajã*. Während schmale Strandebenen wie diese auf der Insel São Jorge häufig zu finden sind, haben sie auf São Miguel Seltenheitswert. Dank des günstigen Mikroklimas gedeihen hier Obstbäume und Weinreben. In winzigen Häusern, den *adegas*, verbringen die Winzer ihre Wochenenden und lagern die Weinfässer.

# Sete Cidades

📍 **Karte 6, B 2**

Die vielleicht schönste, auf jeden Fall am meisten fotografierte Aussicht der Azoren bietet die **Vista do Rei** (›Königsblick‹). Hortensien bilden den Vordergrund, dahinter liegt weit unten der Einsturzkrater von Sete Cidades. Anlässlich des Besuchs von König Carlos I. auf den Azoren 1901 wurde der Miradouro eigens angelegt. Über die traurige Ruine nebenan sieht man geflissentlich hinweg. 1989 eröffnet, war das 5-Sterne-Hotel nur 19 Monate in Betrieb. Wandertouren auf Karte s. S. 36

### Annäherungen an die 7 Städte

Um sich der Vista do Rei zu nähern, haben Sie von Ponta Delgada aus zwei Möglichkeiten. Entweder Sie wählen die ER 1 über den **Miradouro do Caminho Novo.** Zu erkennen ist die Aussichtsterrasse (mit Picknicktischen) an einem Turm. Man blickt über ein Mosaik aus Maisfeldern und saftigen Weiden hinweg zum Meer und zum Flughafen. Auf der Weiterfahrt biegen Sie dann kurz vor Feiteiras in eine von Hortensien und Sicheltannen gesäumte Nebenstrecke Richtung Vista do Rei ein.

Die weiter landeinwärts über Arrifes verlaufende Alternativstrecke ER 8 passiert auf ihrem Anstieg zur Serra Devassadem einen beliebten Aussichtspunkt, von dem man weit über die Nordküste schaut. Dann folgen der Panorama-Miradouro am Gipfel des **Pico do Carvão**, erreichbar über eine steile Piste (Schild: Lagoa Empadada), und die **Lagoa do Canario.** Der in Wald eingebettete kleine See ist nicht besonders spektakulär, dafür aber führt an ihm vorbei ein Fußweg zum **Miradouro da Boca do Inferno** mit dem etwas anderen Blick auf die Seenlandschaft von

**L**

## EINE RÜHRENDE LEGENDE

Hier im Atlantik habe es einst einen ganzen Kontinent gegeben, über den ein kinderloses Königspaar herrschte. Schließlich prophezeite ein Engel dem König die Geburt einer Tochter. Diese dürfe er aber nicht zu Gesicht bekommen, bevor sie erwachsen sei, andernfalls würde sein Reich untergehen. Tatsächlich schenkte die Königin einem Mädchen das Leben. Es kam in die Obhut einer Amme und wuchs in den ›sieben Städten‹ (port. *sete cidades*) auf, fern von den Eltern. Viele Jahre hielt sich der König an die Bedingung. Als jedoch sein Lebensende nahte, wollte er seine Tochter unbedingt sehen und verschaffte sich gewaltsam Einlass in die befestigten Städte. Da erschütterten Erdbeben und Vulkanausbrüche den Kontinent, der in tausend Teile zerbrach und im Meer versank. Nur die neun Azoreninseln blieben übrig. Es heißt, die grünen Pantoffeln der Prinzessin seien in der Lagoa Verde und ihr blauer Hut in der Lagoa Azul versunken. Die Wissenschaft erklärt die verschiedenen Farben durch das stärkere Algenwachstum in der kleineren Lagoa Verde.

Sete Cidades (mit Rückweg 20–30 Min.). Schon vor der Lagoa do Canario befindet sich rechts der Ausgangspunkt einer beliebten Wanderung (s. unten).

### Zwei Seen werden eine Acht

Nicht nur bei DuMont ein Highlight, sondern auch eines der sieben Naturwunder Portugals! Werbung für die Azoren zeigt folgerichtig stets die beiden Seen von Sete Cidades, die blaue **Lagoa Azul** und die kleinere, grüne **Lagoa Verde.** Sie bilden miteinander eine Acht. Eingerahmt wird das Ensemble von den steilen Wänden eines 5 km breiten Einsturzkraters, einer Caldeira. Im Osten ragt als höchster Teil des Kraterrands der **Pico das Éguas** (873 m) auf. Das ganze Gebiet steht unter Naturschutz, auch wegen der an den Rändern des Kessels noch gut erhaltenen, ursprünglichen Vegetation.

Auf der Fahrt von der Vista do Rei hinab Richtung Sete Cidades folgt der **Miradouro do Cerrado das Freiras,** nochmals mit Sicht auf beide Seen. Vom **Miradouro da Lagoa de Santiago** bietet sich dagegen ein genialer Blick auf einen kleineren, von stillem Wald umgebenen Kratersee. Dann wird die Brücke zwischen Lagoa Azul und Lagoa Verde erreicht – obligatorischer Haltepunkt aller Ausflugsfahrten in dieses Gebiet.

### Die Hälfte der Acht

Hoch oben am Kraterrand umrundet ein Panoramawanderweg (3 Std., leicht) die Lagoa Azul, den größeren Kringel der Acht, die beide Seen bilden. Die als **PR 4 SMI** ausgewiesene Route beginnt südöstlich der **Lagoa do Canário** an der ER 8. Ein Wegweiser markiert den Einstieg. Zunächst begleitet den anfänglich asphaltierten Weg ein **Aquädukt** mit Bögen aus Basaltgestein, der auf das 17. Jh. zurückgeht und bis 1888 Wasser nach Ponta Delgada transportierte. Am Waldrand schwenkt die Route links in eine Piste ein, die steil aufwärts zum höchsten Punkt der Tour führt, dem **Pico da Cruz** (845 m). Dann geht es in sanftem Auf und Ab abwärts. Zuletzt verlässt man den Kraterrand, um steil zur Lagoa Azul abzusteigen. Kurz darauf ist das kleine Ortszentrum von **Sete Cidades** erreicht. An- und Abfahrt können Sie mit einem zu diesem Zweck komplett angemieteten Taxi oder mit der Kombination Mietwagen/Taxitransfer (s. S. 247) organisieren.

# TOUR
# Hoch zu Ross zum Kraterrand

**Ritt auf die Höhen von Sete Cidades**

### Infos

📍 **Karte** 6, B–C 2

**Start:** An- und Abfahrt für die Wanderungen erfolgen am besten per Taxi;
**Hinweis:** Beschreibung schwarze Route s. S. 35

In dem Moment, als mein Taxi nach **Ginetes** hineinfuhr, sah ich schon meine Reitgelegenheit. Zwei Pferde, ein gescheckter Paint und ein Lusitano, drehten ihre Köpfe zu mir um, als ich aus dem Wagen sprang, meinen Helm fest im Griff. Dies würden meine ersten Reiterferien auf São Miguel sein. Mein Pferd, die süße Artista, wartete mit ihrem portugiesischen Sattel geduldig auf mich. Salomão Oliveira, der Besitzer der **Quinta das Raiadas**, stand – mit beigefarbenen Reithosen, halbhohen Stiefelschäften, einem grauen Polo-Shirt und einer sportlichen Wollmütze bekleidet – bereit, um mir auf das Pferd zu helfen. Als aus der Form gekommene Angehörige der

Babyboomer-Generation mit einer künstlichen Hüfte überraschte ich Salomão mit der Neuigkeit, dass wir nicht den ganzen Tag bis zum Ort Sete Cidades reiten würden. Also passte sich Salomão unserem Plan an. Er würde mich auf einen zweistündigen Ritt durch Ginetes mitnehmen. Anstatt mit den Pferden zu picknicken, würden wir sie zurücklassen und im Ort ein typisches Mittagessen mit Fisch zu uns nehmen.

Als ich auf dem Rücken von Artista saß, fühlte ich mich wie in alte Zeiten versetzt. Unsere Pferde waren kein bisschen aufgeregt, als wir einem Motorradfahrer begegneten, der Milchkannen transportierte. Ebenso wenig störten sie sich an dem Hundegebell, das uns auf unserem Ritt durch Ginetes begleitete. Wir passierten rosafarbene, blaue und weiße Hortensienbüsche, während die Pferde immer weiter bergauf kletterten bis zum **Kraterrand von Sete Cidades.** Oben angelangt, konnten wir kilometerweit schauen, hinab zu den Seen von Sete Cidades ebenso wie auf die ungewöhnlichen Felsgebilde, die auf der anderen Seite von São Miguel aus dem Atlantik ragen.

Erstmals benutzte ich einen portugiesischen Sattel. Ich würde ihn so beschreiben, dass er einem englischen Sattel ähnelt, doch er hat weitere und längere Kniepolster und größere Metallsteigbügel. Zwar bietet die Quinta das Raiadas auch englische und Westernsättel an, doch der portugiesische Sattel erwies sich als sehr komfortabel.

Nach unserem Ritt sattelte Salomão die Pferde ab und band sie bei einem verlassenen Hotel oberhalb von Sete Cidades fest. Seine charmante Frau, die in der Dorfschule arbeitet, holte uns während ihrer Mittagspause ab und fuhr uns den Berg hinab zurück zum Lunch nach Ginetes. Während ich mir Sorgen um die Pferde machte, versicherte mir Salomão, dass er sie stundenlang festgebunden und unbeaufsichtigt lassen könne. Er hatte dies früher schon praktiziert und war absolut nicht beunruhigt. Wir genossen ein typisch azorianisches Essen mit Frischkäse, gebratenem Fisch, gekochten Kartoffeln und Linsen in einem kleinen Restaurant im Ort. Tatsächlich gehörte Salomão dieses Lokal früher. Er war auch Fahrlehrer, bevor er vor einigen Jahren mit dem Reiterhof startete. »Ich habe immer Tiere geliebt«, stellte er fest.

Quelle: Nancy D. Brown, www. writinghorseback. com/2013/06/ sao-miguel-horse back-riding-vacati on-azores-portugal (gekürzte Fassung übersetzt von Susanne Lipps). Wer mehr von der Autorin lesen möchte, kann sich informieren unter Nancy D. Brown, Equestrian Travel Expert, www. nancydbrown.com.

*Die Idylle könnte nicht größer sein: Majestätisch ragen die Berge vor dem spiegelglatten See auf. Die Kraterseen um Sete Cidades bezaubern durch ihre Schönheit.*

### Ein Dorf auf Stelzen

Zumindest trifft das auf einige auf Pfähle gesetzte Getreidespeicher in Sete Cidades zu, die sogenannten *espigueiros*, die in der Nähe der Kirche stehen. Verwandte Konstruktionen gibt es in Nordportugal. Ob diese Bauweise nun wegen gelegentlicher Überschwemmungen der Seen gewählt wurde oder zum Schutz der Vorräte vor Mäusen, ist nicht ganz klar.

### Kirche und Tempel vis-à-vis

Ansonsten besteht das Dorf am Westufer der Lagoa Azul vorwiegend aus Wochenendhäusern entlang rechtwinkliger Straßenzüge. Zur neugotischen **Igreja Saõ Nicolau** (1857) führt eine Allee durch einen idyllischen kleinen Park. Immer schmücken Blumen das Kircheninnere. Wesentlich bescheidener gibt sich schräg gegenüber der winzige **Império** (Heiliggeisttempel). Dieser gedrungene Natur-

steinbau ist zwischen zwei Häusern (Rua da Igreja 16 und 18) leicht zu übersehen.

Baden ist in den Seen von Sete Cidades nicht üblich. Allerdings wurden Süßwasserfische angesiedelt und am Wochenende angeln Einheimische von den Ufern aus. Damit die ganze Familie dabei Spaß hat, gibt es Picknickplätze in gepflegtem Gelände mit Grillstellen, Spiel- und Liegewiesen.

---

## Schlafen

### Im Holzbungalow

**7 Cidades Lake Lodge:** 3 extravagante Bungalows am Seeufer, mit Küchenzeile und Kamin. In einem ruhigen Garten gelegen, so richtig zum Relaxen. Ideal für Paare. Buchbar über www.booking.com. Rua das Lavadeiras 2, T 918 30 40 14, http://7cidadeslakelodge.com, DZ ab 140 €

## Essen

### Inseltypische Hausmannskost
**Lagoa Azul:** In dem familiengeführten Restaurant gibt es jeden Fr/Sa/So ein gut bestücktes MittagsBüffet (12 € inkl. Getränke) mit einheimischen Gerichten, etwa Spanferkel oder Kaninchen. An anderen Tagen Hausmannskost zu mittlerem Preis. Rua da Caridade 18, T 296 91 56 78, tgl. 8–22 Uhr

### Zentraler Treff
**São Nicolau:** Auf der Terrasse gegenüber der Kirche lassen sich gern Wanderer nieder. Es gibt Snacks, darunter auch so Ungewöhnliches wie Wachteleier oder *tremoços* (Lupinensamen), und meist auch ein MittagsBüffet für 8,50 €. Rua da Igreja 20, T 916 13 80 02, tgl. 6–23 Uhr

## Bewegen

### Per Kanu auf den Seen
Bei **Garoupa Canoe Tours** (T 917 158 701, www.garoupa.net) haben Sie die Qual der Wahl, an einer geführten Tour im Auslegerkanu à la Hawaii teilzunehmen, einen Kajak (2–3 Pers.) auszuleihen oder SUP (Standup-Paddling) zu praktizieren. So oder so die vielleicht schönste Möglichkeit, die grüne und blaue Lagune von Sete Cidades kennenzulernen.

## Infos

• **Information:** Loja do Parque da Lagoa das Sete Cidades, am Westufer der Lagoa Azul, T 295 24 90 15, http://parquesnaturais.azores.gov.pt, tgl. 9–16 Uhr; Infos über die 23 Schutzgebiete, die den Naturpark São Miguel bilden, auch über Wanderwege. Speziell geht es in der Ausstellung um die Lagoa das Sete Cidades, die zu einem der sieben Naturwunder Portugals erklärt wurde. Mit Shop.

# Ginetes ♀ Karte 6, B 2

Das Bauerndorf im windigen Westen der Insel hat zwar nicht die Top-Sehenswürdigkeiten, dafür aber einige hübsche Details.

### Den Atlantik im Visier
Unterhalb des Ortes hält der **Farol da Ferraria** seit 1901 die Stellung, einer der ältesten und schönsten Leuchttürme der Azoren. Von der Rasenfläche davor blickt man etwas unspektakulär über grüne Wiesen zum Meer. In dem recht geräumigen Bau lebte früher die Wärterfamilie, seit 1998 läuft alles automatisch. Eine Besichtigung ist möglich. Mi 14–17, Winter 13.30–16.30 Uhr

### Durchs Teleskop spähen
Vom weiter nördlich exponiert über der 150 m hohen Steilküste gelegenen **Miradouro da Ponta do Escalavado** sind Mosteiros auf der einen und die Ponta da Ferraria auf der anderen Seite bestens auszumachen. Zwei Gratis-Fernrohre helfen dabei. Kleiner Tipp: Bei Sonnenuntergang ist die Sicht besonders attraktiv! Nebenan

### IN WINDMÜHLEN WOHNEN

Als Ferienhäuser der romantischen Art werden bei **Candelária** südöstlich von Ginetes zwei restaurierte Windmühlen vermietet: **Moinho das Feiteiras**, T 296 10 70 25, www.moinhodasfeteiras.com; **O Moinho da Bibi**, über www.booking.com, www.airbnb.de. DZ jeweils ab 100 €.

steht eine *vigia,* ein ehemaliger Ausguck der Walfänger, den heute die Guides der Whalewatcher nutzen.

### Eine dunkle Landschaft

Heiße Thermalquellen an der **Ponta da Ferraria** erinnern daran, dass der Vulkanismus hier keineswegs erloschen ist. Die Küstenebene mit Miniatur-Vulkankegel an São Miguels Westspitze verdankt ihre Entstehung einem Lavastrom, der sich vor 900 Jahren vom benachbarten Vulkankegel **Pico das Camarinhas** herabwälzte. An der Zufahrt gewinnen Sie vom **Miradouro da Ilha Sabrina** den besten Überblick über das Gebiet und schauen überdies zurück zum Leuchtturm. Der Miradouro lädt mit Tischen und Bänken auch zum Picknick ein.

### Wellness vulkanisch

Vom einsam auf der Lavazunge gelegenen Kurhaus **Termas da Ferraria**

---

**SCHLAFEN IM WESTEN** **S**

Die kleinen Orte im Nordwesten von São Miguel – **Ginetes, Mosteiros, Bretanha** – haben zwar keine Hotels, bieten dafür aber in ihrer bäuerlichen Umgebung jede Menge private Übernachtungsmöglichkeiten. Erstaunlich oft sind die Vermieter deutschsprachig, denn hier hat sich die wohl größte deutsche Kolonie der Azoren gebildet. Zimmer, Ferienwohnungen und kleine Häuser sind ab ca. 40 € im Angebot. Infos und Buchung z.B. unter www.ferienparadies-azoren.de, www.urlaub-azoren. de, www.casa-anneliese.de, www. quintahibiscus.com, www.casa-felicitas.com. Weitere Ferienunterkünfte in dem Gebiet finden Sie unter www. booking.com und www.airbnb.de.

---

(s. rechts) führt ein kurzer Fußweg Richtung Süden zur Piscina Natural, wo eine der vulkanischen Quellen direkt unter der Meeresoberfläche sprudelt. Die Wassertemperatur in der kleinen Badebucht (unbewacht) schwankt zwischen 18 °C bei Hochwasser und erstaunlichen 28 °C bei Niedrigwasser! Achtung, Baden ist hier nur bei Niedrigwasser möglich und für Kinder gar nicht geeignet (Gezeiten und Wellenhöhen z.B. unter www.tabua-demares.com/pt/acores/ponta-delgada). Badeschuhe sind von Vorteil.

## Bewegen

### Das tut gut

**Termas da Ferraria:** Zwei warme Thermalquellen wie auch der kühle Atlantik speisen Indoor- und Outdoorpools der Wellnessoase. Auch Jacuzzi, Sauna, Dampfbad. Tagesnutzung Spa 35 €, als Programm u. a. mit Jazz-Massage 135 €. Mit Restaurant, das Fusion-Küche, auch vegetarisch, zelebriert und an Sommerwochenenden Themenabende und Konzerte mit ›Night-Spa‹ veranstaltet (Di–Do 12–15, Fr–So 12–15, 19–22 Uhr, Reservierung erforderlich). Rua Ilha Sabrina, T 296 29 56 69, www. termasferraria.com, Di–So 11–19 Uhr, Mo geschl. außer Fei (dann Di geschl.)

### Reiten und Kutschieren

**Quinta das Raiadas:** Ausritte nach Sete Cidades oder durch die von Feldwegen durchzogene Weidelandschaft der Umgebung. Wer nicht reitet, kann an einer Kutschfahrt teilnehmen und die Aspekte des ländlichen Lebens von anno dazumal kennenlernen. Halb- und ganztägige Programme, bei denen Sie auf dem Landgut auch selbst Hand anlegen können, etwa beim Melken einer Kuh oder bei der Bearbeitung eines Ackers nach alter Manier. Estrada Regional 54, T 917 78 28 36, www. quintadasraiadas.com

*Selbst versierte Schwimmer sollten sich bei diesem Seegang nicht ins Wasser wagen: Die ›piscinas naturais‹ sind von Felsen umgeben, an denen sich die Atlantikbrandung bricht.*

# Mosteiros  📍 Karte 6, B 2

Das Fischerdorf ist der zentrale Ort im Nordwesten. Man trifft sich auf dem platanenbestandenen Kirchplatz, wo bei Festen die Blasmusikkapelle in einem Pavillon aufspielt. Mosteiros punktet mit einigen Restaurants und gleich zwei attraktiven Badeplätzen: Dem halbmondförmigen, oft brandungsgebeutelten Sandstrand (im Sommer 11–19 Uhr bewacht) sind charakteristische Felsen vorgelagert, die an ein Kloster (port. *mosteiro*) mit Mönchen erinnern. Am Nordrand des Ortes liegen viele kleine Naturpools zwischen den Klippen.

## Essen

### Schöne Aussicht

**Gazcidla:** Unten von der Bar geht es die Treppe zum Speiseraum mit Panoramablick (Fensterplatz!) hinauf. Empfehlenswert als Vorspeise *lapas*, Hauptgericht geschmorter Fisch aus dem Ofen. Mittelpreisig.

Rua da Ponte 16, T 296 91 54 69, Fr–Di 12–14.30, 19–21.30 Uhr

### Viele Locals

**O Américo de Barbosa:** Eigentlich wirkt es von der schlichten Einrichtung eher wie eine Snackbar, aber die Einheimischen lieben dieses Restaurant. Der geschmorte

**K**

## LUFTIGES KÜSTENWANDERN

Im äußersten Nordwesten von São Miguel führt der offizielle Wanderweg **PRC 33 SMI Atalho dos Vermelhos** (2 Std., leicht, www.trails.visitazores.com) zum oberen Rand der Steilküste, wo zahlreiche endemische Pflanzen gedeihen. Auch Bussard und Felsentaube lassen sich hier blicken, und die Aussichten sind wirklich fotogen. Die Tour beginnt und endet in dem kleinen Ort **João Bom** 6 km östlich von Mosteiros an der Regionalstraße bei einem Picknickplatz (Bushaltestelle, Wandertafel).

Oktopus geht stets weg wie warme Semmeln. Hier schmeckt sogar der Fischburger.
Rua das Pensões 13, T 296 91 53 53, tgl. 11–16 Uhr

## Bewegen

### Wale gucken

**Terra do Pico:** Ausfahrten zum Whalewatching oder auch einfach entlang der Küste oder zum Sonnenuntergang zu recht günstigem Preis. Außerdem sind traditionelles azorianisches Fischen sowie Seekajak und SUP im Programm.
Rua do Porto 32, T 296 91 52 64, http://terradopico.uractive.com

# Capelas  ♥ Karte 6, D 2

Wer die Bauerndörfer zwischen Bretanha und Santo António durchfahren hat, findet Capelas fast schon urban. Die mit ihrer geschwungenen Barockfassade durchaus repräsentative **Igreja Nossa Senhora da Apresentação** blickt auf den modernen ›Walfängerbrunnen‹ am Stadtpark. Mit einer Skulpturengruppe aus Wal und Fängern erinnert er an die einst wichtigste Profession im Ort. Das Meeresufer ist in dieser Gegend felsig, während im hügeligen Hinterland kleine Bauernhöfe zwischen saftig grünen Viehweiden liegen.

### Schäumendes Hafenwasser

Abenteuerlich duckt sich der winzige Fischerhafen **Porto das Capelas** unter eine überhängende Felswand an der rauen Küste. Vor dieser Kulisse springen Einheimische im Sommer ins Wasser der engen Bucht – ein Nervenkitzel für Wagemutige. Wer einen Blick in das schäumende Wasser werfen, sich aber die steile Zufahrt auf schmalem Fahrweg ersparen möchte, parkt oben und geht hinab (10 Min.).

Früher liefen hier die Walfänger aus, sobald sich Pottwale am Horizont zeigten. Ihr Ausguck stand auf dem nahen **Miradouro da Vigia das Baleias**, zu dem vom Hafen Richtung Osten ein 400 m langer, schmaler Fahrweg führt. Dort schweift der Blick bis nach Ribeira Grande. Der **Miradouro das Capelas** am östlichen Ortsrand bietet eine geniale Sicht auf die zerklüftete Felszunge **Ponta das Capelas**. Den Aussichtsbalkon krönt ein altes Fischerboot, das sich keck über die Steilküste schiebt. Darunter scharen sich Picknicktische und zwei weitere, tiefer gelegene Miradouros.

### Werkstätten für alles

In der **Oficina-Museu das Capelas**, einem umgebauten ehemaligen Bauernhof, zeigt Manuel João Melo höchstpersönlich eine geradezu unglaubliche Kollektion von alten Gegenständen. Nicht zu fassen, dass er erst 1998 begonnen hat, alles zusammenzutragen, wie er freimütig erzählt. Die Gänge der ehemaligen Ställe ließ er mit Fassaden verkleiden, die traditionelle

Häuserzeilen vorspiegeln. Dahinter verstecken sich 35 nachgestellte Werkstätten und Geschäfte, etwa Töpferei, Schmiede, Barbierstube und Tante-Emma-Laden, die meisten von oben bis unten mit Sammlerstücken vollgestopft. In anderen erschaffen Kunsthandwerkerinnen aus dem Ort – speziell wenn Reisegruppen angesagt sind – Blumenbilder aus Zwiebelschalen, formen Krippenfiguren aus Ton und hocken sich auch mal an den Webstuhl. Kurioser geht es kaum.
Rua do Loural 56, T 296 29 82 02, Mo–Sa 9–12, 13–17 Uhr, 2 €

## Schlafen

### Modernst gestylt
**Vale do Navio:** Ein so schickes Hotel hätte man in dieser Inselecke kaum erwartet. In Meeresnähe gelegen, mit 75 komfortablen Zimmern. Meerwasserpool, Spa mit Hallenbad, Sauna, Jacuzzi, gut bestückter Fitnessraum und ein Restaurant mit Atlantikblick.
Rua do Navio 47, T 296 98 00 90, www.hotelvaledonavio.com, DZ ab 65 €

### Herrschaftlich
**Solar do Conde:** Wer ein traditionelles Ambiente bevorzugt, ist mit diesem Adelssitz (17. Jh.) gut bedient. Das große Kapital ist der parkartige Garten mit altem Baumbestand, in dem sich kleine Häuser mit Ferienwohnungen verteilen. Im Haupthaus befinden sich 27 Gästezimmer, Salon und Restaurant.
Rua do Rosário 36, T 911 23 70 46, www.hotelsolardoconde.com, DZ ab 60 €

### Auf dem Gutshof
**Casa do Monte:** Eine Allee aus Platanen und Hortensien empfängt Besucher des 300 Jahre alten Gutshauses. Ehemalige Farmgebäude wurden in unterschiedlich große Ferienhäuser umgewandelt, im feinen ländlichen Stil eingerichtet und für Selbstversorger ideal. Auch ein Pool mit Meerblick gehört zur Anlage.
Santo António, Estrada Regional 2, T 296 29 81 44, www.casasacorianas.com/azores/houses/casa-do-monte, DZ ab 75 €

## Essen

### Unter Einheimischen
**Café Canto do Cais:** Nicht ganz so bequeme Holzbänke an rustikalen Tischen, dafür ist das Ambiente der alten Walfängerkneipe total urig. Die Mutter brutzelt in der Küche, während Vater und Sohn die Gäste bedienen. Gerne genommen wird die Fischplatte mit Kartoffeln und Gemüse, in der Luxusvariante auch mit Obst!
Rua de São Pedro 3, T 914 78 52 92, Mo–Sa 13–15, 17.30–23, So 12–15 Uhr

# Rabo de Peixe
📍 **Karte 6, E 3**

Über den eher ärmlich wirkenden Ort mit dem seltsamen Namen (›Fischschwanz‹) rümpfen die übrigen Inselbewohner die Nase. Auch wegen des durchdringenden Geruchs, den eine Thunfischdosenfabrik verströmt. Die größte Fischereiflotte der Azoren ist im Hafen stationiert, der deshalb aber noch lange keine Sehenswürdigkeit ist. Ganz anders die Umgebung, eine Parklandschaft mit herrschaftlichen Villen, beginnend bei Fenais da Luz im Westen bis nach Santana im Osten.

## Schlafen

### Im Garten wohnen
**Quinta de Santana:** Schöne, ruhige Anlage mit zweistöckigen Häusern in einem

gepflegten, tropischen Garten, der hier das ganz große Plus ist. Die Apartments sind nur nicht mehr ganz taufrisch, aber mit allem Erforderlichen ausgestattet. Um einen Mietwagen kommt man nicht herum. Santana, Canada da Meca 4, T 296 49 12 41, www.qsantana.com, DZ ab 40 €

## Essen

### Bester Tagesfang

**O Pescador:** Eines der renommiertesten Fischrestaurants der Insel, trotz der wenig einladenden Nähe der Thunfischfabrik. Angenehm maritim dekoriert, mit Fischernetzen und Sturmlampen. Tiefgefrorener Fisch ist verpönt, die Ware kommt frisch vom Boot. Für das Gebotene liegen die Preise im günstigen Bereich. Rua do Biscoito 1, T 916 93 61 85, So geschl., Mo nur mittags geöffnet, sonst 11–21.30 Uhr

### Von Landwirten gemanagt

**Associação Agrícola de São Miguel:** Steak ist hier Trumpf. Die Vereinigung der Insellandwirte steckt hinter dem Restaurant auf dem Marktgelände, das somit über alle Zweifel erhaben ist, was die Fleischqualität betrifft. Und das zu sehr fairem Preis. Wer nicht im Speisesaal dinieren mag, bekommt sein Essen auch zwanglos in der hippen Bar serviert. Santana, Rua do Campo Velho, T 296 49 00 01, www.restauranteaasm.com, tgl. 12–23 Uhr

## Bewegen

### Was fürs Handicap

**Batalha Golf:** Einer der landschaftlich schönsten und größten Golfplätze in ganz Portugal. Kombination aus drei 9-Loch-Bahnen, eine Herausforderung auch für Fortgeschrittene. Mehrfach fanden hier auch schon internationale Turniere statt. Greenfee 18 Loch 80 €.

Aflitos, Rua Bom Jesús, T 296 49 85 40, www.azoresgolfislands.com

## Feiern

• **Mercado Agrícola de Santana:** jeden Donnerstag 8–13 Uhr. In dem ansonsten eher unscheinbaren Dorf Santana ist der wöchentliche Viehmarkt ein echtes Spektakel und inselweites Ereignis. Pferde und Rinder, Schweine, Hühner und Jagdhunde wechseln den Besitzer, es wird gefeilscht und gefachsimpelt. Außerdem bieten Dutzende von Ständen Gemüse, Obst, Pflanzen und Saatgut an. Seit 2017 findet der Markt auf einem neuen, komfortablen Gelände in der Rua do Campo Velho statt, womit nach Meinung der Landwirte ihre Arbeit endlich angemessen gewürdigt wird. Ein angeschlossener Laden verkauft jetzt Milchprodukte und Kunsthandwerk, um auch Touristen anzulocken.

# Ribeira Grande

📍 Karte 6, F 2/3

Prächtige Kirchen prägen das Bild und schöne Stadthäuser säumen die lange Hauptstraße. Die mit 10 000 Einwohnern zweitgrößte Stadt von São Miguel ist ganz offenbar ein Ort mit Historie. Der Wohlstand von ehedem ist bis heute zu erahnen. Geschuldet war er einem Aufschwung ab dem Jahr 1800, als französische Leinen- und Wollweber einwanderten, die mit großen Manufakturen in ihrer Heimat kooperierten. Trotz des interessanten Ambientes sich der Tourismus in Ribeira Grande nur allmählich entwickelt, inzwischen kommen aber immer mehr auswärtige Besucher.

## Mühlen in Reih und Glied

Wegen des namengebenden ›großen Flusses‹ war Ribeira Grande schon für die ersten Siedler im 15. Jh. ein attraktiver Ort. An seinem Flusslauf installierten sie etliche Wassermühlen zum Mahlen von Getreide. Sie sind schon lange außer Betrieb, dafür aber heute in den **Jardim do Paraíso** einbezogen. Der Park säumt von der Innenstadt bis zum Meer beidseitig den Fluss. Diesen überspannt als Hingucker die achtbogige Brücke **Ponte dos Oito Arcos** – schwarz-weiß gemustertes Zeugnis der Straßenbaukunst des 19. Jh. Wegen ihrer Schönheit darf die Brücke das Stadtwappen tragen.

## Den Schatten genießen

Eisenholzbäume beschatten mit ihren gewaltigen Baumkronen den Platz mit dem fast unaussprechlichen Namen, den **Largo Conselheiro Artur Hintze Ribeiro** am Ostrand des Flusses. Hier schlägt das Herz der Stadt. Kinder tollen über die Rasenflächen, Erwachsene sitzen auf den Bänken, plaudern und bewundern die gepflegten Blumenbeete. Am Ostrand des Flusses entstand der historische Stadtkern.

## Historische Schätzchen

Am Kopf des Platzes wacht das barocke Rathaus über die Szenerie, die **Câmara Municipal** (18. Jh.) mit ihrem schlanken Glockenturm. Am Nebengebäude rechts in der Rua da Praça lässt sich ein interessantes Detail entdecken, ein verspieltes Fenster im manuelinischen Stil, der um das Jahr 1500 in Mode war. Vielleicht zierte es das erste Rathaus der Stadt.

Schräg gegenüber zieht die prunkvolle, fast schon protzige Barockfassade der **Igreja do Espírito Santo** (Heiliggeistkirche) von 1827 alle Blicke auf sich. Mitten in den dunklen Basaltsteinverzierungen prangt die weiße Krone des Heiligen Geistes. Nirgendwo in Ribeira Grande zeigt sich der französische Einfluss deutlicher als hier. Das Innere, falls überhaupt geöffnet, erweist sich als wesentlich schlichter.

## Wellen in Stein

Last not least ist die **Igreja de Nossa Senhora da Estrela** (auch Igreja Matriz, tagsüber i. d. R. geöffnet) das dritte im Bunde der wichtigen Baudenkmäler von Ribeira Grande. Eine ungewöhnlich breite Treppe führt vom mit Wellenpflastermuster ausgelegten **Largo Gaspar Frutuoso** hinauf. Sie finden hier eine der schönsten und größten Kirchen der gesamten Azoren. Ihre lange Bauzeit reichte vom 16. bis ins 18. Jh., Erdbeben warfen das Werk immer wieder zurück. Zuletzt entstand die geschwungene Barockfassade und das Innere wurde mit üppig vergoldeten Altären verschönert.

## Die Badeschuhe anziehen

Ribeira Grande empfängt durchaus einen gewissen Badetourismus. Natürlich nur im Sommer, wenn milde Tage zum Flanieren auf der Meerespromenade, dem **Passeio Atlántico,** einladen. Dort gibt es auch ein paar Lokale und das Meeresschwimmbad **Piscinas Municipais das Poças** (Mitte Juni–Mitte Sept. tgl. 9–20 Uhr, 2 €) mit vier Pools und kleinem Sandstrand. Wer einen Naturstrand bevorzugt, findet einen solchen und dazu recht geräumigen mit der **Praia de Monte Verde** am westlichen Ortsrand.

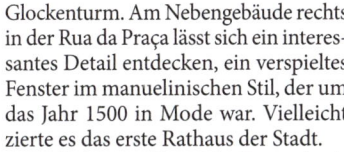

**PRAIA DE SANTA BÁRBARA**

Einer der schönsten Badeplätze auf São Miguel ist der bei **Ribeira Seca** (s. S. 46) imposant vor einer Felskulisse gelegene, mit zeitgemäßer Infrastruktur versehene Naturstrand. Wegen der Brandung lieben auch Wellensurfer diesen Küstenabschnitt. Mit der coolen Snackbar TukáTulá (ganzjährig geöffnet, WLAN).

*Bunte Häuser säumen die Straßen von Ribeira Grande. Das Städtchen mit großer Vergangenheit ist der zweitgrößte Ort auf São Miguel und wird allmählich auch für Touristen interessant.*

### Begrabener Brunnen

Ein Lavastrom verstopfte und verschüttete 1563 den Brunnen von **Ribeira Seca,** dem westlichen Vorort von Ribeira Grande. Dabei war der **Fontanário** auf dem Platz vor der Igreja de São Pedro erst wenige Jahrzehnte zuvor gemauert worden, um die frühen Ortsbewohner mit Wasser zu versorgen. Im 20. Jh. wurde der Fontanário wiederentdeckt und zur Hälfte ausgegraben. Wasser führt er nicht mehr, dafür avancierte er zu einer bescheidenen Attraktion.

## Museen

### Gelatine und Gummi arabicum

**Museu Casa do Arcano:** Hunderte winziger Skulpturen aus Reismehl, Gelatine, gemahlenem Glas oder Gummi arabicum, dem Pflanzensaft der Akazien, stehen hier – Werke einer Nonne, der Madre Margarida Isabel do Apocalipse (1779–1858). Sie arrangierte die Figürchen zu detailreichen Bibelszenen. Wie sie in ihrem Testament verriet, wollte sie sich auf diese Weise dem *arcano místico* (port. mystisches Geheimnis) nähern, das in der Heiligen Schrift verborgen sei. Nachdem ihr Kloster 1832 aufgelöst worden war, lebte Madre Margarida in dem Haus, das heute Museum ist. Die Miniaturen stehen im einstigen Schlafzimmer im Obergeschoss und in der angrenzenden Küche, die das Originalambiente fast unverfälscht bewahrten. In weiteren Räumen wird über das Leben der Nonne informiert.

Rua da Madre do Apocalipse, www.cm-ribeiragrande.pt/casadoarcano, Juli–Sept. Di–Sa 9–17, Okt.–Juni Mo–Fr 9–17 Uhr, 2 €

### Transatlantische Schicksale
**Museu da Emigração Açoriana:** Zum Alltag auf den Azoren gehörte früher die Auswanderung, vor allem nach Kanada. Das Leid der Daheimgebliebenen, das Leben in Übersee und die emotionalen Bindungen nach Hause bringt die Ausstellung den Museumsbesuchern anhand von Fotos, Einreiseanträgen, Einbürgerungsdokumenten und Exponaten zur Pflege der azorianischen Kultur in der neuen Heimat näher. In der ehemaligen Fischmarkthalle im Westen der Stadt.
Rua do Estrela, www.cm-ribeiragrande.pt/mea, Mo–Fr 8.30–12.30, 13.30–16.30 Uhr, 1 €

### Erhabene Künstlerhallen
**Arquipélago – Centro de Artes Contemporâneas (CAC):** Der makellos restaurierte Industriekomplex wurde 2015 für den Mies-van-der-Rohe-Architekturpreis nominiert und ist das neue Prestigeprojekt der Regionalregierung. Hinter der dunklen Basaltsteinfassade destillierte ab 1894 eine Schnapsfabrik Alkohol aus Süßkartoffeln und Mais. Der mächtige Schornstein ze ugt davon. Später lagerte Tabak in den feuchten Kellergewölben. Heute erfüllen wechselnde Ausstellungen moderner Kunst die minimalistisch gestylten Räumlichkeiten mit Leben.
Rua Adolfo Coutinho de Medeiros, www.arquipelagocentrodeartes.azores.gov.pt, Di–So 10–18 Uhr, 3 €

---

## Schlafen

---

### Nachhaltiges Design
**Santa Barbara Eco-Beach Resort:** Das Strandresort ist minimalistisch durchgestylt mit einem Hauch Exotik. Nachhaltigen Materialien wurde, wo möglich, der Vorzug gegeben. Relaxtes Wohnen in Studios und Villen. Mit direktem Zugang zur Praia de Santa Bárbara (s. Kasten S. 45).

Ribeira Seca, Morro de Baixo, ER 1, T 296 47 03 60, www.santabarbaraazores.com, DZ ab ca. 100 €

### Mittendrin sein
**Casa do Mar:** Zwei modern, hell und komfortabel eingerichtete Ferienwohnungen in einem alten Stadthaus in Meeresnähe. Die sehr engagierte Vermieterin wohnt gegenüber. Hier tauchen Sie in das örtliche Leben ein. Buchbar über www.booking.com.
Largo de Santo André 8, T 912 51 79 66, DZ ab 45 €

---

## Essen

---

### Ganz klar atmosphärisch
**O Alabote:** Nicht nur die Architektur mit moderner Lavasteinfassade ist bemerkenswert, sondern auch der Meerblick zum Sonnenuntergang. Spezialität des Fisch- und Meeresfrüchtelokals ist *cataplana de cherne* (Kasserole mit Wrackbarsch). Nach dem Dinner geht es weiter, Einheimische schauen dann gern auf einen Drink im Barbereich vorbei. Eher gehobenes Preisniveau.
Largo East Providence 68, T 296 47 35 16, www.alabote.net, Do–Di 12–2 Uhr, Küche bis 22.30 Uhr

---

## Einkaufen

---

### Handfeste Keramik
**Cerâmica Micaelense:** Eine der beiden verbliebenen Manufakturen einer einst florierenden Keramikproduktion auf São Miguel. Große Auswahl an Fliesen, Vasen, Geschirr. Generell wird mit Blau, manchmal auch Gelb, auf weißer Glasur gemalt. Manche Motive sind traditionell. Andere folgen einem moderneren Geschmack, um junge einheimische Kunden zu gewinnen.
Rua do Rosário 42 (Straße nach Ribeirinha), Mo–Fr 9–12, 13–18 Uhr

# TOUR
# Wo Europas einziger Tee wächst

**Flanieren durch die Teeplantagen**

## Infos

📍 **Karte** 6, G 3

**Dauer:** halber Tag

**Anfahrt:** auf der ER 1-1a Ribeira Grande – Nordeste

**Chá Porto Formoso:** Estrada Regional 24, T 296 44 23 42, www.chaportoformoso.com, Eintritt frei

**Chá Gorreana:** Gorreana 304, T 296 44 23 49, www.gorreanatea.pt, Eintritt frei

Hier ist's ja fast wie in Asien! An der Nordküste von São Miguel erzeugen zwei kleine Plantagen Tee. Bei einem Besuch können Sie Schritt für Schritt die Produktion nachvollziehen und unternehmen zugleich eine Reise in die Vergangenheit, als es 14 Teefabriken auf der Insel gab.

Eine hohe Mauer schirmt **Chá Porto Formoso** von der Straße ab. Neben dem Eingang weist eine riesige Metallteekanne den Weg. Oft werden Besucher vor der *fábrica* persönlich begrüßt. Ein Video führt in die Geheimnisse der Teeproduktion ein. Über Brasilien gelangten Teesträucher im 19. Jh. nach São Miguel. In einer Krise des Orangenanbaus setzten die Großgrundbesitzer auf das neue Produkt. Im 20. Jh. ging es stetig bergab, doch inzwischen steigt die Nachfrage wieder. Die Maschinen stammen aus den 1920er-Jahren, aus der Gründungszeit der Fabrik. Nur vorübergehend nach der Ernte werden sie angeworfen. Diese erfolgt bei möglichst trockenem Wetter insgesamt drei- bis viermal zwischen April und September.

Auf der Plantage Chá Porto Formoso wird ausschließlich schwarzer Tee produziert. In der gemütlichen Teestube stehen alle drei Sorten in geschmackvoller Verpackung zum Verkauf. Ein *broken leaf* wird zur Probe gratis serviert, die teureren Sorten *pekoe* und *orange pekoe* gegen Gebühr. Anschließend lohnt es sich, durch den Garten zur Aussichtsterrasse unterhalb der Fabrik zu laufen, um den Blick über die Teefelder schweifen zu lassen.

*It's teatime! Aber vorher muss erst noch die Arbeit erledigt werden.*

Ein wahrhaft herziges Kunstwerk von Yves Decoster (s. S. 285) kündigt **Chá Gorreana** an. In dem 1883 gegründeten Betrieb bestehen größere Chancen, bei der Herstellung dabei zu sein. Unverdrossen wird gearbeitet, während Besucher durch die Produktionsräume schlendern und fotografieren. Die Firma stellt verschiedene Qualitäten von Grüntee und Schwarztee her. Zunächst liegen die Blätter im Freien zum Welken aus und werden anschließend in zwei ehrwürdigen Maschinen aus England gerollt, um die Geschmacksstoffe aufzuschließen. Damit ist der grüne Tee schon fertig. Für den schwarzen Tee erfolgt anschließend in der Gärkammer im feuchten Keller die Fermentation. In einer Heißluftmaschine werden die Blätter getrocknet. Dann widmen sich Frauen dem Sortieren, einer heiklen Arbeit.

Madalena Mota leitet gemeinsam mit Mutter und Schwester das Familienunternehmen. Sie ist stolz darauf, dass der Tee biologisch produziert wird. Im Gegensatz zu anderen Anbaugebieten machen den Teepflanzen keine Plagen zu schaffen. »Wir haben vier Jahreszeiten an einem Tag«, sagt sie. »Dieses Klima vertragen Schädlinge nicht. Sie brauchen ein konstantes Klima.« Auf dem deutschen Markt, dem wichtigsten für den Export, möchte sie weiter expandieren. Noch wird aber vorwiegend auf den Azoren verkauft.

Nach einer weiteren Teeprobe, die im Verkaufsraum mit angeschlossener Cafeteria ausgeschenkt wird, können Sie auf dem Rundweg PRC 28 SMI (1,5 Std., leicht) das Anbaugebiet von Chá Gorreana erkunden. Sein Verlauf ist einer Infotafel am Parkplatz vor der Fabrik zu entnehmen. Die Landschaft mit den aufgereihten Teesträuchern erinnert an Meereswogen. Am höchsten Punkt des Trails bietet sich eine schöne Aussicht über die Nordküste.

### Süßer Gaumenkitzel

**Mulher de Capote:** Allerlei Liköre stellt die Firma seit 1936 nach traditionellen Rezepten von Hand und ohne Konservierungsstoffe her. Fast alle verwendeten Früchte kommen von den Azoren. Klassisch ist der Likör aus Maracujas, neueren Datums dagegen der Goshawk Gin in verschiedenen Geschmacksnoten. Sie können gratis probieren und auch einen Blick in die Fabrikations- und Lagerräume werfen, wo ein Mitarbeiter die Abläufe erklärt.

Rua do Berquó 12 (an der Straße in Richtung Lagoa do Fogo), ausgeschildert mit Ponto de interesse turístico, www.mulherdecapote.pt, Mo–Fr 9–12 und 13–18 Uhr

## Bewegen

### Bodysurfen

**Azores Surf Center:** Großartige Lage am Brandungsstrand, Schulung für alle Schwierigkeitsstufen, Ausrüstungsverleih, professionelles Team. Je nach Wetterlage wird auch woanders hingefahren. Bei Bedarf wird Unterkunft im eigenen Surfcamp geboten.

Praia de Santa Bárbara, T 915 97 07 26, www.azoressurfcenter.com

## Ausgehen

### Theatertradition

**Teatro Ribeiragrandense:** Das renovierte Traditionshaus von 1922 ist schon rein äußerlich eine Sehenswürdigkeit, mit seiner weiß-gelben Fassade, an der Elemente aller Stilrichtungen vereint scheinen. Auch der große Theatersaal hat noch die Aura der Erbauungszeit. In unregelmäßigen Abständen finden Konzerte, Musical, Theater und Tanz statt. Das aktuelle Programm steht unter www.ribeiragrande.pt/agenda.

Largo 5 de Outubro, T 296 47 03 40

*Offenbar endet der Spaß am Surfen nicht für alle glimpflich, deshalb sollte man besser eine professionelle Surfschule aufsuchen, die einem bei der starken Brandung hilfreiche Tipps gibt.*

## Feiern

● **Cavalhadas de São Pedro:** 29. Juni. Zu Ehren von Sankt Petrus trabt ein Reiterumzug durch die Straßen. Das mittelalterliche Spektakel gelangte im 16. Jh. nach São Miguel. Prunkvoll gekleidete Reiter schwenken rote Fahnen, ihre Pferde tragen Schellen um den Hals. Gegen 12 Uhr versammeln sich die Kavaliere – allen voran der ›König‹ mit langem Bart – vor der Igreja de São Pedro in Ribeira Seca, wo sie, uralte Texte rezitierend, Sankt Petrus huldigen. Dann zieht die Prozession weiter in die Innenstadt von Ribeira Grande.

● **Monte Verde Festival:** vier Tage im August. Sommerfestival mit heißen nächtlichen Rhythmen am gleichnamigen Strand. Infos: www.monteverdefestival.com.

## Infos

● **Information:** Posto de Turismo, Av. Luís de Camões (im Busbahnhof), T 296 47 43 32, www.ribeiragrande.pt.

● **Inselbusse:** Busbahnhof in der Rua de Luís de Camões (im Nordwesten der Innenstadt).

● **Taxis:** Largo 5 de Outubro, T 296 47 32 96

# Caldeiras da Ribeira Grande

📍 **Karte 6, F 3**

In einem engen Tal, in das eine von blühenden Büschen und Alleebäumen gesäumte Pflasterstraße führt, steht seit 1811 ein Kurhaus. Nebenan blubbert in einem Steinbecken kochend heißes Thermalwasser. Für ein wohltuendes Bad

### STRAND MIT FLAIR

Eine der schönsten Anlaufstellen im Norden von São Miguel ist die **Praia dos Moinhos** 8 km östlich von Ribeira Grande. Über dem gepflegten kleinen Strand wird auf der Gartenterrasse des **Café Moinho** relaxt. Nebenan in der traditionellen Steinhäusergruppe serviert das Restaurant **Maré Cheia** (Rua dos Moinhos 27, T 296 44 66 25, Okt.–April Mo geschl., sonst tgl. geöffnet, mittelpreisig) den frischen Fang der Fischer von Porto Formoso. Wer sich bewegen möchte, kann auf dem Wanderweg **TM 04** mehrere Aussichtsstellen an der Küste abklappern (2,5 Std., mittel).

wird es auf eine erträgliche Temperatur heruntergekühlt. Die nostalgische Anlage wurde mit Augenmaß renoviert und ist jetzt wieder in Betrieb (s. S. 237).

### Der Stille begegnen

Die kleine Ansiedlung rundum erweist sich als romantischer, stiller Ort. Die Steintröge eines alten Waschplatzes sind noch zu erkennen. Daneben gibt es Picknicktische und neun Löcher im heißen Boden, in denen Ausflügler ihren mitgebrachten *cozido* über mehrere Stunden hinweg garen lassen. Am Picknickplatz beginnt der idyllische Rundweg **PRC 29 SMI** (2,5 Std., einfach) zum **Salto do Cabrito,** einem Wasserfall beim gleichnamigen Kraftwerk. Im Sommer kann man dort baden. Obwohl der Weg ansonsten keine größeren Schwierigkeiten bereithält, ist der Abschnitt auf Gitterrosten über einer Klamm durchaus spektakulär. Und im späteren Verlauf kann es je nach Wasserführung notwendig sein, einen Bach barfuß zu durchqueren.

# Lieblingsort

## Warmbad im Wald

Grünes Blattwerk und riesige Farnwedel sorgen für Romantik. Dazwischen stürzt eine Kaskade in die angenehm warme **Caldeira Velha** (📍 Karte 6, F 3). Ein kleineres Becken erreicht sogar Badewannentemperatur. Die Azorianer relaxen gern in den Felspools und picknicken drumherum zwischen dampfenden Fumarolen und kochend heiß blubbernden Tümpeln (EN 5-2 A, 6 km südlich von Ribeira Grande, Sommer 9–21, Winter 9–17 Uhr, max. 2 Std., max. 250 Personen gleichzeitig, 3 €, mit Bad 8 €).

### Raue Berglandschaft

Eine extrem schmale Straße führt von Caldeiras weiter bergauf, in das Hochtal von **Lombadas** am Oberlauf der Ribeira Grande. Diese hat hier einen eisenreichen, rostbraunen Zufluss, in dessen gerölliges Bachbett – ausgehend von der Ruine einer Mineralwasserfabrik – ein kurzer Abstecher zu Fuß lohnt.

Eine neue, breitere Straße verbindet Lombadas durch die raue Gebirgslandschaft rund um den Monte Escuro (889 m) mit der ER 4, auf der man die Südküste bei Vila Franca do Campo erreicht.

## Essen

### Vulkangekocht

**Caldeiras:** Dem Zeitgeist entsprechendes Ausflugslokal beim Kurhaus, wo auch *cozido*, im heißen Vulkanboden gegarter Eintopf (So Büffet, sonst auf Vorbestellung), serviert wird. Recht günstig im Preis. Largo das Caldeiras, T 296 47 43 07, Mo geschl.

# Lagoa do Fogo
♥ Karte 6, F 3/4

### Glasklares Wasser

Quellen speisen den stillen Kratersee. Daher ist sein Wasser besonders klar. Dunkle Kryptomerienwälder säumen die Gebirgsstraße ER 5, die sich von Ribeira Grande hinaufwindet, an der Caldeira Velha (s. links) vorbei. Oben liegt grünes, fast menschenleeres Weideland. Ein **Miradouro** bietet den ultimativen Tiefblick zum See, den ein 6 km breiten Einsturzkrater füllt. 1563 entstand die Lagoa do Fogo (›Feuersee‹) bei einem gewaltigen Vulkanausbruch.

### Aus Sicht der Vögel

Die meisten Besucher belassen es bei dieser Annäherung an den See. Nur wenige wagen den halbstündigen Abstieg auf schmalem, steilem Pfad zum Sandstrand unten am Nordufer. Gebadet wird hier nur selten, denn das Wasser ist wegen der Höhe (575 m über dem Meeresspiegel) recht kühl. Dafür lassen sich zahlreiche Seevögel beobachten, die trotz der Entfernung zur Küste an den Kraterhängen nisten. Bei der weiteren Straßenauffahrt folgen Miradouros mit Sicht über große Teile der Insel. Dann ist der Pass unterhalb des antennengekrönten **Pico Barrosa** (947 m) erreicht, des zweithöchsten Gipfels von São Miguel. Die paar Schritte hinauf eröffnen noch einmal einen Blick aus der Vogelperspektive.

# Lagoa
♥ Karte 6, E4

Um den kleinen Hafen des Städtchens (9000 Einw.) drängen sich niedrige alte Fischerhäuser. Bei vielen ist die Erdgeschossfassade gefliest, um der ständig hohen Luftfeuchtigkeit die Stirn zu bieten. Eine sehr ursprüngliche, auf ihre Art reizvolle Atmosphäre kennzeichnet Lagoa. Aus ganz São Miguel kommen die Menschen am Wochenende, um in den hiesigen Fischrestaurants einzukehren, deren Spezialität Steak vom Weißen Thunfisch (*albacora*) ist. Den Rest des Tages verbringen die Familien bei Sommerwetter in der Felsbadeanlage nebenan.

## Museen

### In der alten Destille

**Museu do Alambique:** Ab 1942 arbeitete in dem Gebäude die Schnapsbrennerei von ›Malassada‹, wie der Firmenchef nach einer beliebten Sorte Krapfen spöttisch ge-

# TOUR
# Ein feuriges Erlebnis?

**Wanderung zur Lagoa do Fogo**

## Infos

📍 **Karte 6, F 3–4**

**Start:** Lugar da Praia
(Trinta Reis), ab ER
1-1 Schild Percurso
Pedestre 1,3 km fol-
gen, Wandertafel zur
PRC 2 SMI

Der ›Feuersee‹ ist das Ziel des Wanderwegs **PRC 2 SMI** (4 Std., mittel). Insgesamt 500 Höhenmeter sind auf und ab zu bewältigen. Zunächst führt ein langer Anstieg auf Feldwegen durch Weideland, an einem Wasserspeicher rechts weiter, durch einen Eukalyptus- und Akazienwald. Dann erreichen Sie eine **Levada.** An diesem romantischen Wasserkanal entlang wandern Sie nun ohne weitere nennenswerte Steigung.

Dann folgt ein stilles Bergtal, durch das es sanft aufwärts an das Südufer der **Lagoa do Fogo** (s. S. 53) geht. Dort bietet sich eine Rast an. Wegen brütender und eventuell verärgerter Möwen ist allerdings dabei vor allem in den Monaten April/Mai etwas Vorsicht angesagt. Die Vögel fliegen schon einmal Scheinangriffe gegen arglose Besucher, die dann rasch das Weite suchen. Ein Übergang zur Nordseite des Sees ist wegen der steilen Ufer nicht möglich. Der Rückweg entspricht also dem Hinweg. Was nicht von Schaden ist, denn erst jetzt lässt sich der weite Ausblick hinunter zum Atlantik so richtig genießen.

**Variante:** Für Unermüdliche im Anschluss, für Bequeme als Alternative bietet sich der **PR 39 SMI** (1,5 Std., leicht) an, der an einer Zisterne beginnt (und nach Rückkehr wieder endet). Als Lehrpfad thematisiert er die historische Nutzung von Wasserenergie auf São Miguel, führt zu den Ruinen alter Wasserkraftwerke und zum Wasserfall **Cascata do Segredo.** In dessen Nähe ist in einem stillgelegten Kraftwerk der **Núcleo Museológico da Electricidade** zu besichtigen (Anmeldung unter T 296 20 20 00).

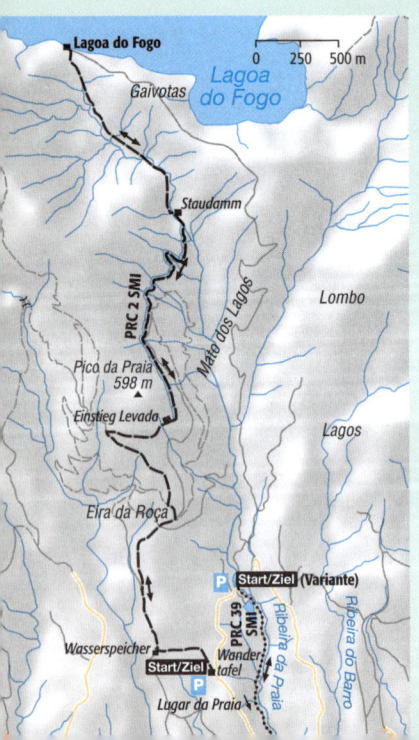

nannt wurde. Sein Sohn Angelo Borges erinnert sich, dass alle Männer der Familie, also Großvater, Vater und zehn Söhne, in Produktion und Verkauf auf der ganzen Insel arbeiteten. Heute befasst sich hier eine ständige Ausstellung mit Traditionen von Kunsthandwerk und Kultur der Azoren.

Travessa da Rua do Estaleiro, keine festen Zeiten, Besichtigung auf Anfrage beim Tourismusbüro s. unten, Eintritt frei

### Erinnerungen an vorvorgestern
**Museu Etnográfico de Cabouco:** Hier tauchen Sie in das Alltagsleben früherer Zeiten ein. Das Museum thematisiert die Berufe des Schusters, Schreiner und Barbiers, zeigt altes landwirtschaftliches Gerät und Instrumente der Weinherstellung (s. auch Zugabe, S. 95).

Cabouco, Rua da Igreja, Di–Fr 10–13.30, 14.30–18, Sa 10–16 Uhr, Eintritt frei

### Aus Feuer geboren
**Observatório Vulcanológico e Geotérmico:** Das Vulkanzentrum ist ein Leckerbissen vor allem für geologisch Interessierte. Ein freundlicher junger Mann führt auf Englisch durch die Ausstellung, zeigt jede Menge Vulkangesteine und Mineralien und erklärt die Entstehung von São Miguel über Jahrmillionen hinweg in Etappen. Fotos dokumentieren den Ausbruch des Capelinhos, des jüngsten azorianischen Vulkans auf Faial. Besonders spannend: Fossilien von Santa Maria aus dem dortigen Kalkstein und – als seltene Besonderheit – Fossilien aus Lavagestein von São Miguel, etwa versteinertes Holz.

Avenida Vulcanológica 5, http://ovga.centros ciencia.azores.gov.pt, Führungen (45 Min.) Mo–Fr 14.30, 15.30 und 16.30 Uhr, 1,50 €

## Essen

### Fisch vom Feinsten
**Borda d'Água:** Farbenfroh mit Azulejos dekoriert ist das renommierte Lokal am

### GEOCACHING IN LAGOA

Die Gemeinde Lagoa hat für Geocacher einen Wegweiser zusammengestellt (unter www. lagoa-acores.pt). So lassen sich die Sehenswürdigkeiten des Ortes, zu dem auch Caloura gehört, auf vergnügliche Weise entdecken.

Hafen. Außer fangfrisch über Holzkohle gegrilltem Fisch sind auch Meeresfrüchte, etwa Langusten, im Angebot. Von vielen Gerichten kann man halbe Portionen (*meia dose*) bestellen. Preislich in der oberen Mitte, aber es gibt günstige Tagesmenüs.

Largo do Porto 52, T 296 91 21 14, Mo–Sa 11.30–22.30 Uhr

### Ohne Schnörkel
**A Traineira:** Spezialität ist Reis mit Meeresfrüchten. Auch die açorda de camarão (Brotsuppe mit Krabben) ist einen Versuch wert. Am Sonntag wird meist ein Büffet arrangiert. Das Ganze wird in einem eher einfachen Rahmen gehalten, wie oft in den von Locals bevorzugten Restaurants. Auch hier haben die Preise zuletzt angezogen.

Rua Dr. José Pereira Botelho 55, T 296 96 52 49, tgl. 12–22 Uhr

## Einkaufen

### Alte Keramikkünste
**Cerâmica Vieira:** Die Keramikmanufaktur wird seit 1862 in nun schon vierter Generation betrieben, die fünfte steht in den Startlöchern. Geschirr, Vasen, Blumentöpfe, Fliesen, alle mit inseltypischen Motiven und vornehmlich in Blau auf Weiß bemalt. Das I-Tüpfelchen ist die Schmuckkollektion, entstanden aus einer Zusammenarbeit mit der Künstlerin Ana Paula Gouveia. Dem Fabrikverkauf ist ein Museum angeschlossen. Außerdem kann (Mo–Fr) der Herstellungs-

*Neben der Wäsche gleich die Seele baumeln lassen? Das Fischerviertel von Lagoa besticht durch ursprüngliche und unverfälschte Atmosphäre.*

prozess verfolgt werden, vom Formen des Tons über das Bemalen von Hand bis hin zum Brennen im Ofen.
Rua das Alminhas 12, Mo–Fr 9–18 (Nov.-März 8–17), Sa 9–12.45 Uhr

## Infos

• **Information:** Posto de Turismo, Largo Nossa Senhora do Rosário, T 296 96 53 46, www.lagoa-acores.pt

# Caloura und Água de Pau

📍 **Karte 6, F 4**

Das vielleicht mildeste Klima von São Miguel macht die felsige Südspitze zu einem exklusiven Ferienziel. Früher musste man sich Caloura leisten können. Hinter hohen Mauern verborgene Villen in subtropischen Parks zeugen davon. Heute öffnen einige Unterkünfte ihre Tore für Außenstehende. Auf den Hafen, den **Porto da Caloura,** trifft der Ausdruck pittoresk mal wirklich zu. Hier sind noch Traditionsfischerboote mit Angeln aus Schilfrohr in Betrieb. Bei aufgewühlter See werden sie über eine Rampe an Land gezogen. Die Fischer selbst leben weiter oben im alten, verschachtelten Dorf **Água de Pau.**

## Tummelplatz für Wasserratten

Einheimische Familien vergnügen sich am Wochenende am Hafen von Caloura. Man planscht im Felspool an der Spitze des steinernen Kais oder klettert über eine Leiter ins geschützte Hafenbecken.

Am Westrand von Caloura duckt sich ein winziger Strand unter die Steilküste, die **Baixa da Areia.** Eine lange Betontreppe führt hinunter. Bei Niedrigwasser tritt hier Sand zutage, den die Flut stets wieder schluckt. Aus einer Felsscharte sprudelt ein Wasserfall in einen Gezeitentümpel. Die Zone ist nicht bewacht und es besteht Steinschlaggefahr – Baden auf eigene Gefahr.

### Denkmalschutz in spe

An der Hafenstraße ist die barocke Fassade der **Ermida do Convento da Caloura** (16./17. Jh.) von oben bis unten mit Azulejos verkleidet. Für die Azorianer symbolisiert das Kirchlein den Ursprung ihres wichtigsten Festes, das sich um den Senhor Santo Cristo dos Milagres dreht. Ursprünglich war die Ermida nämlich einem Kloster angeschlossen, dessen fromme Schwestern die Christusbüste 1541 persönlich aus Rom geholt hatten. Schon wenige Jahrzehnte später verließen sie ihr ungeschützt am Meer gelegenes Konvent aus Angst vor Korsarenüberfällen und zogen mitsamt der Büste nach Ponta Delgada. Mönche übernahmen das Kloster in Caloura, 1832 wurde es aufgelöst und kam in private Hände. Den Besitzern fehlt das Geld für den Unterhalt der Ermida. Doch jetzt besteht Hoffnung: Öffentliche Mittel sollen es richten, eine Renovierung – die den Inselbewohnern so sehr am Herzen läge – ist geplant.

### Avantgarde auf Inselniveau

Das **Centro Cultural de Caloura** ist immer auf dem neuesten Stand. In eines der ehemaligen Weingüter von Caloura hineingebaut, lohnt es schon deshalb den Besuch. Aber das ist nicht alles. Der bekannte azorianische Maler Tomaz Borba Vieira (geb. 1938) gründete das Zentrum 2005, um Kunst und Kultur zu »dezentralisieren«. Im Haus und im gepflegten Skulpturengarten werden wechselnde Werke aus seiner Privatsammlung gezeigt, die verschiedenste vorwiegend azorianische und portugiesische Maler, Bildhauer und Fotografen der Moderne umfasst. Nur seine eigenen Arbeiten sind nicht vertreten. Die freundliche Museumswärterin zeigt einige Drucke und Bücher und verweist auf das Museu Carlos Machado in Ponta Delgada, das seinen Kunstbestand allerdings derzeit nur wechselweise ausstellt.

Canada do Castelo, www.cccaloura.com, www.facebook.com/cccaloura, Mo–Sa 10.30–12.30, 13.30–17.30 Uhr, So/Fei geschl., 2 €

## Schlafen

### Im alten Weingut

**Apartamentos da Galé:** António Magalhães verwandelte die Adega, den Weinkeller des schon lange stillgelegten Gutshofs seiner Familie, in fünf Reihen-Ferienhäuser vom Feinsten: vorne Meerblick, hinten Terrasse mit Sicht in die Berge. Sehr netter Empfang, eine Ausstattung mit Lebensmitteln für das erste Frühstück gibt es dazu.

Caloura, Rua dos Ferreiros 113, T 915 81 04 91, buchbar über Internetportale wie Airbnb, DZ ab ca. 40 €

**SCHÖNER BADESTRAND** **B**

Östlich von **Caloura** durchbricht die hellgrausandige **Praia de Baía d'Alto** auf fast 600 m Länge die beiderseits felsige Küste. Einer der besten Badeplätze der Insel, bis auf das Großhotel Pestana Bahía Praia an seinem östlichen Ende blieb er unbebaut. Die Einheimischen lieben diese Stelle, auch wenn unmittelbar hinter dem Strand die (seit Eröffnung der Autobahn nicht mehr so viel befahrene) Küstenstraße verläuft.

### Über der Brandung

**Aparthotel do Mirante:** Vielleicht nicht so superindividuell, aber die Lage über der Steilküste ist sehr beeindruckend und das Haus mit 29 Ferienwohnungen noch überschaubar groß. Genießen Sie den schönen Atlantikblick vom Balkon, von der Poolterrasse oder aus dem Café Vigia da Baleia (›Walausguck‹) im ersten Stock.

Caloura, Quinta do Mirante, T 296 96 04 20, www.aparthotelmirante.com, Apartment für 2 Pers. um 100 €

### Meerespanorama unverstellt

**Caloura Resort:** Das erste Haus am Platz, ein mittelgroßer Viersterner auf der Küstenklippe, bietet guten Komfort und eine gediegene Einrichtung. Der Clou ist – außer der spektakulären Lage – der private Zugang zum Meer, wo man unmittelbar zum Tauchen und Schnorcheln startet, vom hauseigenen Tauchzentrum (Mai–Okt.) organisiert.

Caloura, Rua do Jubileu 27, T 296 96 09 00, www.calourahotel.com, DZ ab 65 €

## Essen

### Ungezwungen am Hafen

**Bar Caloura:** Strandlokal in der alten Hafenfestung, mit einfacher, aber schmackhafter Küche. Der Fisch aus Tagesfang wird an der Theke ausgesucht, dazu gibt es Kartoffeln und Salat. Wunderbar auch die *lapas* (Meeresschnecken) mit Knoblauch und Paprika. Zwar werden in Caloura die Bürgersteige frühzeitig hochgeklappt, doch für einen Cocktail nach dem Abendessen ist hier allemal Zeit.

Caloura, Rua da Caloura 20, T 296 91 32 83, tgl. 12–21.30 Uhr, Meeresfrüchte/Fisch 10–15 €

*Sehen und gesehen werden: Azorianische Familien und Jugendliche nutzen am Wochenende im Hafen von Caloura die kleinen Badeplätze zur Entspannung.*

**B**

## BESTER BLICK AUF CALOURA

Wer keine Gelegenheit hat, nach Caloura hinunterzufahren, kann sich einen Überblick vom hoch gelegenen **Miradouro do Pisão** an der alten Küstenstraße zwischen Água de Pau und der Praia de Baía d'Alto verschaffen. Auf der parkartigen Aussichtsterrasse stehen Picknicktische, wie geschaffen für eine Pause.

### Steak bis zum Abwinken

**Casa do Abel:** Hier können Sie im besten Rindfleisch schwelgen, das auf den Azoren ja eine Sonderstellung einnimmt. Dazu passend eine riesige Weinauswahl. Die rustikale und zugleich moderne Einrichtung in dem ehemaligen Kramladen von 1887 tut ein Übriges dazu, dass man sich hier wohlfühlt. Mittelpreisig.
Água de Pau, Rua Largo do Barração 1, T 296 91 39 54, www.facebook.com/acasa doabel, Do–Di 12–21.30 Uhr

### Eine grundsolide Sache

**Paraíso do Milênio:** Schlichte Einrichtung, günstige Preise, große Außenterrasse, gute regionale Küche. Vieles wird von Grund auf von Hand zubereitet – etwa die Knoblauchsauce für die gebackenen Garnelen. Wer dagegen Fleisch bevorzugt, ist mit dem *bife à Milénio* gut bedient.
Água de Pau, Rua do Paúl 3, T 296 70 23 66, Di–So 6–22 Uhr

## Feiern

• **Festa do Pescador:** Wochenende Ende Aug. Das Fischerfest lockt Tausende von Menschen nach Caloura. Höhepunkte sind das Folklorefestival, die Wassersportwettbewerbe und eine Modenschau. Abends heizen DJs den Besuchern ein. Stände bieten Fisch an, dazu Maisbrot und Landwein. Am Sonntag heilige Messe in der Ermida mit anschließender Prozession zum Hafen mit den Figuren des Heiligen der Fischer, Pedro Gonçalo Telmo, und der Schmerzensmadonna.

## Infos

• **Posto de Turismo:** Porto da Caloura, www.lagoa-acores.pt, mit Verkauf von Kunsthandwerk und Sportartikeln sowie Verleih von Schnorchelausrüstung.
• **Inselbusse:** halten in Água de Pau; kein Anschluss nach Caloura.

# Vila Franca do Campo ♀ Karte 6, G 4

Am Meer locken Fischrestaurants, Jachthafen und die 300 m lange **Praia Vinha d'Areia.** Das historische Zentrum punktet mit Kirchen, Klöstern und Palästen. Seinen nostalgischen Charme verdankt der 4000-Einwohner-Ort einem Dornröschenschlaf, in den er nach dem verheerenden Erdbeben 1522 versank und aus dem er bis heute nicht wirklich erwacht ist. Zuvor war Vila Franca do Campo die Inselhauptstadt gewesen, in der alle Großgrundbesitzer residierten. Zwar konnte der Feudalherr den Adel, der die Stadt aufgeben wollte, zum Wiederaufbau bewegen. Dennoch ging 1546 die Hauptstadtwürde an Ponta Delgada verloren.

### Ein Hauch von Südsee

Wie ein Atoll wirkt die kleine Insel vor Vila Franca do Campo, mit dem kreisrunden Naturpool in der Mitte, den Klippen und Felsbarrieren umgeben. Doch von Korallenriff kann hier keine Rede sein. In Wirklichkeit handelt es sich beim **Ilhéu de Vila Franca** um den Rest eines vulkanischen Tuffkegels. Die Brandung hat ihr Zerstörungswerk schon recht gründlich verrichtet. Von Norden drang das Meer in den einstigen Krater ein. So entstand ein 150 m breites, vor Wind und Wellen geschütztes Becken, das zum Schwimmen, Schnorcheln und Seekajakfahren einlädt. Aber auch zum Kraxeln über die Felsen, wobei so mancher Abgrund lauert. Sie finden natürliche Liegeflächen zum Sonnenbaden im erodierten Tuffgestein, aber keine Einkehrmöglichkeit. Daher Proviant und Getränke mitbringen!

Das unbewohnte Eiland sicherte früher als natürliche Festung die Stadt, Boote suchten hier bei Südweststürmen Schutz, Walfänger unterhielten einen Ausguck und es wurde sogar Wein angebaut. Heute steht der Ilhéu de Vila

**PUPPEN BEGRÜSSEN DEN FRÜHLING**

Ein alter Brauch mit heidnischen Wurzeln wird in und um Vila Franca wieder gepflegt, nämlich die Tradition der *maios*. Diese lebensgroßen Puppen basteln die Bewohner zur Begrüßung des Frühlings aus Stroh und Pappmaché, staffieren sie mit abgelegten Kleidern aus und umgeben sie auch gern mit allerlei Requisiten, etwa Möbeln oder Lebensmitteln. Sie stellen populäre Typen dar: den Beamten, die Krämersfrau, Handwerker und Fischer oder eine fröhliche Runde von Emigranten, die sich zum Picknick versammeln. Zu sehen am 1. Mai und in den Tagen danach.

Franca wegen der hier in großer Zahl brütenden Seevogelarten (u. a. Gelbschnabel-Sturmtaucher, Seeschwalbe) auf der internationalen Liste der Important Bird Areas (IBA).

Im Sommer setzt regelmäßig eine Personenfähre über. Die Zahl der zugelassenen Besucher pro Tag ist auf 400 begrenzt. Daher wird es in der sommerlichen Badesaison und speziell an den Wochenenden knapp. Dann empfiehlt es sich, bereits gegen 9 Uhr einzutreffen, um noch ein Fährticket zu ergattern (s. S. 65).

### Der lauschige Mittelpunkt

Lauschiger Mittelpunkt der Altstadt mit ihren ansonsten eher strengen Straßenzügen ist der **Jardim Antero de Quental.** Der gepflegte kleine Stadtpark bietet Schatten, Sitzbänke, Blumenbeete und am Rande auch einen Kiosk, der Kaffee und kühle Getränke serviert – was will man mehr?

Schlendern Sie doch anschließend die breiten Treppenstufen zur **Igreja de São Miguel** hinauf. Die dem Inselpatron geweihte Kirche wurde nach dem Erdbeben originalgetreu im Stil der ›Atlantischen Gotik‹, der schlichten Bauweise der Entdeckungsfahrer, wiederhergestellt. Damit ist sie fast einzigartig auf den Azoren, nur auf Terceira gibt es eine vergleichbare Kirche (s. S. 171). Turm und Fassade sind dunkel und wuchtig, das Spitzbogenportal ist breit und flach. Innen stellt linker Hand ein Flachrelief sehr anschaulich das Jüngste Gericht dar. Im Hauptaltar wird eine Figur des Erzengels Michael verehrt. Fratzenhafte Gesichter zieren das manuelinische Taufbecken.

### Erstes Krankenhaus

Westlich grenzt an den Stadtpark ein Baudenkmal, das auf den ersten Blick oft für ein Kloster gehalten wird. In Wirklichkeit geht es aber mitsamt zugehöriger Kirche auf das erste Hospital der Azoren zurück,

*Die wunderbare Lage der Ilhéu de Vila Franca lässt sich am besten auf einer Bootstour erkunden.*

das die **Misericórdia,** eine frühe staatliche Wohlfahrtsorganisation, Ende des 15. Jh. errichtete. Der heutige Barockbau stammt allerdings aus dem 17./18. Jh.

### Im Zickzackschritt treppauf

Die Symmetrie des Aufgangs ist beeindruckend: Ein- und zweiläufig im mehrfachen Wechsel führt die lange Treppe zur Pilgerkirche **Ermida de Nossa Senhora da Paz** hinauf – mit Fliesenbildern verziert, die Szenen aus dem Marienleben zeigen. Passend dazu werden die seitlichen Hecken akkurat zurechtgestutzt. Diese barocke Konstruktion hat Einmaligkeitswert auf den Azoren. Einsam thront die Ermida 2 km oberhalb von Vila Franca am Berg. Im 16. Jh. soll sich an dieser Stelle eine Marienerscheinung ereignet haben, ein Hirte fand die bis heute hier verehrte Madonnenfigur in einer Grotte. In vergangenen

Jahrhunderten war sie den Menschen ein Trost angesichts häufiger Piraten- und Korsarenüberfälle. Der alte Kirchenbau wurde im 18. Jh. komplett erneuert, damals entstand auch die Treppe.

Sie können mit dem Auto hinauffahren oder auch zu Fuß der schmalen Straße folgen. Diese passiert ein paar Ananastreibhäuser und geht dann in einen steilen, von Picknicktischen gesäumten Pflasterfahrweg über. Schließlich wird ein Wendeplatz unter der Treppe erreicht. Oben erwartet Sie eine meist verschlossene Kirche, dafür aber ein wunderbarer Ausblick über die Stadt.

## Museen

### Das gönnte sich der Adel

**Museu de Vila Franca do Campo:** Hauptsitz des Stadtmuseums ist der renovierte Adelspalast Solar Viscondes do Botelho (Haus Nr. 18). Ein Ahnherr des ehemaligen Besitzers, Gonçalo Vaz Botelho, gründete Vila Franca im 15. Jh. In der heutigen Form mit dem repräsentativen Turm stammt das Gebäude aus dem frühen 19. Jh. Der Palast ist für Veranstaltungen und Ausstellungen reserviert. In der **Casa Botelho de Gusmão** (Haus Nr. 13) sind heimatkundliche Exponate zu sehen: Mobiliar, Hausrat, eine Sammlung einheimischer Keramik und traditionelle Fischerboote. Pferdeställe und Kutschen, die zu dem herrschaftlichen Haushalt gehörten, ergänzen das Ensemble (Haus Nr. 5).

Rua Visconde do Botelho, www.cmvfc.pt, Di–Fr 9–12.30, 14–17, Sa/So/Fei 14–17 Uhr, Eintritt frei

*Die Tradition der Töpferei bot den Azorianern lange Zeit ein Auskommen, heute ist sie Museumskunst.*

### Eine Sache des Tons

**Olaria-Museu Mestre António Batata:** Eine urige Töpferei (19. Jh.; Rua Padre Lucindo de Andrade) erinnert an die Keramikproduktion in Vila Franca. Jahrhundertelang ernährte der Export der Tonwaren auf andere Inseln Dutzende von Handwerkern und ihre Familien. Doch vor wenigen Jahren musste in Vila Franca do Campo auch die letzte Keramikwerkstatt ihre Pforten schließen, da es keinen Nachfolger gab. Meister António Batata fertigte bis ins 21. Jh. hinein sehr bodenständige Gebrauchsgegenstände wie Geschirr, Töpfe oder Aufbewahrungsgefäße. Heute untersteht seine Werkstatt dem Stadtmuseum. Junge Keramikkünstler dürfen sie unter bestimmten Voraussetzungen nutzen. Eine kleine Ausstellung dokumentiert das traditionelle Töpferhandwerk. Ganz in der Nähe blieb mit dem ebenfalls vom Stadtmuseum betreuten **Forno de Loiça** (Rua Padre Manuel José Pires 19) ein weiteres Relikt des Keramikhandwerks erhalten. In dem kollektiven Ofen ließen alle Töpfer von Vila Franca ihre Ware brennen.

Falls geschlossen, jeweils Anmeldung im Museu de Vila Franca do Campo, Eintritt frei

---

## Schlafen

---

### Hinter Klostermauern

**Convento de São Francisco:** Etwas trutzig wirkt das ehemalige Franziskanerkloster (17. Jh.). Die Einrichtung mit Antiquitäten vermittelt historisches Flair, gepaart mit modernen Annehmlichkeiten. Mit der hohen Luftfeuchtigkeit und ihren Begleiterscheinungen haben sicher auch die Mönche anno dazumal zu kämpfen gehabt. Wer sich daran nicht stört, findet hier eine Unterkunft der besonderen Art. Vor der Tür liegt ein exotischer kleiner Stadtpark mit Grotten und Ententeich.

Avenida Liberdade, T 962 65 15 93, http://conventosaofrancisco.net, DZ 100–130 €

### Öko-Feriendorf

**Quinta dos Curubás:** Holzhäuser für Selbstversorger in einem Obst- und Blumengarten mit Ententeich. Die Anlage wird umweltfreundlich geführt, mit Recycling, Regenwassernutzung und Solarpanels. Gratis-Leihfahrräder stehen zur Verfügung.

Ribeira Seca, ER 1, T 961 73 98 80, www. quintadoscurubas.com, DZ ca. 90 €

## Essen

### Mal was anderes

**Praia Café:** Strandlokal im Beachclubstil, das den perfekten Meerblick und dazu eine modern interpretierte Azorenküche bietet. Einheimische Zutaten werden ungewöhnlich kombiniert, so kommt etwa der Schwertfisch als Vorspeise mit Maracuja-Vinaigrette daher. Die Preise liegen für Inselverhältnisse im höheren Bereich.

Praia Vinha d'Areia, T 296 53 91 62, www. facebook.com/praiacafe, Di–So 12–15, 19–22 Uhr

### Ehrliche Fischerküche

**Estrela do Mar:** Die Lage am Hafen ist schon nicht schlecht, man blickt von der überdachten Terrasse auf die Boote. Dementsprechend gibt es hier Fisch und Meeresfrüchte in großer Auswahl, die je nach Wunsch gegrillt oder gebraten werden. Ein landestypisches Fischlokal, die Preise entsprechen Angebot und Lage.

Rua do Baixio 8, T 296 58 30 60, nur im Sommer, Mi geschl.

### Der örtliche Klassiker

**Universo:** Im Kaffeehausstil dekoriert und in einem alten Stadthaus untergebracht. Das landestypische Lokal richtet sich eher an Einheimische als an Touristen. Wer authentisch speisen möchte, ist hier also richtig. Bitte keine Spitzengastronomie oder sprachgewandte Kellner erwarten, dafür liegen die Preise im günstigen Bereich und die Portionen sind riesig.

Rua Dr. Augusto Botelho Simas 7, T 296 53 93 00, Mo–Sa 9–23 Uhr

## Einkaufen

### Käsetörtchen

**Do Morgado – Queijada de Vila Franca do Campo:** Die *queijadas*, kleine Käsekuchen, haben in Vila Franca Tradition. Früher wurden sie von Nonnen eines örtlichen Klosters hergestellt, heute sind sie weit über São Miguel hinaus bekannt. Im angeschlossenen Café können die Teilchen gleich gekostet werden. Sie eignen sich aber auch hervorragend als einige Tage haltbares Mitbringsel.

Rua do Penedo 20 (nahe Jachthafen), Mo–Fr 8–17 Uhr

## Bewegen

### Die Unterwasserwelt

**Espírito azul:** Ein erfahrenes portugiesisches Team leitet die mehrsprachige Tauchbasis in der Marina. Ausfahrten zu den besten Spots – etwa zur Felsinsel Ilhéu de Vila Franca – sind ganzjährig im Angebot. Auch Schnorcheln möglich.

Rua do Penedo 22, T 914 89 82 53, www. espiritoazul.com

### Whalewatching und mehr

**Terra Azul:** Zwei Zodiacs stehen für Ausfahrten zur Verfügung. Angeboten werden Wal- und Delfinbeobachtung (ganzjährig), Seevogelbeobachtung und Schwimmen mit Delfinen (nur Juni–Sept.). Jede Tour wird von einem gut ausgebildeten Naturguide begleitet. Terra Azul engagiert sich auch in wissenschaftlichen Projekten. So werden etwa Meeresschildkröten markiert, um ihre Lebensweise besser erforschen und so ihren Schutz verbessern zu können.

*Besonders stimmungsvoll ist der Hafen von Vila Franca do Campo am Abend, wenn die Boote von den Ausflügen zurückgekehrt sind.*

Marina de Vila Franca do Campo, Loja 4, T 296 58 13 61, www.azoreswhalewatch.com

## Feiern

● **Festa do »Irró«:** ein Wochenende Anf. April. Fest zu Ehren des Fischerpatrons São Pedro Gonçalves. Mit Segelregatta und Seekajakrennen, Theater, Musik und Tanz. Am Sonntagnachmittag Messe und Prozession.

● **Procissão de São Miguel:** 1. So im Mai. Mit einer eindrucksvollen Prozession gedenken die Handwerker von Vila Franca der Inbesitznahme der Insel durch die Portugiesen 1432. Mit ihren Schutzheiligen und den Fahnen ihrer Bruderschaften ziehen sie durch die Stadt, allen voran die Fischer.

● **São João da Vila:** um den 24. Juni. Vila Franca begeht das Johannisfest zwei Wochen lang mit Paraden, Tanzgruppenumzügen, Sportwettbewerben, Autorallye, Musik- und Theaterdarbietungen im Jardim Antero de Quental und am Fischerhafen. Die Bewohner schmücken Fenster und Balkone ihrer Häuser mit farbenfrohen Girlanden und Blumengestecken. Höhepunkt ist in der Nacht zum 24. Juni – dem offiziellen Stadtfeiertag – ein Tanzball auf dem Largo Bento de Góis.

## Infos

● **Inselbusse:** Busbahnhof in der Rua Visconde do Botelho (Ostrand der Innenstadt).

● **Taxis:** Igreja de São Miguel, T 296 58 24 42

● **Mietwagen:** Autatlantis, Av. Liberdade (westl. Ortseinfahrt), T 296 58 11 15, www.autatlantis.com

• **Personenfähre:** zum Ilhéu de Vila Franca, www.cnvfc.net/cruzeiro, Juni–Mitte Okt. ca. 1 x pro Std. (tgl. 10–18 Uhr) ab Cais do Tagarete (bei der historischen Hafenfestung); Tickets online oder am Hafenschalter (6 € retour), Dauer der Überfahrt 10 Min.

# Lagoa das Furnas
♀ Karte 6, H 3/4

Geheimnisvoll glitzert das Wasser. Wiesengelände und dunkle Wälder säumen die Ufer, die von Bebauung fast verschont blieben. Die Umgebung des Kratersees ist wie ein großes Freizeitareal für Anspruchsvolle. Hier genießt man unbeschwert die idyllische Landschaft. Eingebettet ist die 1,5 bis 2 km breite Lagoa das Furnas in einen 6 km breiten vulkanischen Einsturzkessel, der eine imposante Kulisse bildet.

## Am verwunschenen Ufer
Wildromantisch geht es am Südufer zu. Als Miniaturausgabe der Kathedrale von Chartres steht dort die neugotische **Capela de Nossa Senhora das Vitórias** (Ende 19. Jh.). Der weitgereiste Großgrundbesitzer José do Canto ließ sie auf seinem Sommersitz errichten und schuf rundherum einen üppigen Garten. A ls **Mata-Jardim José do Canto** ist er heute in halb verwildertem Zustand zu besichtigen, ein Dschungel aus Kamelien, Baumriesen und Farnen. Innerhalb der Anlage führt ein Spaziergang (mit Rückweg 45 Min.) zu einem Wasserfall im Tal der Ribeira do Rosal.
Tgl. 10–18 Uhr, 3 €

## Umweltschutz im See
Weiter am See entlang schlendernd wird ein avantgardistischer Flachbau erreicht, das **Centro de Monitorização e Investigação das Furnas.** Das Forschungszentrum befasst sich mit der Ökologie und Revitalisierung der Lagoa das Furnas, die durch Eutrophierung bereits umzukippen drohte. Nach wie vor leidet der See unter der naturfremden Haltung von Fischen im See zu Angelzwecken und der Viehhaltung in der Umgebung. Diese Faktoren führen zu einer Überdüngung und erhöhtem Algenwachstum. Die kleine Ausstellung besichtigt man am besten im Rahmen einer Führung, denn ansonsten steht man etwas verloren darin. Außerdem wird ein 17-minütiger Dokumentarfilm gezeigt. Anschließend lässt es sich in der Cafeteria bestens entspannen.
http://parquesnaturais.azores.gov.pt, Juni–Sept. tgl. 10–18, sonst Di–So 10–17 Uhr, Führungen Juni–Sept. meist 11, 12, 14, 15, 16.30, sonst 11, 13.30, 15 Uhr, z. T. abweichend nach Bedarf 3 €; Kombiticket zusammen mit Mata-Jardim José do Canto 4,50 €

## Im Halbrund wandern
Wer mit dem Linienbus anreist, ist fein raus. Dann drängt es sich nämlich geradezu auf, den See im Uhrzeigersinn auf bequemem Weg weiter zu umrunden. Nach 1 Std. sind die Caldeiras erreicht, wo an der Regionalstraße wieder Busanschluss besteht oder man einfach bis Furnas weiterwandert (s. unten).

## Es blubbert der Schlamm
Kochendes Wasser, das aus 100 m Tiefe an die Oberfläche dringt, bildet siedende Pfützen, aus denen Schwefeldämpfe steigen. Nebenan quillt Blasen bildender Schlamm aus der Erde. Rings um diese **Caldeiras da Lagoa das Furnas** (tgl. 6–19 Uhr, 2 €) ist der Boden heiß genug, um Eintopf darin zu garen – was die Einheimischen am Wochenende auch ausgiebig tun. Bereits zu Hause haben sie große Töpfe mit den Zutaten für den *cozido*, eine deftige Mischung aus Fleisch und Gemüse, gefüllt. Ein Wärter beaufsichtigt

## MIRADOURO DO CASTELO BRANCO

**M**

Das zinnengekrönte, weiße Kastell scheint dem Mittelalter entsprungen. Wann es tatsächlich errichtet wurde, ist unklar. In herausragender, einsamer Position mit Blick auf die Lagoa das Furnas im Osten und Vila Franca do Campo im Südwesten diente es den früheren Großgrundbesitzern der Gegend als Verteidigungsturm. Heute ist seine Dachterrasse ein 360°-Aussichtspunkt (ab ER 1 Vila Franca–Furnas ausgeschildert).

das Versenken in dafür vorgesehenen Löchern. Während das Essen schmort, etwa vier Stunden lang, vertreibt man sich die Zeit mit Tretbootfahren oder am Getränkestand. An Letzterem kann man sich als Snack zwischendurch *queijadas de inhame* gönnen, mit dem für Furnas typischen süßen Mus der Taro-Wurzel gefülltes Gebäck. Später wird auf dem weitläufigen Picknickplatz nebenan ausgiebig getafelt. Nach dreijährigem Kampf wurden die Inselbewohner von der Eintrittsgebühr befreit. Sie gilt also nur für Touristen, die ohnehin den überwiegenden Teil der Besucher stellen. Die Gemeinde freut sich über die Einnahmen.

Wer nun nach Furnas hinunterlaufen möchte, folgt vom Parkplatz bei den Caldeiras ein kurzes Stück der Zufahrtsstraße, hält sich dann links steil aufwärts auf dem Wanderweg PR 22 SMI Richtung Pico do Ferro und verlässt diesen schon nach 150 m rechts auf einem nicht beschilderten Pfad. Nach einer halben Stunde ist die Landstraße erreicht, auf dieser links gehen Sie in den Ort.

### Rätselhafter Wasserschwund

Vom **Miradouro Pico do Milho** schauen Sie nicht nur weit ins Tal von Furnas

hinab, sondern auch in die ›trockene Lagune‹, die **Lagoa Seca.** Der einstmals im Krater vorhandene See entleerte sich 1630 beim heftigsten historisch bezeugten Vulkanausbruch der Azoren, der 61 Tage lang eine enorme Explosivität entfaltete. Auf Terceira hielten die Menschen das Grollen des Vulkans für Kanonendonner. Vulkanasche flog gar bis zur 600 km entfernten Insel Flores. Schon bei einer Eruption im 15. Jh. hatte sich der mitten in der Lagoa Seca aufragende Pico do Gaspar (373 m) gebildet. Eine örtliche Legende behauptet, das aus der Lagoa Seca abgeflossene Wasser hätte die zuvor trockene Lagoa das Furnas erst aufgefüllt. Sehr glaubhaft ist das nicht.

### Das hier ist die Höhe

Wanderer nähern sich dem Hausberg von Furnas auf dem **PRC 22 SMI,** der am Parkplatz der Caldeiras da Lagoa das Furnas beginnt. Nach einer bequemen Dreiviertelstunde ist der Gipfel des **Pico do Ferro** (544 m) erreicht. Der alles in allem leichte Wanderweg beschreibt anschließend einen Bogen und endet nach insgesamt 3 Std. wieder an den Caldeiras. Am Wegrand stehen endemische Pflanzen, die man sonst auf São Miguel eher selten zu Gesicht bekommt, sowie imposante Baumfarne. In dem Gebiet lebt noch der Azoren-Abendsegler, eine Fledermaus. Alternativ gelangen Sie ab Furnas auch mit Auto zum Aussichtspunkt am Pico do Ferro.

## Schlafen

### Extravagant im Wald

**Furnas Lake Villas:** Jeder der futuristischen Bungalows ist eine komfortable Ferienwohnung für sich. In Alleinlage nicht weit vom See, auf einem riesigen Garten- und Waldgelände mit privatem Spazierwegenetz. Wer fürs Frühstück nicht selbst einkaufen möchte, bekommt es mit einheimischem Käse, Joghurt und Honig geliefert. Die Besitzerfamilie bemüht sich sehr um ihre Gäste. Im Restaurant unbedingt mal *cozido* probieren, den man zusammen mit dem Koch an den Caldeiras abholen kann.

Lagoa das Furnas, T 296 58 41 07, www. furnaslakevillas.pt, DZ ab 90 €

# Furnas  ♥ Karte 6, H 3

In Furnas sprudelt es aus dem Vulkanfels. 22 Quellen liefern Heilwasser verschiedensten Mineralgehalts. Einige sind kochend heiß, wie geschaffen zum Garen von Speisen, andere speisen ideal temperierte Badetümpel. Auch ansonsten kann sich der Ort (1500 Einw.) sehen lassen mit seinem nostalgischen Flair. Herrschaftliche Villen stehen in prachtvollen Parks, es gibt ein paar feine Unterkünfte, das Klima ist mild und ringsherum liegen vulkanische Hügel und grüne Wälder.

### Dämpfe heizen ein

Schwefelgeruch hängt in der Luft. Er entweicht den dampfenden Quelltöpfen der **Caldeiras das Furnas** (frei zugänglich), dem zweiten Thermalfeld der Gegend, am östlichen Ortsrand gelegen. Imposant ist vor allem die 99 °C heiße **Caldeira Grande.** Im Sommer hängen mit Maiskolben gefüllte Säcke im kochenden Wasser. An Ständen nebenan wird der Mais, der dem Schwefel ein spezielles Aroma verdankt, als Snack verkauft. Auch beeindruckt die **Caldeira de Pêro Botelho,** ein tiefer Schlund, aus

*Klassiker im Art-déco-Stil: Der Terra Nostra Garden in Furnas lockt die Besucher mit seinem Thermalschwimmbecken und dem eisenhaltigen Wasser, Hotelgäste haben freien Zugang zum Pool.*

# TOUR
# Pedaletreten am Kratersee

**Mit dem Rad zur Lagoa das Furnas**

## Infos

📍 **Karte** 6, H3–4

**Länge/Dauer:** 10 km, mit Pausen 3 Std.

**Radverleih:** Rent a bike Azores, T 919 01 61 35, www.bike-rental-azores.com; Übergabe in der Quinta da Mó (s. S. 72), nur nach vorheriger Reservierung

Kommentarlos drückt mir Dona Paula das knallrote Mountainbike in die Hand. Dann stehe ich vor der Quinta da Mó allein da. Habe ich mir zu viel vorgenommen? Gleich diese extrem steile Straße hinauf? Zunächst läuft das Rad wie geschmiert. Doch nach der ersten Kurve geht die mir Puste aus. Den Rest der Steigung schiebe ich, eine gefühlte Ewigkeit. In Wirklichkeit brauche ich nur eine Viertelstunde bis zum **Miradouro Pico do Milho,** wo ich verschnaufe und den Blick hinab nach Furnas genieße. Ein englisches Ehepaar mit Mietwagen ist so freundlich, mich mit meinem Drahtesel abzulichten.

Nun aber los, den Fahrtwind genießen. Erst sause ich atemberaubend steil abwärts, dann lässt das Gefälle nach. In weiterhin flotter Fahrt erreiche ich die **Lagoa das Furnas.** An einem Miradouro blühen Azaleen und Kamelien. Die Wasserfläche schimmert in allen Blau- und Grüntönen. Zwar nehmen die dicken Reifen des Mountainbikes die Bordsteinschwelle zum Aussichtsbalkon ohne zu mucken. Doch das Kopfsteinpflaster der Straße am See behagt ihnen nicht, es rüttelt arg. Der begleitende Uferweg ist die bessere Alternative, er wird jetzt neu gemacht. Und schon ist die Abzweigung erreicht, die rechts zum Südufer mit der neugotischen **Kapelle** führt.

Nun könnten Sie die **Mata-Jardim José do Canto** (s. S. 65) besichtigen und anschließend im Café des **Centro de Monitorização e Investigação das Furnas** (s. S. 65) einkehren. Oder Sie nehmen einfach in einer der Schaukeln

am See Platz und lassen die Seele baumeln. Die feuchte Uferzone wurde zum Park, mit Holzskulpturen, die Bildhauer vor Ort mit der Motorsäge schufen. Und bitte nicht den Stopp an einer der höchsten Araukarien der Welt versäumen (Infotafel). Die paar Schritte hinauf zu dem urzeitlichen Nadelbaum schiebe ich, die Rückfahrt über Stock und Stein, Wurzeln und durch eine Schlammlache ist abenteuerlich.

*An den Fumarolen von Furnas sollte man besser nicht vom Weg abkommen!*

Nun möchte ich auch einmal auf einer Schaukel sitzen. Nur ganz unten am See ist eine frei. Ich fahre einen Rasenweg hinunter und dann hinein in den sumpfigen Uferstreifen! Klaglos nimmt das Fahrrad die nassen Torfmoospolster. Ach, ist das wunderbar, sanft schaukelnd den Seeblick zu genießen. Wieder oben auf der Hauptroute, geht es weiter um die Lagoa. Hinter einer letzten Ferienvilla beginnt ein breiter Erdweg und damit der technisch anspruchsvollste Teil der Strecke. Häufiges Schalten ist angesagt. Ich tauche in ein Bambusdickicht ein, durchfahre einen kleinen Bach. An der Abzweigung des Wanderwegs zum Pico do Ferro geht es geradeaus weiter. Kurz darauf das Highlight der Tour: die viel fotografierte Durchquerung eines breiten Bachs. Dann sind die **Caldeiras da Lagoa das Furnas** (s. S. 65) erreicht. Aus den Quelltöpfen dampft und sprudelt es. Eine Pause mit heißem Tee vom Getränkestand tut gut.

Auf der Zufahrtsstraße radele ich zur Regionalstraße und halte mich dort links, aber nur ein kurzes Stück. Dann biege ich bei einem gelb-roten Wanderzeichen rechts in einen schmalen, äußerst abschüssigen Fahrweg ein. Vorsicht: Am Beginn quert eine Betonrinne. Die Strecke folgt einer bewaldeten Schlucht, in der ein Bach plätschert. Furnas kündigt sich mit den ersten Häusern an. Zum Glück bleibt Zeit, in der Konditorei von Rosa Quental einzukehren, bevor das Rad abgegeben werden muss.

*Nebel oder Vulkandampf? Bei einem Spaziergang durch Furnas weiß man das nicht immer so genau.*

dem Heißdampf dringt und das Gestein zu grauem Schlamm zersetzt. Diesen nutzen die Inselbewohner als Packung, um Rheumatismus zu kurieren. Eine ältere Dame kommt hinzu und erzählt, dass sie sich vor Schmerzen in Armen und Beinen kaum noch rühren konnte. Nach nur drei Anwendungen konnte sie wieder Treppen steigen. Ob's also wirklich hilft?

Laut einer Legende soll sich hier vor vielen Jahren eine Tragödie ereignet haben: Ein Mann namens Pêro Botelho fiel in den Schlammtopf und ward nie mehr gesehen. Doch seine Hilferufe erschallen angeblich noch immer – so jedenfalls erklärt man sich die polternden Geräusche aus dem Schlund. Hin und wieder soll Pêro Botelho auch Steine auf Neugierige werfen, die seinen Namen rufen …

In der Umgebung der Caldeiras das Furnas wurden im 19. Jh. etliche Quellen gefasst. Es gleicht einem Puzzlespiel, die ehrwürdigen Brunnen zu identifizieren, aus denen Wässer unterschiedlichster Temperatur und Färbung tröpfeln. Die Einheimischen wissen um die jeweilige Heilwirkung und suchen je nach Bedarf die passende Quelle auf, um sich einen Schluck daraus zu genehmigen. Rund 20 sind es an der Zahl – so viele wie weltweit wohl nirgendwo sonst auf so engem Raum.

### Wasserverkostung

Gleich neben den Caldeiras befasst sich das **Observatório Microbiano** im Chalé de Misturas, einem alten Kurhaus, mit der Bedeutung der Mikroorganismen für die Ökosysteme der Azoren. Für Interessierte werden ein wissenschaftlich-kultureller Rundgang durch die Quellenlandschaft mit Verkostung der Mineralwässer und sogar ein Thermal-Lunch, eine in den Caldeiras zubereitete Mahlzeit, angeboten (jeweils min. 4 Teilnehmer, vorher anmelden).

http://omic.centrosciencia.azores.gov.pt, Di–Fr 10–17, Sa/So 14.30–18 Uhr, Sept.–Juni Sa geschl., 1 €

## Weise gehen in den Garten

Ist schon das ganze Tal von Furnas üppig grün, so gilt dies umso mehr für den **Parque Terra Nostra.** Wie in den meisten Azorengärten spielen Bäume eine größere Rolle als Blumen. Sträucher sind mit Azaleen und mehr als 600 Kameliensorten dekorativ vertreten. Letztere sind teilweise einzigartig, vom engagierten Parkgärtner Fernando Costa in seiner über 20-jährigen Tätigkeit selbst gezüchtet.

Um sie in Blüte zu erleben, müssen Sie um die Osterzeit anreisen. Im Sommer besticht die Dschungelatmosphäre. Palmen, Baumfarne, Bambus und das reichlich vorhandene Wasser verstärken diesen Eindruck. Apropos Wasser: Mitten im Park liegt ein riesiges **Thermalschwimmbecken,** das angeblich größte Europas. Es speist sich aus einer gut 30 °C warmen Quelle. Seine rötliche Färbung verdankt das Wasser den reichlich enthaltenen Eisenoxiden. Dieser ›Rost‹, der auf helle (Hotel-)Handtücher abfärbt (Vorsicht!), sollte nicht davon abhalten, ein wohltuendes Bad zu nehmen (im Eintritt enthalten).

1780 hatte der amerikanische Konsul Thomas Hickling mit der Gartenanlage begonnen. Er pflanzte Bäume aus seiner Heimat, die damals in Europa noch als Exoten galten: Sumpfeiche, Tulpenbaum, Oregonzeder, Großblütige Magnolie. Inzwischen sind sie zu Riesen herangewachsen. Der nächste Eigentümer, ein Visconde da Praia e Monforte, ließ ab 1854 die elegante Kolonialvilla **Casa do Parque** (s. S. 73) errichten, die über dem Naturpool thront. Seine Gattin entwickelte eine Leidenschaft für

die Gärtnerei und erweiterte den Park um Bäche, Teiche, Blumenbeete. Längst war im Wettbewerb um den prächtigsten Garten auf São Miguel entbrannt. Der Sohn und Erbe ließ ab 1872 Fachleute aus England anreisen, die nach der neuesten Mode romantische Felsgrotten schufen und Buchsbaumhecken trimmten.

Nach einer Phase des Niedergangs eröffnete die einflussreiche Familie Bensaúde 1935 das Hotel Terra Nostra Garden auf dem Nachbargrundstück und kaufte den Park dazu, der nun erstmals gegen Entgelt der Öffentlichkeit zugänglich war. Vasco Bensaúde beauftragte den schottischen Gärtner des Familiensitzes in Lissabon mit der weiteren Gestaltung. Damals wurde der Park auf 12,5 ha vergrößert und das Schwimmbecken erhielt seine heutige Form.

Largo das Tres Bicas, Mo–Sa 10–19 (Okt.–März bis 17.30) Uhr, 6 €, Handtuchverleih 2 €

## Teiche wie im Paradies

Wer lieber wie die Locals baden möchte, hat in der **Poça da Dona Beija** (*poça =*

**LANGE BADETRADITION B**

Furnas war schon im 17. Jh. für die Heilkraft seiner Wässer bekannt. Ende des 18. Jh. kam das Kuren hier richtig in Mode. Kaufleute aus Ponta Delgada und Großgrundbesitzer, die der Orangenexport reich gemacht hatte, versuchten in den Warmbädern von Furnas Rheuma und Übergewicht zu Leibe zu rücken. Sie errichteten Sommersitze, oft mit eigenen Kureinrichtungen. Wer nicht darüber verfügte, entspannte im vornehmen Kurhaus, das kürzlich renoviert und in ein Boutiquehotel mit Spa verwandelt wurde.

port. ›Pfütze‹) dazu reichlich Gelegenheit. Das auch hier rund 30 °C warme Wasser soll der Haut ganz besonders gut tun. Es sprudelt aus einer Felsgrotte in einen Bach, von dem mehrere Badebecken abgeteilt wurden. 2015 erhielt die Anlage durch das Büro M-Arquitectos aus Ponta Delgada ein neues Gesicht, mit eleganten Decks aus Kryptomerienholz von São Miguel. Damit wird nach dem Willen der Verantwortlichen eine Symbiose zwischen Natur und Kultur angestrebt. »Ein Paradies auf Erden«, schwärmt ein einheimischer Badegast begeistert.
Lomba das Barracas, tgl. 7–23 Uhr, 4 €

## Schlafen

### Parkhotel
**Terra Nostra Garden:** Der Klassiker im Art-déco-Stil erfindet sich immer wieder neu, heute mit modernem, harmonisch anschließendem Anbau. Als Hotelgast haben Sie freien Zugang zum angrenzenden Parque Terra Nostra mit Thermalschwimmbecken.
Rua Padre José Jacinto Botelho 5, T 296 54 90 90, www.parqueterr.anostra.com, DZ ab 100 €

### Runderneuertes Kurhotel
**Furnas Boutique Hotel:** Das alte Kurhaus wurde renoviert und mit allem zeitgemäßen Komfort ausgestattet. Angeschlossen ist ein großzügiger Spa- und Wellnessbereich mit Innen- und Außenpool und diversen Anwendungen.
Av. Dr. Manuel de Arriaga, T 296 24 92 00, www.furnasboutiquehotel.com, DZ ab 100 €

### Fast schon buddhistisch
**Quinta da Mó:** Bei der Einrichtung der Holzferienhäuser, die auf Stelzen thronen, wurde alles richtig gemacht. Feng Shui stand offenbar Pate. Die Whirlpool-Badewanne lädt zum Entspannen ein. Asiatisch anmutende Atmosphäre auch im Relaxbereich mit Hängematte und im Garten, wo außer dem leise rauschenden Bach nichts die Ruhe stört. Für die nahe Zukunft sind zusätzlich Baumhäuser geplant.
Rua da Água Quente 66, T 917 80 02 81, buchbar über Internetportale wie www.booking.com, DZ ab 135 €

### Inhabergeführt
**Vale Verde:** Kanada-Emigranten richteten nach ihrer Rückkehr 2010 das gepflegte, kleine Hotel in der Nähe der Schlammtöpfe ein. Die 10 Zimmer sind ein bisschen plüschig eingerichtet, haben alle Privatbad, Balkon und Panoramablick.
Rua das Caldeiras 3, T 296 54 90 10, www.hotelvaleverde.com, DZ ab 55 €

## Essen

### Vulkanküche
**Tony's:** Spezialität des meist gut besuchten Hauses ist der im heißen Boden an der Lagoa das Furnas gegarte *cozido* (für 2 Pers. 20  €). Aber auch das *bife Tony's* mit kunterbunten Beilagen ist nicht zu verachten.
Largo do Teatro 5, T 296 58 46 32, www.restaurantetonys.pt, tgl. 7–24 Uhr, Küche 12–16, 18–21.30 Uhr

### Individuell
**O Miroma:** Regionale Spezialitäten wie *cozido, chouriço com ovos, feijoada gratinada* oder *morcela* (Blutwurst) kommen hier auf den Tisch, vieles *debaixo do solo* (unter der Erde) gekocht. Man speist auf der Straßenterrasse oder im gepflegten Inneren. Mittleres bis gehobenes Preisniveau.
Rua Dr. Frederico M. Pereira 15, T 296 58 44 06, tgl. 9.30–21.30 Uhr

### Hausmannskost
**Summer Breeze:** Eher einfache Snack-Bar in einem traditionellen Haus

am oberen Platz mit der Riesenpalme in der Mitte. Erstaunlich gutes Essen, nette Bedienung und die beste Weinauswahl weit und breit.

Rua das Caldeiras 18, T 296 58 82 04, Do–Di 12–16, 18.30–22 Uhr

## Einkaufen

### Echter Landkäse

**Queijaria Furnense:** Seit 2014 entwickelte Paula Rego, damals gerade einmal 15 Jahre alt, gemeinsam mit ihrem Vater die handwerkliche Käseproduktion, da die Milchquote dem Familienbetrieb zu schaffen machte. Mit rund 100 Milchkühen zählt dieser zu den größeren auf São Miguel. Paula experimentierte mit verschiedenen Geschmacksrichtungen und Reifestufen. »Die Sorte mit Oregano ist besonders beliebt«, erzählt Carlos Rego. Bei Thymian oder Knoblauch gehen die Ansichten auseinander, während sich bei der Sorte *Amanteigado* (gebuttert) alle einig sind, dass sie lecker, aber auch kalorienreich ist. Einzigartig dürfte die Lake aus Furnas-Thermalwasser sein, in der die Käselaibe nach dem Formen baden.

Rua do Caminho Novo 1, www.facebook.com/queijariafurnense, tgl. 11–20 Uhr

## Bewegen

### Ganzheitliches Kuren

**Slevoyre Thermal:** Seit 1998 führt das Ehepaar Petersen in der Casa do Parque ein ganzheitliches Therapieprogramm durch, das fernöstliche und westliche Konzepte vereint. Es hilft Körper und Geist, sich zu regenerieren. Jede einzelne Körperzelle soll sich dabei erholen, der Gesundheitseffekt soll über Jahre hinweg anhalten. Dabei greifen die Petersens auch auf das alte Wissen der Bevölkerung über die Heilkraft ihrer Quellen zurück. Zehn Tage sollten Sie sich für die Kur Zeit nehmen.

Rua Padre José Jacinto Botelho 36, T 914 70 85 00, www.slevoyre.de

## Ausgehen

### Kneipe

**3 Bicas Pub:** Abendlicher Treffpunkt im Ort, für Karaoke-Nächte, aber auch kulturelle Initiativen bekannt. An Sommerwochenenden oft Livemusik. Mit geräumiger Terrasse und Speiseraum, wo Snacks serviert werden und auch tagsüber viel los ist.

Rua Padre José Jacinto Botelho 19, T 296 58 42 22, tgl. 9–2 Uhr

## SÜSSES LANDBROT

Typisch für Furnas ist der **Bolo Lêvedo**, ein sättigendes süßes Weizenbrot, das nach einem von Generation zu Generation überlieferten Rezept mit Schweineschmalz, Milch und Eiern gebacken wird. Traditionell ist die Zubereitung Frauensache. Früher trugen die Bäckerinnen das frisch aus dem Holzofen geholte Brot in Körben durch die Straßen. Der Bolo Lêvedo sollte beim Kauf noch warm sein. Zum Frühstück genießt man ihn mit Marmelade, Honig oder gesalzener Butter. Später am Tag darf es etwas herzhafter sein. Im kleinen Mercado bei den Caldeiras das Furnas verkaufen die Stände von Nélia Linhares und Eduarda Costa das süße Brot. Außerdem ist es in der Traditionsbäckerei von Rosa Quental erhältlich (Rua de Santana 16 A), die schräg gegenüber dem Hotel Terra Nostra eine Filiale mit nettem Café unterhält (Rua Padre José Jacinto Botelho). Beide Häuser sind – der Name ist Programm – auffällig rosa angestrichen.

## Feiern

- **Exposição de Camélias:** meist letztes Februarwochenende. Die Kamelienschau im ehemaligen Casino des Hotels Terra Nostra Garden hat sich zu *dem* Event der Nebensaison in Furnas entwickelt. Hier decken sich nicht nur Floristen aus dem ganzen Archipel mit Pflanzen ein, sondern es gibt auch ein gefälliges Beiprogramm mit Kunsthandwerksständen und Gastronomie.
- **Festa do Senhor dos Enfermos:** erster So nach Ostern. Zu Ehren des Schutzpatrons der Kranken und Hilfsbedürftigen legen die Bewohner von Furnas einen Teppich aus Azaleenblüten in den Straßen aus. Wenig später zieht eine Prozession über das vergängliche Kunstwerk hinweg.

## Infos

- **Information:** Posto de Turismo, Rua Dr. Frederico Moniz Pereira 17–19, T 296 58 45 25, www.visitazores.com
- **Taxis:** Largo do Teatro, T 296 58 42 48

---

**BEST OF PANORAMA-STRASSE**

Die Bergstraße von Furnas nach Salga im Norden der Insel passiert den **Salto do Cavalo** (805 m) knapp unterhalb seines Gipfels. Wolkenfreies Wetter vorausgesetzt, breitet sich am **Miradouro do Salto do Cavalo** ein beeindruckendes Panorama vor dem Betrachter aus. Eigentlich bietet sich sogar auf der gesamten Strecke, die durch weitgehend waldfreies Weideland führt, ein großartiger Blick nach dem anderen.

# Östliche Nordküste    📍 Karte 6, G–K 2

Zwischen Maia und Nordeste zeigt sich São Miguel von seiner ursprünglichsten Seite. Wer diese erleben möchte, wählt die von Blumenrabatten gesäumte, allerdings recht kurvenreiche alte Landstraße. Durch eine Schnellstraße oben am Hang wurde sie inzwischen vom größten Teil des Verkehrs entlastet. Bauerndörfer wechseln mit heckengesäumten Viehweiden und wasserreichen Tälern ab. Vielfach ergeben sich grandiose Küstenblicke.

### Ganz schön starker Tobak

Nur wenige Landwirte kultivieren in **Maia** noch Tabak. Sie trocknen die Blätter auf Holzgestellen, die früher aus dem Landschaftsbild nicht wegzudenken waren. Maia und der Nachbarort Lomba da Maia waren einmal Zentren des Tabakanbaus auf São Miguel. Während in Ponta Delgada noch zwei Tabakfabriken arbeiten, ist diejenige in Maia – ein schon für sich sehenswerter Natursteinbau von 1871 – seit 1988 außer Betrieb. Jetzt dokumentiert darin das **Museu do Tabaco** Anbau und Verarbeitung.

Museum: Estrada de São Pedro, www.visit maiaazores.com, Mo–Fr 9–12.20, 14–16.20, Sa 9.30–12, 12.30–16 Uhr, 2,50 €

### Das sind ja nette Aussichten

Vom **Miradouro do Salto da Farinha** bei Achadinha blicken Sie die Steilküste entlang und in ein bewaldetes Tal mit Wasserfall. In drei Minuten ist zu Fuß eine zweite Aussichtskanzel zu erreichen, der **Miradouro da Pedra dos Estorninhos**. Dort können Sie die mitgebrachte nVorräte auf einem kleinen Picknickplatz auspacken.

### Ein Garten Eden

Das Bauerndorf **Achada** bietet nicht viel außer Bescheidenheit und zahlreichen Kühen auf saftig grünen Weiden. Aber an der Regionalstraße liegt ein Park mit Hortensien und Baumfarnen, durch den sich schmale Wege winden: der **Parque Natural da Ribeira dos Caldeirões.** Eine Kaskade, aus einer Wasserleitung gespeist, stürzt die Steilwand hinab ins Tal. Mehrere Getreidemühlen nutzten früher das Wasser. Jetzt sind sie restauriert und von einem kleinen Freizeitgelände mit Goldfischteich, Kinderspielplatz und Kunsthandwerksladen umgeben. In den ehemaligen Müllerhäusern lädt ein Café zur Einkehr ein, außerdem werden zwei Ferienwohnungen vermietet (www.ribeiradoscaldeiroes.com, DZ ab 60 €).

# Schlafen

### Ländlicher Stil

**Solar de Lalém:** Der jahrhundertealte Herrensitz liegt mitten in der grünen Landschaft. Das sehr persönlich geführte Haus bietet 10 individuell mit Antiquitäten eingerichtete, komfortable Zimmer, dazu für alle Gäste Salon, Speiseraum und Garten mit kleinem Pool.

Maia, Estrada de São Pedro, T 296 44 20 04, www.solardelalem.com, Dez.–Febr. geschl., DZ 90–140 €

### Alte Natursteinhäuser

**Tradicampo Eco Country Houses:** Mehrere Häuser in Algarvia und São Pedro Nordestinho, alles alte Schätzchen mit Basaltsteinwänden, wurden in

*Das erinnert schon ein wenig an das Auenland mit Farnen: Im Parque Natural da Ribeira dos Caldeirõs stehen noch einige alte, inzwischen restaurierte Getreidemühlen am Fluss.*

charaktervolle Feriendomizile verwandelt. Eingerichtet mit traditionellen Möbeln und modernen Elementen. Die Häuser Tanque und Arribana haben einen gemeinsamen Pool. Bei Energie, Wasser und Abfall wird auf Nachhaltigkeit geachtet. Gastgeber Ricardo hält viele hilfreiche Reisetipps parat. T 966 02 58 12, www.tradicampo.pt, DZ ca. 90 €

# Nordeste ♀ Karte 6, K 2

Auch als ›Décima Ilha‹ (Zehnte Insel) bekannt, war Nordeste bis vor wenigen Jahren wirklich noch eine andere Welt. Man konnte das Gefühl haben, nicht auf São Miguel, sondern auf einer eigenen Insel zu sein. Durch den Schnellstraßenanschluss kommt nun Leben in die Region. Ins Ortszentrum führt von Norden der Viaduto. Im Volksmund heißt die gewagte Konstruktion von 1883 auch ›Ponte dos Sete Arcos‹ (Brücke der sieben Bögen). Nostalgische Metalllampen sorgen für Beleuchtung, damit niemand im Dunkeln die Orientierung verliert.

## Jede Menge Ländlichkeit

Die Brücke überspannt den Largo da Fonte, einen Park im Bachbett mit Springbrunnen. Den kleinen Ortskern selbst markiert die Kirche. Ringsum stehen ehrwürdige Bürgerhäuser mit ein paar Lokalen und Geschäften. Eines dieser Häuser beherbergt das **Museu de Nordeste**. Es stellt volkskundliche Objekte aus: altes Mobiliar, Keramik, Porzellan, Trachten und Gerät, das in Landwirtschaft, Handwerk und Haushalt Verwendung fand. Rua Dona Maria do Rosário 5, Sommer Mo–Fr 9–12, 13–17, Sa 9–12, 13–16.30, Winter Di–Fr 8.30–12.30, 13.30–16.30, Sa 10–15.25 Uhr; falls geschl., im Tourismusbüro nachfragen

## Ein vielseitiger Fluss

Im **Jardim Botânico da Ribeira do Guilherme** gedeihen Hortensien, Hibiskus und Tibouchine besonders üppig. Das feuchte, windgeschützte Tal bietet optimale Wachstumsbedingungen für subtropische Pflanzen. Der kleine Garten liegt zwischen Nordeste und Lombo da Fazenda (Parkplatz südlich der Brücke über die Ribeira do Guilherme). Ein breiter, von Büschen und Bäumen gesäumter Fußweg führt am Fluss entlang abwärts. Man passiert einen Ententeich mit künstlichem Wasserfall und erreicht eine ehemalige Mühle, die von dem Teichwasser angetrieben wurde.

Szenenwechsel: Unten an der Mündung der Ribeira do Guilherme liegt die **Zona Balnear.** Erreichbar ist der attraktive Badeplatz über eine abenteuerlich schmale Straße ab dem Kreisverkehr am Nordrand von Nordeste. Auch wenn Sie nicht baden möchten, lohnt die Fahrt hierher. Vom Kopf der Steinmole, die sich in den Atlantik hinausschiebt, schauen Sie südwärts entlang der Küste bis zum Leuchtturm (s. rechts).

## Steilküstenwandern

Im Ortsteil **Lomba da Fazenda** beginnt und endet gegenüber der Dorfkirche der Rundweg PRC 31 SMI (2,5 Std., mittelschwer, www.trails.visitazores.com). Er quert das tief eingeschnittene Tal der Ribeira do Guilherme, folgt einem alten Küstensaumpfad, passiert die Felsbadeanlage von Nordeste (s. oben) und gelangt zum **Parque Endémico do Pelado.** Der Naturlehrpark schwebt über der am **Miradouro do Pelado** rund 100 m hohen Steilküste. Hier steht die Küstenvegetation unter Schutz, die nirgendwo sonst auf São Miguel so gut erhalten blieb. Alle wichtigen Pflanzen sind mit botanischem Namen beschriftet. Tische und Bänke für ein Picknick stehen auch parat.

Auf der Zufahrtsstraße zum Miradouro (der also auch mit dem Auto

*Auch im abgelegenen Nordeste spielt die Religion eine große Rolle, wie man an den Kirchen sieht.*

zu erreichen wäre) geht es zurück nach Lomba da Fazenda, wo noch ein Abstecher zum **Parque da Morgada** (Rua Dr. Vítor Cabral Macedo) lohnt, einem kleinen, üppig grünen Themenpark, in dem ein alter Waschplatz mit Steinbecken zu besichtigen ist.

### Zu steile Zufahrt

Eine sehr schmale, extrem steile Zufahrtsstraße führt zum **Farol do Arnel,** dem Leuchtturm an der gleichnamigen Landspitze. Vom Befahren mit dem Mietwagen rate ich dringend ab. Steuern Sie besser den unweit südlich an der Regionalstraße gelegenen **Miradouro da Vista dos Barcos** an. Von der dortigen Aussichtskanzel schauen Sie zum Farol und zum kleinen Fischerhafen von Nordeste, der sich mitsamt ein paar Sommerhäusern in die Klippen unter den Leuchtturm schmiegt.

### Der Orangenknospenknabberer

Nur im Nordosten von São Miguel lebt der Azoren-Gimpel (port. *priolo*), eine der am stärksten gefährdeten Vogelarten Europas (s. S. 281). Im 18./19. Jh. war er stark verfolgt worden, da er in den Orangenplantagen die frischen Knospen anknabberte. Lange galt er als ausgestorben, bis er 1970 am Pico da Vara wiederentdeckt wurde. In einem dicht bewaldeten Hochtal informiert das **Centro Ambiental do Priolo,** das Besucherzentrum der Portugiesischen Gesellschaft für Vogelkunde (SPEA), mit einer Ausstellung über den seltenen Vogel. Regelmäßig veranstaltet das Zentrum interessante Aktivitäten. Meist am ersten Samstag im Monat findet eine vogelkundliche Exkursion (1,5 Std.) statt. An anderen Wochenenden kann man etwa bei der Pflanzung von einheimischen Arten des Lorbeerwalds, des natürlichen Habitats des Azoren-Gimpels, mitmachen, oder den nächtlichen Gesängen der Sturmtaucher lauschen. Termine auf der Website, Online-Anmeldung obligatorisch.

4 km westl. von Lomba da Pedreira, T 918 53 61 23, http://centropriolo.spea.pt, Mai–Sept. Di–So 10–18 Uhr, Mitte Febr.– April, Okt./ Mitte Nov. Sa/So/Fei 12–17 Uhr, Eintritt frei

### Picknick im Park

Nebenan liegt der **Parque Florestal de Cancela de Cinzeiro-Pedreira**, ein Freizeitpark mit Picknickgelände. In seinem oberen Teil wird versucht, den heimischen Lorbeerwald zu regenerieren.

Mo–Fr 8–20, Sa/So/Fei 10–20 Uhr

### Gipfelblick

Es lohnt sich, der Nebenstraße weitere 4 km bis zu ihrem Ende am **Pico Bartolomeu** zu folgen. Auf ihrem letzten Abschnitt entlang eines schmalen Bergrückens ist sie spektakulär. Vom Gipfel überblickt man den gesamten Südosten von São Miguel mit dem breiten Massiv

*Eine Straße wie aus einem James-Bond-Film: Die engen Kurven in Nordeste sind nichts für Fahranfänger, dafür entschädigt der atemberaubende Ausblick.*

des Pico da Vara, falls dieser sich nicht – wie so oft – in Nebel hüllt.

### Die Schönheiten des Lebens

An der Küstenstraße von Nordeste Richtung Süden jagt ein Aussichtspunkt den anderen. Von einem gepflegten Garten mit Picknicktischen umgeben ist der **Miradouro da Ponta do Sossego.** Buchsbaumhecken fassen Beete ein, auf denen unter Palmen und Araukarien Sommerblumen in allen Farben leuchten. Ein kundiger Gärtner verwandelt Büsche durch Formschnitt in Tierfiguren oder Sessel, auf denen man fast Platz nehmen möchte. Mehrere Aussichtskanzeln bieten unterschiedliche Blicke hinab zur Küste. Auf einer Fliesentafel steht ein Gedicht von João Teixeira de Medeiros (1901–95), einem Dichter aus Lomba da Pedreira, der nach

Fall River in den USA emigrierte. Der Autodidakt soll ein leutseliger, allseits beliebter Mann gewesen sein. In seinen humorvollen Versen schwingt oft Kritik an Ungerechtigkeiten mit, doch preisen sie auch die Schönheiten des Lebens.

Vis-à-vis liegt südlich durch einen Taleinschnitt getrennt der **Miradouro da Ponta da Madrugada.** Auch dies ist ein kleiner Park mit Picknickgelegenheit, ein berankter Bogen gewährt Einlass. Der Garten entfaltet seine volle Pracht im Frühjahr zur Kamelienblüte. Frühaufsteher können hier den Sonnenaufgang genießen.

400 m südlich des Miradouro da Ponta da Madrugada zweigt eine schmale, unbeschilderte Straße zur **Praia do Lombo Gordo** ab. Der dunkle Sandstrand zählt zu den einsamsten von São Miguel. Unten vom Parkplatz sind

es noch 150 m auf einem Treppenweg hinunterzukraxeln.

### Wer hoch hinaus möchte

Als Alternative zur Küstenstraße von Nordeste nach Povoação bietet sich die kurvenreiche Estrada da Tronqueira an. Die großenteils nicht asphaltierte Forststraße führt durch dichte Wälder auf rund 800 m Höhe hinauf und lohnt nur bei wolkenfreiem Wetter. Dann allerdings eröffnen sich wunderschöne Ausblicke – insbesondere vom **Miradouro da Tronqueira,** von dem man die Serra da Tronqueira und den Pico da Vara überblickt. Der Aussichtspunkt liegt, umgeben von endemischer Vegetation, mitten im Herzen des Priolo-Verbreitungsgebiets. Die Sichtungschancen, auch für manch andere Vogelart, stehen gut.

## Schlafen

### Wohnen auf der Farm

**Quinta das Queimadas:** Apartments auf einem weitläufigen Landgut, wunderschön mit Korbmobiliar und Lavagestein eingerichtet. Eigene Pferdehaltung, die Möglichkeiten für Ausritte sind mannigfaltig. Organisiert werden auch Gleitschirmflüge und sogar Fahrten aufs Meer mit den Fischern. Gastgeber Pierre ist ein absoluter Kenner der Azoren.

4 km südl. von Nordeste, T 292 48 85 78, www.quintadasqueimadas.be, DZ 80 €

## Essen

### Lichtdurchflutet

**Tronqueira:** Das Ausflugslokal am Ortsrand (ausgeschildert) hat einen großen, hellen Speiseraum und eine Gartenterrasse. Jeden Sonntag wird ein üppiges Büffet aufgefahren (15 €). Mittags auch während der Woche meist Büffet, aber etwas einfacher (10 €).

Estrada do Poceirão, T 296 48 82 92, Mo–Sa 12–22, So 12–16 Uhr

## Infos

● **Information:** Posto de Turismo, Rua António Alves de Oliveira, T 296 48 00 66, www.cmnordeste.pt

# Povoação ♥ Karte 6, J4

Das gemütliche Städtchen ist nett anzusehen. Durch den historischen Kern mit renovierten Stadthäusern, Geschäften und Cafés führt eine Fußgängerzone. Landeinwärts mündet sie in den tropisch bepflanzten Flanierplatz Largo do Jardim Municipal. Ein Denkmal erinnert hier an die portugiesischen Entdeckungsfahrer. Diese ließen angeblich, nachdem sie 1427 in der Bucht von Povoação Anker geworfen hatten, einen Ziegenbock am Strand frei, bevor sie es wagten, an Land zu gehen.

### Durchs Gitter gefallen

Die älteste Kirche von São Miguel, bald darauf am Strand errichtet, fiel 1630 ei-

**PICO DA VARA**

Auf den mit 1 103 m höchsten Berg von São Miguel führt der Wanderweg PRC 7 SMI. Für diesen ist eine Genehmigung erforderlich (online unter www.trails.visitazores.com, dort auch weitere Infos zu der Wanderung). Bei geführten Touren, die ca. 55 € pro Person kosten, wird diese vom Veranstalter besorgt. Wechselnde Anbieter, z. B. www.geo-fun.com, www.azoresontravel.com, http://azoresgetaways.com.

nem Erdbeben zum Opfer. Ihre Stelle beim Hafen nimmt heute die **Igreja Nossa Senhora do Rosário** (17. Jh.) ein. An die historische Bedeutung als erste Ortsgründung auf São Miguel kann Povoação schon lange nicht mehr anknüpfen. Aufgrund der inzwischen abseitigen Lage fühlen sich die Bewohner von der großen Politik vernachlässigt. Bis 2012 war Povoação immerhin noch stolzer Gerichtssitz. Dann beschloss die Regierung in Lissabon, als Sparmaßnahme alle wenig ausgelasteten Gerichte im Land zu schließen. Seither sind die Richter in Vila Franca do Campo zuständig. Der damalige Bürgermeister bezweifelte gegenüber der Tageszeitung »Açoriano Oriental«, dass dadurch wirklich etwas eingespart wird.

Zum Ausgleich versucht Povoação, mit einem Hotel an der touristischen Entwicklung von São Miguel teilzuhaben. Die Bademöglichkeiten sind eher bescheiden. Dunkelsandig ist die kleine Praia da Povoação westlich des Hafens, kiesiger der längere Strand am Ostrand des Ortes. Dafür werden Ländlichkeit, Ruhe und Wandermöglichkeiten in der Umgebung geboten.

*Pause! Ein Platz zum Sonnen und göttlicher Beistand finden sich an jeder Straßenecke.*

### Badewanne im Meer

Der Wanderweg **PR 12 SMI** von Povoação nach Ribeira Quente (einfache Strecke 3 Std., mittelschwer, www.trails. visitazores.com, Rückfahrt per Taxi vorher verabreden oder T 926 58 42 48) beginnt an der **Praia da Povoação,** westlich vom Hafen. Einst wurde er rege von den Landwirten genutzt, die ihre Felder in der Küstenzone **Agrião** beackerten. Nach wie vor ziehen Pilger in der Vorosterzeit hier auf ihrem Weg um die Insel entlang. Mit etwas Glück können sie unterwegs die scheue Azoren-Ringeltaube beobachten.

Zwischen hohen Felswänden eingekeilt, liegt **Ribeira Quente** an der Mündung des gleichnamigen Flusses. Noch

etwa 100 Männer sind hier im Hauptberuf Fischer, eine vergleichsweise hohe Zahl. Dank jüngster Modernisierungsmaßnahmen zählt der Hafen allerdings auch zu den besten Anlagen seiner Art auf den Azoren.

Auf der schmalen Küstenebene verläuft eine Avenida Richtung Westen zum Ortsstrand **Praia do Fogo.** Dort dringen am Ufer warme Quellen aus dem Gestein, die das Baden besonders angenehm machen. Einkehrmöglichkeit besteht im gehoben rustikalen Restaurant Ponta do Garajau, das inselweit für Fisch und Meeresfrüchte gelobt wird (T 296 58 46 78, April–Okt. tgl. geöffnet).

### Baden unterm Wasserfall

Ein weiterer Wanderweg bei Povoação, einer der schönsten auf São Miguel, ist der **PRC 9 SMI**. Als Rundweg (2 Std., mittelschwer, www.trails.visitazores. com) beginnt und endet er in **Faial da Terra** (Busanschluss, Einkehrmöglichkeit). Sein Ziel ist der Wasserfall **Salto do Prego** in einem engen, urwüchsig grünen Tal. Wer Badesachen dabeihat, kann sich im Teich unter der Kaskade erfrischen. Unterwegs werden Obstgärten und das charmante, in den 1970er-Jahren von seinen ursprünglichen Bewohnern verlassene Dorf **Sanguinho** passiert. Jetzt wurden die meisten Häuser restauriert, mit dem Ziel, ein ökologisch ausgerichtetes Feriendorf zu schaffen.

### Aufs Korn genommen

Die Umgebung von Povoação galt früher als Kornkammer der Insel. In einer alten Wassermühle führt das Weizenmuseum **Museu do Trigo** traditionelle Gerätschaften vor, die zur Weizenernte und -verarbeitung verwendet wurden, und informiert zum Getreideanbau.
Estrada Regional da Lomba do Alcalde, Mo–Fr 9–17, Sa/So/Fei 11–16 Uhr

## Schlafen

### Mit Meeresrauschen

**Hotel do Mar:** Das moderne, überschaubar große Komforthotel ist im maritimen Look gestaltet, mit dezenten Blautönen, geschwungenen Linien und einem Turm, der auch einer Hafenmeisterei gut anstünde. Alle Zimmer mit Balkon, die meisten mit Meerblick.
Rua Gonçalo Velho 2, T 296 55 00 10, www.hoteldomar.com, DZ ab 60 €

## Essen

### Gutbürgerliche Küche

**Jardim:** Ein ganz normales azorianisches Restaurant, keine Gourmetküche, dafür ordentliche Portionen. Die Locals schauen oft auch einfach auf einen Kaffee herein, den sie sich am Tresen oder auf der überdachten Terrasse in der Fußgängerzone gönnen.
Largo D. João I 3/5, T 296 58 54 13, tgl. 9–24 Uhr

## Feiern

• **Festa do Corpo de Deus:** Ende Mai/Juni. Um den Fronleichnamstag werden die Straßen von Povoação mit kunstvoll ausgelegten Blumenteppichen geschmückt. Tausende von Inselbewohnern kommen angefahren, um sie zu bewundern. Fünftägiges Kulturprogramm mit Konzerten im Jardim Municipal.

## Infos

• **Information:** Centro de Informação – Turismo e Artesanato, Praça Velha, T 296 55 90 70, www.cm-povoacao.pt
• **Mietwagen:** 7 Lombas, Largo D. João I 2, T 296 55 95 60 oder 967 46 13 56, www.7lombas.com

### RHABARBER ODER WAS?

Die Portugiesen nennen es *gigante* (Riese). Im Südosten von São Miguel wuchert das Mammutblatt. Mit seinen bis zu 1 m breiten Blättern und den dicht mit Stacheln besetzten, bis 2 m hohen Stängeln sieht es wie ein überdimensionaler Rhabarber aus. Mitte des 20. Jh. wurde es aus Brasilien in die Gärten von Furnas eingeführt, verwilderte und besiedelt jetzt auf Kosten anderer Pflanzen Weideflächen, Rodungen und sogar Lorbeergebüsch – sehr zum Leidwesen von Land- und Forstwirten. Daher treibt die Azorenregierung ein Programm voran, um die Ausbreitung einzudämmen.

# Santa Maria –
# die unentdeckte Insel

Der Kontrast zwischen São Miguel und Santa Maria könnte kaum größer sein. Die zweite Insel der Ostgruppe, das kleinere Santa Maria mit der stillen Hauptstadt Vila do Porto, verweist zwar gern auf eine glorreiche Vergangenheit als erste Azoreninsel, die von den Portugiesen besiedelt wurde. Sogar Christoph Kolumbus machte hier auf der Rückreise von seiner ersten Atlantiküberquerung Station. Heute jedoch liegt Santa Maria abseits vom Geschehen und wird selten von Touristen besucht. Dabei gilt das Klima als besonders mild und sonnenreich und die Küsten sind so reizvoll, dass die Einheimischen gerne von ›Algarve der Azoren‹ sprechen.

## Sport und Abenteuer

Sandstrände konkurrieren mit Felsbadeanlagen. Schnorchler, Taucher und Wellensurfer finden interessante Reviere, der Trendsport Canyoning wird betrieben und Wanderwege führen durch das hügelige Inselinnere mit seinen properen Dörfern und saftig grünen Weideflächen. Wer mag, kann mit dem Mountainbike, E-Bike oder Scooter auf den wenig befahrenen Straßen herumkurven.

### ORIENTIERUNG

**Infos:** www.visitazores.com. Vor Ort Büro am Flughafen.
**Verkehr:** Flughafen Santa Maria (2 km nordwestl. von Vila do Porto). Linienbus nach Vila do Porto Mo–Fr und Samstagvormittag ca. stdl.
**Fluginfos:** www.ana.pt, www.sata.pt. Fährschiffe: www.atlanticoline.pt, ab Vila do Porto im Sommer je 2–3 x pro Woche zu allen Inseln. **Busse:** Sechs Linien, die teilweise nur 2–3 x tgl. oder nicht zu allen Jahreszeiten verkehren. So kein Busverkehr.
**Taxis:** Bei Ankünften am Flughafen, ansonsten Taxistand in Vila do Porto.
**Mietwagen:** Schalter mehrerer Anbieter im Flughafengebäude.

## Von See her betrachtet

Ausflugsfahrten per Schlauchboot versprechen Abenteuer und erschließen die abwechslungsreiche Küste, an der ruhige Buchten mit brandungsumtosten Klippen und geheimnisvollen Höhlen abwechseln. Nicht zuletzt ist Santa Maria für seinen Fossilreichtum bekannt. Als einzige Azoreninsel birgt es Kalksedimente, in denen versteinerte Muscheln, Schnecken und anderes Meeresgetier zu finden sind.

# Vila do Porto

📍 Karte 7, B 2

## Hafen mit Historie

Santa Marias Hauptstadt wirkt recht verschlafen. Dicht an dicht stehen Häuser mit schmiedeeisernen Balkonen an der lang gestreckten Durchgangsstraße, die landeinwärts mehrfach den Namen wechselt. Mit Vorliebe verweisen die Bewohner auf die glorreiche Vergangenheit. Immerhin war Santa Maria die erste von den Portugiesen im 15. Jh. besiedelte Azoreninsel. Vila do Porto bot einen Naturhafen, in dem die Segelschiffe der Entdeckungsfahrer gefahrlos ankern konnten. Heute schaukeln hier ein paar Jachten und die Speedboote von Hochseeanglern. Nebenan ziehen Fischer ihre Traditionsboote an Land, ab und zu läuft ein Frachtschiff oder eine Fähre ein.

Die weiße Hafenfestung (17. Jh.), bot Schutz vor Piraten, von denen die abgeschiedene Insel besonders häufig ausgeplündert wurde. Innerhalb des **Forte de São Brás** steht die Ermida de Nossa Senhora da Conceição, wohl die erste Pfarrkirche der Insel. Die Überlieferung bringt sie mit einem Wunder in Verbindung, das sich 1576 anlässlich einer Korsarenattacke ereignet haben soll. Als der Vikar den Kirchenschatz durch das Südportal in Sicherheit bringen wollte, fand er dieses durch die Angreifer blockiert. Doch dann gelang es ihm, durch das Nordportal zu entkommen, das von innen eigentlich gar nicht zu öffnen war …

## Unten ruhig, umtriebig oben

Der stille Teil von Vila do Porto liegt unten, nicht weit vom Hafen. Bis zur Mitte des 15. Jh. lässt sich die Geschichte der dortigen Hauptkirche **Igreja Matriz**

**Nossa Senhora da Assunção** (Largo da Matriz) zurückverfolgen. Aus dieser Zeit stammt noch das Portal mit gotischem Spitzbogen an der linken Seite. Das Innere wurde später im Barockstil reich mit Retabeln ausstaffiert. Gegenüber auf dem Largo Coronel Costa Santos plätschert ein Natursteinbrunnen von 1882, aus dem die Stadtbewohner bis vor wenigen Jahrzehnten ihr Trinkwasser schöpften.

Und wieder Piraten: Zerstörungen durch berberische Freibeuter im Jahre 1675 erforderten den Neubau des Franziskanerklosters **Convento de São Francisco** (Largo de Nossa Senhora da Conceição) im wuchtigen Barockstil (18. Jh.). Heute beherbergt das schon lange verwaiste Konvent das **Rathaus.** Ein Torturm gewährt Einlass zum begrünten Kreuzgang und trennt das ehemalige Ordenshaus von der dazugehörigen Kirche. Geschäfte und ein paar einfache Esslokale mit günstigem Mittagstisch konzentrieren sich nebenan im oberen Abschnitt der Durchgangsstraße, die hier Rua Dr. Luís Bettencourt heißt.

---

**FAKTENCHECK**

**Einwohner:** 5600
**Bedeutung:** drittkleinste, südlichste Azoreninsel
**Stimmung auf den ersten Blick:** sehr ruhig
**Stimmung auf den zweiten Blick:** im Sommer stellenweise durchaus lebendig, insgesamt schiebt man eine ruhige Kugel
**Besonderheiten:** einzige Fossilvorkommen der Azoren, als erste Insel im Jahre 1427 entdeckt, Flughafen früher wichtiger Stopover bei Transatlantikflügen, Taucherparadies

*Gemächlicher Verkehr zur Abendzeit in Vila do Porto: Die ›rush hour‹ gestaltet sich in Santa Maria deutlich ruhiger als auf der größeren Nachbarinsel São Miguel.*

### Leckerbissen für Naturkundler

**Centro de Interpretação Ambiental Dalberto Pombo/Casa dos Fósseis** – Das Informationszentrum des Naturparks Santa Maria zeigt die Sammlung des einheimischen Naturforschers Dalberto Pombo (1928–2007). Er beschäftigte sich mit den Zugvögeln, die den Azoren einen Besuch abstatten, und mit den Fossilien von Meereslebewesen (s. S. 88).

Vila do Porto, Rua Teófilo Braga 10–14, T 296 20 67 90, http://parquesnaturais. azores.gov.pt, Juni–Sept. tgl. 10–18, Okt.–Mai Di–Fr 10–17, Sa 14–17.30 Uhr, 2,50 €; von Juni bis Sept. geführte Besichtigungen tgl. 10.30, 12, 15 und 16.30 Uhr, Dauer ca. 45–60 Min.

### Ein Catwalk in der Steppe

Das Ödland **Pedreira do Campo** hat im Jahre 2012 eine Aufwertung durch spektakuläre Landschaftsarchitektur erhalten. Der unweit südöstlich von Vila do Porto zu Füßen des Pico do Facho (254 m) in Meeresnähe gelegene ehemalige Kalksteinbruch ist ein wichtiger Fossilienfundplatz (s. S. 88). Vor allem Muscheln sind hier zu sehen. Über den Kalkschichten liegt Kissenlava, die durch den Kontakt von heißen Gesteinsströmen mit dem Meerwasser entstanden ist. Dem Büro M-Arquitectos aus Ponta Delgada gelang es, einem an sich schlichten Holzlaufsteg eine unbestreitbare Eleganz einzuhauchen. Unterwegs stehen hilfreiche Informationstafeln und immer wieder sind die Aussichten überraschend. Frei schwebend endet die Konstruktion schließlich mit einem Panoramablick bis zur Küste.

# Inselrundfahrt

## Praia Formosa

📍 **Karte 7, C 2**

Die Bauernhäuser von Almagreira verteilen sich über eine Hochfläche mit Feldern und sattgrünen Weiden. Hier wurde früher der rote Ton der Insel, *almagra*, verarbeitet. Eine kurvenreiche Straße führt hinab zur Südküste. Unterwegs bietet der **Miradouro da Macela** rot beschirmte Picknicktische und den perfekten Blick auf die **Praia Formosa,** einen der schönsten Strände der Azoren – jedenfalls im Sommer. In den Wintermonaten spült die Brandung den hellen Sand, der den Reiz dieses Badeplatzes ausmacht, ins Meer. Den zuweilen gigantischen Wellen verdankt die Praia Formosa aber auch ihre Beliebtheit bei der internationalen Wellensurferszene.

## Ins Bergland

### Der Aussichten sind viele

Bei der Auffahrt ins zentrale Gebirge lohnt sich ein Stopp am **Miradouro dos Picos** mit Rückblick auf Almagreira. Oder Sie fahren gleich weiter über die zentrale Straßenkreuzung **Cruz dos Picos** (s. S. 87) hinweg, wo der **Miradouro das Fontinhas** eine ähnliche Perspektive eröffnet, zusätzlich aber noch mit Picknicktischen punktet. Kurz darauf passieren Sie den öffentlichen Forstpark **Fontinhas,** dessen Markenzeichen einige riesige Baumfarne sind. Hier gibt es weitere Picknicktische, einen Kinderspielplatz und verschlungene Wege, die zu Aussichtspunkten führen.

### Dem Heiligen Geist auf der Spur

In **Santo Espírito** wurde im 15. Jh. die erste Messe der Azoren zu Ehren des Heiligen Geistes gelesen. Die Dorfkirche mit der imposanten Barockfassade (18. Jh.) ist allerdings der Muttergottes geweiht. Bei der Kirche finden sich zwei einfache Lokale und ein Minimercado. Ansonsten ist wenig los. Immerhin hat sich das Inselmuseum in Santo Espírito eingerichtet – noch, denn von einem Neubau in Vila do Porto ist die Rede. Das **Museu de Santa Maria** (Rua do Museu, April–Sept. Di–So 10–18, Okt.–März Di–So 9.30–17.30 Uhr, 1 €) logiert in einem Dorfhaus. Grundstock der Sammlung sind Exponate rund um das Keramikhandwerk. Da nur Santa Maria innerhalb des Archipels über nennenswerte Tonvorkommen verfügt, exportierte man früher Töpferwaren und den Ton selbst auf andere Inseln. Außerdem thematisiert das Museum die Heiliggeistfeste sowie die Herstellung von Leinen- und Wolltextilien.

### Azorianischer Damm des Riesen

Mit der Basaltformation der **Calçada do Gigante** im Tal der **Ribeira do Maloás** macht Santa Maria dem irischen ›Giant's Causeway‹ Konkurrenz. Fahren Sie auf schmalen Sträßchen von Santo Espírito nach Panasco hinunter und noch etwas nach Westen darüber hinaus. Dort ist die Formation ausgeschildert. Folgen Sie zu Fuß einem breiten Erdweg, der bald in einen exponierten Pfad oberhalb der Steilküste übergeht. Nach 15 Min. sind Sie am Ziel. Über die 20 m hohe und mehr als 200 m breite Basaltsäulenwand ergießt sich je nach Jahreszeit ein Wasserfall.

## An der Ostküste

### Fotografie, der Feind der Malerei

Eine Panoramastraße führt von Santo Espírito abwärts zur fast schon mediter-

## RAKETENBASIS JA ODER NEIN? **R**

Santa Maria sieht sich als künftiger europäischer Weltraumbahnhof. Schon jetzt wird von hier aus die erste Flugphase der in Französisch-Guayana gestarteten Ariane-Raketen überwacht. Auch werden Signale der Galileo-Satelliten empfangen, die eventuelle Störungen anzeigen könnten. Bei den amerikanischen Space-Shuttle-Missionen stand Santa Maria auf der Liste der Ausweichlandeplätze. Aktuell ist davon die Rede, kleine Satelliten direkt von Santa Maria aus in erdnahe Umlaufbahnen zu bringen. Flugzeuge würden mit den Raketen aufsteigen und diese erst in größeren Höhen abkoppeln. Während deutsche Inselfans um ihr stilles Paradies fürchten und beklagen, dass landwirtschaftliche Nutzflächen für immer verloren gehen werden, hoffen viele Einheimische auf qualifizierte Arbeitsplätze und Prestigegewinn. »Alle denkbaren Investitionen und Projekte für unsere Insel sind willkommen, denn diese Insel braucht und verdient sie«, schreibt ein Kommentator im portugiesischsprachigen Online-Magazin »Em Órbita«.

ranen Südostecke von Santa Maria. Unterwegs ergibt sich vom ehemaligen Walfängerausguck **Vigia da Baleia** (kurzer, steiler Fußweg abwärts) ein spektakulärer Blick auf den **Farol de Gonçalo Velho** an der Ponta do Castelo und eine ehemalige Walverarbeitungsfabrik. Zum Leuchtturm selbst läuft man von einer Straßenkurve weiter unten 10 Min. auf einem Fahrweg. Der Farol ist jeden Mittwochnachmittag zu besichtigen (kostenlose Führung durch den Leuchtturmwärter; keine Wendemöglichkeit für Autos am Leuchtturm!).

Weinberge, von Steinmauern gestützt, überziehen die steilen Hänge rund um **Maia.** Ein Meerwasserbadebecken lädt zum Relaxen ein. Die Straße endet an der **Cascata do Aveiro,** die sich in einen Ententeich ergießt. Der Wasserfall zählt mit über 100 m zu den höchsten Kaskaden in ganz Portugal und damit natürlich zu den landschaftlichen Hauptattraktionen der Insel, allerdings nur während der regenreichen Monate. Im Sommer ist er oft ausgetrocknet.

### Theaterränge gratis

Wie ein Amphitheater mit Weinbauterrassen als Rängen präsentiert sich, vom **Miradouro do Espigão** (Schild:

Miradouro) gesehen, die geschwungene **Baía de São Lourenço.** Eine steile, etwas abenteuerliche Straße führt hinunter. Die Bucht gilt als Rest eines Riesenkraters, des größten der Azoren. Mit dem türkisblauen Wasser kontrastiert der helle, schmale Sandstrand, den mehrere Felsvorsprünge mit reicher Unterwasserfauna unterbrechen – ein Paradies für Schnorchler. Zum Baden eignet sich die Zone weniger, da der Sand bei jedem größeren Unwetter fast völlig weggeschwemmt wird. Die meisten Häuser von São Lourenço gehören Amerika-Emigranten, die hier den Sommer verbringen. Dem Südrand der Bucht vorgelagert ist die bizarre Felsinsel **Ilhéu do Romeiro,** ein wichtiger Brutplatz für Seevögel.

### Jedem seine Farbe

Das Dorf **Santa Bárbara** bettet sich in eine wellige Landschaft, in der sich Windmühlenruinen und alte Brunnen mit Viehtränken verteilen. Fast schon Pflichtstation auf dem Weg von São Lourenço ist der **Poço da Pedreira,** ein Teich, der sich im ehemaligen Steinbruch am Pico Vermelho gebildet hat. Dieser macht seinem Namen (›roter Berg‹) alle Ehre. Eine Wand aus rotem Tuffgestein

# TOUR
# Rund um den Pico Alto

**Wanderung am hohen Gipfel**

## Infos

📍**Karte** 7, C 2

**Start/Ziel:** Parkplatz am Pico Alto Rundweg, 2 Std., mittelschwer, 200 Höhenmeter im Ab- und Wiederaufstieg

**Anfahrt:** mit Mietwagen über Straßengabelung Cruz dos Picos zum Pico Alto

Santa Marias höchster Berg, der **Pico Alto** (587 m), bietet einen famosen Panoramablick über die ganze Insel. Folgen Sie vom Parkplatz am Straßenende dem beschilderten Wanderweg **PRC 2 SMA** neben einem militärischen Gebäude die paar Treppenstufen hinauf bis zum antennengekrönten Gipfel. Vom dortigen Aussichtspunkt liegt Ihnen buchstäblich alles zu Füßen. Fantastische Blicke über weite Teile Santa Marias bieten sich von hier. Der Kontrast zwischen dem grünen Inselinneren und dem lichtdurchfluteten Westen bei Vila do Porto könnte kaum größer sein. Während die Berge bewaldet und oft wolkenverhangen sind, liegt unten am Meer Wiesenland, das im Sommer zu einer bräunlichen Steppe vertrocknet.

Kehren Sie zum Parkplatz zurück, wo der PRC 2 SMA nun in der Verlängerung der Straße einem Forstweg einen Bergrücken entlang folgt. Hier tauchen Sie ein in einen Mix aus dunklem Kryptomerienwald und endemischem Buschwerk aus Schneeball und Strauchheidelbeeren. Unterwegs führt ein weiterer Abstecher zum **Miradouro da Caldeira** (45 Min.) mit Blick in einen Krater und über die Westküste von Santa Maria.

Bei einem Forsthaus zweigt der Fernwanderweg GR 01 SMA rechts ab. Wählen Sie geradeaus den PRC 2 SMA. Im weiteren Verlauf geht es im Bogen nach Süden auf einem Forstweg bergauf. Gegen Ende der Tour passieren Sie das Denkmal für die Opfer eines Flugzeugabsturzes, der sich 1989 auf Santa Maria ereignete. Kurz darauf erreichen Sie den **Parkplatz am Pico Alto.**

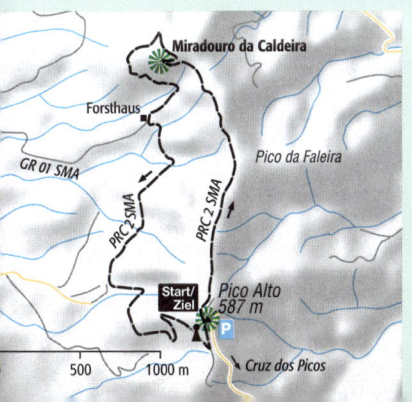

# TOUR
## Seltene Versteinerungen

**Fossilien-Trail auf Santa Maria**

Santa Maria ist die einzige Azoreninsel mit Fossilien. Wasserlebewesen wie Muscheln oder Schnecken blieben als Versteinerungen in kalkigen Strand- und Dünensedimenten am Meeressaum zurück. Bis zu 7 Mio. Jahre alt sind einige von ihnen.

Erste Station ist die **Igreja Matriz** von **Vila do Porto**. Für die Innenwände der Kirche wurden Kalksteine mit Fossilien verarbeitet. Der eigentliche **Trilho dos Fósseis** beginnt dann als Wanderweg **PR 5 SMA** an einer Wandertafel neben der Hafenfestung **Forte de São Brás.** Nach 20 Min. ist das Naturmonument **Pedreira do Campo** (s. S. 84) erreicht. Von dort geht es über einen Bergrücken weiter zu den künstlichen Höhlen **Grutas do Figueiral** (1 Std.). Sie verdanken ihre Existenz dem früheren Kalkabbau. Endemische Muscheln, vier bis fünf Millionen Jahre alt, sind in den dortigen Sedimenten zu sehen. Nebenan steht einer der ältesten Kalköfen Santa Marias.

Gebüsch säumt den Weg, der nun hoch über der Küste mit schönen Ausblicken weiter nach Osten verläuft. Nach etwa zwei Dritteln der Strecke öffnet sich der Blick zur kleinen, bei Badegästen sehr beliebten Sandbucht **Prainha.** Zu dieser geht es jetzt steil hinab. Auch hier finden sich Kalksedimente mit Fossilien. Millionen von Muscheln liegen unglaublich dicht gepackt. Im Gegensatz zu den zuvor gesehenen, älteren Versteinerungen aus dem

Santa Maria

## Infos

📍 Karte 7, B 2

**Start:** Vila do Porto

**Dauer:** 2 Tage;
1. Tag Wanderung,
7 km, reine Gehzeit
3 Std., mittelschwer;
2. Tag Bootsfahrt
rund um die Insel, ca.
6–7 Std.

**Fossilienexkursion
per Boot:**
www.divecenter.
mantamaria.com,
p. P. 70 € (min.
6 Teilnehmer);
Saison ist Juni
bis September;
es wird mit einem
großen Schlauchboot
gefahren, daher
wasserfeste Kleidung
mitnehmen

Mio-Pliozän stammen diese aus dem Pleistozän, dem Eiszeitalter. Außer Mollusken enthalten sie Bryozoen (Moostierchen), Ostrakoden (Muschelkrebse) und Foraminiferen. Bei Niedrigwasser kann man nun durch die Küstenklippen weiter zur **Praia Formosa** (3 Std.) klettern, vorbei an weiteren Fossilaufschlüssen. Hingegen empfiehlt es sich bei Hochwasser und stärker bewegter See, zurück zu einer Gabelung auf dem Bergrücken zu steigen. Dort wird nach 10 Min. die Straße in der Nähe des Miradouro da Macela erreicht.

Manche Fossilienfundstätten sind von Land aus so gut wie unzugänglich. Daher führt der zweite Teil der Fossilienroute per Boot rund um die Insel. Unterwegs gibt der mitfahrende Guide Erklärungen. Fast schon ein Pflichtstopp auf der Route ist die **Ponta do Castelo** mit der Ruine einer Walfabrik. Auch hier am Kiesstrand findet sich wieder ein schöner, besonders fossilreicher Kalkhorizont. Er enthält bestens erhaltene versteinerte Mollusken, Fische und Krebstiere aus dem Plio- und Pleistozän. Ständig schreitet die Erosion an diesem exponierten Küstenabschnitt fort. Die Brandung legt jedes Jahr neue Fossilien frei. Noch warten sicherlich eine Reihe von Arten auf die Entdeckung. Allerdings darf hier nicht mehr auf eigene Faust gesammelt werden!

Im weiteren Verlauf werden an der Ostküste der Insel zahlreiche Höhlen passiert, von denen einige so groß sind, dass man mit dem Boot hineinfahren kann. Besonders attraktiv ist die Höhle der **Baía do Cura,** in die sich erfahrene Skipper bei Niedrigwasser wagen. In der Baía do Cura wurden 1960 drei Anker geborgen, die der Kolumbus-Karavelle ›Niña‹ zugeschrieben werden. Sie befinden sich heute im Museu de Marinha in Lissabon. An der Baía do São Lourenço vorbei geht es weiter zur **Baía do Tagarete (Lagoinhas)** an der Nordküste, wo bei einem Landgang noch einmal pleistozäne Mollusken besichtigt werden. »Die Fossilvorkommen auf Santa Maria stellen ein wahres Freiluftlabor von internationaler Bedeutung dar«, hob Regionalsekretär Berto Messias 2018 auf einer Pressekonferenz hervor. Erst nach der Jahrtausendwende rückten sie in das Blickfeld der Geologen. Längst sind noch nicht alle Vorkommen bekannt.

zeugt von der harten Arbeit, die früher der Abbau des Baumaterials für die traditionellen Häuser verursachte.

Den besten Überblick über Santa Bárbara bietet der **Miradouro da Pedra Rija** an der Straße nach Almagreira. Da in jüngerer Zeit kaum noch gebaut wurde, bewahrte das Ortsbild seinen Charakter. Hauskanten wie auch Tür- und Fensterrahmen sind blau gestrichen, in hübschem Kontrast zu den weißen Wänden und hellroten Ziegeldächern. Jedes Dorf auf Santa Maria hat seine eigene Farbe. In Santo Espírito ist es beispielsweise Grün, in São Pedro Gelb.

## Im Nordwesten der Insel

### Treppensteigen ist Medizin

Die **Ermida de Nossa Senhora de Fátima** (1925) wurde angeblich als zweites Heiligtum weltweit (!) zu Ehren der Jungfrau von Fátima errichtet, die am 13. Mai 1917 in Portugal drei Kindern erschienen war. 154 Treppenstufen, Symbole für die Perlen des Rosenkranzes, führen zu der Wallfahrtskirche hinauf. Auf jedem der 14 Treppenabsätze, die den großen Perlen entsprechen, beten Pilger ein Vaterunser. Eine Gartenanlage mit Bäumen, Blumen, Azulejobildern und Skulpturen der Kinder mit der Madonna und einem Friedensengel säumen den Aufgang.

Mit seinen fruchtbaren Ländereien war **São Pedro** immer ein wichtiges agrarisches Zentrum. Ein eigentlicher Ortskern ist bestenfalls zu erahnen. Rundherum unterhielten Großgrundbesitzer ihre Herrensitze *(quintas)* mit dazugehörigen Parks. Manche wurden jetzt sorgfältig renoviert. Von der ebenfalls restaurierten, einsam stehenden **Ermida de Monserrate** (verblichenes Holzschild an der Straße nach Anjos, dann noch 300 m Feldweg) heißt es, sie sei die zweite Kirche der Insel im 15. Jh. gewesen.

### Kolumbus war ›not amused‹

Wegen seines großen Meeresschwimmbads belebt sich **Anjos** im Sommer. Dann sind auch die Ferienhäuser im Ort bewohnt. Im Winter werden die Bürgersteige hochgeklappt. Nirgendwo auf Santa Maria lässt sich der Sonnenuntergang schöner genießen als hier. Vom Sportfischerhafen führt nach Westen ein 100 m langer Fußweg zur **Furna de Santana.** In den dunklen Schlund können Sie mit Taschenlampe ein paar Meter hineinsteigen.

Die **Ermida dos Anjos** (meist tagsüber geöffnet, sonst Schlüssel im Haus nebenan) ist die wohl älteste Kirche der Azoren (15. Jh.). Umgebaut wurde sie 1893 zum 400. Jahrestag des Besuchs von Christoph Kolumbus, an den gegenüber eine Bronzeskulptur erinnert. Er ankerte auf der Rückkehr von seiner ersten Amerikareise vor Anjos, um Proviant zu ergänzen. Seine an Land gegangenen Bootsleute wurden von den Inselbewohnern nicht eben freundlich empfangen, sogar wegen des Verdachts der Piraterie inhaftiert und erst nach langen Verhandlungen wieder freigelassen. Vielleicht hat Kolumbus selbst sein Schiff gar nicht verlassen. Andererseits heißt es, er habe in der Ermida gebetet. An der Umfassungsmauer des Kirchhofs stehen Reste eines Glockenturms von einem Vorgängerbau. In der Kirche selbst wird ein wertvolles dreiteiliges Altarbild aufbewahrt, das die Heilige Familie sowie die hl. Kosmas und Damian zeigt. Gonçalo Velho Cabral, der Santa Maria besiedeln ließ, soll es auf seiner Karavelle mitgeführt haben.

## Schlafen

### Flughafenhotel

**Santa Maria:** Klarer Vorteil ist die Fußgängerentfernung zum Flughafen, bei dem die wenigen Starts und Landungen nicht stören. Auch ansonsten eine gute Wahl für ein, zwei Nächte. Restaurant, Gartenbar,

# Lieblingsort

## Wie der rote Planet

Über das angrenzende Gebüsch bitte hinwegsehen! Wer im **Barreiro da Faneca** (📍 Karte 7, B 2) den Fotoausschnitt geschickt wählt, kann später locker behaupten, auf dem Mars gewesen zu sein. Nackte rote Tonerde, so präsentiert sich der 8 km² große Landstrich, der durch Verwitterung von Vulkanasche entstand. Einheimische erzählen von Touristen, die hier nach Starkregen mit dem Jeep im Schlamm stecken blieben. Meist ist der *deserto vermelho* (rote Wüste) aber staubig und knochentrocken.

Anfahrt: Ab Straße São Pedro – Anjos beschilderter Nebenstrecke folgen, an einer Gabelung rechts, dann geradeaus bis zum Straßenende (2 km).

*Von Hektik keine Spur: Hier lässt man es langsam angehen.*

Pool, Tennisplatz, alles da. Im Motelstil gehalten, Drei-Sterne-Niveau. Rua da Horta, T 296 82 06 60, www. hotel-praiadelobos.pt, DZ 70–90 €

### Ganz neuer Stil

**Charming Blue:** Das Boutiquehotel liegt zentral in Vila do Porto und doch ganz ruhig. In einem traditionellen Stadthaus bietet es 15 sorgfältig und fashionable dekorierte Zimmer. Zum Relaxen sind Spa und Außenpool da, und auch ein gediegenes Restaurant (s. unten) ist vorhanden. Vila do Porto, Rua Teófilo Braga 31, T 296 88 20 83, www.charmingblue.com, DZ ab 90 €

### Ökopension

**Francisca:** Drei Zimmer mit reichhaltigem Frühstück und ein Ferienhaus, alle gut eingerichtet und bei kühlerem Wetter beheizt, vermieten Franziska Gastl und Christian Solenthaler. Mit einer Photovoltaik-Anlage produzieren sie den benötigten Strom

selbst. E-Bikes werden für 15 € pro Tag vermietet. Gerne wird Yoga mit Mandy Brinkley (www.mandybrinkleyyoga.com) vermittelt. Auch für Geocacher eine gute Adresse (s. S. 234). Almagreira, Brejo de Baixo, T 296 88 40 33, www.azorean-spirit.com, DZ 65–82 €, Bungalow für 2 Pers. ohne Frühstück 72–83 €

### Nachhaltiger Luxus

**Villa Natura:** Dieses außergewöhnliche Ferienhaus hat nicht nur direkten Zugang zum Strand, sondern wurde auch mit einem Preis für nachhaltigen Tourismus ausgezeichnet. Warmwasser wird mit Sonnenenergie erzeugt, Doppelfenster sorgen in der kühleren Jahreszeit für geringstmöglichen Wärmeverlust beim Heizen und Energiesparlampen und Mülltrennung sind sowieso selbstverständlich. Rundherum befindet sich außer dem Haus des Gastgebers Luis Mesquita nichts als Naturpark. Ausrüstung zum Wellensurfen, Schnorcheln, Seekajakfahren wird gestellt. Praia Formosa, T 962 34 59 99, www.villanaturaazores.com, Haus für bis zu 4 Pers. ab 90 €

### Landgut

**Quinta do Monte Santo:** Ruhige ländliche Unterkunft mit weitem Meerblick. Zwei Ferienhäuser und ein Apartment, jeweils komplett ausgestattet, sowie zwei Zimmer mit Gemeinschaftsbad und Küchenbenutzung im Haupthaus, die gemeinsam vermietet werden. Lagoinhas, T 296 88 39 50, www.quintamontesanto.com, DZ ab 50 €

## Essen

### Mit alternativem Touch

**Espaço em Cena:** Zeitgemäßes, sehr sorgfältig dekoriertes Lokal mit mediterran inspiriertem, frisch zubereitetem Essen. Die derzeit originellste Adresse in Vila do

Porto. Oft Workshops, Kunstausstellungen oder Konzerte. Mittelpreisig.

Vila do Porto, Lugar Mãe de Deus 12, T 961 80 94 46

### Bei Einheimischen beliebt

**Os Marienses:** Gepflegtes Lokal des örtlichen Sportklubs schräg gegenüber der Markthalle. Meist wird ein »All-you-can-eat«-Büffet (10 € inkl. Getränke) aufgebaut. Korrekte Auswahl, bei dem Preis kann man allerdings keinen Luxus erwarten. Mit netter Außenterrasse.

Vila do Porto, Rua do Cotovelo, T 296 88 24 78, tgl. 12–22.30 Uhr

### Feiner Stil

**Mesa d'Oito:** Das auch für externe Gäste zugängliche Restaurant im Hotel Charming Blue zählt zu den Spitzenlokalen der Insel, wenn nicht gar der gesamten Azoren. International inspirierte portugiesische Küche auf hohem Niveau. In den

---

**GRANDE ROTA DE SANTA MARIA** **G**

Auf dem 80 km langen **GR 01 SMA** (mittelschwer, www.trails.azores. com) können Sie ab Vila do Porto rund um Santa Maria wandern. Da es nicht überall Unterkunftsbetriebe gibt, haben sich Ioannis und Rita etwas ganz Besonderes ausgedacht. Sie unterteilten den Weg in fünf (statt der offiziellen vier) Etappen und verwandelten vier alte Scheunen in recht behagliche Quartiere, in denen unterwegs übernachtet werden kann. Kochen ist nicht möglich, aber gegen Aufpreis werden Abendessen und Frühstück gebracht. Auch Bettwäsche und Gepäcktransfer können hinzugebucht werden (Ilha a pé, T 964 47 47 68, www.ilhape.com, vier Nächte p. P. 120 €).

---

Sommermonaten gibt es nach dem Dinner manchmal Livemusik, etwa Jazz.

Vila do Porto, Hotel Charming Blue (s. links)

### Witziges Strandlokal

**Paquete:** Die Architektur erinnert an ein Schiff, mit luftiger Terrasse am Bug. Gekocht wird eher bodenständig, dafür ist alles preisgünstig.

Praia Formosa, T 296 88 41 42, tgl. 10–23 Uhr

### Aus frischem Fang

**O Grota:** Beim Naturschwimmbad führt Aida, eine zurückgekehrte Amerika-Emigrantin, die Tasca ihrer Eltern weiter. Eine feste Speisekarte gibt es nicht, gekocht wird, was das Meer tagesfrisch liefert. Ein Gedicht etwa die Fischsuppe oder der geschmorte Tintenfisch. Einfaches Ambiente, kleine Preise.

Maia, T 927 29 67 08, tgl. durchgehend geöffnet, im Winter z.T. geschl.

### Sommerlich

**Bar dos Anjos:** Fisch und Meeresfrüchte, gespeist wird zwanglos an Plastiktischen auf der Terrasse mit Blick auf die Klippen. Wunderbar bei gutem Wetter!

Anjos, T 296 88 67 34, tgl. 10–24 Uhr

## Einkaufen

### Markthalle

**Mercado Municipal:** Frühzeitig kommen, sonst ist schon alles ausverkauft.

Vila do Porto, Rua do Cotovelo, Mo–Fr 8–18, Sa 8–13 Uhr

## Bewegen

### Tauchen

**Wahoo Diving:** Deutschsprachige Tauchbasis unter der Leitung von Steffen Ehrath, die individuelle Tauchgänge und Tauchausfahrten mit hohem Erlebniswert fernab des Massentourismus anbietet. Über 60 Tauchplätze sind im Programm, gestartet wird fast immer vom Boot aus. Ganz heiße Spots befinden sich bei den Formigas, einer Felsinselgruppe im Norden von Santa Maria.

Vila do Porto, Estrada da Birmânia, T 963 65 88 31, www.wahoo-diving.com

### Abenteuer

**Bootlá:** Das engagierte Team bietet so ziemlich alle abenteuerlichen Aktivitäten in der Natur an, die auf Santa Maria möglich sind: Canyoning in der Schlucht Ribeira Funda im Norden der Insel, Coasteering, Abseiling von der Calçada do Gigante, Jeeptouren. Außerdem werden geländegängige E-Bikes vermietet.

T 963 87 45 47, www.bootla.pt

### Motorroller

**Ilha do Sol:** Der Autovermieter verleiht auch Motorroller. Auf den wenig befahrenen, kurvenreichen Straßen der Insel wird die Fahrt zum Vergnügen.

Vila do Porto, Salvaterra 26 (Straße Richtung Valverde), T 296 88 20 21, 962 34 92 44, www.ilhadosol.com

## Ausgehen

### Nah an der Szene

**Docas Bar:** Treffpunkt am Hafen von Vila do Porto ist am frühen Abend die schöne Terrasse am Fährterminal (WLAN gratis, im ganzen Hafengebiet). Zu besonderen Anlässen steigen verrückte DJ-Partys, dann wird die ganze Nacht hindurch gefeiert.

Vila do Porto, Cais do Porto, tgl. 8–20 Uhr

### Amerikanisch gestylt

**Central Pub:** Abendlicher Hotspot in der Stadt, von Amerika-Emigranten geführt. Wer mag, kann hier auch günstig essen (angeblich die beste Pizza der Azoren).

Vila do Porto, Rua Dr. Luís Bettencourt 20, T 296 88 25 13, Mi–Mo 17–2 Uhr

## Feiern

● **Maia Folk:** Wochenende Anf. Juli. Infos: www.osamigosdamaia.com. Sechs Konzerte und zwei DJ-Events mit traditioneller und progressiver Folklore. Mit regionalen Gruppen und Gastmusikern etwa aus Cabo Verde oder Galicien. Um Plastikmüll zu vermeiden, werden ökologische Trinkbecher verkauft, die man anschließend als Souvenir mitnehmen kann. An den Vortagen findet ein Tanz-Workshop statt.

● **Santa Maria Blues:** drei Tage Mitte Juli. Open-Air-Festival mit Interpreten aus Portugal, Großbritannien und den USA, das regelmäßig über 1000 Besucher in seinen Bann zieht, in jedes Jahr eigens dafür aufgebauten Blues Café. Infos: www.santamariablues.com.

● **Festival Maré de Agosto:** 2. Aug.-Hälfte. Dreitägiges Musikfestival an der Praia Formosa, hervorgegangen aus einer ›magischen Nacht‹ 1984, als sich Musiker von allen Azoreninseln erstmals auf Santa Maria trafen. Inzwischen geht hier jedes Jahr die Post ab, mit Beteiligung aus den USA, Brasilien und Afrika. Heiße Rhythmen aktueller Stilrichtungen, von Tausenden meist sehr junger Fans bejubelt.

● **Infos:** www.maredeagosto.com.

## Infos

● **Information:** Posto de Turismo de Santa Maria, Aeroporto de Santa Maria, T 296 88 63 55, www.visitazores.com.

● **Internet:** www.cm-viladoporto.pt.

● **Fähre:** www.atlanticoline.pt, Tickets am Hafenschalter (ab 1,5 Std. vor Abfahrt) oder im Reisebüro Micaelense, Vila do Porto, Rua M 2, T 296 88 20 40.

● **Busse:** www.transportesdesantamaria.com, zentrale Haltestelle in Vila do Porto am Largo Nossa Senhora da Conceição.

● **Taxis:** Vila do Porto, beim Rathaus, T 296 88 21 99. Inselrundfahrt 4 Std. ca. 80 €.

# *Zugabe*
# Hufeisen bringen Glück

*Zu Besuch bei Senhor Benevides*

*Schmiede das Eisen, solange es noch heiß ist: Wie lange der Hufschmied wohl noch seine Arbeit verrichtet?*

João Benevides ist der letzte Hufschmied auf São Miguel. Und das schon in vierter Generation. Wann genau sein Urgroßvater die Werkstatt in dem windschiefen Hutzelhäuschen an der scharfen Straßenkurve gegründet hat, weiß er nicht. Ursprünglich ging alles mit einem manuell betriebenen Blasebalg vonstatten, der noch in einer Ecke vor sich hin dämmert. »Das gab Muckis«, grinst Senhor Benevides. Aber schon sein Vater hat den elektrischen Blasebalg gekauft, der bis heute im Einsatz ist. Von oben pustet dieser Luft ins offene Feuer, heftig lodern die Flammen auf. Eisenstangen, in die Glut gelegt, lassen sich fast mühelos verbiegen. Dann kommt die Feinarbeit. Nochmals werden die Eisen im Feuer zum Rotglühen gebracht. Löcher müssen gestanzt werden, Ecken werden mit dem Hammer zurechtgeschlagen. Schließlich kann Senhor Benevides die fertigen Hufeisen präsentieren. Immer paarweise fertigt er sie, für die Vorder- und Hinterhufe. Im Angebot hat er kleine, mittlere und große, für jeden Pferdetypus ist etwas dabei. Nach wie vor gibt es genügend Rösser auf São Miguel, mit denen Landwirte und Freizeitreiter unterwegs sind, sagt er. Wie

> **Ursprünglich ging alles manuell vonstatten.**

lange es wohl dauert, zwei Hufeisen herzustellen? »Das weiß ich nicht, ich habe dabei noch nie auf die Uhr geguckt«, antwortet Senhor Benevides und lacht. Mit den günstigen Preisen von importierter Fabrikware kann seine kleine Schmiede allerdings kaum noch mithalten. So erhofft er sich jetzt ein zweites wirtschaftliches Standbein durch die Produktion von Miniatur-Hufeisen als Schlüsselanhänger. Gutmütig lässt er Besucher eintreten und zuschauen. Bitte strapazierfähige Kleidung einplanen. Drinnen qualmt es ordentlich, und man watet in einer dicken, weichen Schicht aus Rußpartikeln (Lagoa, São Miguel, Av. Infante Dom Henrique 39, T 916 86 50 07, Di–Fr 14.30–18, Sa 10–13.30 Uhr). ∎

# Faial

**Das Weltumseglerflair in Horta** — und die Mondland-
schaft des jüngsten Azorenvulkans sind für Reisende gewichti-
ge Gründe, die kompakte, von einem Riesenkrater beherrschte
Hortensieninsel zu besuchen.

Seite 99
## Horta

halten manche für die
atmosphärischste Stadt
der Azoren, wegen
des kosmopolitischen
Ambientes und der
berühmtesten Kneipe
im Atlantik.

Seite 99
## Marina da Horta

Dem weltmännischen
und internationalen
Flair des Jachthafens
werden Sie sich nicht
entziehen können,
egal ob Sie nun seefest
sind oder nicht. Als
i-Tüpfelchen hinterlie-
ßen Generationen von
Hochseeseglern bunte
Bilder an der Hafen-
mauer.

Auf einem Vulkan
lässt es sich leben,
sagte man in Pompeji.

**Eintauchen**

Seite 110
## Casa Chá e Bar

Das In-Lokal ist in einer
alten Gartenvilla unter-
gebracht und begeistert
durch einen kreativen
Mix aus Teehaus,
Veggie-Restaurant und
Kunstgalerie.

Seite 112
## Jardim Botânico
## do Faial

Die ganze Azoren-
flora ist hier wie in
einem Miniaturarchipel
versammelt: von der
Küste in die höchsten
Berge hinauf und in die
tiefsten Täler hinein.

Seite 114
## Farol da
## Ribeirinha

Den Wind um die Nase
wehen lassen mit Blick
nach Pico können Sie an
dieser Leuchtturmruine,
die wie ein Mahnmal an
das Erdbeben von 1998
erinnert.

*Seite 115*

## Fajã

Faials wohl wildester Strand lädt meist nicht wirklich zum Baden ein, wohl aber zum Erleben der Urgewalten des Meeres.

*Seite 119*

## Varadouro

Mitten unter Einheimischen: Wenn Sie die Locals in der Freizeit erleben wollen, kommen Sie in den einstigen Thermalbadeort am natürlichen Lavapool. Oder Sie speisen im kultigen Grillhähnchen-Restaurant. Bom apetite!

*Seite 116*

## Vulcão dos Capelinhos ⭐

Der explosive Vulkan hat in den Jahren 1957/58 die Westspitze Faials mit Asche überschüttet. Jetzt nagt die Brandung unaufhörlich an ihm.

*Seite 120*

## Caldeira do Cabeço Gordo

Wahrlich kein Insider-Tipp, alle fahren hier rauf. Doch nur wenige stapfen auf dem schmalen Panoramaweg einmal rund um den Riesenkrater herum.

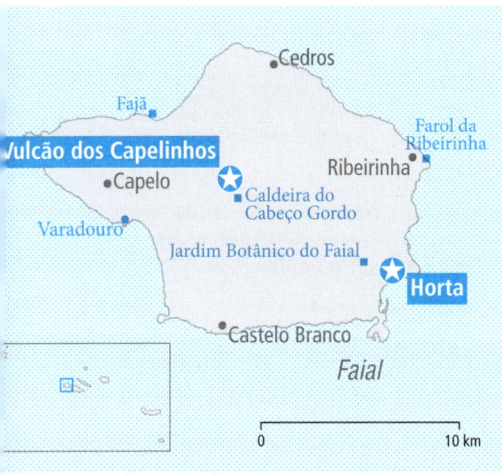

Cedros

Fajã

Vulcão dos Capelinhos

Farol da Ribeirinha

Ribeirinha

Capelo

Caldeira do Cabeço Gordo

Varadouro

Jardim Botânico do Faial

Horta

Castelo Branco

*Faial*

0          10 km

Menschen mit großen Ohren sind für das Segeln wie geboren.

Als Peter im Café Sport in Horta schon Gin Tonic ausschenkte, war der Mann noch nicht geboren, der auf São Miguel begann, den bisher einzigen Gin der Azoren zu destillieren.

erleben

# Kosmopolitisch gefällig?

**E**igentlich ist der Raum auf Faial begrenzt. Um einen zentralen Berg mit Riesenkrater liegt ein Gürtel aus saftig grünen Rinderweiden und dunkelgrünen Kryptomerienforsten. An der Ringstraße entlang der Küste reihen sich Straßendörfer mit kleinen Bauernhäusern. Und doch hat sich hier mit Horta eine der drei wichtigen Azorenstädte etablieren können, dem gut geschützten Hafen am schmalen Kanal zur Nachbarinsel Pico sei Dank. Was die in Horta ansässigen Großgrundbesitzer exportierten, ließen sie auf dem weitaus größeren Pico produzieren. In Horta entstanden monumentale Kirchen, mit den Fassaden zum Meer gewandt, um Seefahrern die Bedeutung der Stadt zu signalisieren.

## Drehscheibe im Atlantik

Für internationales Flair sorgten bald auch amerikanische Walfänger und in der ersten Hälfte des 20. Jh., als Horta zum Knotenpunkt der Kommunikation im Atlantik avancierte, die Mitarbeiter europäischer und amerikanischer Kabelgesellschaften. Davon zehrt die Stadt immer noch, obwohl heute der Jachthafen

**ORIENTIERUNG**  ❿

**Infos:** www.visitazores.com, http://pt.artazores.com
**Verkehr:** Flughafen Horta 8 km westl. der Stadt, kein Linienbusanschluss. Fluginfos: www.ana.pt, www.sata.pt. **Fährschiffe:** www.atlanticoline.pt, ab Horta ganzjährig nach Pico (5–7 x tgl.) und São Jorge (2 x tgl.), im Sommer je 2–3 x pro Woche zu allen Azoreninseln. **Inselbusse:** www.farias.pt, 4 x tgl. auf der Inselrundstraße, Sa nur 1 x, nicht am So.

eine wichtige Station der Transatlantiksegler ist und sich Horta somit weiterhin global positionieren kann.

## Vulkanisch aktiv

Faial ist fast, aber nicht nur Horta. Am anderen Inselende, ganz im Westen, brach 1957 der jüngste Vulkan der Azoren aus. Ein Jahr lang versetzte er die Bewohner in Angst und Schrecken, viele suchten ihr Heil in der Emigration. Ringsum können Sie in der Aschewüste spazieren oder auf Wanderungen ein paar umliegende, ältere und schon von Wald und Gebüsch zurückeroberte Vulkankegel erkunden.

# Horta  **♀ Karte 5, C4**

Der beschaulichen Stadt eilt der Ruf einer besonders internationalen Atmosphäre voraus. Ein wenig zehrt Horta dabei von der glorreichen Vergangenheit. Im 18./19. Jh. lagen hier nordamerikanische Walfangboote vor Anker und in der ersten Hälfte des 20. Jh. gaben sich die Mitarbeiter der Kabelgesellschaften ein Stelldichein, die die frühe Telekommunikation zwischen den Kontinenten aufbauten. Heute sorgt die Szene der Transatlantiksegler für kosmopolitisches Flair. So richtig was los ist vor allem im Hochsommer.

## Hafen und Zentrum

### Dann mal Mast- und Schotbruch!

Eine Sehenswürdigkeit der besonderen Art sind die Wandmalereien der Transatlantiksegler im Hafen von Horta. Die ersten Gemälde entstanden in den 1950er-Jahren an der äußeren Kaimauer, wo sie mittlerweile aber arg verblasst sind. Seit Einweihung der Marina 1986 hat sich das Geschehen dorthin verlagert. Wer sich nicht an der Hafenmauer verewigt, beschwört Unglück auf See herauf, heißt es. Daher pinseln alle Jachtbesatzungen, die in Horta Station machen, eifrig ihre farbenfrohen, fantasievollen Kunstwerke an die Wände der Marina.

### Ab in die City

Wenn man in Horta überhaupt von einer solchen sprechen kann. Parallel zum Meer zieht sich hinter der ersten Häuserzeile die lange Rua Conselheiro Medeiros hin. Der Volksmund nennt sie einfach **Rua Direita** (›gerade Straße‹). An ihr reihen sich die meisten, durchweg kleinen Geschäfte. Im Süden beginnt sie an der **Praça do Infante** mit einem Denkmal für Prinz Heinrich den Seefahrer, der im 15. Jh. die portugiesischen Entdeckungsfahrten initiierte. Dort stehen auch die dunklen Mauern des **Forte de Santa Cruz ❶**, der alten Hafenfestung, in der ein vornehmes Pousada-Hotel einquartiert wurde (www.pousadas.pt).

Nach Norden mündet die Rua Direita in den **Largo Duque Ávila Bolama,** den repräsentativen Hauptplatz der Stadt. An seinem oberen Rand ragt die **Igreja de São Salvador ❷** (tgl. 17–19 Uhr) auf. Ab 1680 wurde sie vom Jesuitenorden erbaut, der hier seine größte Niederlassung auf den Azoren unterhielt, bis er 1759 in Portugal verboten wurde. Der sprichwörtlich prunkvolle Jesuitenbarock manifestiert sich innen durch gewaltige vergoldete Retabeln und üppig mit Szenen aus dem Leben des Ordensgründers Ignatius von Loyola bemalte Azulejos. Beachtung verdient auch das Lesepult in einer Seitenkapelle rechts aus Brasilholz mit Einlegearbeiten aus Elfenbein (17. Jh.).

**FAKTENCHECK**

**Einwohner:** 6500
**Bedeutung:** Sitz des Azorenparlaments
**Stimmung auf den ersten Blick:** nicht viel los
**Stimmung auf den zweiten Blick:** im Sommer junger Tourismus, viel Flair
**Besonderheiten:** wichtigster Jachthafen der Azoren, viele Transatlantiksegler, berühmteste Kneipe im Atlantik, viele ehrwürdige Kirchen, Wetter- und Erdbebenobservatorium, meeresbiologische Station, ehemaliger Kabelknotenpunkt

### Zum Treffen braucht man Orte

Auf der parkartigen **Praça da República** finden sich die Stadtbewohner zu den verschiedensten Anlässen ein. Die Wege streben zwischen Blumenbeeten und Tropenbäumen auf den zentralen, knallroten Musikpavillon zu, wo bei Volksfesten die Blaskapelle aufspielt. Am Westrand des Platzes steht an der Ecke zur Rua de São Paulo der barocke **Império dos Nobres ❸**, einer der ältesten Heiliggeisttempel der Azoren. Er wurde im 18. Jh. in Erinnerung an den damals schon Jahrzehnte zurückliegenden Vulkanausbruch von 1672 im Nordwesten der Insel errichtet. Am Pfingstsonntag steht er im Mittelpunkt eines Heiliggeistfestes, ansonsten bleibt er verschlossen.

### Aus der Ferne so schön

Hoch über der Innenstadt thront als Wahrzeichen Hortas die **Igreja de Nossa Senhora do Carmo ❹**. Die imposante Kolonialbarockfassade der ehemaligen Karmelitenkirche (18. Jh.) sieht den Vorderfronten der Igreja de São Salvador wie auch der Igreja de São Francisco (Rua Direita) fast zum Verwechseln ähnlich. Gemeinsam begrüßen die drei Kirchen als Skyline der Stadt Seefahrer schon von Weitem. Durch die Erdbeben von 1926 und 1998 erlitt die Karmelitenkirche jeweils schwere Schäden. Jetzt ist die Restaurierung fast abgeschlossen, die künftige Nutzung steht aber noch nicht fest. Möglicherweise wird hier das derzeit heimatlose Museum für Kirchenkunst von Faial untergebracht. Solange das nicht der Fall ist, lohnt der Aufstieg nicht.

---

## Rund um den Porto Pim

### Ein früher Global Player

Die älteste Pfarrkirche von Faial, **Igreja de Nossa Senhora das Angústias ❺**, steht zwischen den beiden Häfen: dem heutigen im Norden und dem alten Naturhafen Porto Pim im Süden, wo einst die Walfänger ankerten. Vermutlich hatte Josse van Hurtere, erster Statthalter auf der Insel, im 15. Jh. in der Nähe seinen Wohnsitz. Jedenfalls ließ seine Gemahlin Brites de Macedo einen Vorgängerbau der heutigen Kirche errichten. Damit wollte sie der Schmerzensmadonna (port. *angústia* = Beklemmung, Angst) dafür danken,

---

**DIE DREI HAUPTSTÄDTE**

Als die Azores-Airlines-Maschine von Lissabon nach Horta aus technischen Gründen auf Pico zwischenlanden musste und ihre Passagiere dort zurückließ, war für viele *faialenses* ein Tiefpunkt erreicht. Aus ihrer Sicht wird die Fluganbindung ihrer Insel an die Außenwelt immer schlechter. Obwohl Horta nominell gemeinsam mit Ponta Delgada und Angra do Heroísmo die Hauptstadtfunktion im Archipel ausübt, fühlen sich die Bewohner zunehmend als Hauptstädter zweiter Klasse. Horta verliert an Bedeutung gegenüber den beiden Metropolen der bevölkerungsreicheren Inseln, was sich auch in der Zahl der angebotenen Flugkapazitäten niederschlägt. »Es ist traurig festzustellen, … dass der Mobilität derjenigen, die hier leben, und der Entwicklung dieser Insel Steine in den Weg gelegt werden«, hieß es auf der Facebook-Seite der Gruppe »Ao Serviço do Faial e dos Açores«. Bleibt festzuhalten, dass die Passagiere des obigen Flugs wegen eines Streiks der Fährgesellschaft erst am späten Abend in Horta eintrafen.

# Lieblingsort

## Tausendmal beschrieben

Und dennoch darf die schönste Kneipe im Atlantik nach wie vor in keinem Reiseführer fehlen. **Peter Café Sport** ❻, das Lokal mit der blauen Fassade, ist weit mehr als ein Café. Es ist eine Institution. Zwanglos kommen Kontakte zwischen Seglern, einheimischen Fischern und Reisenden zustande. Unzählige Jachtbesatzungen hinterließen Wimpel, Flaggen und Fotos, mit denen die Wände tapeziert sind. Kultgetränk in der Kultkneipe ist Gin Tonic. Den schenkte jahrzehntelang ›Peter‹ aus, der eigentlich José Azevedo hieß. Seinen Spitznamen erhielt er von einem englischen Kapitän, weil dieser José nicht aussprechen konnte. Heute ist sein Sohn José Henrique die gute Seele des Cafés.

Rua José Azevedo (Peter) 9, T 292 29 23 27, Mo–Do 8–1, Fr/Sa 8–2, So 9–24 Uhr

# Horta

## Ansehen
❶ Forte de Santa Cruz
❷ Igreja de São Salvador
❸ Império dos Nobres
❹ Igreja de Nossa Senhora do Carmo
❺ Igreja de Nossa Senhora das Angústias
❻ Peter Café Sport
❼ Observatório Príncipe Alberto do Mónaco
❽ Fábrica da Baleia de Porto Pim
❾ Aquário do Porto Pim/ Casa dos Dabney
❿ Ermida de Nossa Senhora da Guia
⓫ Scrimshaw Museum
⓬ Museu da Horta
⓭ Trinity House
⓮ Colónia Alemã
⓯ Villa The Cedars
⓰ Jardim Florêncio Terra

## Schlafen
1 Azoris Faial Garden
2 Hotel do Canal
3 Estrela do Atlântico
4 A Casa do Lado
5 Verdemar

## Essen
1 Canto da Doca
2 Genuíno
3 Atlético
4 A Árvore
5 Casa Chá e Bar
6 Café Volga
7 Café Internacional

## Einkaufen
1 Loja do Peter
2 Mercado Municipal

## Bewegen
❶ Dive Azores
❷ Base Peter Zee
❸ Naturalist

## Ausgehen
❶ Bar da Marina
❷ Teatro Faialense
❸ Oceanic

---

dass es auf den Azoren weder Schlangen, Skorpione noch andere gefährliche Tiere gab.

In der im 17. Jh. komplett erneuerten Kirche erinnert eine Bronzeplakette an die Vermählung des Nürnberger Patriziersprosses und Fernhändlers Martin Behaim (1459–1507) mit der Tochter Josse van Hurteres, die etwa 1487 stattgefunden hat. An der Decke prangt neben anderen Adelswappen das seinige. Behaim lebte eine Zeit lang auf Faial. Seinen berühmten Globus schuf er während eines Aufenthalts in Nürnberg um 1492, wobei er auf Erkenntnisse der portugiesischen Entdeckungsfahrer zurückgriff.

### Fürstliche Wetterstation
Oberhalb des Stadtviertels Angústias thront auf einem Bergrücken eine Wetterwarte von 1915 mit charakteristischem Turm. Von Weitem könnte man das **Observatório Príncipe Alberto do Mónaco** ❼ mit einer Kirche verwechseln. Es dient heute als Referenzstation innerhalb des Weltklimaprogramms und außerdem als seismologische Station. Jährlich werden hier über 200 Erdstöße registriert, die meisten davon sind für Menschen nicht spürbar. Beim Erdbeben von 1998 erlitt das Observatorium schwere Schäden und wurde mit Unterstützung des Fürstentums Monaco restauriert. Denn Albert I. von Monaco (1848–1922), ein Ururgroßvater des regierenden Fürsten, hatte sich mit ozeanografischen Forschungen im Mittelatlantik, die ihn auch immer wieder nach Horta führten, einen Namen gemacht.

Monte das Moças, T 292 29 28 18, evtl. nach telef. Voranmeldung Mo–Fr zu besichtigen, Eintritt frei

Espalamaca,
Praia do Almoxarife,
Parque da Alagoa

Flamengos, Caldeira

Calçada de Santo António

Hospital Walter Bensaúde

**6**

**3**

**16**

Torre del Relógio

**4**

Rua Manuel Joaquim Dias

R. Advogado Graça

R. T. Aragão

Al. Barão de Roches

R. M. Simaria

R. M. Almeida Garret

(Endstation)

Gare
Marítima

Taxi

Rua de São Paulo

Rua de São Pedro

Rua de São João

**2**

**3**

Praça da
República

Taxi

**2**

R.D. Pedro IV

R. Serpa Pinto

Avenida 25 de Abril

Rua Nova do Carmo

**4**

R. de São Bento

**5**

**4**

R. Ernesto Rebelo

Pico, São Jorge

Ponta Delgada Flores

Rua Dr. Neves

R. Dr. Azevedo

R. Com. Macedo

R. Visconde de
Santana

Rua Médico Avelar

R. Eduardo Bulcão

**12**

**2**

M

Baía da Horta

das Dutras

a Caldeira

a Ilha do Pico

Rua de Jesus

Rua Dr. Melo e Simas

**5**

R. Walter Bensaúde

Avenida 25 de Abril

Parlament

Casa do Director

Rua Marcelino Lima

Igreja de São Francisco

Rua da Santa Clara

R. Conselheiro Medeiros

**15**

**14**

Rua Cônsul Dabney

**13**

**6**

**7**

**1**

Praça do
Infante

siehe Detailkarte

Gare
Marítima

Rua Ilha do Pico

Rua Vasco da Gama

Jachthafen-
büro

R. Príncipe Alberto do Mónaco

Monte Queimado
86 m

**2**

Fort
São Sebastião

Praia do
Porto Pim

**9** **8**

P

(nur Richtung
Süden)

**3**

**1**

R. Vasco da Gama

R. José Azevedo

Taxi

Minimercado Spar

**6**

**1**

M

**11**

R. da Ladeira

Supermercado
Continente

de Monaco

**7**

**10**

Paisagem protegida

Caldeirinhas

Monte da Guia
145 m

Estrada Príncipe Alberto

P

R. Príncipe Alberto do Mónaco

eroporto

R. das Angústias

**2**

**2**

**5**

**3**

**3**

**1**

P

A. G. C. Sacadura Cabral

0    100    200 m

0    400    800 m

## Walfang war gestern

Beliebter Stadtstrand von Horta ist die 300 m lange, relativ hellsandige **Praia do Porto Pim** im alten Naturhafen. Zum Schutz vor Piraten wurde er mit einem kleinen Fort befestigt, dessen hübscher Erkerturm den heranrollenden Wellen trotzt. Rundherum hat sich das einstige Fischer- und Walfängerviertel zu einer kleinen Ausgehzone mit Kneipen und Restaurants entwickelt.

Am Südrand des Strandes steht an der Zufahrt zum Monte da Guia die ehemalige Walfabrik **Fábrica da Baleia de Porto Pim** ❽ (www.oma. pt, bei Redaktionsschluss geschl.). Hier hat die halbstaatliche Institution OMA ihren Sitz, die sich der Meeresforschung, Umwelterziehung und Denkmalpflege im Zusammenhang mit dem Walfang verschrieben hat. Die Walfabrik nahm 1943, mitten im Zweiten Weltkrieg, den Betrieb auf. Der imposante Dampfkessel von 1904 für das Separieren des Öls aus der Speckschicht der Pottwale stammt aus einer Vorgängerfabrik. Später ka-

men modernere Geräte zur Herstellung von Futter- und Düngemittel aus dem Fleisch und den Knochen hinzu, beides war zuvor ungenutzt geblieben. Hinter dem Gebäude liegt die Rampe, auf der die erlegten Tiere an Land gezogen wurden. Bis 1974 wurden am Porto Pim fast 2000 Pottwale verarbeitet. Dann schloss die Fabrik wegen des weltweiten Niedergangs der Walindustrie ihre Pforten.

## Aquarium ohne Schnickschnack

Gleich daneben steht die rustikale **Casa dos Dabney,** das einstige Sommerhaus des amerikanischen Konsuls. Mit seinem Holzdachstuhl und Holzfußboden, den Naturstein-Innenwänden und dem roten Ziegeldach wurde es stilvoll restauriert. Darin ist jetzt eine Ausstellung über die von John Dabney begründete Dynastie zu sehen. Im 19. Jh. richtete er nebenan die erste Walfabrik von Horta in einer ehemaligen Stockfischtrockenanlage ein. Nach Jahren des Verfalls wurde das Gebäude 2013 – mit Beton modern überarbeitet – als **Aquário do**

*Traumhafte Aussicht vom Kraterrand: Blick von der ehemaligen Walfängerkapelle Ermida de Nossa Senhora da Guia auf den Strand von Porto Pim.*

**Porto Pim** ❾ wiedereröffnet. Es zeigt die Unterwasserwelt der Azoren unter umweltpädagogischen Gesichtspunkten. Mit den üblichen Schauaquarien hat es aber nur wenig gemein. In Zusammenarbeit mit einer Privatfirma werden hier Fische und andere Meerestiere aus den Gewässern der Azoren an das Leben in Gefangenschaft gewöhnt und anschließend an Aquarien in aller Welt abgegeben. Die Azorianer sehen es positiv. Für sie sind die Tiere schließlich Botschafter ihres Archipels. Zur Erfolgsgeschichte der noch jungen Anlage gehört die Aufnahme von drei verletzten Unechten Karettschildkröten, die nach ihrer Genesung wieder ausgewildert werden konnten. Ein Mitarbeiter gibt gerne Erläuterungen auf Englisch.

http://parquesnaturais.azores.gov.pt; Juni–Sept. tgl. 10–18, sonst Di–Fr 10–17, Sa 14–17.30 Uhr, Kombiticket 3,50 €

### Vulkane aus dem Meer gestülpt

Zwei Vulkankegel bilden am Südrand von Horta eine Landzunge, die den Porto Pim zum sichersten natürlichen Ankerplatz der Azoren machte. Ein schmaler Isthmus mit der Walfabrik verbindet den stadtnäheren **Monte Queimado** mit dem **Monte da Guia** (145 m). Letzterer ist mit seiner endemischen Küstenflora und wichtigen Brutplätzen für Wasservögel Teil des Parque Natural do Faial. Zwei Straßenserpentinen führen hinauf zu seinem sichelförmigen Kraterrand mit der **Ermida de Nossa Senhora da Guia** ❿, der ehemaligen Walfängerkapelle. Von dort aus wird sichtbar, dass der Monte da Guia eigentlich ein Doppelvulkan ist, in dessen zwei Krater – die Caldeirinhas (auch Caldeiras do Inferno, ›Höllenkessel‹, genannt) – von Süden her das Meer eindrang. Fußgänger erreichen die Stelle vom Porto Pim auf einem Aussichtsweg über den Monte Queimado, der seine Fortsetzung in einem steilen Pfad jenseits der Walfabrik findet.

**NATURPARK FAIAL** **N**

Der **Parque Natural do Faial** besteht aus 13 Schutzgebieten, die insgesamt 18 % der Inselfläche umfassen. Auch große Teile der angrenzenden Meeresregion stehen unter Schutz. Die Naturparkverwaltung veranstaltet Vorträge, Workshops, geführte Wanderungen und manches mehr. Unter http://parquesnaturais.azores.gov.pt/pt/faial, Stichwort Parque Aberto, steht das aktuelle Programm.

## Museen

### Besuch im Elfenbeinturm

⓫ **Scrimshaw Museum:** Die Familie Azevedo trug über Generationen hinweg eine Sammlung von Walgravuren zusammen, die Sie in der ersten Etage von Peter Café Sport besichtigen können. Wertvollstes Stück ist ein Pottwalkiefer, auf dem der Strand von Porto Pim mit zwei Dutzend davor ankernden Walfangschiffen zu sehen ist. Ebenfalls bemerkenswert: drei Pottwalzähne mit eingeritzten Porträts von Peter mit Vater und Sohn.

Rua José Azevedo (Peter) 9, Mo–Sa 10–12, 13–17.30 Uhr (ändert sich häufig), 2,50 €

### Sammeln von Erfahrungen

⓬ **Museu da Horta:** Im Palácio do Colégio, dem ehemaligen Jesuitenordenshaus (18. Jh.), belegt das Stadtmuseum einige Räume. Wechselnde Ausstellungen thematisieren Stadtgeschichte, Kirchenkunst und Kunsthandwerk. Immer ist die typische Tracht wohlhabender Azorianerinnen zu sehen, die bis um 1950 in Benutzung war und heute als Darstellung auf verschiedensten Souvenirs allgegenwärtig ist: ›Capote e Capelo‹, ein dunkler Umhang aus

# TOUR
# Ex-Hauptstadt
# der Telegrafie

**Durch das Horta der Frühzeit der Kommunikation**

Drei flache, bunkerähnliche Bauten stehen in der kleinen Senke zwischen der alten Walfabrik **Fábrica da Baleia** ❽ und dem **Porto Pim.** In diesen unscheinbaren Gemäuern trafen ab 1923 die Überseekabel aus Europa und Amerika zusammen. Das erste Kabel war allerdings schon 1893 von Horta über Ponta Delgada nach Carcavelos bei Lissabon verlegt worden, zunächst um Wetterdaten durchzugeben. Damals wurde der Begriff Azorenhoch geprägt.

In rascher Folge wurden nun weitere Seekabel in Horta installiert, das sich angesichts seiner Lage mitten im Atlantik hervorragend als Relaisstation eignete. 1928 waren 15 Kabel in Betrieb, die Horta mit allen Metropolen beiderseits des Atlantiks verbanden. Das ziemlich klotzige **Trinity House** ⓭ beherrscht den unteren Teil der Rua Cônsul Dabney. Es wurde 1902 fertiggestellt, um ein amerikanisch-britisch-deutsches Kabelkonsortium aufzunehmen. Seine große Zeit erlebte der Kabelknotenpunkt Horta in den 1920er- und 1930er-Jahren. Hunderte von Ausländern lebten damals auf Faial und standen in regem Austausch. Man traf sich bei Tanzbällen, Konzerten, Kunstausstellungen oder Sportwettbewerben, etwa auf einem von neun (!) Tennisplätzen.

Der Platz im Trinity House war inzwischen knapp geworden. Bereits vor

**Infos**

📍 Karte 5, C 4

**Start:** an der Fábrica da Baleia de Porto Pim

**Dauer:** Halbtägiger Stadtrundgang; zum Ausgangspunkt per Taxi oder zu Fuß über die Praia do Porto Pim

**Cafés:**
Café Volga, Praça Infante Dom Henrique 16, T 292 29 23 47, Mo–Sa 7–24 Uhr; Café Internacional, Rua Conselheiro Medeiros 1/Praça Infante Dom Henrique, T 292 29 30 57, tgl. geöffnet

dem Ersten Weltkrieg hatte die Deutsch-Atlantische Telegraphengesellschaft schräg gegenüber mit dem Bau eigener Büro- und Wohnhäuser begonnen. Nach dem Krieg stellte sie die **Colónia Alemã** 🄐 (›Deutsche Kolonie‹) im Stil der amerikanisch inspirierten ›Walfängerarchitektur‹ fertig, mit grünen Fensterläden, schmiedeeisernen Brüstungen und holzgezimmerten Gauben. Besondere Beachtung verdient eines der Gebäude mit aufgesetztem Uhrturm und einer Jugendstilveranda an der Rückseite, deren Buntglasfenster mit Darstellungen des Reichsadlers und der Wappen verschiedener deutscher Länder noch aus der Zeit des Kaiserreichs stammen. Heute befinden sich hier Büros der Azorenregierung.

Als zweite Kabelgesellschaft bezog die US-amerikanische Western Union Telegraph Company (WU) 1928 eine eigene Büro- und Wohnanlage, umgeben von einem weitläufigen Garten. In den 1970er-Jahren wurde der Komplex in das **Hotel Fayal** 🄁 (heute Azoris Faial Garden, s. S. 108) umgewandelt. Die britische Commercial Cable Company hatte schon im Jahr 1900 die **Villa The Cedars** 🄕 (Rua Cônsul Dabney) erworben, um dort ihre Direktoren einzuquartieren.

1943 musste die DAT Horta verlassen und kam nach dem Zweiten Weltkrieg nicht wieder. Auch die anderen Gesellschaften verloren das Interesse. Luftpost und verbesserte Funkübertragung, später dann moderne Kabel mit größerer Reichweite hatten die Relaisstationen auf dem Weg über den Atlantik schrittweise überflüssig gemacht. 1969 verabschiedete sich die letzte Kabelgesellschaft von Horta, eine Ära ging zu Ende.

Vielleicht möchten Sie jetzt in einem der beiden Traditionscafés aus der Zeit der Kabelgesellschaften einkehren. Im **Café Volga** 🄆 erinnern nur noch Fotos an den Wänden an die Zeit, als hier die Kommunikationstechniker zum Gedankenaustausch und Zeitunglesen zusammenkamen. Mehr von dem einstigen Flair bewahrt hat das **Café Internacional** 🄇, das 1926 im Art-déco-Stil errichtet wurde. Im Innenraum können Sie die Originaleinrichtung mit Bildern des portugiesischen Jugendstilmalers Almada Negreiros (1893–1970) bewundern.

## FILIGRANE SKULPTUREN

Bis heute ist die Tradition der **Feigenmarkkunst** auf Faial lebendig. Sie wird in Schulen und Kursen gelehrt und findet immer mehr Anhänger. Das Mark entnimmt man den Feigenästen im Winter. In getrocknetem Zustand wird es in äußerst feine, fast durchsichtige Scheiben geschnitten. Die anschließende Verarbeitung sollte mit möglichst wenig Klebstoff erfolgen. Eine Variante dieser Kunst ist das auch auf Pico und São Miguel verbreitete Modellieren mit Fischschuppen. Diese werden zu zarten Blüten oder Haarschmuck zusammengefügt.

schwerem Wollstoff mit überdimensionaler Haube, die das Gesicht praktisch komplett verhüllte. Das Gewand wurde über Generationen hinweg vererbt und manchmal sogar von mehreren Frauen der Familie wechselweise getragen. Sie warfen es einfach über, sobald sie das Haus verließen. Aufmerksamkeit verdient auch das Vermächtnis von Euclides Silveira da Rosa (1910–79). Er brachte die Kunst des Modellierens mit Feigenmark zur Perfektion. Seine Skulpturen bilden Menschen, Schiffe und Gebäude ab. Largo Duque Ávila Bolama, April–Sept. Di–So 10–18, Okt.–März 9.30–17.30 Uhr, 2 €

---

## Schlafen

### Schöne Lage

**1** **Azoris Faial Garden:** Das Vier-Sterne-Hotel oberhalb des Hafens nutzt mehrere Gebäude, in denen früher eine amerikanische Kabelgesellschaft residierte, eingebettet in ein parkartiges Gelände. Rua Cônsul Dabney, T 292 20 74 00, www.azorishotels.com, DZ um 100 €

### Boutiquestil

**2** **Hotel do Canal:** Unmittelbar am Hafen gelegen, mit Blick nach Pico. Die Einrichtung ist maritim inspiriert. Fischerboote, Segeljachten und Wasserflugzeuge standen Pate. Kein Pool, aber Sauna und Jacuzzi. Largo Dr. Manuel Arriaga, T 292 20 21 20, www.bensaude.pt, DZ ab 95 €

### Ganz besonders dekoriert

**3** **Estrela do Atlântico:** Verschiedene Künstler wirkten daran mit, die fünf Zimmer und Suiten einzigartig zu dekorieren. Allen gemeinsam sind die schönen Ausblicke. Großer Garten und Pool. Calçada de Santo António, T 292 94 30 03, www.edatlantico.com, DZ 70–95 €

### Nettes Stadthaus

**4** **A Casa do Lado:** Kleines und freundlich geführtes Hotel. Bei gutem Wetter wird im schnuckeligen Innenhof gefrühstückt. Zimmer mit modernem Tropenflair, großzügig zugeschnitten, unbedingt eines mit Balkon und Pico-Blick geben lassen. Rua Dom Pedro IV 23, T 292 70 03 51, www.acasadolado.com, DZ 30–60 €

### Unabhängig

**5** **Verdemar:** Das Apartmenthaus hat Flair, ist ruhig und dennoch zentral gelegen und für Selbstversorger geeignet. Hier steigen Traveller gerne ab. Rua Dr. Melo e Simas 10, T 292 20 03 00, www.verdemar-azores.com, DZ 45–80 €

---

## Essen

### Außergewöhnlich

**1** **Canto da Doca:** Das Besondere ist hier der ›heiße Stein‹, auf dem jeder Gast Fleisch, Fisch oder Meeresfrüchte selbst am Tisch brutzelt. Mittleres Preisniveau. Rua Nova das Angústias, T 292 29 24 44, tgl. 12–14.30, 19–23 Uhr

# Lieblingsort

## Refugium der Drachenbäume

Scheinbar unentwirrbar sind die Kronen der drei Drachenbäume ineinander verschlungen. Die Methusaleme im **Jardim Florêncio Terra** ⑯ zählen zu den ältesten ihrer Art. Sicher wurden sie 1857 gepflanzt, als Hortas Stadtgarten entstand. Vier Marmorfiguren, Symbole für die Jahreszeiten, flankieren den knallroten Lustpavillon im Herzen des Parks. Wer mag, nimmt auf der ebenso roten Bank unter der gigantischen Araukarie Platz, mit Blick auf Pico und den Torre de Relógio, den einsamen Uhrturm, der von einer abgerissenen Kirche blieb.

### Beim Weltumsegler

**2 Genuíno:** Der Wirt umsegelte einhand die Welt und eröffnete dann das gehobene Restaurant am Porto Pim. Gute Reisgerichte, auch Vegetarisches und Kindermenü. Fr 21 Uhr meist Fado (reservieren!).
Travessa Areinha 9, T 292 70 15 42, www. genuino.pt, tgl. 12–23 Uhr

### Etwas versteckt

**3 Atlético:** Von außen wirkt das Lokal unscheinbar, aber innen ist es angenehm rustikal dekoriert. Aus der Küche kommen korrekte, bodenständige Gerichte. Das Preis-Leistungs-Verhältnis gilt als top.
Rua Filipe Carvalho, T 292 29 24 92, www. facebook.com/restaurante.atletico, Di–So 12–15, 19–23 Uhr

### Schon lange bewährt

**4 A Árvore:** Das kleine, ein wenig abseits in einer Gasse gelegene Restaurant ist ein Dauerbrenner. Auf dem Büffet stehen authentische Speisen. Und das zu unschlagbar günstigem Preis. Familiengeführt.
Rua da Conceição 23, T 292 70 13 60, Di–So 12–15, 18.30–22 Uhr

### Tee und Kunst

**5 Casa Chá e Bar:** In einem renovierten Haus aus den 1920er-Jahren befindet sich dieses Teehaus, vegetarische Restaurant bzw. diese Kunstgalerie. Man sitzt auf der lauschigen Gartenterrasse oder im geschmackvoll dekorierten Innenraum, lauscht dezenter Jazzmusik, schlürft den Tee aus Keramiktassen von São Miguel und genießt hausgebackenen Kuchen dazu.
Rua de São João 38 A, T 292 70 00 53, Mo/ Di, Do 12–24, Fr 12–2, Sa 16–2, So 16–24 Uhr, Mi geschl.

## Einkaufen

### Kultig wie eh und je

**1 Loja do Peter:** Dem legendären Peter Café Sport angeschlossen. Hier werden die T-Shirts mit dem Pottwal-Logo verkauft, mit denen man in allen Häfen der Welt (und nicht nur dort) Furore machen kann. Auch verschiedene andere Souvenirs mit dem Logo.
Rua José Azevedo (Peter) 6, s. S. 101

### Markthalle

**2 Mercado Municipal:** Kleiner Markt für Obst und Gemüse, Käse, Eier, Blumen und Fisch. Hier werden traditionell auch Früchte von der Nachbarinsel Pico gehandelt. Die *mulheres da fruta* (Obstfrauen) bringen sie immer noch täglich mit der Morgenfähre herüber, allerdings in viel geringerer Zahl als früher. Sogar für uns Ungewohntes wie etwa Enteneier werden auf diesem Markt gehandelt. Die Halle wird derzeit modernisiert, der Markt ist deshalb auf den Platz nebenan ausgelagert.
Praça da República/Rua Serpa Pinto, Mo–Fr 7–19, Sa 7–13 Uhr

## Bewegen

### Tauchen und Whalewatching

**1 Dive Azores:** Unter der Leitung von zwei Meeresbiologen, die zu den besten Tauchspots rund um Faial führen, Bootsausflüge nach Pico und São Jorge mit Tauchgelegenheit sowie Whale-Watching und Schwimmen mit Delfinen organisieren.
Marina da Horta, T 912 58 58 03, www. diveazores.net

### Radfahren und Whalewatching

**2 Base Peter Zee:** Auch dies ein Ableger von Peter Café Sport. Bietet vielfältige Aktivitäten. Fahrradverleih und geführte Touren, beispielsweise mit Transfer zur Caldeira (s. S. 118). Außerdem Ausfahrten zur Wal- und Delfinbeobachtung.
Rua Tenente Valadim 9, T 292 39 18 14, www.petercafesport.com

## Ausgehen

### Hafenflair

**1** **Bar da Marina:** Hier relaxen die ›Jachties‹. Auch alle, die Weltumsegler-flair schnuppern möchten, schauen gern auf einen Drink vorbei. Drinnen läuft bei großen Sportereignissen der Fernseher. Von der offenen Terrasse blickt man auf sanft schaukelnde Boote.

Marina da Horta, tgl. von morgens bis spätabends

### Ambitioniert

**2** **Teatro Faialense:** Anspruchsvolles Kino und oft auch Live-Konzerte, etwa Fado. In der plüschig dekorierten **Bar do Teatro** (tgl. ab 12 Uhr) findet sich am Wochenende die einheimische Szene ein.

Alameda Barão de Roches 31, www.cmhorta.pt

### Angesagte Bar

**3** **Oceanic:** Die Kneipe im ehemaligen Warenhaus der Familie Dabney ist die neueste Anlaufstelle für abends. Gute Bierauswahl, Öko-Wein, kleine Snacks. Am Wochenende meistens Livemusik.

Rua Vasco da Gama 46, www.azores-oceanic.com, Mi–Mo 12–2 Uhr

## Feiern

● **Triatlo Peter Café Sport:** zusammen mit dem Azores Trail Run *das* Sport-Event s. S. 235
● **Semana do Mar:** erste Aug.-Woche. Höhepunkte der ›Woche des Meeres‹: die Segelregatten für Jollen und Jachten, die Wettfahrt der ehemaligen Walfänger-boote und die Regatten der Seekajak- und Jet-Ski-Fahrer. Außerdem gibt es Demonstrationen von Kunsthandwerk, Musikdarbietungen, Imbissbuden mit regionalen Spezialitäten. Infos: www.semanadomar.net.

## Infos

● **Information:** Posto de Turismo do Faial, Rua Conselheiro Medeiros, T 292 29 22 37, im renovierten Stadthaus, wo auch Ausstellungen gezeigt werden. Quiosque ART, Praça do Infante, T 292 29 21 67.
● **Internet:** www.cmhorta.pt
● **Inselbusse:** www.farias.pt; Endstation am Nordrand der Innenstadt (Avenida Marginal gegenüber vom Fährterminal), Busse Richtung Süden halten auch in der Rua Vasco da Gama.

---

**NACHTEXKURSION** **N**

Auf den Azoren brüten vier Fünftel des Weltbestands an Gelbschnabel-Sturmtauchern (port. *cagarro*). Ihre Gesänge nachts an Land sind ein unvergessliches Erlebnis. Mit den Ornithologen und Meeresbiologen von **Naturalist 3** besuchen Sie die Kolonien. Von Oktober bis Mitte November können Sie sogar am Schutzprojekt »SOS Cagarro« teilnehmen. Dann brechen die Jungvögel auf, um in Afrika zu überwintern, landen aber oft unfreiwillig auf Straßen, durch die Beleuchtung desorientiert. Dort werden sie von Freiwilligen eingesammelt, beringt und am nächsten Tag freigelassen. Außerdem im Programm bei Naturalist: weitere Vogelbeobachtungsexkursionen und Whalewatching.
Horta, Largo Manuel de Arriaga (Marina, gegenüber Hotel do Canal), T 965 10 99 26, www.naturalist.pt, Nachtexkursion 25 €; mit mobiler Filiale auf Pico

**FAIAL FÜR KURZBESUCHER** **K**

## FAIAL FÜR KURZBESUCHER

Wer nur wenig Zeit mitbringt, etwa bei einem Stopover mit Weiterreise am selben Tag, kann Faial auf einer **Inselrundfahrt per Linienbus** kennenlernen. Der Bus startet Mo–Fr um 11.45 Uhr an der Endstation nahe Fährterminal, die Fahrt dauert zwei Stunden. Manchmal ist Umsteigen in Ribeira Funda erforderlich.

- **Stadtbusse:** www.cmhorta.pt (Stichwort Turismo), vier Minibusrouten, verkehren nur Mo–Fr, Einzelfahrt 0,50 € (beim Fahrer).
- **Taxis:** T 292 39 15 00
- **Tuk Tuk:** www.bluetuk.com, verschiedene Touren ab 8 €, besonders stimmungsvoll ist die nächtliche Miradouro-Tour (25 €).

# Praia do Almoxarife   ♀ Karte 5, D 3

Der Monte da Espalamaca, ein Bergrücken mit einer genialen Aussicht und drei viel fotografierten Windmühlen, trennt Horta im Norden von der Praia do Almoxarife – Faials bestem Badestrand. Um ihn zu erreichen, sollten Sie motorisiert sein oder ein Fahrrad mieten, denn Linienbusse fahren hier nur selten. Wegen der Strömungen und der Brandung ist beim Schwimmen auf jeden Fall Vorsicht geboten. An der angrenzenden Promenade, die von einer imposanten Barockkirche beherrscht wird, gibt es ein paar Einkehrmöglichkeiten.

## Essen

### Mit Ozeanrauschen

**Praya:** Richtig angesagt ist dieses Strandlokal. Innen gediegen eingerichtet, außen überdachte Terrasse.
Largo Coronel Silva Leal, T 292 70 10 37, www.facebook.com/praya.restaurante, Di–So 12–23 Uhr

# Flamengos   ♀ Karte 5, C 3

Im fruchtbaren Tal von Flamengos stehen *quintas* (Landgüter), die auf Flamen zurückgehen, die Faial im 15. Jh. besiedelten. Josse van Hurtere aus Moerkerke im heutigen Belgien brachte ein gutes Dutzend seiner Landsleute mit. Er hatte ihnen versichert, dass auf der Insel reiche Silber- und Zinnlagerstätten vorhanden seien. Diese wurden jedoch nie gefunden, daher mussten sich die Ankömmlinge mit der Landwirtschaft begnügen. Bis heute tragen viele Bewohner von Faial flämische Namen wie Dutra (abgeleitet von Hurtere), Brum oder Bruges.

### Biotop in Miniaturformat

Hinter hohen Mauern verbirgt sich die ehemalige Orangenplantage der Quinta de São Lourenço. 1986 zog hier der **Jardim Botânico do Faial** ein, der die Lebenswelten einheimischer Pflanzen zeigt. In der kontrollierten Wildnis wurden die Höhenstufen auf engstem Raum nachempfunden. Charakteristisch für die untere, die Küstenzone, sind Drachen- und Gagelbaum sowie die weiße bis rosafarbene Azoren-Glockenblume. Ein Frosch- und Libellenteich markiert die Grenze zur mittleren Höhenzone – in der Realität bei 400 m angesiedelt. Dort sind die Charakterpflanzen des Lorbeerwalds, Azoren-Lorbeer und Kurzblättri-

# TOUR
## Downhill Caldeira

**Von Faials ›Dach‹ nach Horta hinunterradeln**

---

### Infos

📍 **Karte 5, B–C 3–4**

**Start:**
Miradouro da Caldeira; Streckentour per Rad 3 Std. (mit Pausen)

**Länge:** 12 km

**Fahrradverleih und Transfer:**
Base Peter Zee, T 292 39 20 27, www.petercafesport.com, 2 Pers., p. P. 20 €

---

Am **Miradouro da Caldeira** entlädt der Transferist die Fahrräder. Nach einer kurzen Einführung in die Technik verabschiedet er sich winkend. Die Handvoll Radfahrer steht unschlüssig da. Natürlich erst einmal vom Aussichtsbalkon in die Caldeira gucken. Dann in den Sattel und die Estrada da Caldeira hinunter. An die 1000 Höhenmeter wird es jetzt downhill gehen.

Erst einmal aber nach 500 m bitte nicht die Abzweigung nach links übersehen! Dort wird auf einer Nebenstrecke nach 350 m der **Miradouro do Cabouco** erreicht. Von diesem Aussichtspunkt fällt der Blick nach Nordosten, in den **Graben de Pedro Miguel**. Der dem Deutschen entlehnte Name steht für eine tektonische Senke. Rechts im Hintergrund ist der Hafen von Horta zu erkennen.

Zurück auf der Hauptstraße saust man in weit geschwungenen Serpentinen zwischen Hortensienhecken hinab. Schon recht weit unten lohnt am ehemaligen Straßenmeisterhaus **Casa do Cantoneiro** ein Stopp. Kurz darauf wird die einsame **Ermida de São João** von 1944 passiert. Die Kirche wurde als Station für Wallfahrer errichtet, die traditionell am Johannistag zur Caldeira pilgern.

Zweigen Sie nun bald rechts Richtung **Flamengos** ab zum **Jardim Botânico do Faial** (s. S. 112). Danach ist es am schönsten, wieder zur Regionalstraße hinaufzufahren, um den Blick vom dortigen **Miradouro N. S. da Conceição** nicht zu verpassen. Die Abfahrt nach **Horta** ist krönender Abschluss der Tour.

ger Wacholder, ebenso vertreten wie die Azoren-Stechpalme, der Lorbeer-Schneeball und der Heidelbeerbaum. Die Azoren-Baumheide ist Bestandteil einer artenarmen Gebirgsvegetation, die auf Pico bis in rund 2000 m Höhe vorkommt, im Botanischen Garten durch einen kleinen Hügel symbolisiert. Ein regelrechter Dschungel steht für die Vegetation feuchter Schluchten. Hier fallen die gewaltigen Wedel des Wurzelnden Kettenfarns ins Auge, des größten wildlebenden Farns der Azoren.

Hinter dem Informationsgebäude wachsen traditionelle Küchenkräuter und Heilpflanzen. In einem Glashaus gedeihen rund 30 Orchideenarten, die ein einheimischer Sammler zusammentrug. Der zentrale Bereich des hinteren Gartens entspricht noch dem Park des einstigen Landguts. Um einen Teich stehen exotische Zierpflanzen.

Rua de São Lourenço 23, http://parquesna turais.azores.gov.pt, Juni–Sept. tgl. 10–18, Nov.–März Di–Fr 10–17, Sa 14–17.30 Uhr, 4 €; mit Shop und Cafeteria

*Der 1998 bei einem Erdbeben zerstörte Leuchtturm von Ribeirinha soll wieder aufgebaut werden.*

---

## Essen

---

### Wie bei Muttern
**Avózinha:** Das Lokal stellt ein leckeres, günstiges Büffet mit Salaten, Pasta, Fisch und Fleisch auf die Beine. Ein Treff der Bewohner der umliegenden Häuser.
Travessa dos Flamengos 1, T 292 94 87 77, Mo–Sa 11.30–15, 19–23 Uhr, So geschl.

# Ribeirinha

📍 **Karte 5, C/D 3**

Östlich von Ribeirinha befand sich das Epizentrum des Erdbebens vom Jahr 1998. Die meisten Häuser wurden zerstört und anschließend in modernem Stil wieder aufgebaut. Ein Abstecher lohnt zum idyllischen kleinen Fischerhafen Porto da Boca da Ribeira, der sich in den Schutz der Landspitze Ponta da Ribeirinha duckt.

### Der Leuchtturm leuchtet nicht
Auf schmalem Fahrweg ist der 1919 errichtete, seit dem Erdbeben baufällige **Farol da Ribeirinha** zu erreichen. Vor dem Abriss bewahrte ihn eine Unterschriftenaktion. Jetzt will die Regionaldirektion für Kultur die Ruine des Leuchtturms sichern und in ein kleines Museum verwandeln, das seine Geschichte dokumentiert. Außerdem ist geplant, ein automatisches Leuchtfeuer zu installieren.

# Cedros  ♀ **Karte 5, C2**

Das ländliche Zentrum des Nordens ist Sitz der Inselmolkerei, die Butter und Käse fabriziert. Schräg gegenüber zweigt ein Feldweg zum Cabeço Vigia ab, einem Hügel mit ehemaligem Ausguck der Walfänger. Die 800 m von der Hauptstraße bis dorthin läuft man am besten zu Fuß. Am alten Hafen von Cedros, dem Porto da Eira, verlockt ein Felspool bei ruhiger See zum Baden. Vielleicht noch netter ist die Atmosphäre am ehemaligen Fischerhafen des Nachbarorts Salão, die Zufahrt erfolgt über einen steilen Fahrweg.

### Das sind ja Aussichten

Westlich von Cedros liegt der terrassenförmige **Miradouro da Ribeira Funda** mit Picknicktischen und Tiefblick in die dicht überwucherte Schlucht der Ribeira Funda. Dahinter ist in der Ferne die Westspitze von Faial auszumachen. Es folgt der **Miradouro Ribeira das Cabras** am östlichen Ortseingang von **Praia do Norte** mit Blick zur Küstensiedlung **Fajã**, wo einige Sommervillen stehen. Eine schmale Straße führt durch die **Zona do Mistério,** einen bewaldeten Lavastrom von 1672, hinab. Der dunkle Kiesstrand von Fajã liegt landschaftlich wunderschön, ist zum Baden aber wegen starker Unterströmung kaum zu empfehlen.

## Schlafen

### Persönlicher Stil

**Casa do Capitão:** Eine Gruppe alter Steinhäuser wurde liebevoll in eine Landpension verwandelt. Der sehr engagierte, portugiesische Hausherr spricht gut Deutsch. Weitläufiger, gepflegter Garten mit exotischer Bepflanzung, gutes Frühstück, Bibliothek mit Büchern über die Azoren. Nachmittags wird auf Wunsch Kaffee oder Tee im Aussichtsgarten Jardim do Mirante mit weitem Blick über den Atlantik serviert.

Cedros, Rua do Capitão 5, T 292 94 61 21/917 56 73 73, www.casadocapitao.pt, DZ 95 €

## Essen

### Romantisch und vegetarisch

**O Esconderijo:** Versteckt in einem grünen Tal am oberen Ortsrand. Ein Bayer serviert kreative vegetarische und vegane Küche. Jeden Tag gibt es ein viergängiges Überraschungsmenü (um 20 €). Lauschiges Ambiente auf den Außenterrassen, gemütlicher Innenraum.

Cedros, Rua Janalves 3, T 292 94 65 05, Mi–Mo 18–21 Uhr, Okt.–April nur Fr–So 18–20 Uhr, immer vorher telefonisch reservieren!

## Bewegen

### Wanderreiten

**Pátio Horse & Lodge:** Victor Hucke und Anja Tettenborn haben ihre Quinta in einen Reiterhof verwandelt, in dem sie bis zu 20 Pferde (Lusitanos und Cruzado Portuguese) artgerecht halten. Ausritte unterschiedlicher Länge für Könner haben sie ebenso im Programm wie Angebote für absolute Anfänger. Die Teilnehmer wohnen in der eigenen Lodge oder werden gegen Gebühr an ihrem jeweiligen Quartier abgeholt. Kürzere Ausritte sind ebenso möglich wie Halb- oder Ganztagestrails und verschiedene mehrtägige Programme, auch auf der Nachbarinsel Pico. So führt etwa der Lusitano Trail, für die Reitkenntnisse nicht erforderlich sind, durch grüne Natur zur Küste mit atemberaubenden Aussichten und auf Dorfstraßen zurück.

Cedros, Rua da Igreja s/n, T 917 42 81 11, www.patio.pt

# Vulcão dos Capelinhos  ♥ 5, A 3

Neues, wüstenhaftes Land entstand an der Westspitze von Faial bei einem untermeerischen Vulkanausbruch, der von September 1957 bis Oktober 1958 ein spektakuläres Schauspiel bot. Aber er zerstörte auch über 500 Häuser in den umliegenden Dörfern und versetzte die Inselbevölkerung in Angst und Schrecken. Mittlerweile hat die Brandung kräftig an dem weichen Tuffgestein des Vulcão dos Capelinhos genagt und ihn auf ein Drittel seiner ursprünglichen Größe reduziert.

### Der Tanz auf dem Vulkan
Wahrzeichen des Westens ist der **Farol dos Capelinhos.** Früher leitete der Leuchtturm Schiffe sicher um die klippenreiche Küste. Seit der Entstehung des neuen Vulkans ist er von See her kaum noch auszumachen und daher außer Betrieb. Aus dem Inneren des **Centro de Interpretação do Vulcão dos Capelinhos,** das dezent unter dem Leuchtturm verborgen wurde, führt eine steile Wendeltreppe auf den Turm. Das Besucherzentrum selbst zeigt eine Hologrammvorführung über den Ausbruch des Capelinhos und Schautafeln mit den einzelnen Eruptionsphasen. Videos und Fotos visualisieren vulkanische Landschaften der Azoren. Auch das Erdbeben von 1998 mit seinen verheerenden Auswirkungen auf die Insel Faial wird dokumentiert.

http://parquesnaturais.azores.gov.pt, April–Okt. tgl. 10–18, Nov.–März Di–Fr 10–17, Sa 14–17.30 Uhr, 10 €; mit Cafeteria und Shop

### Aus der Asche geboren
Vom Aufstieg auf den Vulcão dos Capelinhos rät die Naturparkverwaltung wegen verstärkter Erosion und der Abbruchgefahr an der Steilkante zum Meer entschieden ab! Auch brüten am Gipfel von Mai bis Juli die Atlantikmöwe und die sehr gefährdete Rosenseeschwalbe, die nicht gestört werden sollten. Alternativ können Sie vom Besucherzentrum dem Wanderweg **PR 6 FAI** (s. S. 118) nach Nordosten durch staubige Vulkanasche bis zur Straße Richtung Norte Pequeno folgen, über der ein alter Walfängerausguck (*vigia*) wacht (mit Rückweg ca. 30 Min.).

Eine weitere Möglichkeit, sich die Füße in den Aschen des Capelinhos zu vertreten, ist eine kurze Küstenwanderung. Sie beginnt am Straßenende, am **Porto do Comprido.** Um den winzigen Hafen stehen die Ruinen einer verschütteten Walfangstation. Bis 1957 waren hier rund 20 Walfängerboote stationiert. Richtung Südosten geht es von dort aus zu Fuß auf einer breiten Piste bis zum neuen Leuchtturm (mit Rückweg ca. 1 Std., s. Karte rechts).

## Schlafen

### Nahe beim Vulkan
**Casal do Vulcão:** Studios und Ferienhäuser in einem alten Gutshof, für Selbstversorger ausgestattet. Morgens wird auf Wunsch Brot gebracht. Garten mit Pool.

Capelo, Lugar do Canto, T 965 76 22 71, www.casaldovulcao.net, DZ ab 40 €

## Einkaufen

### Inselkunsthandwerk
**Centro de Artesanato:** Laden der lokalen Kunsthandwerkervereinigung an der Landstraße. Typisch für Faial sind filigrane Skulpturen aus Feigen- und Hortensienmark, Stickereien und Holzarbeiten.

Capelo, Alto dos Cavacos, T 292 94 50 27, i. d. R. Mo–Fr 10–12.30, 14–19, Sa/So 14–17.30 Uhr

# TOUR
# Drei alte
# Feuerspucker

**Vulkanwanderung bei Capelo**

### Infos

📍 **Karte** 5, A 3

**Anfahrt und Start:**
per Taxi nach Capelo,
dort Wandertafel
an der Straße nach
Praia do Norte.
Am Vulkanzentrum
Capelinhos abholen
lassen.

**Dauer:** 2,5 Std.
(mittelschwer)

Wer länger am Vulcão dos Capelinhos wandern möchte, kann sich dem Vulkanzentrum ab **Capelo** auf dem **PR 6 FAI** nähern. Es geht zunächst durch wildromantisches Baumheidegebüsch Richtung Westen. Allmählich gewinnt der Weg am Abhang des **Cabeço Verde** mit jedem Schritt an Höhe. An einer Gabelung hält man sich auf dem lokalen Wanderweg PRC 01 FAI rechts, um zum Kraterrand des ›grünen Kopfes‹, wie der Vulkan bezeichnenderweise heißt, zu gelangen. Er wird vollständig umrundet, dann geht es zum Fuß des Berges zurück und dort rechter Hand weiter zu einem kleineren Gipfel, dem **Caldeirão**. Der PR 6 FAI passiert seine Südflanke und hält dann über eine Kreuzung hinweg auf einen dritten Vulkan, den **Cabeço do Canto**, zu. Sein Kraterrand erweist sich als großartiger Aussichtspunkt mit Blick auf den Capelinhos. Zurück zur Kreuzung und rechts gelangen Sie zu einer Straße, queren diese und erreichen bald das **Besucherzentrum**.

# TOUR
# In den Fußstapfen
# der Kühe

**Umrundung der Caldeira von Faial**

## Infos

**♀ Karte** 5, B 2

**Start/Ziel:** Miradouro da Caldeira

**Rundweg:**
8 km, 2,5 Std.,
einfach; Variante
Streckenwanderung,
20 km, 7 Std., mittelschwer

**Anfahrt:**
Ab Horta ER 2,
später links Richtung
Caldeira, bis zum
Parkplatz am
Straßenende.

Der nicht zu verfehlende **PRC 4 FAI** umrundet die Caldeira entgegen dem Uhrzeigersinn. Er ist offiziell als leicht klassifiziert, hält jedoch an der Nordseite des Kraterrands einige Stellen bereit, die Trittsicherheit oder gar eine gewisse Schwindelfreiheit erfordern! Je nach Wetterlage kann zudem ein starker Wind Schwierigkeiten bereiten. Gestartet wird am Parkplatz vor dem **Miradouro da Caldeira**, in knapp 900 m Höhe. Neben einer Wandertafel führen Treppenstufen zum Kraterrand hinauf. Dort hält man sich rechts auf einem schmalen, durch Rindvieh ordentlich zerlatschten Pfad.

Rechts in der Ferne ist bei nebelfreier Wetterlage die Insel Pico mit ihrem Vulkan zu sehen. Links fällt der Hang steil zum 400 m tiefer gelegenen, sumpfigen Kraterboden ab. Über den flachen Gipfel **Alto do Cabouço** (917 m) geht es zum Westrand des Kraters, zum **Alto do Brejo** (926 m). Nun beginnt ein allmählicher Anstieg über den **Alto do Guarda-Sol** (997 m) und weiter auf einem Fahrweg zum höchsten Punkt der Insel, dem **Cabeço Gordo** (1043 m) am südlichen Kraterrand. Dann wird, auf einem stufigen Pfad hinab, der Ausgangspunkt wieder erreicht.

Wer eine größere Herausforderung sucht, kann auf dem **PR 6 FAI** – dem Weg der 10 Vulkane – bis zum Capelinhos wandern. Die Strecke ist zunächst mit dem PRC 4 FAI identisch, setzt sich später aber westwärts absteigend fort und verläuft dann entlang einer Levada, eines urwüchsigen Bewässerungskanals. Anschließend geht es über eine Kette von immer jünger werdenden Vulkanen hinweg (s. S. 116) nach Westen.

# Varadouro ♀ Karte 5, B 3

Dank seiner Heilquelle war Varadouro einmal ein Thermalbadeort. Von 1954 bis in die 1990er-Jahre war ein Kurhaus am Meer in Betrieb. Vielleicht soll es reaktiviert oder gar in ein Spahotel verwandelt werden. Bis es so weit ist, schwimmen Tagesgäste und Bewohner der umstehenden Ferienhäuser im Meerwasser an der Zona de Banhos. Bei ruhiger See können Sie direkt in den Atlantik steigen, bei stärkeren Wellen ist es sicherer im natürlichen Lavapool (unbedingt die Beflaggung beachten, Eintritt frei).

## Schlafen

### Am Badeplatz

**Residências Varadouro:** Oberhalb des Meeresschwimmbads werden in mehreren Gebäuden schlicht eingerichtete Zimmer und Ferienwohnungen vermietet. Ein preisgünstiger Standort für Inselerkundungen, einen Mietwagen vorausgesetzt. Varadouro 7, T 925 84 84 68, www.resvaradouro.com, DZ ab 30 €

---

### AUF DER VULKANROUTE

Die **Ruta dos Vulcões** für Autofahrer ist rings um Faial ausgeschildert. Ein reizvoller Abschnitt beginnt zwischen Areeiro und Castelo Branco, wo sie von der Regionalstraße linker Hand als breite, aber gut befahrbare Erdpiste abzweigt. Diese führt durch völlig unbesiedelte Landschaft. Felder und Weiden wechseln mit Wäldern ab. Zuletzt passiert man ein Forsthaus und erreicht bei der Ermida de São João (s. S. 113) die Zufahrtsstraße zur Caldeira.

---

## Essen

### Kulthähnchen

**Vista da Baía:** Das von einer zurückgekehrten Emigrantenfamilie betriebene Meerblicklokal ist seit fast vier Jahrzehnten (!) auf Huhn vom Grill spezialisiert – auf ›kalifornische‹ Art mit Knoblauchbrot. Hervorragend gewürzt, dazu schmeckt das in großen Krügen gereichte Bier. Rua Ten. Simas, T 292 94 52 04, Do–Di 12–16, 18–21 Uhr, im Winter nur Sa/So/Fei geöffnet

---

# Die Südküste

♀ Karte 5, B 4

An der Leeseite von Faial ist es oft windstill und das Klima ist hier feuchter als im Norden. Daher gedeihen sogar Bananen, allerdings in winzigen Plantagen hinter hohen Windschutzhecken. Im 18./19. Jh. wurden hier Orangen angebaut. Damals entstanden herrschaftliche Anwesen, die heute teilweise als Landhotels fungieren. Lombega besitzt einen ungewöhnlichen, blauen Heiliggeisttempel. Um einen betulichen Fischerhafen gruppieren sich die Häuser von Feteira. Die östlich angrenzende, flache Klippenküste lieben besonders Angler.

### Weiße Burg ohne Ritter

Westlich von Castelo Branco (›weiße Burg‹) ragt ein hell schimmernder, mächtiger Felsblock aus hartem Trachytgestein ins Meer, der **Morro de Castelo Branco** (149 m). Es handelt sich hierbei um den Rest eines Vulkans, der vor rund 30 Mio. Jahren ausbrach. Als Brutgebiet zahlreicher Meeresvögel ist er Teil des Naturparks Faial. Der Rundwanderweg **PRC 5 FAI**

(1,5 Std., leicht, ab Regionalstraße in Lombega) führt zum Fuß des Morro. Da der Aufstieg zum Gipfel allerdings als gefährlich gilt, wurde er nicht in die Wanderroute einbezogen.

## Schlafen

### Landvergnügen
**Quinta das Buganvílias:** Riesige Obst- und Ziergärten umrahmen malerisch das ländliche Anwesen (Mitte 20. Jh.). Acht Zimmer verteilen sich über das Haupthaus und ein Steinhaus. In die alte Küche ist die Hausbar eingezogen, die den Gästen exklusiv zur Verfügung steht.
Castelo Branco, Rua do Jogo 60, T 292 94 32 55, www.quintadasbuganvilias.com, DZ ca. 75 €

### Natur pur
**Quinta da Meia Eira:** Inmitten von Gartenanlagen und agrarisch genutzten Ländereien residieren Sie hier mit wunderbarem Atlantikblick. Den fehlenden Strand ersetzt ein sonnenerwärmter Pool, Naturschwimmbecken am Meer sind 1,5 km entfernt. Zum Frühstück kommen nach Möglichkeit Produkte von der eigenen Farm auf den Tisch.
Castelo Branco, Rua dos Inocentes 1, T 292 94 30 37, www.meiaeira.com, DZ ab 85 €

## Essen

### All you can eat
**Salgueirinha:** Hier sind sich fast alle einig: Der Empfang ist angenehm, das Essen gut, die Preise sind angemessen. Mittags gibt es Büffet, abends Fisch und Fleisch (etwa schwarzes Schwein) vom Grill.
Feiteira, Porto da Feteira, T 292 39 23 83, Di–So 12–15, 19–22 Uhr

# Caldeira do Cabeço Gordo ♥ 5, B3

Hortensien säumen die Auffahrt zur zentralen Caldeira. Sind sie unten in Küstennähe schon verblüht, so öffnen sich weiter oben gerade erst die Blütenkugeln. Bis auf rund 1000 m Höhe schraubt sich die Straße. Dann geht es zu Fuß durch einen kurzen Tunnel zum Miradouro da Caldeira. Kreisrund ist der Riesenkrater, wie aus dem Bilderbuch, dazu an die 2 km breit. Der Cabeço Gordo ganz im Süden, an Sendemasten zu erkennen, höchster Punkt des Kraterrands und zugleich höchster Berg Faials, misst 1043 m.

### Im Krater versumpfen
Der **Miradouro da Caldeira** ist gewagt angelegt, aber durch Geländer gut gesichert. Denn es geht hier steil, fast senkrecht, 400 Höhenmeter ins Innere der Caldeira hinab. Auf deren Grund sind sumpfige Stellen zu erkennen, Reste von Seen, die nach dem Ausbruch des Capelinhos-Vulkans 1957 in Gesteinsspalten versickerten. Auf einer Grafik von 1881 sind sie noch gut zu erkennen, ebenso wie ein ebenfalls nicht mehr existierender Wasserfall am Kraterrand (www.gettyimages.de/detail/illustration/caldera-of-cabeco-gordo-faial-island-azores-portugal-grafiken/681894237). Die Ufer der Sümpfe und die Hänge überzieht ein vom Menschen unberührtes Gebüsch, das die natürliche Vegetation repräsentiert, die einst alle Höhenlagen der Insel bedeckte. Wer in den Krater absteigen möchte, darf dies nur in Begleitung eines Führers (Anmeldung unter T 292 20 73 82 oder unter parque.natural.faial@azores.gov.pt, Dauer 3,5 Std., mittelschwer bis anspruchsvoll). Die Gruppengröße ist auf 12 Personen beschränkt, es finden bis zu drei Touren pro Tag statt.

# *Zugabe*
# Der Landhotelier

*Vom Festland auf die Insel*

*Als Hotelier ist Jorge Falcato ein Pionier auf Faial, ein perfekter Gastgeber ist er sowieso.*

**W**as lockt einen Portugiesen vom Festland auf die Azoren? Jorge Falcato stammt aus dem Alentejo, wo seine Familie immer noch lebt. Nach seiner Ausbildung zum Reiseleiter tingelte er durch das Land. Auf Faial verliebte er sich in zwei alte Steinhäuser und erwarb sie 1995 für kleines Geld, um sie in die Landpension Casa do Capitão (s. S. 115) zu verwandeln. Drei Jahre dauerte die Renovierung, in deren Verlauf er nicht selten selbst Hand anlegte. Ein Anbau vereinte die beiden Ruinen zu einem Hufeisen, fünf Gästezimmer und ein subtropischer Garten entstanden. Kurz nach der Eröffnung kam mit dem Erdbeben im Sommer 1998 ein herber Rückschlag. Zum Glück blieb die winzige Ferienanlage verschont, während in der Umgebung die Häuser in sich zusammenfielen. »Die Saison war gelaufen«, erzählt Jorge Falcato. Doch dann ging es aufwärts, es herrschte Aufbruchstimmung auf Faial. Die Mietwohnung in Lissabon hat er längst aufgegeben. Ob er seine Freunde dort, das Stadtleben, nicht vermisst? Kein Problem, denn er ist nach wie vor ein Wanderer zwischen den Welten. Einen Teil des Jahres verbringt er als Reiseleiter

> **Es herrschte Aufbruchstimmung auf Faial.**

auf Madeira und in Portugal. Nur im Hochsommer füllt sich die Casa do Capitão. »Es scheint nur einen Monat zu geben, den August«, klagt er. Seine ursprüngliche Hoffnung, die Saison von Juni bis Oktober zu verlängern, hat sich nicht erfüllt. Dabei parliert er in vielen Sprachen, ist also der perfekte Gastgeber. Als »Hotelier« hat er einen guten Stand in der kleinen Landgemeinde Cedros. Sogar das Amt des Bürgermeisters wurde ihm schon angetragen. Seine Umgebung wird derweil immer bunter. Junge Einheimische verlassen die Insel, um ihr Glück auf dem Festland zu suchen. Ihre Stelle nehmen immer öfter Ausländer ein, die Jorge Falcato als neue Nachbarn begrüßen kann. Die Häuserpreise sind schon deutlich gestiegen. ■

# Pico

**Von Vulkanen geprägt** — ist Pico Lieblingsziel der Natur-touristen. Felsküsten und Lavaströme, Kraterseen und geheimnisvolle Höhlen sind zu entdecken sowie eine weltweit in dieser Form einmalige Weinbaulandschaft.

*Seite 125*

### Jardim dos Maroiços

Der moderne Stadtgarten in Madalena wirkt auf den ersten Blick nüchtern, hat es aber in sich: mit Street-Art, liebenswerten Smiley-Skulpturen und einem der für Pico typischen pyramidalen Steinhaufen.

*Seite 127*

### Quinta das Rosas

In dem verwunschenen Park mit seinen über 250 Pflanzenarten aus aller Welt picknicken die Locals zwischen Froschteichen, Blumenrabatten und exotischen Bäumen.

Jonas: vom Wal verschluckt und drei Tage später ausgespien

**Eintauchen**

*Seite 127*

### Furna de Frei Matias

Andere, ohne Zweifel tolle Vulkanhöhlen kann ja jeder. Hier jedoch, bei der touristisch unerschlossenen Höhle, ist Improvisation gefragt.

*Seite 129*

### Cella Bar

Ein architektonisches Highlight ist diese angesagte Bar bei Madalena. Wie ein gestrandetes Schiff liegt sie auf den Klippen, ideal für einen Sundowner.

*Seite 132*

### Maré

Bei Lajes legt die Ebbe eine Welt aus Tümpeln und Sumpfwiesen frei, in der sich unzählige Wasservögel wohlfühlen, wo aber auch Badevergnügen für Menschen möglich ist.

*Seite 137*

## Calheta de Nesquim

Der alte Walfängerort punktet mit Ursprünglichkeit. Bunte Fischerboote liegen vor der weißen Kirche, die mit ihren Dimensionen fast den Rahmen sprengt.

*Seite 145*

## Zona de Adegas

Das Schachbrettmuster aus winzigen, von Lavasteinmäuerchen eingebetteten Weinbergen ist UNESCO-Welterbe.

*Seite 145*

## Montanha do Pico ✪

Heiligenschein oder Ufo? Die nebelverhangene Spitze von Portugals höchstem Gipfel zu bezwingen ist der Traum vieler Bergwanderer und wirklich gar nicht so schwierig zu verwirklichen.

*Seite 146*

## Lagoa do Caiado

Die Oberfläche des Kratersees scheint mit dem Horizont zu verschwimmen. Ringsherum versteckt sich zwischen saftigen Kuhweiden ein Ensemble von Maaren.

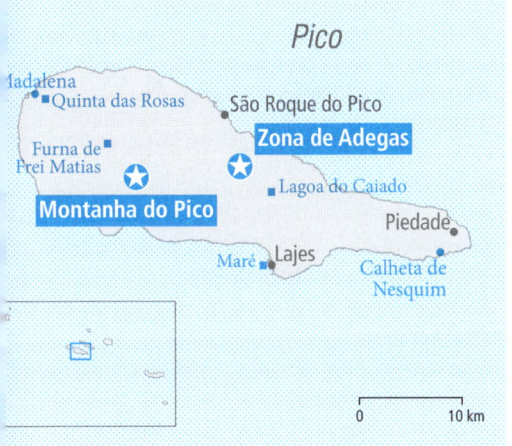

*Pico*

Madalena
Quinta das Rosas
São Roque do Pico
**Zona de Adegas**
Furna de
Frei Matias
**Montanha do Pico**
Lagoa do Caiado
Piedade
Maré Lajes
Calheta de
Nesquim

0     10 km

»Eine Rose ist eine Rose ist eine Rose«, wusste Gertrude Stein.

erleben

# Schwarze Landschaft

G

Ganz klar die Nummer zwei unter den Besuchermagnetinseln ist Pico. Wer schon auf São Miguel war, will hierher, keine Frage. Pico nimmt eine Alleinstellung innerhalb der Azoren ein. Der gleichnamige Berg beherrscht die Insel und ist mit Abstand der höchste des Archipels, ja sogar ganz Portugals. Ihn zu besteigen ist der Traum jedes Bergwanderers, und so furchtbar schwierig ist es gar nicht, jedenfalls bei guter Kondition durchaus machbar.

## Erstarrte Lava

Die Lavaströme des Pico, die dieser auch in historischer Zeit noch mehrfach aussandte, schufen bis zur Küste hinunter unwirtliche Schlackenfelder, denen die Bewohner mühselig kleine Äcker und Weideflächen abrangen. Für den Weinbau ist das rabenschwarze Gestein, das die Sonnenwärme speichert, ideal. Rebstöcke kommen mit dem nackten Boden gut zurecht. So hat Pico in dieser Hinsicht innerhalb des Archipels die Nase vorn. Die netzförmig von Lavasteinmäuerchen überzogene Weinbaulandschaft war es der UNESCO sogar wert, sie als Welterbe unter Schutz zu stellen.

**ORIENTIERUNG** **O**

**Infos:** www.visitazores.com, http://pt.artazores.com
**Verkehr:** Flughafen Pico 8 km östl. von Madalena, kein Linienbusanschluss. **Fluginfos:** www.sata.pt. Fährschiffe ab Madalena (z.T. auch São Roque) ganzjährig bis 8 x tgl. nach Horta (Faial) und 2 x tgl. nach Velas (São Jorge), im Sommer ab São Roque je 2–3 x pro Woche zu anderen Inseln. **Busse** 1–4 x tgl. auf der Inselrundstraße (www.cristianolimitada.pt). **Mietwagen:** am Flughafen und am Hafen von Madalena (www.ilhaverde.com, www.autatlantis.com).

## Dreierlei Häfen

Früher liefen von Picos Häfen die Walfänger aus, heute sind es die Whalewatcher. Kaum irgendwo auf der Welt sind die Bedingungen zur Beobachtung von Walen und Delfinen so ideal. Seevögel tummeln sich am alten Walfängerort Lajes. São Roque ist nach wie vor der Hafenort für Autofähren und Frachtschiffe, während die dritte und wichtigste Stadt Madalena von ihrer Lage vis-à-vis zu Faial als Ankunftsort für Touristen, die meist mit Personenfähren aus Horta anreisen, profitiert.

# Madalena 📍Karte 5, D 4

Eine hohe, spitztürmige Kirche grüßt schon von Weitem herüber, wenn sich die Fähre Madalena nähert. Zu ihren Füßen schaukeln winzige Fischerboote in der alten Hafenbucht. Der 2000-Einwohner-Ort wird oft als Hauptstadt von Pico bezeichnet, obwohl er das nie war. Stets blieb Pico von der Nachbarinsel Faial abhängig. Dortige Großgrundbesitzer unterhielten bei Madalena Landgüter und Sommersitze. Von den Steuereinnahmen aus dem Pico-Wein floss der Löwenanteil nach Faial. Ansonsten stagnierte die Entwicklung jahrhundertelang. Jetzt aber beleben Künstler und Touristen die kleine Stadt.

## Bescheidenheit ist eine Zier

Früher oder später führen nach dem Landgang am neuen Fährterminal die Wege zur alten Hafenbucht mit ein paar Lokalen ringsum. Zwei gewaltige Araukarien hinter der Kirche übertreffen sogar die schlanken Türme noch ein wenig an Höhe. Die repräsentative Fassade der **Igreja Matriz de Santa Maria Madalena** (17. Jh.), mit weißen Fliesen aus Lissabon verkleidet, entstand Ende des 19. Jh. bei Restaurierungsarbeiten. Das Innere tauchen bunte Glasfenster in ein besonderes Licht.

Den fehlenden Strand ersetzen in Madalena zwei Badeplätze in den Klippen im alten Hafenbereich. Er wurde zum **Schwimmbad** mit Bar und guter Infrastruktur ausgebaut (Anf. Juni–Ende Sept., Eintritt frei).

Im Süden schließt der ehemalige Ausweichhafen von Areia Larga, der heute von Sportfischern genutzt wird, an die Stadt an. An dem urigen Platz haben sich zwei schicke Lokale angesiedelt. Noch weiter südwärts beginnt die Laja das Rosas, eine Basaltküstenebene

mit anschließender Weinbaulandschaft. Dort liegt auch die gleichnamige Badestelle, ein schöner Naturpool mit Blick nach Faial und in der Saison geöffneter Strandbar mit Liegenverleih.

## Der Wert eines Lächelns

Was bedeuten die großen Steinhaufen, die von fleißigen Händen rund um Madalena aufgeschichtet wurden? Oft sind diese *maroiços* kunstvoll geformt, wie Pyramiden. Doch die Bauern schufen sie aus Not heraus, um ihre Äcker von den gröbsten Lavabrocken zu befreien und mit dem Esel oder der Kuh pflügen zu können. Einer dieser Haufen wurde 2011/2012 in den Stadtgarten von Madalena, den **Jardim dos Maroiços** (Rotunda da Madalena, frei zugänglich), integriert. Dem damals zuständigen Regierungsvertreter José Contente war es wichtig, dass damit »die *maroiços* auf Pico erstmals gewürdigt werden«, mit einem schlichten, aber modernen Projekt. Wen wundert es, ist

*Bei der Festas da Madalena wird die Tradition hochgehalten, und das alles vor der Kulisse der Igreja Matriz.*

im Jardim dos Maroiços auch schon ein Geocache versteckt. Ansonsten gibt es noch sehr junge Bäume, Rasenflächen und einen Kinderspielplatz. Und es gibt **Street Art** zu sehen. Etwa von Navi aus São Miguel, der 2016 im Rahmen des Azores Fringe Festival (s. S. 284) eine Wand am Basketballplatz mit der farbenfrohen Geschichte bemalte, in der ein Junge mit seinem Hund im Wald auf ein Wesen mit drei Augen trifft. Oder von Helena Amaral, die hier mehrere ihrer über die ganze Insel verteilten, aus Vulkansteinbomben geschaffenen Sorrisos de Pedra (›Lächeln-de Steine‹) aufstellte (s. S. 285).

### Kein Grottenolm, aber…

Erst 1990 entdeckten Höhlenforscher diesen mit 5150 m längsten bisher bekannten Vulkantunnel der Azoren. Er entstand vor etwa 1000 Jahren unter einem Lavastrom, der sich von der Flanke des Pico Richtung Westen ergoss. Der Einstieg erfolgt durch ein zugewuchertes Einsturzloch in der Höhlendecke. Dann tritt man in die völlige Dunkelheit der **Gruta das Torres** ein. Im Lampenschein tauchen bizarre Gesteinsformen auf. Die rund 4500 m lange Hauptröhre ist bis zu 15 m hoch. Außerdem sind etliche kürzere, niedrigere Nebenröhren bekannt. Die Höhlenfauna hält für künftige Forschungen sicher noch Überraschungen bereit. Gefunden wurden schon zwei endemische Insektenarten: ein Laufkäfer (Trechus) und eine Glasflügelzikade (Cixius).

Jede Besichtigung beginnt im **Centro de Interpretação** (Besucherzentrum), das den Höhleneingang vor Beschädigungen schützt. Entworfen wurde das spektakulär schlichte Gebäude von dem jungen Architekturbüro SAMI:arquitectos aus Setúbal bei Lissabon, das auch so manches andere Bauprojekt auf Pico verwirklicht hat oder noch verwirklicht. Von Weitem ist nur eine Lavamauer zu sehen, die sich nahtlos in die Weinbauumgebung fügt. Erst bei näherer Betrachtung erschließen sich die durchdachten Details des Zentrums. 2007 wurde es für den Mies-van-der-Rohe-Architekturpreis nominiert. Ein kurzer Film zur Einführung, dann wird in die Benutzung von Schutzhelm und Taschenlampe eingewiesen und schon folgt die recht abenteuerliche Höhlenerkundung, geleitet von einem fachkundigen Guide. Trekkingschuhe sind von Vorteil.

Criação Velha (3 km südl. von Madalena), T 924 40 39 21, http://parquesnaturais.azores. gov.pt, Besucherzentrum April–Okt. tgl. 10–18, Nov.–März Di–Fr 10–17, Sa 14–17.30 Uhr, Führungen 2–6 x tgl. (60–90 Min., max. 15 Teilnehmer, im Juli/Aug. 14 Tage, sonst 2 Tage vorher anmelden), 8 €

### Im Reich des Rosenwunders

Pfade schlingen sich an Froschteichen, Blumenrabatten und Picknicktischen vorbei. Exotische Baumarten wie Tulpenbaum, Erdbeerbaum oder Neuseeländischer Weihnachtsbaum spenden dem

---

## WANDERN IM WEINBAUGEBIET

Der **PR 5 PIC** beginnt am idyllischen Fischerhafen **Porto do Calhau,** von dort geht es an der Küste entlang nordwärts. Wer Badesachen dabeihat, kann sich am Strand von **Pocinho** erfrischen, vor der Kulisse des Vulkans **Monte** (135 m). Diesen umgeht die Route landeinwärts und dreht später eine Runde durch die Weinberge von **Criação Velha.** Eine fotogene Windmühle steht am Weg. Bei **Areia Larga** wird der Stadtrand von Madalena erreicht, bis ins Zentrum sind es nur 1,5 km.

2 Std., leicht; Linienbus bis zum Ort Monte, dann 15 Min. zu Fuß zum Porto do Calhau

*Zwischen den Ackerböden und Weinanbaugebieten stehen die typischen Windmühlen. Seine fruchtbaren Böden hat Pico dem Lavagestein zu verdanken.*

verwunschenen Park der **Quinta das Rosas** Schatten. Etwa 250 Pflanzenarten aus aller Welt hatten die früheren Besitzer auf 3 ha Fläche zusammengetragen, darunter selten gewordene, im 19. Jh. in England gezüchtete Sorten, etwa die panaschierte Eibe. Heute ist das Gelände Forstpark und Freizeitareal.

Mittendrin steht die neugotische **Ermida de Santa Isabel.** Sie ist der Rainha Santa geweiht, der heiliggesprochenen Königin Isabel. Mit ihr verbindet sich die Legende vom Rosenwunder, ähnlich wie mit ihrer Großtante Elisabeth von Thüringen: An einem Wintermorgen um das Jahr 1300 soll Isabel heimlich das Schloss in Lissabon verlassen haben, um Brot an die Armen zu verteilen. Von ihrem königlichen Gemahl überrascht und zur Rede gestellt, behauptete sie, nicht Brot, sondern Rosen unter ihrem Gewand zu verbergen. Als sie dieses öffnete, kam tatsächlich ein Strauß Rosen hervor.

Anfahrt: ab ER 1 Richtung São Roque nach 1 km ausgeschildert (rechts), dann noch 2 km auf schmaler Straße; Juni–Aug. Mo–Fr 8–20, Sa/So 10–20 Uhr, Mai/Sept. Mo–Fr 8–19, Sa/So 10–19 Uhr, Okt.–April Mo–Fr 8–16 Uhr, Sa/So geschl., Eintritt frei

### Den Einsiedler spielen

Ein kleines Abenteuer ist der Besuch der **Furna de Frei Matias** (ER 3 ca. 8 km oberhalb von Madalena, nicht ausgeschildert, frei zugänglich). Der Legende nach sah der Mönch Matias einst von Faial aus eine leuchtende Marienerscheinung am Pico. Daraufhin setzte er auf die damals noch unbewohnte Insel über und lebte fortan als Eremit in der Lavahöhle.

Seine bis heute wie durch ein Wunder unerschlossen gebliebene Grotte versteckt sich unter einem Lavastrom, den der 50 m oberhalb aufragende, zweigipfelige Vulkan aussandte. Achten Sie auf diesen bei der Anfahrt, er liegt südlich der Straße. Von einer Wiesenparkbucht betreten Sie durch ein Weidegatter Privatgelände und erreichen nach etwa 100 m den Höhleneingang. Der Einstieg erfolgt durch einen ›Kamin‹, eine von Moosen und Farnen überwucherte Öffnung in der Höhlendecke. Die Lavaröhre lässt sich auf einem kurzen Abschnitt erkunden, ideal ist eine Taschenlampe. Ihren Boden bildet Stricklava, die vor dem Erkalten zäh hier hindurchgeflossen ist. Wenige Meter weiter können Sie den Tunnel durch einen zweiten Kamin verlassen. Achtung: In der Umgebung der Kamine werden Löcher im Boden leicht zu bösen Stolperfallen!

Wer mit dem Taxi gekommen ist, kann eine **Wanderung** nach Madalena anschließen (3 Std., mittelschwer, 600 Höhenmeter Abstieg). In der Straßenkurve unterhalb der Wiesenparkbucht geht es einen steilen Feldweg hinunter, der die Straße noch einmal quert, dann weiter bergab bis zu einem Fahrweg. Auf diesem wenige Meter rechts und gleich wieder links. Eine halbe Stunde später an einem weiteren Asphaltweg rechts zur ER 3. Auf der Straße kurz links und bei einem größeren *maroiço* (s. S. 125) rechts. Der Feldweg windet sich zwischen zwei Vulkankegeln hindurch. Folgen Sie immer dem breiten Weg bis zur **Quinta das Rosas**. Dort an der linken Mauer des Parks außen entlang bis zu dessen Rückseite und links hinab zur ER 3 gut 1 km oberhalb von Madalena.

## Museen

### In vino veritas

**Museu do Vinho:** Der größte Drachenbaum der Azoren steht vor dem ehemaligen Sommersitz des in Horta ansässigen Karmeliterordens (17./18. Jh.). Dieser bildet den würdigen Rahmen für

**KOMBITICKET FÜR MUSEEN** **K**

Das Museu do Vinho in Madalena ist mit dem Museu dos Baleeiros in Lajes und dem Museu da Indústria Baleeira in São Roque zum **Museu do Pico** zusammengeschlossen. Für alle drei Museen gibt es ein Kombiticket für 5 € (48 Std. gültig).

das Weinmuseum, das Gerätschaften der Winzer zeigt. Fotos dokumentieren, wie es früher bei der Weinlese und beim Keltern zuging. Schon die Mönche erzeugten hier Wein. Zu ebener Erde war die *adega* (›Weinkeller‹) eingerichtet, oben befanden sich Wohnräume. Im Nebengebäude steht eine Kupferretorte zum Destillieren des *bagaço* (Tresterschnaps – ähnlich wie Grappa) und des *aguardente* (wörtl. Feuerwasser). Letzterer wurde aus Feigen gewonnen oder auch aus *groselhas*, den johannisbeerähnlichen Früchten der Korallen-Ölweide. Dieser aus Asien eingeführte und dann verwilderte Strauch ist in der Umgebung häufig zu finden.

Rua do Carmo, www.museu-pico.azores.gov. pt, April–Sept. Di–So 10–17.30, Okt.–März Di–So 9.30–17 Uhr, 2 €, So frei, Kombiticket s. Kasten oben

## Schlafen

### Exzentrisch

**Pocinhobay:** Inmitten von Weinbergen stehen auf einem Landgut mit Kiesstrand vor der Tür Natursteinhäuser mit allem Komfort. Die sechs Zimmer sind in schummrigem Designerstil gehalten. Auf dem riesigen Gelände gibt es viele lauschige Rückzugsmöglichkeiten.

Monte, Pocinho, 5 km südlich von Madalena, T 292 62 91 35, www.pocinhobay.com, DZ 155–215 €

## Ökologisch konzipiert
**Baía da Barca:** Zehn Ferienwohnungen für Selbstversorger in einer ruhigen Lavabucht nördlich von Madalena, am besten 1. Stock buchen. Der Pool wird mit unbehandeltem Meerwasser befüllt, warmes Wasser durch Sonnenenergie gewonnen.
Lugar da Barca, T 292 62 87 50, www. baiadabarca.com, DZ ab 80 €

## Feines Feriendorf
**Alma do Pico:** Ein Ensemble aus Holzhäusern in einem riesigen Waldgelände oberhalb von Madalena, wunderbarer Blick aufs Meer und auf den Pico. Alles ästhetisch gestaltet und dazu gedacht, sich vom hektischen Stadtleben zu regenerieren.
Rua dos Biscoitos 34, T 914 23 14 36, www. almadopico.com, DZ 65–120 €

## Mittelklassekomfort
**Caravelas:** Das einzige größere Hotel auf Pico, zwischen Hafen und Stadtzentrum mit Blick aufs Meer. Pool, Hallenbad, Bar.
Rua Conselheiro Terra Pinheiro 3, T 292 62 85 50, www.hotelcaravelas.com.pt, DZ ca. 120 €

## Behagliche Pension
**Calma do Mar:** Die Österreicherin Petra und zwei waschechte ›Picarotos‹ betreiben das ruhig gelegene Gästehaus, das Zimmer für jeden Geschmack und ein reichhaltiges Frühstück bietet.
Avenida Padre Nunes da Rosa, T 914 44 34 08, www.atlantic-azores.com, DZ ab 50 €

# Essen

## Am Wasser gebaut
**O Ancoradouro:** Sicher eines der besten Restaurants der Azoren, mit Sonnenterrasse am Meer. Feinstes Seafood, etwa in Form von *cataplana* (für 2 Pers. 30 €). Gut auch die Suppe im Brot, das Fleisch vom Jungbullen *(novilho)* und der Stockfisch.
Rua Rodrigo Guerra 7, T 292 62 34 90, Di–So 12–15, 19–22 Uhr

## Große Auswahl
**A Parisiana:** Nicht weit vom Meeresschwimmbad gelegen. Der geräumige Speisesaal ist im Art-déco-Stil gehalten. Oft wird ein sehr gut bestücktes Büffet aufgebaut (12–15 €), manchmal begleiten auch Folkloregruppen das Dinner.
Rua Alexandre Herculano 11, T 292 62 37 71, Mi–Mo 12–15, 19–22 Uhr

## Tee und Kuchen
**Atlântico Teahouse:** Das modern gestylte Kaffeehaus am Hafen von Areia Larga avancierte zum Künstlertreff. Sorgfältig zubereiteter Kaffee und Tee, feiner Kuchen und das alles sogar zu normalen Preisen. Es gibt auch pikante kleine Gerichte wie zum Beispiel Salate, Pizza, Pasta & Co. Und natürlich Wein von Pico.
Rua João Lima Whitton da Terra, T 912 23 89 43, Di–So 8–22 Uhr

---

**CELLA BAR**

Voll im Trend liegt diese Bar. Mit einem Architekturpreis ausgezeichnet, erinnert der hippe Holzbau mit dem riesigen Bullauge an einen umgestülpten Schiffsrumpf. Der Sundowner schmeckt auf der Dachterrasse mit Blick auf Faial. Außerhalb der Stadt neben dem vielleicht schönsten Badeplatz von Madalena gelegen, auf einem kurzen Spaziergang (10 Min.) zu erreichen.
Lugar da Barca, T 292 62 36 54, So–Do 12–24, Fr/Sa 12–2 Uhr

## Einkaufen

### Der Wein von Pico
**Cooperativa Vitivinícola – Picowines:**
Im Oktober läuft bei der Insel-Winzerge-
nossenschaft die Produktion auf vollen
Touren. Aber auch zu anderen Jahreszeiten lohnt die Besichtigung mit Weinprobe
und Kauf. Nur im September, während der
Weinlese, ist alles geschlossen. Hier werden die Marken Terras de Lava (weiß oder
rosé) und Basalto (rot) gekeltert. Außerdem sind Likörweine, etwa der bekannte
Angelica, im Angebot. Der multitalentierte
Künstler Djervy verzierte die Fassade der
Kooperative 2014 mit der opulenten Bil-
derserie ›Nascentes de Lava‹ (Lavaquellen)
zum Thema Weinbau.
Av. Padre Nunes da Rosa 29, www.picowi
nes.net, Okt.–Aug. Mo–Fr 14–16.30, Sa/So
15–17 Uhr, Mo–Fr 1,50 €, Sa 2 €, So 2,50 €

*Aus den Trauben werden bald köstliche
Tropfen: In der Cooperativa Vitivinícola
dreht sich alles um den Wein.*

## Bewegen

### Whalewatching, Tauchen …
**Pico Sport:** Exkursionen per Offshore-
schlauchboot mit dem bekannten Wildlife-Touristiker Frank Wirth und seinen
Mitarbeitern (s. S. 255)zur Beobachtung
von Walen und Delfinen. Spezielle Safaris,
Schwimmen mit Delfinen, Blauwalcamps.
Für Taucher steht Haibeobachtung ganz
obenan. Außerdem werden Seekajaks,
Scooter und Autos vermietet und Inseltou-
ren durchgeführt.
Porto Velho, T 292 62 29 80, www.pico-sport.
com, www.pico-island-adventures.com

### Radfahren
**Mountainbikes:** Auch wer nicht im **Calma do Mar** (s. Schlafen) wohnt, bekommt
hochwertige Mountainbikes zu fairem
Preis vermietet. Rund um Madalena radelt
es sich relax durch die Küstenlandschaft.
Reizvoll der Transport-Service in den Osten der Insel. Wer das Rad mit nach Faial nimmt (hin/rück 10 €), bekommt dort
u. a. den Transfer zur Caldeira organisiert
(s. S. 118).
**Pico 447:** Fahrradvermietung gegenüber
vom Fährterminal Mountainbikes, Straßen-
räder und Scooter (www.pico447.com).

## Feiern

• **Festas da Madalena:** um den 22. Juli.
Etwa viertägige Kirmes mit vielen traditionellen Elementen: feierliche Messen und
Prozession, Auftritte von Folkloregruppen
und studentische ›Tuna-Musik‹. Imbissbuden am alten Hafen bieten regionale
Spezialitäten wie Stockfisch oder frischen
Thunfisch an, dazu trinkt man *vinho do
cheiro*. Ergänzend gibt es ein Kulturprogramm mit Kunst- und Handwerks-
ausstellungen. Nächtliche Live-Auftritte
portugiesischer Popmusiker. Infos: www.
cm-madalena.pt.

## Infos

- **Information:** Posto de Turismo do Pico, Fährhafen, T 292 62 35 24. Filiale bei der ehemaligen Fischmarkthalle am alten Hafen.
- **Internet:** www.cm-madalena.pt
- **Inselbusse:** www.cristianolimitada.pt, zentrale Haltestelle bei der Kirche.

# São Mateus

📍 **Karte5, E5**

In dem Fischer- und Hirtendorf am steilen Südabhang des Pico steht mit der Igreja de São Mateus eine der ältesten und bedeutendsten Kirchen der Insel. Nachweislich existierte ein Vorgängerbau schon vor 1542. Das heutige Gebäude stammt allerdings aus dem 19. Jh. Hier wird seit dem Jahr 1862 der Senhor Bom Jesus Milagroso verehrt, der Wundertätige Christus, dessen Figur ein Emigrant aus Brasilien mitbrachte.

Schon vor dem Ort lohnt ein Halt am **Miradouro da Pontinha.** Rechts sind beeindruckende Basaltklippen zu sehen, links fällt der Blick nach São Mateus. Versäumen Sie keinesfalls, vom Aussichtspunkt den Weg nach links einzuschlagen und die nette kleine Felsbrücke über einem gurgelnden Brandungsloch anzuschauen. Die Stelle ist mit einem Fotosymbol markiert.

## Einkaufen

### Kunsthandwerk
**Picoartes:** Produkte der örtlichen Kunsthandwerkerinnen. Typisch für São Mateus sind Spitzenkragen, umhäkelte Taschentücher, bestickte Sets und Tischdecken.

Außerdem Dekorationsartikel aus Muscheln, Knochen, Fischschuppen und Basaltgestein.

Estrada Regional (Ortsausgang Richtung Lajes), tgl. 9–19, im Winter bis 18.30 Uhr

## Feiern

- **Festa do Senhor Bom Jesus Milagroso:** 6. Aug. Eines der größten religiösen Feste der Azoren in der Tradition eines uralten Hirtenfestes. Am Vorabend Viehmarkt, begleitet von Blasmusik. Gegen 1 Uhr morgens treffen Pilgerzüge aus Madalena und São João ein. Nach dem feierlichen Empfang wird eine Messe gelesen. Im Tagesverlauf weitere Messen und abendliche Prozession.

# São João
📍 **Karte 5, F6**

Die Bewohner von São João halten oben in den Bergen Rinder, das wichtigste wirtschaftliche Standbein des Dorfes. Traditionell stellen sie den *queijo do Pico* her. Der Bauernhofkomplex Casa do Pico dokumentiert das Leben im Dorf in vergangenen Jahrzehnten. Ein kleines Museum befasst sich darin mit Viehzucht und Käseproduktion (Rua da Igreja 8, T 927 49 53 98, Mi–Mo 11–18 Uhr, nur nach Voranmeldung, Eintritt frei).

### Die Lava ist ein Mysterium
Zwei erkaltete Lavaströme flankieren den Ort, die der Pico 1718 aussandte: **Mistério de São João** im Westen und **Mistério da Silveira** im Osten. Ihre Oberfläche besteht aus zerbrochenen Gesteinsschollen, in den Ritzen wuchert Gebüsch. Die Entstehung dieser Formen konnten sich die Menschen früher nicht erklären, daher der seltsame Name (*mistério* = port. Geheimnis). Die Lavamassen des Mistério

de São João begruben den Ort seinerzeit unter sich, der daraufhin mitsamt Kirche ein Stück nach Osten verlegt werden musste. Heute befindet sich im Mistério de São João ein Picknickgelände mit einigen ›lächelnden Steinen‹ von Helena Amaral im unteren Gartenteil. An der Straße erinnert der **Nicho de São João Pequenino** – ein stets blumengeschmückter Heiligenschrein – an die alte Kirche. Im Mistério de São João beginnt der PR 15 PIC (3 Std., einfach, www.trails.visitazores.com), ein schöner Küstenwanderweg nach Silveira.

Im westlichen Ortsbereich zweigt von der Regionalstraße ein alter Pflasterweg mit 365 Stufen zur Baía da Arruda ab. In der kleinen Bucht befindet sich der Poço de Maré, ein bis in die 1960er-Jahre genutzter Brunnen, von dem die Bewohner das Wasser zu ihren Häusern hinaufschleppen mussten. Wen wundert's, dass heute hier ein Geocache versteckt ist. Der Einstieg in den Weg liegt unweit eines Heiliggeisttempels, das Schild ist nur von Osten kommend zu sehen.

## Schlafen

### Eigenes Natursteinhaus
**Glicínias do Pico:** Vier restaurierte Häuser für bis zu sechs Personen verteilen sich über den Ort. Ein von der Regionalregierung gefördertes Projekt des innovativen Tourismus.
Rua da Igreja 8 A, T 292 67 32 70, www. gliciniasdopico.com, Haus je nach Größe und Saison 80–180 €

## Einkaufen

### Käse von Pico
**Sociedade de Produção de Lacticínios:** Wenn Milch geliefert wurde, kann man zuschauen, wie der Käsebruch in Ringformen gepresst wird. Der flache,

etwa eine Handspanne breite Rundkäse aus Rohmilch reifte bis vor wenigen Jahren nach alter Tradition ohne Kühlung auf Bambusmatten. Einer EU-Verordnung folgend, kommt er heute für vier Wochen in eine Klimakammer. Dank seiner fluggepäcktauglichen Größe eignet sich der *queijo São João do Pico* gut als Mitbringsel.
ER 1 (gegenüber dem Rathaus), tgl. geöffnet

---

# Lajes do Pico

📍 **Karte 5, G 6**

Für Inselbesucher ist Lajes neben Madalena die zweite wichtige Anlaufstelle auf Pico. Es gibt viel zu sehen und zu erleben und auch einige Unterkünfte, die als Standort für Unternehmungen auf der ganzen Insel günstig liegen. Mit zwei Walfangmuseen (s. S. 134) und vielen weiteren Erinnerungsplätzen steht das Küstenstädtchen ganz im Zeichen der Walfänger, die früher von hier aus zu ihrer nicht ungefährlichen Tätigkeit aufbrachen.

## Wo es kreucht und fleucht
Südlich vom Hafen sind Lavaströme weit ins Meer hineingeflossen. Die dadurch entstandene Küstenplattform, von den Einheimischen liebevoll **Maré** (Flut) genannt, ist die größte der Azoren. Regelmäßig reinigen Freiwillige die unter Naturschutz gestellte Fläche von angeschwemmtem Plastikmüll und anderem unerwünschtem Treibgut. Die Maré bietet mit ihren Sümpfen und Wassertümpeln beste Bedingungen für die Vogelwelt. So ist sie der ideale Platz auf Pico, um Seevögel zu beobachten. Für den Sumpfläufer, einen kleinen Watvogel, gilt sie sogar als absoluter Hotspot. Außerdem lassen sich regelmäßig Mö-

wen, Seeschwalben und Reiher blicken. In der angrenzenden Lagune gibt es ein Naturschwimmbad mit Liegeflächen und Treppen ins Meer.

### Die guten alten Zeiten

In Lajes gingen 1460 die ersten Siedler an Land, angelockt vom günstigen Klima im Windschatten des Inselgebirges und dem fruchtbaren Boden. Dieser wurde hier – im Gegensatz zum Westen von Pico – nicht von jungen Lavaströmen überflossen und damit unbrauchbar gemacht. Sie setzten Schweine aus, die sich in den Wäldern von den Früchten der Bäume ernährten. Das Fleisch der Tiere half den Menschen über die ersten Monate hinweg, bis sie Land gerodet und eine Getreideernte eingebracht hatten.

An diese Zeit erinnert die **Ermida de São Pedro** in Meeresnähe. Dieses älteste Gotteshaus der Insel entstand gleich nach der Ortsgründung. Der sehr schlichte Bau hatte ursprünglich ein Strohdach, das im 17. Jh. durch Ziegel ersetzt wurde. Wahrscheinlich verdankt die Ermida ihren Namen dem Franziskanermönch Pedro Gigante, der als Kaplan auf dem ersten Siedlerschiff mitfuhr und in Lajes die Aufgabe des Pfarrers wahrnahm. Ein Jahr später folgten ihm weitere Franziskaner, die am nördlichen Ortsrand ein Kloster gründeten, das heutige **Rathaus.** Die Mönche bemühten sich um das Schulwesen und die kulturelle und wirtschaftliche Entwicklung der Insel. Pedro Gigante ging in die Annalen ein, weil er die wertvolle Weinrebe Verdelho aus Madeira einführte.

*Früher Walfängerort, heute Ausgangspunkt für wissenschaftliche Untersuchungen: In Lajes do Pico starten Forscher ihre Suche nach Riesenkalmaren in den Gewässern der Azoren.*

# TOUR
# Auf den Spuren der Walfänger

**Das blutige Geschäft der Vergangenheit**

**Infos**

📍 **Karte** 5, G 6

**Start:** Lajes do Pico

**Dauer:** Halbtägiger Rundgang

**Infos:** Museu dos Baleeiros, Rua dos Baleeiros 13, www.museu-pico.azores.gov.pt, April–Sept. Di–So 10–17.30, Okt.–März Di–So 9.30–17 Uhr, 2 €, So frei; Centro de Artes e de Ciências do Mar, Rua do Castelo, Mo–Fr 10–18, Sa/So/Fei 10–12.30, 13.30–18 Uhr, 3 €

Lajes do Pico steht ganz im Zeichen des Walfangs, der hier bis in die 1980er-Jahre betrieben wurde. Vis-à-vis vom Hafen stehen drei Bootshäuser aus dem 19. Jh., in denen früher die *canoas* lagerten. Mit den schlanken Ruderbooten pirschten sich die Walfänger an ihre Beute an, um sie mit Harpunen und Lanzen zu erlegen.

In den Bootshäusern dokumentiert heute das **Museu dos Baleeiros** den Walfang. Natürlich ist eine *canoa* samt Fanggeräten ausgestellt. Modelle, Fotos und ein Video zeigen, wie blutig es bei der Jagd zuging, aber auch, in welche Gefahr sich die Walfänger begaben. Etwa 200 Pottwale erlegten sie noch in den 1950er-Jahren von Pico aus pro Jahr, dann ging es mit dem Geschäft bergab. Zuletzt waren es 50 Tiere pro Jahr. In Vitrinen sind Pottwalprodukte ausgestellt. Der aus dem Speck gewonnene Tran diente als Lampenöl. Fleisch und Knochen wurden zu Viehfutter und Düngemittel verarbeitet. Besonders wertvoll war der Walrat, eine wachsartige Masse aus dem überdimensionalen Kopf des Pottwals, aus der Kerzen, Salben und Schmiermittel für Maschinen hergestellt wurden. Manche Pottwale hüllen im Magen unverdauliche Nahrungsbestandteile, etwa Tintenfischschnäbel, in Klumpen von Ambra ein. Diese Substanz wurde früher mit Gold aufgewogen. Wegen des angenehmen Geruchs mischte man sie teuren Parfüms bei.

Nicht weit entfernt lädt das **Centro de Artes e de Ciências do Mar** zum Besuch ein. Hier arbeitete früher eine walverarbeitende Fabrik. Die Walfänger schleppten die erlegten Tiere mit einer Motorbarkasse heran und zogen sie auf einer Rampe an Land. In der Fabrik wur-

den *óleos e farinhas* (Öl und Mehl) aus den Tierkörpern gewonnen, wie heute noch an der Fassade zu lesen steht. Das zur Ruine verfallene Fabrikgebäude wurde restauriert, unter Bewahrung der Gerätschaften und Maschinen: Dampfkessel und Zentrifuge für die Ölgewinnung, Trockner und Mühle für das Mehl aus Fleisch und Knochen. Im Untergeschoss lagerte das Öl, bis einmal jährlich ein Tankschiff kam, um es abzuholen. Eine Multimedia-Schau informiert über die Verarbeitung der Wale sowie über ihre Verbreitung, Umwelt und Biologie.

Jetzt können Sie der **Vigia da Queimada** einen Besuch abstatten. Sie steht seit 1939 auf der gleichnamigen Landspitze, der südlichsten Stelle von Pico. Weiße Hütten wie diese befanden sich früher rund um die Insel an exponierten Stellen hoch über der Küste. Wachposten suchten durch einen Sehschlitz per Fernglas den Horizont nach Walen ab, die sie meist an ihrem Blas erkannten. Bei Sichtung gaben sie die Position per Funk durch. Eine halbe Stunde später waren bereits von allen Häfen aus Walfänger in ihren Booten unterwegs. Die Vigia da Queimada wird heute wieder benutzt, von einem örtlichen Whale-watching-Anbieter. Dessen Lotse ist in der oberen Etage stationiert, das Untergeschoss steht von April bis Oktober Besuchern offen, um Ausschau nach Walen zu halten.

Zum Abschluss lohnt noch ein Spaziergang zurück zur Spitze des Hafenkais, um das **Monumento aos Baleeiros** zu betrachten. An der 4 m hohen Skulptur stehen die Namen aller Walfänger von Lajes seit dem Jahr 1954, geordnet nach Booten und Mannschaften. Der international bekannte Lissabonner Bildhauer und Installationskünstler Pedro Cabrita Reis gestaltete das Denkmal wie ein wellenförmiges Tor und schlug damit eine Brücke zwischen Land und Meer. Das leuchtende Weiß der Skulptur symbolisiert die Gischt der Brandung.

### Festung ohne Belagerer

Wie ein Garten gestaltet, dient die Ruine des **Forte de Santa Catarina** heute als Miradouro, Touristeninfo (s. rechts) und Veranstaltungsort. Das alte Fort am Nordrand des Hafens entstand im Jahr 1792. Damals befahl der portugiesische König die Befestigung aller Azoreninseln, da er eine Invasion französischer Revolutionstruppen befürchtete. Die Festung Santa Catarina musste sich aber nie bewähren. 1885, als sie endgültig nutzlos geworden war, ging sie in Privatbesitz über. Die neuen Eigentümer bauten einen Kalkofen hinein, um damit von der Insel Santa Maria importierten Kalkstein zu brennen. Schließlich übernahm die Gemeinde das Gemäuer.

Rua do Castelo, Mo–Fr 9–12.30, 14–17.30, Sa 9.30–13 Uhr, So/Fei geschl., Eintritt frei

## Schlafen

### Azorendorf

**Aldeia da Fonte:** Im Weinbaugebiet westlich von Lajes befindet sich dieses attraktive Naturhotel. Auf ökofreundliches Wirtschaften wird großer Wert gelegt. Über sechs große Lavasteinhäuser verteilen sich insgesamt 40 Suiten und Studios. Attraktives i-Tüpfelchen: der Infinity-Pool mit Holzplankendeck über den Klippen.

Silveira, Caminho de Baixo 2, T 292 67 95 00, www.aldeiadafonte.com, DZ ab 70 €

### Passendes Ambiente

**Whale'come ao Pico:** Der Whale-watching-Veranstalter Espaço Talassa betreibt das kleine Hotel am Hafen in einem alten Walfängerhaus. Alle Zimmer verfügen über ein eigenes Bad, viele haben auch Meerblick (allerdings gegen Aufpreis).

Rua dos Baleeiros, T 292 67 20 10, http://hotel.espacotalassa.com, DZ ab 43 €

### Familiär geführt

**Bela Vista:** Mit Geschmack und frischen Farben sind die Zimmer des modernen Gästehauses eingerichtet. Auch Studios und Apartments für Selbstversorger werden vermietet.

Rua do Saco 1, T 292 67 20 27, www.lajesbelavista.com, DZ ab 60 €

## Essen

### Geselligkeit ist Trumpf

**Bistrot Whale'come:** Nach Rückkehr der Boote treffen sich hier die Walbeobachter. Bei der Zubereitung der Gerichte verwendet die Küche bevorzugt Produkte von den Inseln, ohne aber großen Schnickschnack zu betreiben.

am gleichnamigen Hotel s. links

## Einkaufen

### Naturschutz verpflichtet

**Whale Boutique:** Hier gibt es Walsouvenirs nicht aus Knochen und Zähnen der Tiere, sondern aus alternativen Materialien, etwa dem ›pflanzlichen Elfenbein‹. Alles von örtlichen Kunsthandwerkern hergestellt. Außerdem ist der rare Pico-Honig im Angebot.

## Bewegen

### Sanftes Whalewatching

**Espaço Talassa:** Pionierorganisation der tierverträglichen Wal- und Delfinbeobachtung. Die täglichen dreistündigen Ausfahrten finden etwa zwischen April und Oktober statt. Außerdem sind Ganztagesausflüge und individuell gestaltete Fahrten sowie Wochenpakete möglich. Auch geführte Wanderungen werden veranstaltet.

Rua do Saco, T 292 67 20 10, www.espacotalassa.com

## Feiern

● **Semana dos Baleeiros:** letzte August-woche. Das alte Walfängerfest von 1883 findet heute unter begeisterter Beteiligung der Whalewatcher statt. Höhepunkte sind die Regatta der Walfängerboote sowie die Musikveranstaltungen, jeden Abend mit Liveauftritten von Popgruppen und dem städtischen Orchester. Kulturprogramm mit Ausstellungen, Kunsthandwerk, Theater und Literaturlesungen.

## Infos

● **Information:** Posto de Turismo, Rua do Castelo (Forte de Santa Catarina), T 292 67 24 86, www.cm-lajesdopico.pt,

*Ein dicker Brocken ist da ins Netz gegangen: stolzer Fischer im Hafen von Calheta de Nesquim*

http://pt.artazores.com, mit Verkauf von Kunsthandwerk. Falls geschlossen sein sollte, kann man sich schräg gegenüber im Centro de Artes e das Ciências do Mar erkundigen.

# Calheta de Nesquim ♀ Karte 5, J6

Eine urige Atmosphäre besitzt der mit bunten Booten bestückte und von zwei, drei Kneipen umgebene Hafen von Calheta de Nesquim. Früher unter-hielten hier Walfänger einen wichti-gen Standort. So trägt der Ort sogar einen Wal im Wappen. Darüber prangt ein Hund, um den sich eine Legende rankt. Im 16. Jh. soll vor der Küste ein Schiff aus Brasilien untergegangen sein. Nur drei Männer überlebten, die der Schiffshund Nesquim an Land führte. Ihm verdankt Calheta angeblich seinen Beinamen.

### Blick zu neuen Ufern

Die weiße **Igreja de São Sebastião** wirkt für den 300-Einwohner-Ort ei-gentlich viel zu groß. Ihre gewaltige Front weist zum Meer, fast scheint sie das Hafenbecken zu erdrücken. Ein we-nig schaurig erscheinen die Türknöpfe und -riegel aus Walbein. In der **Casa dos Botes Baleeiros,** einem Komplex alter Bootsschuppen, liegen drei restau-rierte Walfangboote (Mo–Fr 9–12.30, 14–17.30 Uhr). Bei der Kirche beginnt der Rundwanderweg PR 11 PIC (2,5 Std., mittel, www.trails.visitazores.com), der alles Sehenswerte rund um Calheta berührt. Zum Baden bietet sich weiter westlich an einer felsigen Landspitze das Naturschwimmbecken **Poça das Mujas** an (im Sommer mit loungiger Strandbar).

---

**P**

## PICKNICK IM GRÜNEN

Mit seinen Tischen und Bänken ist der **Parque Matos Souto** wie geschaffen für eine ausgiebige Mittagspause. Bei einer Inselrundfahrt bewährt es sich, in São João Käse zu erstehen und die restliche Verpflegung in Lajes zu kaufen. Der Parkgründer Manuel Matos de Sousa Souto hatte im 19. Jh. als Emigrant in Brasilien ein Vermögen gemacht. Er hinterließ das Gelände der öffentlichen Hand, um die Einrichtung einer Landwirtschaftsschule zu ermöglichen. Auf dem 3 ha großen Gelände stehen einheimische und exotische Bäume harmonisch nebeneinander, es gibt Vogelvolieren und einen Teich, eine Baumschule und Versuchspflanzungen. Traditionelle Details der Agrarlandschaft von Pico werden dokumentiert (Caminho do Matos Souto, nahe ER 1, tgl. geöffnet, Eintritt frei).

---

# Die Ostspitze

📍 Karte 5, K 5/6

Bei Piedade bauen die Landwirte Obst, Gemüse und Getreide an. Die fruchtbaren, vom jungen Vulkanismus nicht beeinflussten Böden bieten für den Ackerbau beste Voraussetzungen und auf den sanften Hängen ist reichlich Platz vorhanden. Der Nachbarort Manhenha ist eine Feriensiedlung für gut situierte Einheimische, belebt nur im Hochsommer. Die teilweise schon überwucherte Weinbaulandschaft ringsum soll jetzt reaktiviert werden.

### Möwe müsste man sein

Den östlichsten Punkt der Insel, die 22 m hohe Felsspitze Ponta da Ilha, markiert der 19 m hohe **Farol da Manhenha.** Das Leuchtturmgelände ist nicht zugänglich. Etwa 100 m davor zweigt rechts von der Zufahrtsstraße der Wanderweg **PR 3 PIC** ab, auf dem Sie die Küstenklippen erkunden können. Die gelb-roten Markierungen weisen über einen zerklüfteten Lavastrom hinweg (festes Schuhwerk und Trittsicherheit erforderlich!). Nachdem der Leuchtturm zur Hälfte umrundet ist, empfiehlt sich die Umkehr (www.trails.visitazores.com, hin/rück insgesamt 30 Min.).

---

## Schlafen

### Kleines Paradies

**L'Escale de l'Atlantic:** Das idyllische Anwesen mit Atlantikblick steht unter schweizerischer Leitung. Fünf geräumige, individuell eingerichtete Zimmer. Abendessen ist auf Vorbestellung möglich. Calhau, Morro de Baixo, T 292 66 62 60, www.escale-atlantic.com, geöffnet 15.5.–15.9., DZ um 90 €

### Meerblick und ruhig

**O Zimbreiro:** Unter belgischer Leitung stehendes Gästehaus, charmant im maritimen Stil eingerichtet und von Natur pur umgeben. Abendessen gibt es auf Wunsch, wobei regionale oder Bio-Produkte verwendet werden. Angeschlossen ist ein Keramikatelier (tgl. 8–20 Uhr). Piedade, Caminho do Cruzeiro 83, T 292 66 67 09, www.zimbreiro.com, DZ ab 70 €

### Für Selbstversorger prima

**Pico Holiday Chalets:** Die deutschen Gastgeber vermieten auf ihrer Quinta eine Ferienwohnung und drei Häuser, darunter das alte Steinhaus Casa Azul. Gerne organisieren sie verschiedene Aktivitäten, etwa Wanderungen oder Segeltörns.

Caminho do Calhau 37, T 292 66 65 99, www.picourlaub.de, DZ ca. 60 €

## Essen

### Fisch aus eigenem Fang

**Ponta da Ilha:** Die Vereinigung der handwerklich arbeitenden Fischer betreibt das bekannte Restaurant. Dennoch bitte nicht immer frischen Fisch erwarten, oft war er zuvor tiefgefroren. Empfehlenswert das Büffet für 10 €.

Manhenha, Caminho de Baixo, T 292 66 67 08, Di–So 12–14, 19–21 Uhr

## Einkaufen

### Kreative Keramik

**Barro & Barro:** Ein niederländisches Paar stellt geschmackvolle Keramik her. Objekte und Gefäße unglasiert oder in fröhlichen Farben. Auch Raku, eine spezielle Brenntechnik aus Japan, findet Anwendung. Außerdem Schmuck aus Ton und Glas.

Ribeirinha, Rua José Vieira Alvernaz 43, www.facebook.com/barrobarro.pico, Mo–Sa 9–18 Uhr

## Bewegen

### Reiten und mehr

**Quinta do Cavalo:** Ausritte zu Pferd durch die unberührte Landschaft in Picos Osten, zu den Vulkankegeln und Kraterseen. Außerdem organisiert der nette einheimische Familienbetrieb auch Kutschfahrten.

Piedade, Caminho do Engenho, T 919 89 04 85, www.facebook.com/quintado cavaloturispico

# Santo Amaro

📍 **Karte 5, H 5**

Durch grüne Hänge geht es von der Regionalstraße hinab zu der weißen Häusergruppe am Meer. Von den knapp 300 Dorfbewohnern sollen über 100 ihren Lebensunterhalt durch Kunsthandwerk bestreiten. Aber ob das wirklich noch so viele sind? Jedenfalls ist Santo Amaro neben São Mateus das zweite Kunsthandwerkerzentrum auf Pico. Viel los ist nicht im Ort. Manche Immobilien werden nur am Wochenende genutzt, andere stehen zum Verkauf.

## Aus Fisch und Feigen gebastelt

In der **Escola Regional de Artesanato** sind unter der Leitung der Schwestern Alzira und Conceição Neves stets einige Frauen damit beschäftigt, aus Feigenmark oder Fischschuppen filigrane Dekorationsgegenstände – vorwiegend Blüten – zusammenzufügen. Andere fertigen Trachtenpuppen, flechten traditionelle Strohhüte oder sticken. Ein kleines Museum zeigt die Originaleinrichtung eines Wohnhauses von anno dazumal. Im Shop stehen die Produkte der Kunsthandwerker von Santo Amaro zum Verkauf, außerdem Liköre in verschiedenen Geschmacksrichtungen, etwa *amora* (Brombeere) oder *nêveda* (Bergminze).

---

**TIEFBLICK ZUM ATLANTIK**

An der Regionalstraße zwischen Piedade und Santo Amaro gewährt der **Miradouro Terra Alta** einen spektakulären Blick auf rund 415 m Höhe hinab zum Meer. Auch die Nachbarinsel São Jorge ist gegenüber bestens auszumachen.

# TOUR
# Extrem begehrt: Erstürmung des Pico

**Das ist in Portugal das Höchste**

**Infos**

 Karte 5, E–F5

**Dauer:** 6 Std., anspruchsvoll

**Anmeldung:**
in der Casa da Montanha (s. S. 146); max. 160 Wanderer/Tag (Maut bis Kraterrand 15 €, Piquinho 20 €, Furna Abrigo 2 €)

Die Besteigung des Pico setzt warme Kleidung voraus, unbedingt auch Handschuhe! Außerdem sind Trittsicherheit und gute Kondition wegen der rund 1000 zu überwindenden Höhenmeter gefragt. Durch Pflöcke ist der einzige erlaubte Aufstiegsweg gut markiert. Dennoch kann bei aufziehendem Nebel die Orientierung schwierig sein. Schwierig gestaltet sich später auch der Abstieg auf rutschigem Lavagrus. Man kann die Tour allein oder geführt (s. S. 145) unternehmen. Lohn der Mühe: An wolkenfreien Tagen liegt einem von oben fast der ganze Archipel zu Füßen.

Die Krönung ist natürlich die Besteigung des eigentlichen Gipfels, des 2351 m hohen **Pico Pequeno** oder **Piquinho**. Dieser Vulkankegel sitzt dem Krater nordöstlich auf. Wegen des Ansturms in der Hochsaison beträgt die erlaubte Aufenthaltsdauer auf dem Piquinho maximal 30 Minuten. »Es ist sehr wichtig, zwischen dem Pico und dem Piquinho zu unterscheiden«, sagte der wissenschaftliche Koordinator des Geoparks Azoren, João Carlos Nunes, Anfang 2017 der Presseagentur Lusa. »Ersterer ist recht groß und robust, während der Piquinho ganz im Gegenteil klein und empfindlich ist. Wir müssen sorgsam mit ihm umgehen.«

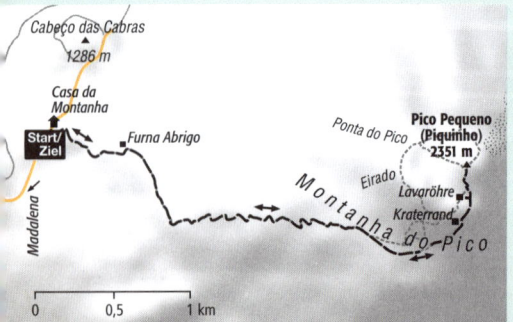

Wer sich die ganze Tour dann doch nicht zutraut, kann zumindest dem ersten Teil des Wegs eine halbe Stunde lang bis zur **Furna Abrigo** folgen. Im Schutz des fast 40 m tiefen Vulkanschlots rasteten Wanderer früher, als es weder Straße noch Berghütte gab, und stimmten sich hier auf die Gipfelbesteigung ein.

Rua Manuel Nunes de Melo 9, Mo–Fr 9–18, im Winter bis 17 Uhr, z. T. auch Sa/So, Eintritt frei

# Prainha do Norte

📍 **Karte 5, H 5**

Der Ortskern von Prainha do Norte, etwas oberhalb des Meeres, bietet nicht viel. Umso sehenswerter ist die westlich angrenzende Weinbaugegend. Viele alte Natursteinhäuser und *adegas* stehen verstreut zwischen den Weinfeldern. Gebadet wird an der relativ sandigen **Praia do Canto da Areia** (mit szeniger Beach Bar) oder an dem recht hübschen Felsbadeplatz **Poça Branca** bei Prainha de Baixo.

### Im Mysterium wandern

Der gewaltige Lavastrom **Mistério da Prainha** entstand zwischen 1562 und 1564 beim längsten in historischer Zeit verzeichneten Vulkanausbruch auf Pico. Heute ist das Gebiet schon stark überwuchert oder gar mit Kiefern aufgeforstet. Mittendrin liegt der **Parque Florestal da Prainha,** ein wildromantischer Freizeitpark mit Picknicktischen, Grillstellen, Spiel- und Sportplätzen. Ein traditionelles Haus und eine alte *adega* fungieren als ethnografischer Museumskomplex.

Der Wanderweg **PR 2 PIC** (3,5 Std., mittelschwer, www.trails.visitazores.com) erschließt den Mistério da Prainha von oben bis unten, beginnt in rund 800 m Höhe an der Straße zur Lagoa do Caiado (Anfahrt per Taxi). Er entspricht einem Abschnitt des Caminho dos Burros (›Eselsweg‹), einer alten Verbindung quer über die Insel. Zunächst berührt die Route die Cabeços do Mistério, eine Zone kleiner Vulkane, aus denen sich die Lavamassen im 16. Jh. Richtung Nordküste wälzten. Dann folgt sie einem Viehauf-triebsweg am Rand des Mistério hinab, quert den Parque Florestal da Prainha und endet an der **Baía das Canas.** Dort schmiegt sich ein dunkler Naturstrand mit großen Lavakieseln in eine gefällige Bucht.

## Schlafen

Santo Amaro und Prainha do Norte sind Hochburgen des ländlichen Tourismus. Über 30 traditionelle Häuser, darunter manche *adega,* werden hier vermietet (ab 50 € für 2 Pers.). Buchung über www.booking.com oder örtliche Anbieter: www.adegasdopico.com, www.qrurze.com, www.a-abegoaria.com.

### Gästehaus im Dorf

**Pico da Saudade:** In einem schön restaurierten Haus aus dem 18. Jh. verbergen sich acht modern dekorierte Zimmer mit Privatbad und ein gemeinschaftlich genutztes Wohnzimmer. Auch Patio und Grillmöglichkeit stehen zur Verfügung. Hier nehmen Sie am Dorfleben teil. Largo Dr. José Machado Serpa 1, T 292 65 51 66, www.picodasaudade.com, DZ ab 57 €

# São Roque do Pico

📍 **Karte 5, G 4**

In der Altstadt steht zwar die Pfarrkirche, ansonsten ist aber nicht viel los. Das Geschehen spielt sich im 1 km westlich gelegenen Ortsteil Cais do Pico ab, wo sich Geschäfte, Behörden und Betriebe angesiedelt haben und die meisten Bewohner der Kleinstadt leben. Dort befindet sich auch der wichtigste Hafen von Pico. An der starken Kaimauer legen Containerschiffe und Autofähren

## DER WEIN DER ZAREN

Nach der Februarrevolution 1917 fand man Flaschen mit dem Verdelho-Wein von Pico im Weinkeller des russischen Zarenhofs. Auch Tolstoi erwähnt in »Krieg und Frieden« den Pico-Wein. In Erinnerung daran schuf José Duarte Garcia den Markennamen ›Czar‹ für einen erlesenen Likörwein, den inzwischen sein Sohn Fortunato Garcia in kleinen Mengen keltert (www.czarwine.pt). Der ›Czar‹ lagert sechs oder sieben Jahre, bevor er in den Verkauf gelangt, und hat dementsprechend seinen Preis. Doch woher bekommen? Eventuell werden Sie im Airport Shop Flight LK 777 fündig (hinter der Sicherheitskontrolle).

an, Fischerboote nutzen die alte Mole vor dem Walmuseum (s. S. 142).

### Etwas mehr vom Meer

Einheimische und tropische Pflanzen begrünen den **Jardim Municipal** am Ostrand von Cais do Pico. Ein Springbrunnen sprudelt, Picknicktische und Kinderspielplatz werden am Wochenende von Familien rege genutzt. Direkt am Meer gelegen, bietet der Stadtpark auch einen natürlichen Lavapool. Eine ähnliche Felsbadeanlage, die **Poças** (›Pfützen‹), liegt unterhalb der Pfarrkirche von São Roque.

Etwas außerhalb im Westen befindet sich die **Furna de Santo António,** einer der beliebtesten Badeplätze von ganz Pico. Als hier vor Urzeiten eine Lavazunge ins Meer floss, entstanden im Zusammenspiel mit der Brandung bizarre Felsbecken. Sie wurden durch künstliche Pools und Liegeflächen ergänzt. Der angrenzende Küstenabschnitt ist ein wichtiger Brutplatz für verschiedene Seevögel. Alle

drei Badeplätze bieten die übliche Infrastruktur und sind frei zugänglich.

### Aussicht vom Klostergemäuer

Der **Convento de São Pedro de Alcântara** entstand ab 1718, als Franziskanermönche aus Lajes die dortige Ordensschule nach São Roque verlegten. Wiederholte Vulkanausbrüche im Süden der Insel waren der Grund dafür. Der kurze Aufstieg vom Jardim Municipal lohnt schon wegen des guten Überblicks, der sich vom Klosterhof über den Ort bietet. In der barocken Klosterkirche (18. Jh.) sind wertvolle Retabeln und Azulejos mit Szenen aus dem Leben des hl. Franziskus zu bewundern. Der restaurierte Konvent fungiert heute als Jugendherberge von Pico.
Rua João Bento de Lima

## Museen

### Relikte des großen Schlachtens

**Museu da Indústria Baleeira:** In der Fabrik am Hafen wurden von 1946 bis 1984 Pottwale zerlegt und zu Öl und Tierfutter verarbeitet. Heute ist sie ein Industriemuseum. Dampfkessel zum Auslassen des Specks, Öltanks, Trockenofen und Mühle für Fleisch und Knochen sind zu besichtigen. Modelle und Fotos zeigen die Abläufe des Walfangs. Vor dem Museum steht die Bronzeskulptur eines Walfängers mit Harpune im Boot. Der Lissabonner Bildhauer Domingos Soares Branco (1925–2013), dessen Plastiken in ganz Portugal zu sehen sind, schuf das Monument im Jahr 2000.
Cais do Pico, Praceta dos Baleeiros, www.museu-pico.azores.gov.pt, April–Sept. Di–So 10–17.30, Okt.–März Di–So 9.30–17 Uhr, 2 €, So frei

### Allerlei Leckerbissen

**Adega »A Buraca«:** Die ehemalige Winzerei ist heute ein privates Bauernhofmuseum, in dem Besucher die Traditionen der Insel sowie typisches Handwerk und

# Lieblingsort

## Idyll am Kratersee

Mächtig thront der Pico über der **Lagoa do Capitão** (📍 Karte 5, G 4). Wer günstig am anderen Ufer steht, sieht die perfekte Spiegelung des Berges im See. Nebelschwaden kommen und gehen. Saftig grüne Weiden säumen eine tiefblaue Wasserfläche, Möwen machen sich im Gras zu schaffen, Kühe liegen träge herum. Nebenan auf welligen Vulkankuppen liefern knorrige Lorbeer-bäume, krumme Baumheideäste und die kleinen Blätter des Kleinblättrigen Wacholders jede Menge Fotomotive.

Kunsthandwerk kennenlernen. Werkstätten eines Fassmachers und eines Schmieds, der Geräte für die Arbeit in den Weinbergen fertigte, sind nachgestellt. Weitere Räume widmen sich der Flechtkunst und der Wollweberei. In einer Küche von anno dazumal werden Kompott aus Früchten von den eigenen Feldern, süßes Gebäck und Maisbrot fabriziert. Diese und andere azorianische Produkte, auch Wein und Likör, können Sie probieren und kaufen.

Santo António, Estrada Regional 35, www.adegaaburaca.com, tgl. 8–20, Winter nur Mo–Fr 8–12, 13–17 Uhr, 2,50 €, inkl. Probe 6 €

---

## Schlafen

### In den Weinbergen

**Casa Buraca:** Dem Bauernhofmuseum (s. oben) angeschlossen ist diese ländliche Unterkunft. Fünf nett eingerichtete Zimmer bietet die Casa, davon zwei mit Etagenbad, sowie eine Suite mit Balkon. Ein gemütlicher Wohnraum steht allen Gästen gemeinsam zur Verfügung.

Santo António, Estrada Regional 35, T 292 64 21 19, www.adegaaburaca.com, DZ ab 25 €

### Unverdorbene Umgebung

**Casa do Comendador:** Knallrot leuchten Sesselpolster, Vorhänge und Kerzen in der Casa. Dazu passen dunkle Traditionsmöbel und weiße Wände. Das gediegene Landhaus (19. Jh.) in einem ruhigen Dorf bietet acht komfortable Zimmer.

São Miguel Arcanjo, Rua de Baixo 17, T 292 64 29 50, www.casadocomendador.com, DZ 70–100 €

---

## Essen

### Viele einheimische Gäste

**O Rochedo:** Rustikales Ausflugslokal nicht weit vom Schwimmbecken, mit deftiger Inselküche, etwa *linguiça com inhames.* Dazu wird hervorragendes Fladenbrot aus Maismehl gereicht. Am Wochenende gibt es oft Spanferkel vom Grill. Die Portionen sind mehr als reichlich, die Preise günstig. Je nach Jahreszeit wird ein LunchBüffet aufgetischt.

Santo António, Rua da Furna 7, T 292 64 44 87, Di–So 7–24 Uhr

### Ambitioniertes Projekt

**Casa das Tisanas:** Die Teestube bietet kleine vegetarische Gerichte an. Auch Bio-Tee zum Mitnehmen in Riesenauswahl sowie andere Öko-Produkte.

Cais do Pico, Rua do Cais, T 919 06 44 08, www.facebook.com/casadastisanas, Mo–Do 10–20, Fr 10–21, Sa/So 15–21 Uhr

---

## Bewegen

### Flotte Bootsausflüge

**Sport Fish:** Mit der »Double Marlin«, einer robusten Motorjacht, können bis zu 10 Passagiere zu verschiedenen Fahrten entlang der Küste Picos oder zur Nachbarinsel São Jorge aufbrechen. Unterwegs gibt es genügend Gelegenheiten zum Baden, Schnorcheln und Tauchen. Termine auf Anfrage.

Rua do Laranjal 9, T 914 20 15 64, www.sportfish.pt

---

### WEINWANDERWEGE

Zwei offizielle, markierte Wanderwege erschließen die Zona de Adegas. Der **PR 1 PIC** (3 Std., mittelschwer) beginnt in Maragala an der ER 1, führt quer durch die Weinberge über Lajido nach Santa Luzia und dreht noch eine Runde durch ein idyllisches Landschaftsschutzgebiet südlich des Ortes. Der **PR 10 PIC** (2,5 Std., leicht) verläuft von Santana nach Lajido entlang der Küste, allerdings großenteils auf Asphalt (s. www.trails.visitazores.com).

## Feiern

- **Cais Agosto:** Ende Juli/Anf. Aug. Viertägiges Sommerfestival am Hafen mit hochkarätiger Beteiligung portugiesischer und internationaler Popmusiker, DJ-Events, Bootsregatta, Kulturprogramm. Infos: www.caisagosto.net.

## Infos

- **Informationen:** Quiosque ART, Cais do Pico, Rua do Cais 25, T 292 64 25 07, www.cm-saoroquedopico.pt, http://pt.artazores.com
- **Fähre:** s. S. 124
- **Mietwagen:** Oásis, Cais do Pico, Estrada Regional 91, T 292 64 23 70, www.rentacaroasis.com

# Zona de Adegas

 **♀ Karte 5, E/F 3**

Das Gebiet der Weinberge und Winzerhäuser erstreckt sich auf einer steinigen Ebene im Nordwesten von Pico. An der Klippenküste reihen sich die Weinbauerndörfer Cabrito, Arcos, Lajido, Porto do Cachorro und Cais do Mourato. Sie alle besitzen kleine Häfen, von denen früher der Wein verschifft wurde. Steinmauern, mühselig von Generationen aufgeschichtet, umgeben die winzigen Felder mit oft nur vier oder fünf Rebstöcken. Die dunklen Mauern speichern die Sonnenwärme und schützen vor Wind und Meeresgischt. 2003 erklärte die UNESCO dieses Mosaik zum Weltkulturerbe.

### Im Schutz dunkler Mauern

Wegen der bizarren Lavaformationen am Meer verzeichnet **Porto do Cachorro** ei-

## BERGFÜHRER FÜR DEN PICO **B**

Geführte Pico-Besteigungen kann man z. B. über Olimar (www.olimar.de), Pico Island Adventures (www.pico-island-adventures.com), Vista Verde Azores (www.vista-verde-azores.com), Picotours (www.picotours.de) oder Espaço Talassa (www.espacotalassa.com) buchen. Die Kosten variieren je nach Anbieter, Gruppengröße und enthaltenen Extras (Transfer ab Hotel, Lunchpaket) zwischen 35 und 250 € pro Person. Die Mautgebühr (s. S. 140) ist generell im Preis inbegriffen. Auch Nachtbesteigungen sind möglich, um oben den Sonnenaufgang zu erleben. Wer oben zelten möchte, muss das anmelden und darf erst am Nachmittag von der Hütte losgehen.

nen regen Besucherstrom. Der namengebende Felsen am westlichen Ortsrand ähnelt dank angeklebter ›Ohren‹ einem Hund (port. *cachorro*). Von 1682 stammt die gedrungene Dorfkirche. Auch **Lajido** lohnt einen Abstecher. Der Ort bewahrte die typische Adega-Architektur. Recht eigenwillig in die Fassade integriert wurden die beiden Glockengiebel der Ermida de Nossa Senhora da Pureza (1760). Winzerhäuser und Kirche stehen unter Denkmalschutz und wurden sorgfältig restauriert.

# Montanha do Pico

 **♀ Karte 5, E/F 5**

Der gewaltige Vulkan beherrscht den Westteil der Insel und wird wie diese meist einfach Pico genannt. Mit 2351 m ist er der höchste Berg ganz Portugals. Die vom Pico einst ausgesandten Lavaströme reichen bis ans Meer. In historischer Zeit quollen sie nicht mehr aus dem Hauptkrater, sondern aus kleinen Nebenkratern und Spalten in den Flanken. Serien von Ausbrüchen wurden in den Jahren 1562–1564 und 1718–1720 verzeichnet. Zuletzt kam es 1963 zu einer untermeerischen Eruption vor Santa Luzia.

### Hüttenflair so oder so

Eine schmale Straße windet sich zu der 1200 m hoch gelegenen **Casa da Montanha** hinauf, wo der Wanderweg auf den Pico beginnt (s. S. 140). In der Berghütte wird eine kleine Ausstellung zur Geologie und Vegetation des Vulkans und zum Verlauf des Aufstiegswegs gezeigt. Wer sich nicht auf den Berg quälen möchte, genießt in der Bar ganz einfach den Panoramablick über die Westküste von Pico und nach Faial. Fleißige Wanderer stärken sich hier, bevor sie den Gipfelweg in Angriff nehmen.

T 967 303 519, Juni–Sept. tgl. rund um die Uhr geöffnet, Mai und Okt. Mo–Do 8–20 Uhr, Fr 8 Uhr bis So 20 Uhr durchgehend, Nov.–April tgl. 8–18 Uhr, Eintritt frei; Taxi ab Madalena pro Strecke ca. 30 €

# Zentrales Bergland

📍 **Karte 5, F–G 4–5**

Kraterseen und flache Vulkankuppen prägen den Planalto Central, eine unbewohnte Ebene, die sich östlich der Montanha do Pico in 800 m Höhe erstreckt. Von hier aus zieht ein Bergrücken mit kleineren, schon lange erloschenen Vulkanen längs durch die Insel. Er wird immer schmaler, verliert rasch an Höhe und läuft an der Ostspitze aus. Auf dem **Caminho das Lagoas** (Weg der Seen) lässt sich diese häufig nebelumwabte, an schottische Moorgebiete erinnernde Landschaft erkunden.

### Seen wie Perlen auf der Schnur

Beim **Caminho das Lagoas** handelt es sich um einen recht gut befestigten Fahrweg, der mit dem Auto zu bewältigen ist. Aber er eignet sich auch für eine Wanderung. Markiert ist diese als **PR 19 PIC** (www.trails.visitazores.com). Allerdings sind für die 22 km lange Strecke vom Forsthaus an der Transversalstraße ER 2 bis nach Ribeirinha etwa sieben Stunden zu veranschlagen, die angesichts des monotonen Untergrunds schnell zur Durststrecke werden.

Die meisten Autofahrer begnügen sich mit dem Abstecher zur **Lagoa do Caiado,** dem größten eines Ensembles von Kraterseen. An der Zufahrt beginnt nach etwa 3 km der Wanderweg **PR 2 PIC** (s. S. 141). Dort steht beiderseits der Straße noch die natürliche Vegetation, die einst die azorianischen Berge bedeckte, darunter auch einige Exemplare der Unheilvollen Wolfsmilch, eines seltenen endemischen Strauchs, der Botanikfreunde in den Bann zieht. Nach 5 km ist die Lagoa do Caiado erreicht. Je nach Perspektive ähnelt sie einem Infinity-Pool, dessen Oberfläche mit dem Atlantik und der benachbarten Insel São Jorge zu verschwimmen scheint. Das schon stark verlandete Gewässer wird nichtsdestotrotz gern von Anglern aufgesucht.

Auf dem nun etwas holprigeren Fahrweg passieren Sie die höchsten Gipfel des östlichen Bergrückens: Grotões (1008 m), Cabeço Escalvado (1004 m) und Caveiro (1076 m). Sie sehen rechts und links ganz viel Weideland mit schwarz-weißen Kühen und treffen auf eine weitere Gruppe von Kraterseen. An klaren Tagen blicken Sie bis nach Terceira. Geradeaus geht es, allmählich bergab, an weiteren Vulkangipfeln vorbei nach Ribeirinha.

# *Zugabe*
# Pico mit Heiligenschein

*oder Ufo-Landung der Außerirdischen?*

Meteorologen erklären die Nebelkrone ganz profan: Von der Morgensonne erwärmte, feuchte Seeluft strömt an den Flanken des Pico hinauf und kondensiert am Gipfel. Um einen solchen Schnappschuss mit cremefarbenen Rindern im Vordergrund zu machen, müssen Sie aber schon ein Quäntchen Glück mitbringen! ∎

# São Jorge

**Als grüne Unbekannte** — präsentiert sich die wie ein Walrücken aus dem Meer tauchende Insel. Schmale Küstenstreifen
sind oft nur zu Fuß zu erreichen, zahllose Kühe liefern Milch
für den besten Azorenkäse.

Seite 151
### Auditório Municipal

Von Weitem könn-
te man meinen, da
stünde ein riesiges
Schiff im Hafen: Das
Wahrzeichen von Velas
begeistert mit gewagter
maritimer Architektur,
starken Farben und
Kino oder Konzert.

Seite 154
### Praça da República

Auf dem parkartigen
Platz schlägt das Herz
von Velas. Die Stadt-
bewohner treffen sich
zu einem Schwätzchen
zwischen Blumenrabat-
ten, blühenden Büschen
und einem knallroten
Musikpavillon.

Fliegt hoch die Kuh
und tief das Rind, gibt
es einen Wirbelwind.

## Eintauchen

Seite 155
### Uniqueijo

Wo sonst sollte man
den berühmten Käse
von São Jorge probie-
ren, wenn nicht direkt
beim Erzeuger? Wer
mag, kann auch gleich
die ganze Molkerei
besichtigen.

Seite 156
### Parque Florestal das Sete Fontes

Exotische Enten pad-
deln im Schatten filigra-
ner Baumfarne über die
Teiche des Waldparks.
Hier findet jeder ein
ruhiges Plätzchen.

Seite 158
### Miradouro Ferrã Afonso

Mit einem Foto, die
Steilwand hinunterge-
schossen, machen Sie
auf jeden Fall Furore.
»Was für eine schöne
Landschaft«, wird ga-
rantiert kommentiert.

*Seite 158*

## Urzelina

Zum Glück verschonte ein Vulkanausbruch im 19. Jh. den kuriosen Uhrturm der alten Kirche. Der Hafen des kleinen Ortes Urzelina mit seinen herrlichen Herrenhäusern lädt zum geruhsamen Bummeln und Schauen ein.

*Seite 164*

## Fajã de São João ⭐

Die wohl schönste unter den Küstenebenen von São Jorge. Vor grandiosen Felswänden gedeihen Obstbaumkulturen und die nördlichsten Kaffeeplantagen der Welt.

*Seite 166*

## Fajã do Ouvidor

Etwas Abenteuer muss sein: Die Badeplätze in den Küstenfelsen erreichen Sie nur kraxelnd. Oder Sie kehren einfach im Fischrestaurant ein.

*Seite 166*

## Fajã de Além

Wer hier lebt, muss Lasten schleppen oder einen Esel besitzen. Die Zeit scheint auf der nur zu Fuß zugänglichen Küstenebene stehen geblieben zu sein.

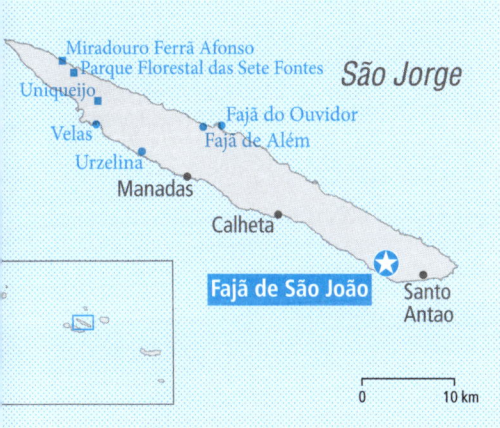

Miradouro Ferrä Afonso
Parque Florestal das Sete Fontes
Uniqueijo
*São Jorge*
Velas
Fajã do Ouvidor
Fajã de Além
Urzelina
Manadas
Calheta
Fajã de São João
Santo Antao

0    10 km

Funkt der Flugzeugträger: »Bitte ändern Sie Ihren Kurs…« Antwortet der Farol do Topo: »Wir sind ein Leuchtturm.«

Fährt ein Trecker rückwärts den Berg hoch, weil er oben nicht wenden kann. Rückwärts fährt er wieder runter. Warum? Weil er doch einen Platz zum Wenden gefunden hat!

# erleben

# Alles Käse

São Jorge auf die Käseproduktion zu reduzieren wäre unfair. Aber der hiesige, aromatische Rohmilchkäse ragt nun einmal heraus, auch wenn der Rest der Azoren beginnt aufzuholen. Die Insel sieht, vom Meer her betrachtet, aus wie der Rücken eines Wals, der aus dem Wasser taucht. Oben liegen auf einer flachen Hochebene die Weiden aus saftig grünem Gras, dem Minze und andere Kräuter die richtige Würze verleihen. Soweit das Auge reicht, grasen dort schwarz-weiße Kühe.

## Wie ein Walrücken

Die Flanken des ›Wals‹ sind steile, oft unzugängliche Felswände, die jäh zum Atlantik hinabstürzen. Unten haben sich die charakteristischen *fajãs* gebildet, schmale, oft von Lagunen durchsetzte Küstenstreifen. Manche konnten durch steile, abenteuerliche Sträßchen erschlossen werden. Andere sind bis heute nur zu Fuß zu erreichen und so wird es hoffentlich auch bleiben, denn für Wanderer sind diese Wege ein Glücksfall. Während auf den *fajãs* im Süden der Insel dank ihres milden Klimas tropische Obstbäume gedeihen, sorgen Wind und Brandung im Norden für rauere Bedingungen, etwa

an der für ihre Miesmuscheln bekannten Fajã da Caldeira de Santo Cristo.

## Städterivalität

So liegen auch die beiden Städte im Süden. Velas ist die bedeutendere von beiden, hier steigen die meisten Touristen ab. Calheta stand stets ein wenig im Schatten von Velas, belebt sich aber im Sommer mit jungen Urlaubern, die auf São Jorge optimale Bedingungen für so exotische Sportarten wie Canyoning, Coasteering, Cascading und das neue Trendvergnügen Wasserwandern antreffen.

---

**ORIENTIERUNG**  **O**

**Infos:** www.visitazores.com, http:// pt.artazores.com
**Verkehr:** Flughafen São Jorge 7 km südöstl. von Velas, kein Linienbusanschluss. Fluginfos: www.sata.pt. Fährschiffe: www.atlanticoline.pt, ab Velas ganzjährig 2 x tgl. nach Pico (Madalena, z.T. São Roque) und Faial (Horta), im Sommer je 2–3 x pro Woche zu anderen Azoreninseln. **Inselbusse:** je 1–2 x tgl. auf der Nord-, Süd- und Westroute, nicht am So. **Mietwagen:** am Flughafen und in Velas (www.ilhaverde.com, www.autatlantis.com).

# Velas

📍 **Karte 5, H 2**

Hübsche kleine Häuser säumen die Alt-stadtgassen, die in einen großzügigen Kirchplatz münden. In der Fußgänger-zone ist Pflastermosaik ausgelegt, rechts und links warten Geschäfte und Lokale auf Kunden. Zwar ist der Hauptort von São Jorge mit 2000 Einwohnern so klein wie ein Dorf, doch das Flair ist fast ur-ban. Am Meer steht noch der Portão do Mar, das alte Hafentor (1799). Im Hafen geht es immer dann umtriebig zu, wenn Fähren, Fracht- und Fischerboote ein-laufen.

### Ein Zeichen gesetzt

Modernes Wahrzeichen von Velas ist das **Auditório Municipal.** Die städti-sche Veranstaltungshalle fällt durch ihre auffällige Architektur mit starken Farben völlig aus dem Rahmen. Ende des 20. Jh. wurde sie in die Mauern einer alten Ha-fenfestung hineingebaut. Von See her wirkt das Auditorium mit seinen Bull-augen und einem segelförmigen Flügel wie ein riesiges Schiff. Die Ähnlichkeit ist gewollt, denn den Segeln (port. *velas*) der Karavellen der Entdeckungsfahrer scheint die Stadt ihren Namen zu ver-danken. Bis zu 200 Zuschauer können hier Theateraufführungen, Kino, Kon-zerte und Literaturlesungen verfolgen. Avenida da Conceição, T 295 41 22 14, www.cmvelas.pt

### Plätze mit Wohlfühlfaktor

Der **Largo João Inácio de Sousa,** auch als Largo da Matriz bekannt, ist fast schon ein wenig zu groß für die kleine Stadt. Beherrscht wird er von einem hohen So-ckel mit dem Denkmal eines bedeutenden

*Zeit für einen kleinen Schwatz ist immer: Die Fischer im Hafen von Velas gehen den Tag ganz entspannt an.*

# TOUR
# Romantischer Küstenstreifen

**Die Fajã da Caldeira de Santo Cristo erwandern**

Der Wanderweg **PR 1 SJO** beginnt an einem Gebirgspass inmitten der **Serra do Topo,** fast 700 m über dem Meer. Ein üppig überwuchertes Tal, die **Caldeira de Cima,** zieht sich hinab bis zur Küste. Vorbei an schwarz-weißen Rindern, Hortensienhecken, wasserreichen Bachläufen und abgeschliffenen Felsen geht es auf einem alten Saumpfad steil hinab.

Mehrere Viehgatter sind unterwegs zu öffnen und wieder zu verschließen. Das Tal ist im oberen Bereich ungewöhnlich breit, daher die Bezeichnung *caldeira* (Kessel). Nach unten wird es deutlich schmaler. An einer Steinbrücke stehen verlassene Hausruinen. Wenig später weist ein Wanderschild nach links, hier könnte man eine Runde zurück zur Regionalstraße drehen. Davon bitte nicht irritieren lassen, sondern weiter bergab halten. Nach 1,5 Std. Gehzeit ist die **Fajã da Caldeira de Santo Cristo** erreicht.

Die Küstenebene verdankt ihren Namen einer Legende. Ein Hirte soll einst, auf dem Wasser treibend, eine hölzerne Christusfigur erblickt haben. Erfreut nahm er sie mit, um sie bei sich zu Hause aufzustellen. Doch über Nacht war sie verschwunden, auf wundersame Weise zum Fundort zurückgekehrt. Da begriffen die Gläubigen: Santo Cristo wollte auf der *fajã* bleiben. So errichteten sie ihm dort eine kleine

### Infos

📍 **Karte** 5, L 3

**Start:**
Wandertafel PR 1
SJO an der ER 2-2
Calheta-Topo

**Dauer:** 2,5–3 Std.,
mittelschwer

**Anfahrt:**
per Taxi; Abholung
in Fajã dos Cubres
verabreden

**Infos:**
Centro de Interpre-
tação, Juni–Sept.
Mi–So 10–12,
13–16, sonst nur Sa/
So, Dez.–März nur
Sa, 2,50 €

**Einkehr:**
O Borges, T 918 65
06 13, tgl. 7–24 Uhr,
Dez. geschl.; Costa
Norte, T 917 79 52
38, tgl. 7–2 Uhr

Kirche. Ringsum entstand eine kleine Siedlung, die allerdings nach dem Erdbeben aus dem Jahr 1980 von den meisten ursprünglichen Bewohnern verlassen wurde. Bei den jungen Portugiesen gilt es mittlerweile als schick, eines der alten Natursteinhäuser als Zweitwohnsitz zu nutzen und mit Blumenbeeten zu umgeben. Angelockt werden sie durch die idealen, allerdings nur für absolute Profis geeigneten Bedingungen für Wellensurfer.

Auf Höhe der **Ermida de Santo Cristo** biegt man zu dieser im rechten Winkel ab. Am ersten Sonntag im September ist sie Ziel einer populären Wallfahrt, zu der sich Pilger von der ganzen Insel auf den Weg machen. Dann zieht eine Prozession mit der Figur des Santo Cristo durch die festlich geschmückten Gassen der kleinen Siedlung. Jenseits der Kirche liegt eine salzhaltige Lagune, in der Venusmuscheln (*amêijoas*) leben, die sonst nirgendwo auf den Azoren zu finden sind. Um den selten gewordenen Muscheln Gelegenheit zur Vermehrung zu gönnen, besteht von Mitte Mai bis Mitte August Sammelverbot. Parallel zum linken Ufer der Lagune gelangen Sie zum **Restaurant O Borges**, das zur erlaubten Zeit *amêijoas* anbietet. Ansonsten gibt es frischen Fisch und hausgebackenes Brot. Am Südufer des Salzsees lohnt der Besuch des **Centro de Interpretação,** eines Besucherzentrums, das sich mit Geschichte und Natur der *fajãs* auf São Jorge befasst.

Die modernen Bewohner marschieren nicht zu Fuß zur Fajã da Caldeira de Santo Cristo, sondern fahren per Quad. Auf dem weiteren Weg an der Küste entlang werden Sie immer wieder diesen bei Naturschützern umstrittenen Mobilen begegnen. Sie passieren die kleinere, verlassene **Fajã do Belo.** Nach vorübergehendem Anstieg senkt sich der Weg wieder auf Meereshöhe hinab, nach **Fajã dos Cubres,** einem vorwiegend im Sommer bewohnten Dorf mit Straßenanschluss. Spätestens hier freut man sich über eine Einkehrmöglichkeit. Diese bietet die kleine **Snackbar Costa Norte** in einer alten Fischerkate. An den drei Tischen vor der Tür sitzen Sie angenehm unter Platanen und können sich verschiedene kleine Gerichte schmecken lassen.

**B**

## BADEFREUDEN

Westlich des Hafens liegt an der Avenida da Conceição eine angenehme Felsbadeanlage. Vielleicht noch schöner ist die Piscina Natural da Preguiça, eine von bizarren Lavafelsen gerahmte Badebucht nahe beim Hotel São Jorge Garden.

Inselsohns. João Inácio de Sousa (1849–1925), als Achtzehnjähriger von São Jorge nach Amerika ausgewandert, machte dort ein Vermögen. Dieses vererbte er verschiedenen Hilfsorganisationen auf seiner Heimatinsel, der er – wie so viele azorianische Emigranten – stets die Treue gehalten hatte. Die Daheimgebliebenen dankten es ihm 1934 mit der Errichtung des Monuments an prominenter Stelle.

Vis-à-vis erhebt sich die **Igreja Matriz de São Jorge,** die Hauptkirche von Velas. Ein Vorgängerbau, den Heinrich der Seefahrer veranlasst hatte, stand hier schon 1460. Da hatten sich gerade eben die ersten Siedler auf São Jorge niedergelassen. Der heutige Bau stammt aber aus dem 16./17. Jh. und die Fassade wurde im 19. Jh. nach einem Erdbeben erneuert. Innen fällt das elegante, goldene Renaissance-Retabel ins Auge, wo der Inselpatron Georg der Drachentöter verehrt wird. Seine Figur soll König Sebastião der Stadt 1570 geschenkt haben.

Wenn auch der Largo Inácio de Sousa durchaus als Treffpunkt und Veranstaltungsort dient, so schlägt doch das Herz der Stadt an der **Praça da República.** Tag für Tag flanieren die Stadtbewohner in der parkartigen Anlage zwischen gepflegten Blumenbeeten und exotischen Bäumen umher. Sie sitzen auf Bänken, plaudern und dösen. Mitten in den exakt quadratischen Platz stellten sie schon 1898 einen knallroten, orientalisch inspirierten Pavillon. Darin spielen bei Volksfesten die

Blasmusikanten auf. Vornehme Häuser säumen den Platz, allen voran im Westen das barocke Rathaus und im Osten das Gebäude der Philharmonischen Gesellschaft von Velas mit einer verspielten Art-déco-Fassade.

## Schlafen

### Erstes Haus am Platz

**São Jorge Garden:** Dieses einzige größere Hotel der Insel bietet Drei-Sterne-Komfort, 58 Zimmer und eine gediegene Einrichtung in gedeckten Farben. Meerwasserpool, Liegeflächen im Garten mit Blick auf Pico und Faial sowie eine Bar sind vorhanden.
Rua Dr. Machado Pires, T 295 43 01 00, www.hotelcaravelas.com.pt, DZ ca. 95 €

### Kleines Resort

**Cantinho das Buganvilias:** Moderne, praktische Ferienwohnungsanlage für Selbstversorger und Familien, Kinder unter 12 Jahren übernachten gratis. Günstig in Flughafennähe und nur 200 m vom Meer gelegen. Bestechend der Blick auf Velas und die Nachbarinsel Pico. Außenpool, Hallenbad und Fitnessraum sind vorhanden, im Restaurant wird nur in der Hauptsaison gekocht. Auf Wunsch werden Ausflüge und sportliche Aktivitäten organisiert.
Queimada, Rua Padre Augusto Teixeira, T 917 54 28 88, www.cantinhodasbuganvilias.com, DZ 95–135 €

### Typisch azorianisch

**Quinta do Canavial:** Der hübsche Bauernhofkomplex hoch über Velas bietet fröhlich blau-weiß angestrichene Häuser, traditionell mit schwerem Mobiliar eingerichtete Zimmer und einen Garten mit Pool. Regionale Spezialitäten gibt es zum Frühstück und gern auch zum Abendessen. Buchbar über www.booking.com.
Avenida do Livramento, T 918 90 45 68, DZ ca. 85 €

## Für den kleinen Geldbeutel

**Soares Neto:** Das typische kleine Stadthotel ist die erste Anlaufadresse im Hafen. Die schlichten Zimmer haben alle eigenes Bad, teilweise auch Meerblick. Sogar ein Pool ist vorhanden, mit Aussichtsbalkon über dem Wasser.

Rua Conselheiro Dr. José Pereira 12, T 295 41 24 03, www.hotelsoaresneto.com, DZ ab 40 €

## Essen

### Im Cafeteria-Stil

**Açor:** Auf der Terrasse mit Blick auf den Kirchplatz treffen sich die wenigen Touristen im Ort. Es gibt Salatteller, Pasta und ein paar typische Regionalgerichte.

Rua da Matriz 41, T 295 43 24 63, Mo–Sa 8–24, So 16–24 Uhr

### Gut geführt

**Velense:** In einem schönen, ehemals großbürgerlichen Haus in Hafennähe. Unten landestypisches Café. Der Speisesaal oben in der Beletage ist ein uriges Gewölbe mit Ventilatoren an der Decke. Persönliche Beratung durch die Chefin nach Marktlage, recht günstige Preise.

Rua Doutor José Pereira 5, T 295 41 21 60, Mo–Fr 7–22, Sa 7–12, So 7–19 Uhr

### Superfrischer Fisch

**Clube Naval das Velas:** Restaurant des örtlichen Wassersportclubs am Hafen, mit nüchtern-moderner Einrichtung, aber unschlagbarer Auswahl an Seafood. Spezialität ist *feijoada do mar* (Bohneneintopf mit Meeresfrüchten). Auch Venusmuscheln *(amêijoas)* von São Jorge stehen regelmäßig auf der Speisekarte. Variable Preise.

Rua Dr. José Pereira, T 295 41 29 45, Mo–Fr 12–16, 19–24 Uhr

### Deftig

**Cervejaria S. Jorge:** Landestypisches Bierstubenambiente und preislich kaum zu toppen. Der kulinarische Schwerpunkt liegt auf Fleisch: Spanferkel, *entremeada* (durchwachsener Speck vom Grill). Empfehlenswert auch die *lapas*.

Rua Maestro Francisco Lacerda 31, T 295 41 28 61, tgl. 7–22 Uhr

## Einkaufen

### Azorenkäse

**Uniqueijo:** Hier betreibt die Vereinigung der Käsereigenossenschaften von São Jorge eine große Molkerei. Der angeschlossene Laden führt – neben anderen Spezialitäten der Azoren – natürlich eine breite Käseauswahl. Probieren ist möglich.

Beira, 4 km oberhalb von Velas, T 295 43 82 74, www.lactacores.pt, Mo–Fr 9–17.30, Sa 9–14 Uhr, Führungen (vorher anmelden, Gebühr 1,50 €) Di 11.30 und 16.30, Do 10 und 11.30 Uhr; mit Cafeteria

### Musikalische Käserei

**Queijaria Canada:** Kleiner Familienbetrieb, unabhängig von den Genossenschaften. Graça Silveira fertigt mit Unterstützung von Ehemann und Kindern oft »von sechs Uhr morgens bis abends um zehn« Käse auf traditionelle Art aus der Milch von 60 Kühen. Um die Tiere zu beruhigen und die Qualität der Milch zu erhöhen, wird beim Melken klassische Musik gespielt.

Santo Amaro, 6 km oberhalb von Velas, Rua das Macelas 1

## Ausgehen

### In-Treff

**Tasca Caldeira:** Eine typisch azorianische Kneipe mit rustikalen Sitzgelegenheiten in der Fußgängerzone. Zum Bier oder regionalen Brombeerlikör *(licor de amora)* passen leckere Häppchen *(petiscos)*. Nicht selten greift ein Gitarrenspieler in die Saiten.

Rua Maestro Francisco Lacerda

**LANDGASTHOF MIT PANORAMA** **L**

Zu einer Quinta im Bauerndorf Santo Amaro gehört das Restaurant **Fornos de Lava**. Der originelle Steinbau steht auf dem ehemaligen Dreschplatz. Fleisch und Fisch von der Insel garen im Ofen oder auf dem Holzkohlengrill, so auch die Spezialität des Hauses: warmes Brot mit Knoblauchwurst. Von der *cataplana* gibt es eine vegetarische Variante. Das Gemüse stammt aus eigenem biologischem Anbau.

Travessa de São Tiago 46, T 917 39 49 77, tgl. 12–15, 18–23 Uhr, Menü ca. 25 €, Riesenportionen, Reservierung empfohlen. Angeschlossen ist das Landhotel Os Moinhos (T 295 43 24 15, www.osmoinhos.com, DZ ab 85 €).

### Typische Atmosphäre

**Flor do Jardim:** Das eher einfache Café-Restaurant mausert sich am Wochenende nach dem Abendessen zum Treffpunkt der Locals, die hier einen Drink genießen. Mit Bildern von Pieter Adriaans (s. S. 166) dekoriert.

Rua Jardim da República, Mo-Sa 8.30–2 Uhr

## Feiern

● **Semana Cultural de Velas:** 1. Juli-Woche. Während der Kulturwoche präsentieren Musiker von den Azoren traditionelle und moderne Musik, speziell auch studentische Tuna-Klänge. Anspruchsvolle Filmvorführungen, Ausstellungen und Workshops. In den Straßen finden unblutige Stierkämpfe nach dem Vorbild von Terceira statt.

## Infos

● **Information:** Posto de Turismo de São Jorge, Rua Conselheiro Dr. José Pereira 3, T 295 41 24 40, www.visitazores.com
● **Inselbusse:** José Pinto Azevedo, T 295 41 41 65, zentrale Haltestelle in der Rua Dr. Miguel (unterhalb Auditório Municipal), Fahrplan im Posto de Turismo.
● **Taxis:** Jardim da República, T 295 41 26 80

# Rosais ♀ Karte 5, G 1

Auf einer nach Süden abgeschrägten Hochfläche liegt im äußersten Westen der Insel das Bauerndorf Rosais. An den Rändern der Ebene stürzen unwirtliche Klippen steil zur Küste hinunter, unterbrochen nur von schmalen, schwer zugänglichen *fajãs*. Demgegenüber ist das Land rings um den Ort fruchtbar und dementsprechend intensiv landwirtschaftlich genutzt. Rosais selbst bietet wenig, dafür gibt es lohnende Ziele in der Umgebung.

### Ganz schön zugewuchert

Am Wochenende tummeln sich Familien in **Parque Florestal das Sete Fontes.** Sie finden in dem 50 ha großen, üppig bewaldeten Forstpark Picknickeinrichtungen, Spielplätze, ein Damhirschgehege und Ententeiche. Im Frühjahr blühen Azaleen, im Sommer freut man sich über den Schatten gewaltiger Baumfarne und das kühle Wasser der sieben Quellen (›sete fontes‹). Neben der **Capela de São João Baptista** aus den 1970er-Jahren fällt das **Monumento ao Emigrante** auf, eine Betonskulptur eines Walfangbootes. Sie ist mit Azulejos verziert, die das azo-

# Lieblingsort

## Wind um die Nase

Den ultimativen Drei-Insel-Blick bietet der **Miradouro Vigia da Baleia** (📍 Karte 5, G 1). Ein kurzer Treppenweg führt zum alten Walfängerausguck hinauf. Die Späher nutzten einst den Sehschlitz der Hütte, damit die Sonne nicht blendete. Unverstellter ist die Sicht von der schmalen Dachterrasse. Vielleicht einmal durch das dortige Fernrohr lugen? Von links nach rechts erscheinen Pico, Faial und Graciosa am Horizont. Und im Vordergrund sehen Sie den Farol do Rosais aus der Vogelperspektive.
Kurz vor dem Leuchtturm, ab Piste ausgeschildert (zu Fuß hin/zurück 10 Min.)

*Das kleine Örtchen Rosais ist ein guter Ausgangspunkt für Touren in die Umgebung.*

renweit bekannte Gemälde Os Emigrantes von Domingos Rebelo (1891–1971) abbilden. Dessen Original gehört zum Bestand des Museu Carlos Machado in Ponta Delgada. So nimmt die Skulptur Bezug auf zwei Bevölkerungsgruppen, die in der Vergangenheit eine wichtige Rolle auf São Jorge spielten: Walfänger und Auswanderer.

Spaziergänge (jeweils mit Rückweg ca. 20 Min.) führen vom Parkplatz bei der Kapelle zu zwei Aussichtspunkten: Vom **Miradouro do Pico da Velha** (ausgeschildert) auf dem gleichnamigen, 493 m hohen Hügel schaut man nach Velas und auf weite Teile des Inselinneren. Der Weg zum **Miradouro Ferrã Afonso** beginnt an der Straße, die von der Kapelle Richtung Küste führt. Dieser lauschige Aussichtspunkt bietet einen atemberaubenden seitlichen Blick auf die 300 m hohe Steilküste im Norden von São Jorge.

### Die Freiheit ist wie das Meer

Wie ein Schiffsbug schiebt sich die **Ponta dos Rosais** in den Atlantik. Markiert wird die Westspitze von São Jorge durch den **Farol dos Rosais,** besser gesagt seine einsturzgefährdete Ruine. Seit dem Erdbeben von 1980 ist der 200 m über dem Meer gelegene Leuchtturm außer Betrieb. Das Gelände wurde abgesperrt und darf aus Sicherheitsgründen nicht betreten werden. Ein direkter Blick die Küste hinab ist also nicht möglich (vgl. aber S. 157). Die Umgebung steht wegen der endemischen Küstenvegetation unter Naturschutz. Über der Felskante kreisen Mäusebussarde und im Gebüsch lebt die Azoren-Ringeltaube. Da der 5 km lange Fahrweg zur Ponta dos Rosais nicht asphaltiert ist, wird die Landspitze auch gern erwandert (Parque Florestal das Sete Fontes mit Rückweg insgesamt 4 Std., leicht). Kurz vor dem Leuchtturm weist links ein Schild zum Miradouro Vigia da Baleia. Der alte Walfängerausguck ist auf einem Treppenweg zu erreichen (hin/rück 10 Min., s. S. 157).

# Urzelina ♀ Karte 5, J2

In dem gepflegten Dorf leben viele wohlhabende Inselbewohner. Vulkanausbrüche erschütterten den Küstenort immer wieder, zuletzt 1808, als er großenteils von Lavamassen überrollt wurde. Zeitzeugen berichteten von einer »großen Feuerwolke«, die sich über Urzelina erhob, gefolgt von heftigem Ascheregen. Der Torre Velha, der Uhrturm der alten Kirche, blieb wie durch ein Wunder verschont. Heute steht die kuriose Sehenswürdigkeit in einem Obstgarten

# TOUR
# Über den Bergrücken
# von São Jorge

**Per pedes oder Rad, das ist hier die Frage**

### Infos

**Start:** Pico do Pedro, Karte 5, J 2–K 3

**Dauer:** Strecken-wanderung, 17 km, 5 Std., mittelschwer

**Anfahrt:** Taxi ab Velas ca. 16 €, Rückfahrt per Bus ab Norte Grande (nicht tgl.!); bis Fajã do Ouvidor plus 30 Min. (s. S. 166)

**Geführte Radtour mit Transfer ab Cal-heta:** 3 Std., www.aventour.pt, www.vis ta-verde-azores.com, ca. 75 € inkl. Rad

Der bequeme **PR 4 SJO** folgt dem Rückgrat der Insel, das durch flache Vulkankuppen gegliedert ist. Etwa am höchsten Punkt der ER 3-2 von Urzelina nach Norte Grande geht es los. Sie passieren zunächst kurz nach-einander den **Pico do Pedro** und den **Pico do Carvão** jeweils an deren Nordflanke. Dann wandern oder radeln Sie an einer Reihe weiterer Bergkuppen vorbei, bis ein Pfeil nach links den Abstecher zum Kraterrand des **Pico da Esperança** (1053 m) anzeigt.

Dieser höchste Inselgipfel bietet eine großartige Pano-ramasicht auf die anderen Inseln der Zentralgruppe. Sie können den Krater vollständig umrunden und den kleinen See in seinem Inneren bewundern. Weiter auf dem Hauptweg gelangen Sie zum **Pico Pinheiro**. Nun schwenkt die Route nach links, um nach **Norte Grande**, abzusteigen, wo die vorgeschlagene Tour endet. Zwar führt der PR 4 SJO weiter nach **Fajã do Ouvidor**, doch dort besteht kein Busanschluss, daher Abholung per Taxi nötig. Die angegebene Gesamtgehzeit von vier Stunden dürften nur sportliche Wanderer schaffen.

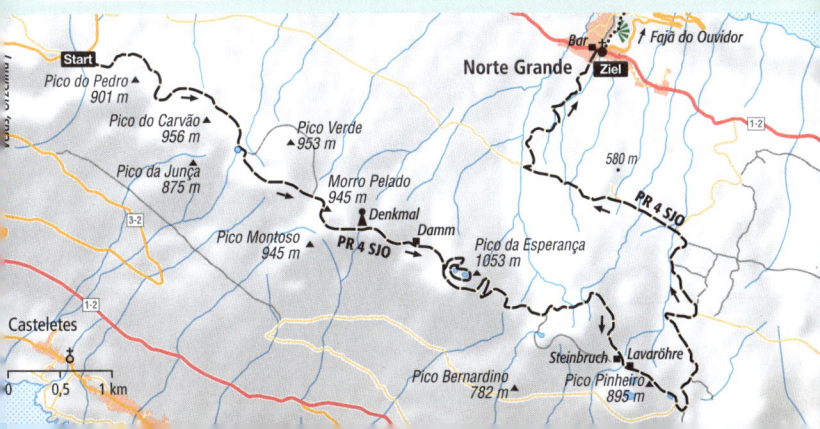

am Largo Dr. Duarte Sá. Schon kurz nach der Katastrophe entstand eine neue Pfarrkirche, die Igreja de São Mateus an der Regionalstraße.

### Apfelsinen, Orangen, alles gleich
Herrenhäuser aus dem 19. Jh. zeugen vom Wohlstand, den der Orangenexport nach England und in die USA der Insel brachte. Wer es sich leisten konnte, ließ sich schon damals wegen der reizvollen Lage und des milden Klimas in Urzelina nieder. Hinter der restaurierten Ruine der Hafenfestung **Forte de Castelinho** (17. Jh.) steht ein altes Lagerhaus für Orangen mit einem Fliesenbild an der Fassade, das die Anlieferung der Ernte und ihre Verpackung zeigt. Weiter östlich lädt über der Hafenbucht eine schöne Aussichtsstelle zum Sitzen und Schauen ein. Neben dem Hafen vergnügt man sich in einer Felsbadeanlage (Eintritt). Mehrere auffällig kleine Windmühlen reihen sich an der Küste von Urzelina. Ein knallroter Holzaufsatz ruht jeweils auf einem weißen Unterbau.

## Schlafen

### Idyllische Ruhe
**Jardim do Triângulo:** Zwischen Urzelina und Manadas liegen kleine Traditionshäuser mit insgesamt vier Zimmern und einem Studio in einem weitläufigen Garten. Die deutschen Gastgeber helfen gern bei der Organisation von Outdoor-Aktivitäten.
Terreiros 91, T 295 41 40 55, www.eco triangulo.com, DZ 60–80 €, Studio für 2 Pers. 70–90 €

### Eine Plantage
**Intact Farm Resort:** Die Ferienanlage umfasst zehn schick eingerichtete Hütten für Selbstversorger, die sich über ein riesiges Gelände mit Weinbergen und Obstbäumen, auf dem auch Hühner und anderes Federvieh leben, verteilen. Weiter Blick über das Meer, freundlicher Empfang. Wer mag, bekommt morgens frische Brötchen gebracht. Keine Heizmöglichkeit, daher eher für die Sommermonate geeignet. Buchbar über www.booking.com.
Estrada do Caminho Novo, T 966 03 03 75, www.intact.pt, DZ ab 50 €

### Auf dem Bauernhof
**Make it Happen Farm:** Sechs bestens eingerichtete Studios mit riesigen Glasfenstern in einem modernen Bau. Es gibt Frühstück mit Eiern und Obst von der Farm, eine Gemeinschaftsküche steht zur Verfügung. Die zuvorkommenden Gastgeber schaffen ein kommunikatives Ambiente. Wer mag, darf im Garten helfen (und auch Gemüse ernten). Buchbar über www.vista-verde-azores.com, www.airbnb.de u.a.
Caminho Novo, T 963 79 71 70, DZ 65–85 €

## Einkaufen

### Kunsthandwerk
**Cooperativa de Artesanato Senhora da Encarnação:** Etwas außerhalb, ab Urzelina ist der Weg ausgeschildert. Drei Frauen fertigen hier Web- und Stickarbeiten und verkaufen sie im angeschlossenen Shop.
Ribeira do Nabo, T 295 41 42 96, tgl. 9–18 Uhr

## Bewegen

### Tauchen und mehr
**Urzelinatur:** Victor Soares organisiert Tauchgänge, Brandungssurfen, Exkursionen zur Beobachtung von Seevögeln und anderen Meerestieren sowie Bootsausflüge zu den Nachbarinseln.
Rua do Porto, T 295 41 42 87, www.urzelinatur.com

# Manadas  ♥ Karte 5, J 3

Obstgärten und Felder, zwischen denen herrschaftliche Landhäuser stehen, umgeben den netten kleinen Küstenort Manadas. Pittoresk ist das von hohen Araukarien überragte Hafenviertel Cais das Manadas. Oberhalb von Manadas ragt die Kette der höchsten Gipfel von São Jorge auf. An ihren Hängen betreiben die Ortsbewohner intensive Rinderhaltung, aber das ist ja auf den Azoren nun wirklich nichts Ungewöhnliches.

### Genieße den barocken Augenblick

Wallfahrer von der ganzen Insel zieht es regelmäßig nach Manadas, um in der **Igreja Santa Bárbara** Andacht zu halten oder der Messe beizuwohnen. Dank ihrer Spenden konnte die Kirche reich dekoriert werden und ist sicherlich eine der schönsten der Azoren. Das Taufbecken aus Basalt (16. Jh.) stammt aus einem Vorgängerbau. Ansonsten weist die im 18. Jh. neu errichtete Kirche im Inneren alle für den portugiesischen Barock typischen Elemente auf. Ihre Holzdecke aus einheimischem Wacholderholz ist mit Medaillons bemalt, die den Inselpatron Sankt Georg und den Heiligen Geist abbilden. Azulejobilder zeigen Szenen aus dem Leben der hl. Barbara. In der Sakristei stehen wertvolle Möbel, so etwa ein Tisch von 1799 mit Einlegearbeiten, welche Symbole der Märtyrerin Barbara zeigen: den Turm, in dem ihr Vater sie einsperrte, um ihre Unschuld zu bewahren, und das Schwert, mit dem er sie später richtete (Cais das Manadas, Caminho de Baixo, im Sommer vormittags meist geöffnet).

Nebenan ist eine kleine Festung aus dem 17. Jh. heute ein Miradouro mit Blick zum Hafen von Manadas.

# Fajã das Almas  ♥ Karte 5, K 3

Dramatisch zwängt sich **Fajã das Almas** unter die Steilküste. Enge Kurven führen zu der winzigen Siedlung hinab. Der letzte Abschnitt des Fahrwegs erweist sich als extrem steil und eng. Deshalb sollte man ihn besser zu Fuß zurücklegen. Das Klima ist hier besonders günstig, also kultivieren die Bewohner auf dem knappen Platz tropische Obstbäume und Kaffeesträucher, Letztere nur noch für den Eigenbedarf. Neben dem kleinen Fischerhafen führen Leitern in Badetümpel zwischen den Klippen.

## Essen

### Fischerglück

**Maré Viva:** Großartige Lage am Meer. Der Schwerpunkt der Küche liegt auf frischen Produkten von São Jorge, die zu Fischsuppe, *cataplana* und anderen Spezialitäten verarbeitet werden. Mittelpreisig.
Fajã das Almas, T 295 41 42 75, Mo geschl.

# Calheta  ♥ Karte 5, K 3

Häuser mit aufgesetzten Gauben im Stil der ›Walfängerarchitektur‹ säumen die Hauptstraße. Das Rathaus von Calheta verwaltet die Osthälfte der Insel. Dennoch geht das Leben in der nur 1200 Einwohner zählenden Stadt einen ruhigen Gang. An der Hafenbucht steht eine seit Jahren geschlossene Thunfischfabrik. Hingegen wird in der Fábrica Santa Catarina im westlichen Nachbarort Fajã Grande weiterhin Thunfisch eingedost, der überall auf den Azoren im Handel erhältlich ist.

## Zwischen Kirche und Garten

Die Portale der **Igreja Matriz Santa Catarina** (17. Jh., Rua Dr. António Martins Ferreira) öffnen sich nur zu Messen und besonderen Anlässen. Ein besonders schöner, komplett mit Fliesen verkleideter Heiliggeisttempel schmiegt sich an den Treppenaufgang der Kirche.

Hübsch anzusehen: Der **Jardim Maestro Francisco de Lacerda** wurde wegen des schon im Ortszentrum steil ansteigenden Geländes terrassenförmig angelegt. In den Beeten des schmucken Stadtgartens stehen allerlei subtropische Blütenpflanzen. Eine Skulptur erinnert an den Künstler Francisco de Lacerda (1869–1934). Dieser bedeutende portugiesische Komponist stammte aus einer der einflussreichsten Familien von São Jorge und wurde in Calhetas Nachbarort Ribeira Seca geboren. Schon als Vierjähriger erhielt er die ersten Klavierstunden. Später lebte er in Lissabon und Paris und war in verschiedenen französischen Städten als Konzertdirektor engagiert.

## Das Geheimnis der Musik

Demnächst wird das Inselmuseum in einen extravaganten Bau umziehen, der aus den Ruinen der alten Thunfischfabrik am Hafen erstehen wird. Architekt Rui Pinto sagte 2015 bei der Vorstellung des Projekts, er wolle die Fabrik nicht einfach nur rekonstruieren, sondern etwas wirklich Neues schaffen. Sein Entwurf zeigt knallrote Wände und viel Glas, das Licht ins Innere lässt. Damit zieht Calheta mit der Konkurrenzstadt Velas gleich, die mit ihrem Auditório Municipal glänzt (s. S. 151). Noch ist es aber nicht so weit, noch ist das **Museu Francisco de Lacerda** in zwei schönen alten Stadthäusern untergebracht. Über die Bewahrung von Kulturgut aus mehreren Jahrhunderten hinaus widmet es sich der Forschung und Pädagogik. Wechselnde Ausstellungen dokumentieren die Käseherstellung, das Weben von Stoffen, die Trachten verschiedener Bevölkerungsgruppen und den Heiliggeistkult. Weit über die Insel hinausweisend ist der Bestand an Ex-

*Begehrter Fisch: Während in Calheta die Fabrik geschlossen ist, wird in Fajã Grande weiterhin Thunfisch eingedost und auf alle anderen Azoreninseln verschickt.*

ponaten, die sich mit dem Komponisten Francisco de Lacerda befassen, aus Platzgründen aber bisher nicht immer gezeigt werden können.

Rua José Azevedo da Cunha, www. museu-francisolacerda.azores.gov.pt, April– Sept. Di–So 10–17.30, Okt.–März Di–So 9.30–17 Uhr, 1 €

---

## Schlafen

### Angenehmes Stadthaus

**Solmar:** Das Zwei-Sterne-Haus ist zentral gelegen und außen proper blau-weiß angestrichen. Die Inneneinrichtung ist funktional. Recht geräumige Zimmer, am schönsten dasjenige mit Meerblick.

Rua Domingos d'Oliveira 4, T 295 41 61 20, DZ um 65 €

---

## Essen

### Über dem Meer

**Os Amigos:** Großes Restaurant mit inseltypischer Küche. Hervorzuheben sind *febras de porco* (Schweineschnitzel mit Scampis) und *alcatra*. Oft gibt es auch Venusmuscheln (amêijoas) von São Jorge. Am Wochenende wird abends hin und wieder Fado gesungen.

Rua José Azevedo da Cunha, T 295 41 64 21, Mo 7.30–15, Di–So 7.30–15, 18–24 Uhr (Sept.–Mai durchgehend geöffnet)

---

## Bewegen

### Abenteuer satt

**AvenTour:** Im Hochsommer buntes Programm. Spezialitäten sind Canyoning in den steilen Schluchten an der Felsküste von São Jorge und Cascading, Abseilen durch Wasserfälle. Außerdem Radfahren, Jeeptouren, Vogelbeobachtung, Klettern und Wasserwandern, ein noch recht neuer Sport, der mit dem Neoprenanzug durch Bachläufe führt. Spezielle Expeditionen in den größten Vulkanschlot der Azoren, den Algar do Montoso. Eigener Campingplatz.

Rua Nova 91, T 295 41 64 24, www.aventour. pt

---

## Ausgehen

### Open-Air

**Calhetense Bar II:** Nette Bar mit luftiger Terrasse, Getränken und Snacks. Am Fr/ Sa gibt es oft Livemusik für ein junges Publikum.

Travessa Amorim, T 295 41 65 07, Do–So 19–4 Uhr

---

## Feiern

- **Festival de Julho:** 5 Tage Mitte Juli. Großes Musik- und Kulturfestival mit Auftritten von Popmusikern und Folkloregruppen, regionaler Gastronomie und Sportevents.
- **Festa de Santa Catarina:** 25. Nov. Inbrünstig begangenes Patronatsfest mit feierlicher Messe in der Pfarrkirche und anschließender Prozession mit der blumengeschmückten Statue der hl. Katharina durch die Hauptstraße, die zuvor mit Blütenteppichen ausgelegt wurde. Ein Blasmusikorchester begleitet das Geschehen.

---

## Infos

- **Information:** Quiosque ART, Rua José Mariano Goulart, T 295 41 62 52, http:// pt.artazores.com
- **Internet:** www.cm-calheta.pt
- **Fähre:** s. S. 150
- **Busse:** zentrale Haltestelle am Hafen. Nach Velas Mo–Sa 3 x tgl., nach Topo Mo–Sa 1 x tgl.
- **Mietwagen:** Auto Turística Calhetense, Rua Domingos d'Oliveira, T 295 41 64 47

# Der Inselosten

📍 Karte 5, M–N 3–4

In der Serra do Topo erreicht der zentrale Bergrücken von São Jorge noch einmal beachtliche Höhen und gipfelt im Pico dos Frades (942 m). Dann flacht das Gebirge allmählich ab und läuft in der Ostspitze bei Topo aus. Im Hochland weiden Rinder. Hingegen ist die Steilküste großenteils unzugänglich. Nur hier und da hat sich eine schmale Küstenebene (*fajã*) gebildet. Die meisten dieser idyllischen, für den Weinund Obstanbau genutzten Flecken sind nur zu Fuß zu erreichen.

### Wege zum Garten Eden

In den abgelegenen Ort **Fajã dos Vimes** führt eine landschaftlich besonders schöne Straße. Unterwegs drängen sich Miradouros mit Picknicktischen zur Rast und zum Schauen auf. Fajã dos Vimes ist dank seines milden Klimas ein tropischer Garten. Neben den verschiedensten exotischen Früchten wird auch Kaffee geerntet, den das **Café Nunes** – der ultimative Dorftreff – ausschenkt. Zum Café gehört die **Casa de Artesanato Nunes.** Dort sitzen die beiden Schwestern Alzira und Carminda Nunes an Webstühlen, wie in alten Zeiten, demonstrieren ihre Kunstfertigkeit und verkaufen ihre Webarbeiten.

Wer sich Fajã dos Vimes lieber zu Fuß nähern möchte, kann auf einem alten Saumpfad, dem heutigen Wanderweg **PR 2 SJO** (2,5 Std., anspruchsvoll), die Steilküste rund 700 Höhenmeter hinuntersteigen. Er beginnt an der ER 2–3 unweit des Windenergieparks am Piquinho da Urze (711 m).

### Ein Käse, der hat Löcher

Von einem Miradouro an der ER 2-2 ist **Lourais** gut zu überblicken. Die drei Ortsteile tragen praktischerweise – von West nach Ost – die Namen Loural 1°, 2° und 3°. Sie schmiegen sich an die Kante der Hochebene, südlich der Serra do Topo. Die **Cooperativa Agrícola e Lacticínios dos Lourais** verarbeitet Milch aus dem weitläufigen Hinterland zum bekannten *queijo Lourais.* Man kann probieren und kaufen, der Käse wird flugtauglich eingeschweißt.

# Fajã de São João

📍 Karte 5, M 4

Ein windungsreiches Sträßchen führt hinab, Kaskaden stürzen hinter dem Dorf die Steilwand hinunter, Süßwasser ist also reichlich vorhanden. Jahrhundertelang war der kleine Ort als Obstgarten der Insel bekannt. Bis heute kultivieren die Bewohner jede Menge Wein, aber auch Ananas, Orangen, Feigen, Walnüsse, Edelkastanien und Kaffee. Und sogar Bananen gedeihen dank der windgeschützten, luftfeuchten Lage. Früher unterhielten die führenden Familien aus Calheta hier ihre Sommersitze. Nach wie vor verbringen Einheimische und Emigranten ihre Ferien gern im eigenen Haus in Fajã de São João.

# Topo

📍 Karte 5, N 4

Im äußersten Inselosten ist die Steilküste niedrig, die zentrale Ebene senkt sich fast bis zum Atlantik ab. Für die Landwirtschaft herrschen also beste Bedingungen. Dennoch hat **Topo** ohne Frage bessere Tage gesehen. Hier begann 1470 von Terceira aus die Besiedelung von São Jorge und bis weit ins 20. Jh. hinein bestanden rege Schiffsverbindungen zu der nicht weit entfernten Nachbarinsel. Heute ist der Ort recht isoliert. Das Dorfzentrum mit der winzigen Kirche liegt etwa 100 m über dem Meer. Zum ehemaligen Walfängerhafen **Cais do Topo** führt eine abenteuerlich steile Straße hinab, unten nagt die Brandung an den roten Küstenfelsen.

*Unendliche Weiten: fantastischer Ausblick auf die Fajã dos Cubres an der Nordküste von São Jorge*

An der **Ponta do Topo** regelt ein Leuchtturm die Schifffahrt. Er ist der einzige auf São Jorge, der noch drei Leuchtturmwärtern Arbeit gibt. Von ihnen ist einzig João Silveira auf der Insel geboren. Seit 1982 versieht er seinen Dienst, erzählt er dem azorianischen Radiosender Lumena, inzwischen als Chef des **Farol da Ponta do Topo.** Normalerweise werden die *faroleiros* im Verlauf ihrer Tätigkeit immer wieder versetzt – ein kompliziertes Leben.

Vor der Landspitze liegt die flache, unbewohnte Felsinsel **Ilhéu do Topo,** die als wichtiger Brutplatz für Seevögel unter Schutz steht. Sie gilt als einer der besten Tauch- und Schnorchelspots der Azoren, erfordert aber Erfahrung, da sie von starken Strömungen umspült wird. Unmittelbar an der Küste sind außergewöhnlich viele Fischarten zu beobachten, etwa Azoren-Riffbarsche, Meerjunker und verschiedene Muränenarten. Etwas weiter draußen ziehen große Schwärme von Barrakudas, Bonitos und Makrelen vorbei. Das Inselchen wird sporadisch von Tauchveranstaltern auf Pico und São Jorge sowie im Rahmen von Ausflugsfahrten ab São Roque do Pico (s. S. 141) angefahren.

# Die Nordküste

📍 Karte 5, K 2

Im Norden ist die Küste noch unzugänglicher als im Inselsüden. Dafür ist hier jede Menge Ursprünglichkeit garantiert. Die beiden größten Orte, Norte Pequeno und Norte Grande, liegen rund 500 m über dem Meer auf der Weideland überzogenen Hochfläche. Zu winzigen Ansiedlungen auf den charakteristischen kleinen Küstenebenen, den *fajãs*, führen schmale Straßen oder steile Fußwege.

### Die Küstenebene ist Lava

Eine Lavazunge hat sich unterhalb von Norte Grande weit ins Meer geschoben. Im Gegensatz zu den anderen Küstenebenen ist die **Fajã do Ouvidor** also nicht durch Sedimente als Schwemmfächer entstanden. Ein paar enge Straßenserpentinen geht es hinunter in die gleichnamige Siedlung. Auch der Abstieg zu Fuß in gut 30 Min. auf einem Abschnitt des **PR 4 SJO** (s. S. 159) ist möglich, beginnend an einem Miradouro unterhalb der Kirche von Norte Grande. Das dunkle Vulkangestein der Fajã do Ouvidor eignet sich bestens für den Weinbau. Die typischen Winzerhäuser zwischen winzigen Weinbergen sind inzwischen allerdings gegenüber neueren Wochenendhäusern in der Minderheit. An der Küste nagt die Brandung und bietet bei Nordwind ein bizarres Schauspiel.

Im Felsbadebecken unmittelbar am Hafen sammelt sich Treibgut. Schönere, teilweise aber nur kletternd zu erreichende Badeplätze findet man weiter links: die natürlichen Felspools **Poça do Caneiro** und **Poça do Simão Dias** (Schild: »Piscina Natural«). Neben der Poça do Caneiro bietet sich ein kurzer Abstecher zu einem kleinen Leuchtturm an.

### Wanderung ins Nirgendwo

Ausgangspunkt des Rundwanderwegs **PRC 5 SJO** (3 Std., anspruchsvoll, 500 Höhenmeter Ab- u. Aufstieg, www.trails.visitazores.com) ist die **Ermida de Santo António** im gleichnamigen Weiler westlich von Norte Grande. Auf einem alten, sehr steilen und holprigen Verbindungsweg (Vorsicht: bei Nässe rutschig!) geht es abwärts zur **Fajã de Além,** einer nur zu Fuß erreichbaren Küstenebene. Unterwegs bieten sich immer wieder traumhafte Ausblicke. Es gibt ein paar Weinberge und zu Wochenendhäuschen ausgebaute *ade-gas* sowie eine alte Wassermühle. Auf einer anderen Routegeht es ebenfalls steil wieder hoch zur Regionalstraße. Wer mit dem Taxi gekommen ist, kann sich hier auch wieder abholen lassen. Mietwagenfahrer laufen dagegen auf der Straße Richtung Westen und bei der nächsten Gabelung rechts abzweigend in rund 20 Min. zurück zum Ausgangspunkt.

In der ehemaligen Käsefabrik von **Santo António** eröffnete Pieter Adriaans das **Atelier de Kaasfabriek.** Der Künstler-Philosoph zeigt hier seine farbgewaltigen Landschaftsbilder von São Jorge, organisiert Ausstellungen, Konzerte und Workshops und engagiert sich im Rahmen des Azores Fringe Festival, s. S. 284 (ER 1-2A, Ribeira de Santo António, T 968 74 96 09, www.pieter-adriaans.com, Juni-Sept. Di–So 14–18 Uhr, Okt.–Mai nur nach Verabredung).

---

## Essen

---

### Am Hafen schlemmen

**O Amílcar:** Verglaste Terrasse in großartiger Lage. Serviert Fisch aus eigenem Fang, auf inseltypische Art schmackhaft zubereitet, zu mittlerem Preis.
Fajã do Ouvidor, T 295 41 74 48, Mi–Mo 12–15, 19–22 Uhr

---

## Infos

---

• **Information:** Casa do Parque, Norte Grande, Estrada Regional, T 295 41 70 18, http://parquesnaturais.azores.gov.pt, Juni–Sept. tgl. 10–18, Okt.–Mai Di–Fr 10–17, Sa 14–17.30 Uhr; Infozentrum des Naturparks, Auskünfte zu Wanderwegen, Flora, Fauna und Sehenswürdigkeiten. Mit permanenter Ausstellung über die Naturschutzgebiete auf São Jorge und Shop.

# *Zugabe*
# Das Flaggschiff der Käse

*Was will man mehr als Kuh?*

*Ganz schüchtern schaut sie, dabei hat die Holstein-Kuh auf Pico das Paradies auf Erden.*

Hier ist das Paradies der Kühe. Sie sind hier sehr glücklich. Frisches grünes Futter geht nie aus. Dazu der Blick zum Pico, mehr kann sich eine Kuh nicht wünschen«, erzählt ein Landwirt auf São Jorge. Und man weiß nicht genau, ob er es ernst meint oder gerade einen Scherz gemacht hat. »Unser ganzer Stolz«, assistiert Hugo, der sein Geld als Touristenführer verdient, und weist auf eine ansehnliche Herde von Schwarz-Bunten der Rasse Holstein. Mehr Kühe als Menschen gibt es auf den Azoren, heißt es. In der Tat überstieg ihre Zahl beim letzten Zensus 2011 mit rund 249 000 die der Inselbewohner (246 764) knapp.

Das Besondere ist, dass Butter und Käse hier aus reiner Weidemilch gewonnen werden. Die Tiere sehen nie einen Stall von innen, stehen rund um's Jahr im Freien. Und der Käse, ein Verwandter von Gouda und Edamer, wird nach alter flämischer Tradition hergestellt. Schon die ersten, 1470 aus Flandern nach São Jorge gekommenen Siedler brachten ihre Käserezepte mit. Vor 200 Jahren hatten die radförmigen Laibe des Queijo São Jorge dann ihre heutige Größe erreicht, brachten also bis zu 12 kg auf die Waage. Wer es sich leisten konnte, bestellte seinerzeit sogar überdimensionale Käse, für deren Transport mehrere Männer benötigt wurden. Jorge da Cunha, ein Adeliger aus Faial, soll damit im 19. Jh. den Bischof von Angra beeindruckt haben, als dieser bei ihm zu Gast war.

Auf São Jorge findet ausschließlich Rohmilch von Kühen Verwendung. Das besondere Aroma verdankt der Käse der Bergminze, die reichlich auf den Weiden der Insel gedeiht. Auch der Salzgehalt der Luft leistet seinen Beitrag. Die Azorianer reichen den Queijo São Jorge gern als Vorspeise, entweder einfach mit Brot und Butter oder aber – besonders lecker – mit Ananaskonfitüre. Wer noch einen draufsetzen will, serviert dazu einen Tintenfischsalat (*salada de polvo*) mit Paprika, Zwiebeln und Knoblauch. ■

## Butter und Käse aus reiner Weidemilch

# Terceira und Graciosa

**Historie und Landschaft** — widersprechen sich auf Terceira nicht. Angra do Heroísmo bietet etwas fürs Sightseeing, drumrum liegen stille Dörfer und viel Natur. Das ländliche Graciosa gilt es noch zu entdecken.

*Seite 175*
## Porto Martins

Die Einheimischen lieben den Badeplatz in den Klippen und flanieren am Wochenende über die Strandpromenade.

*Seite 177*
## Angra do Heroísmo ⭐

Eine vornehme Stadt mit Kirchen, Palästen und Festungen aus glanzvollen Zeiten. Aber auch eine lebendige kleine Metropole mit moderner Marina, Fußgängerzonen und Cafés.

*Seite 181*
## Jardim Duque da Terceira

Der schönste Park von Terceira. Hier treffen sich Kind und Kegel und die fantasievoll gestaltete Anlage liefert jede Menge Fotomotive.

Die Feierlaune der Terceirenser setzt dem Ganzen die Krone auf.

**Eintauchen**

*Seite 186*
## Mercado Duque de Bragança

Alles, was die Azoren zu bieten haben, liegt auf den Tischen der Markthändler: Bananen von Terceira, Ananas von São Miguel oder Fisch aus den Inselgewässern.

*Seite 188*
## São Mateus da Calheta

Der Fischerort mit dem urigsten Ambiente weit und breit. Wer geschmacklich experimentieren möchte, der sollte in den Hafenspelunken Seepocken oder anderes Meeresgetier bestellen.

Seite 193

## Serra de Santa Bárbara

Der Aufstieg zum höchsten Punkt Terceiras lohnt sich bei schönem klarem Wetter.

Seite 193

## Mistérios Negros

Die geheimnisvollen Lavaströme, die erst im 18. Jh. entstanden, erschließt ein Wanderweg, der allerdings nur für Waghalsige zu empfehlen ist. Denn in dem zerklüfteten Gebiet ist absolute Trittsicherheit angesagt.

Seite 199

## Baía das Quatro Ribeiras

Eine wenig bekannte Alternative zu den Lavapools von Biscoitos. Aber auch noch ein bisschen mehr, denn es gibt steile Felswände und romantische Wassermühlen zu gucken.

Seite 203

## Furna do Enxofre

Graciosas ›Schwefelhöhle‹ ist eines der größten Naturwunder der Azoren.

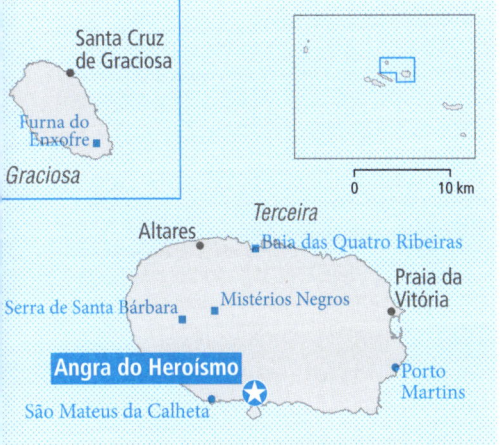

Santa Cruz de Graciosa

Furna do Enxofre ■

*Graciosa*

0          10 km

*Terceira*

Altares ●     ■ Baía das Quatro Ribeiras

Serra de Santa Bárbara ■    ■ Mistérios Negros    Praia da Vitória ●

**Angra do Heroísmo** ★

São Mateus da Calheta    ● Porto Martins

Auf dieser Insel können Sie Anker werfen, zumindest auf Zeit.

Durch den Kontakt mit den Amerikanern kennt die Inselsprache Wörter wie *cúler* (Kühltasche), *candins* (Bonbons) oder *amberga* (Hamburger).

# erleben

# Terceira – Besonders lebendig

Auf Terceira wird gerne gefeiert, mehr noch als auf den anderen Azoreninseln. Im Sommerhalbjahr erlebt man mit großer Wahrscheinlichkeit eines der fast an jedem Wochenende steigenden Heilig-geistfeste. Der Stierkampf am Strick, eine unblutige Inselvariante des umstrittenen iberischen Spektakels, ist fast immer dabei. Ganze Dorfgemeinschaften nehmen teil, Gäste sind herzlich willkommen.

## Feine Urbanität

Während es auf dem Land allgemein recht bäuerlich und ursprünglich zugeht, gibt sich Angra do Heroísmo, die historische Hauptstadt der Azoren, fast schon mondän. Sie bietet jede Menge Baudenkmäler, einen prächtigen Park, Jachthafen und ein durchaus nennenswertes sommerliches Nachtleben. Praia da Vitória, obwohl auch recht nett, im Gegensatz zu Angra mit einem langen Badestrand gesegnet und zudem der Haupthafen der Insel, hat da etwas das Nachsehen.

## Naturphänomene

Oben in den Bergen Terceiras sind Vulkanhöhlen und Solfataren die Highlights

### ORIENTIERUNG ❶

**Infos:** www.visitazores.com, http://pt.artazores.com
**Verkehr:** Flughafen Terceira im Inselnorden, Flüge u. a. nonstop nach Lissabon, Linienbusse nach Praia da Vitória alle 30–60 Min., Sa/So alle 1–2 Std., nach Angra do Heroísmo nur mit Umsteigen in Praia, Fluginfos: http://aerogarelajes.azores.gov.pt, www.sata.pt. **Fährschiffe:** www.atlanticoline.pt, im Sommer ab Praia da Vitória (Terceira) 2–3 x pro Woche zu allen Azoreninseln. **Inselbusse:** recht dichtes Liniennetz der EVT (www.evt.pt), zwischen Praia da Vitória und Angra do Heroísmo fährt Linie 2 etwa stündlich (Sa/So seltener), beide Städte sind Drehkreuze für weitere Verbindungen. **Mietwagen:** mehrere Anbieter im Ankunfts-bereich des Flughafens, weitere Büros in Angra do Heroísmo.

der Natur. Überragt wird das Hochland vom geheimnisvollen Massiv des Santa-Bárbara-Vulkans. Unten am Meer locken die Lavapools von Biscoitos, die Klippen von Quatro Ribeiras, der Fischerort São Mateus und die milde Südostküste, die ›Riviera‹ von Terceira.

# Praia da Vitória

📍 **Karte 4, E 2**

Terceiras wichtigste Hafenstadt ist für alle Fährankömmlinge und viele Flugreisende erste Anlaufstelle auf der Insel. Hinsichtlich des Stadtbilds und der Sehenswürdigkeiten kann sich Praia zwar nicht mit Angra do Heroísmo vergleichen. Doch der lebendige, gepflegte Ort profitiert wirtschaftlich von der Nähe der amerikanischen Militärbasis bei Lajes. Von den Hafeneinrichtungen am Südrand der weiten Bucht bleibt das Stadtzentrum unberührt. Es punktet vielmehr mit einem langen, sandigen Badestrand, großzügiger Uferpromenade und Jachthafen.

## Voll Glanz und Gloria

Den Nordabschnitt der Promenade säumt eine moderne Häuserzeile mit Hotels, Restaurants und Bars. Südlich schließt das historische Zentrum an. Dessen Mittelpunkt bildet die **Praça Francisco Ornelas da Câmara** mit einem Denkmal, das an die Seeschlacht von 1829 in der Bucht von Praia erinnert. Damals errang König Pedro IV. den entscheidenden Sieg gegen die Truppen seines Bruders und Widersachers Miguel. Praia wurde daraufhin mit dem Beinamen ›da Vitória‹ (des Sieges) geehrt. Am Platz steht das Renaissance-Rathaus **Paços do Concelho** von 1596.

Vom Rathaus führt die **Rua de Jesus** als Fußgängerzone quer durch die Innenstadt, gesäumt von zweistöckigen Häusern mit Balkonen oder Gauben und roten Ziegeldächern. Ganz im Westen, wo diese Achse von Autos befahren wird, steht links der **Mercado Municipal**. Das Angebot ist nicht überwältigend, aber man kann hier gut frisches Obst, Gemüse und Fisch kaufen. Gegenüber bietet sich der Stadtgarten **Jardim Silvestre Ribeiro** zur Rast unter hohen Araukarien an.

## Kirchentore als Blickfang

Ein schattiger Platanenpark mit Bänken flankiert die **Igreja Matriz de Santa Cruz** (Rua Mestre de Campo, unregelmäßig geöffnet). Als der Flame Jácome de Bruges die Besiedelung Terceiras hier in Praia einleitete, gründete er die Kirche schon im Jahr 1456. Die beiden manuelinischen Marmorportale wurden auf dem portugiesischen Festland angefertigt und 1577 von König Sebastião gestiftet, nachdem die Igreja Matriz schwere Erdbebenschäden erlitten hatte. An der Südfassade fallen außerdem alte Grabsteine mit verwitterten Schriftzügen auf.

## Den Ochsen auf der Spur

Der Rundwanderweg und Naturlehrpfad **PRC 8 TER** (2 Std., leicht, www.trails. visitazores.com) beginnt und endet am **Parque de Merendas de São Brás**, einem Picknickplatz südlich von Ladeira do Cardoso (Anfahrt über Schnellstraße Richtung Angra, Ausfahrt Fontinhas). Zunächst geht es auf einem alten, in den 1990er-Jahren wiederentdeckten und freigelegten Karrenweg über den flachen Lavastrom **Biscoito das Fontinhas**. Tief haben sich die Fahrspuren der Ochsenwagen in das Gestein eingeschnitten. Die ältesten stammen aus der Zeit vor 1820,

---

**FAKTENCHECK**

**Einwohner:** 6700
**Bedeutung:** wichtigster Hafen Terceiras
**Stimmung auf den ersten Blick:** lebhaft
**Stimmung auf den zweiten Blick:** versucht Angra do Heroísmo nachzueifern
**Besonderheiten:** profitiert von der Nähe des Flughafens und der amerikanischen Militärbasis

*Kann sich sehen lassen: Praia da Vitória kann nicht ganz mit Angra do Heroísmo mithalten, aber die Fußgängerzone bietet Gelegenheiten zum Bummeln und Shoppen.*

als die Räder noch mit Nägeln beschlagen wurden. Auf der kargen, kaum verwitterten Lava hat sich eine ganz spezielle Flora entwickelt. Aus der Fonte do Cão (›Hundequelle‹) sprudelt ganzjährig Wasser. Hier durften die Hunde trinken, die den Karrenzug begleiteten. Der Rückweg führt auf einem breiten Erdweg an der Ribeira dos Pães entlang.

## Schlafen

### Stadt- und strandnah
**Varandas do Atlântico:** Das Hotel ist freundlich in Weiß und Blau gehalten. Dre-Sterne-Haus, stadt- und strandnah. Es lohnt sich, rechtzeitig ein Zimmer mit Meerblick und Balkon zu reservieren. Rua da Alfândega 19, T 295 54 00 50, www. hotelvarandas.com, DZ ab 65 €

### Bauernhofflair
**Quinta dos Figos:** Ländliches Ambiente im südlichen Stadtteil Cabo da Praia. Der Gutshof wurde mit traditionellen Materialien sorgfältig restauriert und bietet zehn stilvolle Zimmer und Ferienwohnungen. Eigener Obst- und Gemüseanbau, Haltung von Hühnern, Enten und Truthähnen. Rua das Pedras 34, T 295 54 27 08, www. quintadosfigos.com, DZ ab 60 €

## Essen

### Frische Ware
**O Pescador:** Zwar ein etwas höheres Preisniveau, dafür stimmt die Qualität. Wie wäre es etwa mit einem Fischeintopf (*caldeirada*) oder hausgemachtem Eis? Rua Constantino José Cardoso 11, T 295 51 34 95, Mo–Sa 12–22 Uhr

### Wirklich azorianisch

**Sabores do Atlântico:** Etwas außerhalb gelegen und schon deshalb noch ein Geheimtipp, vorwiegend einheimische Gäste. Spezialitäten sind ganz einfach gut zubereitete Atlantikfische und Meeresfrüchte sowie Rindfleisch von den Inseln. Mittelpreisig.

Estrada do Aeroporto 12, T 295 70 05 94, Di–So 9–23 Uhr

### Zentraler Treff

**Cervejaria Santa Cruz:** Tagsüber bei den Locals sehr beliebtes Café mit Tischen auf dem zentralen Platz, abends auch auf ein Bier schön. Dazu passen die unschlagbar günstigen Tagesgerichte.

Praça Francisco Ornelas da Câmara, T 295 70 45 11, tgl. 8–22 Uhr

## Einkaufen

### Bio-Produkte

**Bio Azórica:** Laden einer Kooperative von Öko-Landwirten. Bietet außer Obst,

---

**BIO-WARE DIREKT AB HOF** **B**

Avelino Ormonde hat seine Quinta in dem hübschen Bauerndorf **Fontinhas** mit sehr viel Engagement als Autodidakt auf organische Produktion umgestellt. Wenn er nicht gerade unterwegs ist und Kurse abhält oder auf Landwirtschaftsmessen die Produktion seiner berühmten grünen Smoothies demonstriert, führt er manchmal selbst durch seinen Hof. Unter dem Markennamen BioFontinhas verkauft er Salate, Kräuter und Obst.

Rua das Fontinhas 57, nahe Via Rápida, T 295 57 91 45, Sa vorm., nur wenn Einfahrtstor offen oder nach Vereinbarung

---

Gemüse und Milchprodukten auch Bio-Kosmetika an.

Circular Interna, Do–Sa 8–17, So 10–17 Uhr

## Ausgehen

### Mit Anspruch

**Etis Bar:** In der Kulturbar mit alternativem Touch verkehrt ein vorwiegend junges Publikum. Es gibt ambitionierte kleine Kunst- und Fotoausstellungen, manchmal auch Live-Konzerte. Mittags gibt es ein günstiges Tagesgericht, ansonsten Sandwiches und Kuchen. Die Gewinne des Lokals werden für soziale Zwecke verwendet.

Rua de Jesus 26, T 295 51 26 91

## Feiern

- **Festas da Praia:** Anf. Aug. Das Stadtfest erinnert an die ruhmreiche Seeschlacht am 11. August 1829 (s. S. 171). In der Woche davor finden Segelregatten, Stierkämpfe am Strand, Umzüge, Gastronomiemesse und Kunsthandwerksausstellung statt. Dazu gibt es viel Musik und Tanz und als Finale ein großes Feuerwerk.

## Infos

- **Information:** Quiosque ART, am Jachthafen, T 295 54 32 51, http://pt.artazores.com
- **Internet:** www.cmpv.pt
- **Fähre:** s. S. 170, Fähranleger am Südrand der Hafenbucht im Stadtteil Cabo da Praia (Bus Linie 8 Richtung Porto Martins, nicht am So).
- **Inselbusse:** www.evt.pt, zentrale Abfahrtsstelle am Nordrand der Stadt nahe Largo Conde da Praia.
- **Taxis:** Praça Francisco Ornelas da Câmara, T 295 51 20 92

# Lieblingsort

## Riesenkrater gucken

Lassen Sie sich nicht durch Reisebusse, Windräder und Herden schwarz-weißer Kühe irritieren. Der **Blick von der Serra do Cume** (Karte 4 D–E 2–3) ist einfach genial. Sie blieb als 546 m hohes Überbleibsel eines 10 km breiten Kraters erhalten. An dessen Rest hat der Zahn der Zeit genagt. Sein Südrand versank im Meer, es blieben die Felsinseln Ilhéus das Cabras. Oben vom Aussichtspunkt blicken Sie weit in den Kratergrund mit seinem Schachbrettmuster von Weiden und Äckern in allerlei Grüntönen, abgegrenzt durch dunkle Wälle aus Lavagestein.

# Porto Martins

📍 Karte 4, E3

Schöne Gärten umgeben die Ferienvillen in dem weitläufigen Ort. Wer hier ein Haus besitzt, gehört auf Terceira zu den Wohlhabenden. Porto Martins bietet mit seinen Naturschwimmbecken in den Klippen eine komfortable Badegelegenheit. Betonliegeflächen flankieren einen breiten Lavapool, Treppeneinstiege führen auch direkt ins Meer. Hier beginnt eine Strandpromenade, die nordwärts zur Kirche und dem unvermeidlichen Heiliggeisttempel führt. Unterwegs sieht man das eine oder andere traditionelle Fischerhaus, der alte Ortskern lässt sich aber nur noch erahnen.

## Schlafen

### Perfekter Meerblick
**Porto Martins Bay Apartments:** Wer hier einzieht, schaut vom Balkon auf die Klippenküste von Porto Martins. Zwei gut ausgestattete Ferienwohnungen. Gastgeber Ilídio Gomes wohnt im Erdgeschoss neben seinem Kunstatelier. Fahrräder können ausgeliehen werden, die flache Umgebung eignet sich bestens zum Radeln. Estrada de Santa Margarida 66, T 967 18 41 17, www.pmapartments.com, DZ ca. 65 €

## Essen

### Feines Strandlokal
**Búzius:** Schickes Restaurant am Meeresschwimmbad, mit windgeschützter Veranda. Spezialisiert auf Fisch und Meeresfrüchte. Das Preisniveau ist im azorianischen Vergleich allerdings eher gehoben. Piscinas naturais, T 295 51 55 55, Di–So 12–21.30 Uhr

# São Sebastião

📍 Karte 4, E3

Der ganze Ort wirkt frisch herausgeputzt. Viel schöne alte Bausubstanz blieb in São Sebastião erhalten. Wer ins Zentrum möchte, braucht nur der Beschilderung »Império« zu folgen. Am autofreien Kirchplatz, der Praça da Vila de São Sebastião, stehen das Rathaus und ein paar einfache Lokale. Die rund 2000 Bewohner sind stolz darauf, dass São Sebastião – immerhin eine der ersten Siedlungen der Azoren – schon 1503 die Stadtrechte erhielt.

### Nicht nur zu Pfingsten schön
Vor allem aber ist am Kirchplatz der **Império de São Sebastião** ein Hingucker, mit seiner wunderschönen Bemalung in sanften Erdtönen. Unter dem Erbauungsdatum 1918 stehen auf einem Spruchband die Anfangsworte der Pfingstsequenz, einer mittelalterlichen Dichtung, mit der die Gläubigen den Heiligen Geist um Beistand bitten: »Veni sanct espiritus« (Komm, Heiliger Geist). Bilder am Sockel repräsentieren die Speisen des Heiliggeistfestes. Sie zeigen Rindfleisch, Maisbrot, Weinfässer und Krüge. Wie so oft bei Heiliggeisttempeln fällt auch hier die Nähe zur Pfarrkirche auf. Obwohl die katholische Kirche lange versuchte, den Heiliggeistkult zu verbieten oder zumindest einzudämmen, waren und sind doch die örtlichen Pfarrer immer eingebunden. Ihnen obliegt es, das Brot für das Fest zu segnen und den *imperador* (›Heiliggeistkaiser‹) zu krönen (s. S. 270).

Die gedrungene, wehrhaft wirkende **Igreja de São Sebastião** wurde ab 1455 errichtet und ist damit eine der ältesten Kirchen der Azoren. Ihr Hauptportal mit der wuchtigen Fensterrosette darüber sowie das kleine Seitenportal repräsentieren noch die sogenannte Atlantische Gotik.

Dieser eher schlichte, mit wenigen Verzierungen auskommende Baustil war im 15. Jh. auf dem gerade von Portugal und Spanien in Besitz genommenen Atlantikinseln (Azoren, Madeira, Kanaren, Kapverden) üblich. Für die Azoren einmalige Fresken an den Innenwänden zeigen verschiedene Heilige, etwa Maria Magdalena, Barbara, Martin, den Kirchenpatron Sebastian oder den Erzengel Michael. Die jeweiligen Stifter stehen als kleine Figuren in spätmittelalterlicher Kleidung mit im Bild.

Am Ostrand von São Sebastião erstreckt sich der weitläufige **Largo da Fonte** mit dem **Chafariz de São Sebastião,** dem schönsten alten Brunnen weit und breit – eine Konstruktion aus dem 16. Jh. An den Zapfhähnen holten die Ortsbewohner ihr Wasser, das Becken diente als Viehtränke.

### Wer will hier nicht baden?

Zungenförmig sind Lavaströme an der flachen Felsküste mit der **Baía dos Salgueiros** ins Meer geflossen. Einen Strand gibt es nicht, dafür aber ein Felsbadebecken und Treppen ins Meer. Tamarisken säumen das brandungsumspülte Ufer, dahinter grenzen von niedrigen Steinmauern gesäumte Felder an. Die klippenreiche **Baía das Mós** ist Teil von Natura 2000, dem EU-Netz besonderer Schutzgebiete zur Erhaltung der Artenvielfalt. Baden ist nicht möglich, dafür bietet sich ein fotogener Blick auf den Ilhéu da Mina, einen Felsvorsprung, der die Bucht begrenzt.

In der **Baía da Salga** schließlich ist die Atmosphäre geradezu mediterran, wie kaum irgendwo sonst auf den Azoren. Eine in die Jahre gekommene Villa hinter dem grobkiesigen Strand zeugt von vergangenem Glanz. Um das Baden zu erleichtern, wurde ein geschütztes Becken geschaffen, in dem sich das Wasser bei Flut regelmäßig erneuert. Außerdem ermöglicht ein Steinkai den Einstieg ins Meer.

## Essen

### Zentrales Gasthaus

**A Ilha:** Von außen unscheinbar, innen aber erstaunlich geräumig und mit den schmalen Holzstühlen und langen weißen Tischdecken landestypisch gediegen. Spezialität ist das Heiliggeistmenü mit Suppe und *alcatra*, das es meist nur am Sonntag gibt (ca. 12 €).
Rua da Igreja 47, T 295 90 41 66, Mo u. Mi–Sa 12–14.30, 18–22, So 12–20 Uhr

# Porto Judeu

📍 Karte 4, E 4

Das ist der Ort, dem die unbewohnten Ilhéus das Cabras (›Ziegeninseln‹) vorgelagert sind. Vom Miradouro Cruz do Canário, einer großen Aussichtsterrasse am Westrand von Porto Judeu, schaut man hinüber. Der markante kleine Archipel ist Ziel von Bootstouren ab Angra do Heroísmo. Das kleine alte Dorfzentrum von Porto Judeu liegt weiter östlich, bei der Kirche mit ihrem hübschen Glockenturm. Nicht weit davon zweigt meerwärts die Rua do Porto zum Fischerhafen ab. Die wenigen verbliebenen Fischer frequentieren die beiden dortigen Bars.

### Noch mehr vom Heiligen Geist

Der knallig bunte **Império do Porto Judeu de Baixo** von 1916 zählt zu den schönsten Heiliggeisttempeln Terceiras. Er steht an der Hauptstraße von Porto Judeu, nahe der Kirche natürlich. Verspielte Details wie Kleeblattfenster oder winzige, schmiedeeiserne Balkone charakterisieren den Bau. Durch Fenster kann man hineinschauen. Innen steht ein Altar, auf dem die Heiliggeistkrone aufbewahrt wird. Schräg gegenüber dem Império erinnert ein Denkmal in Form eines Fischerboots an die Gefallenen in den portugiesischen Kolonialkriegen der 1960er- und 1970er-Jahre.

# Angra do Heroísmo  ♥ Karte 4, C–D 3–4

Viele halten Angra do Heroísmo für die schönste Stadt der Azoren. Urteilen Sie selbst! Gefällig schmiegt sich das historische Zentrum mit dem schachbrettförmigen Renaissance-Straßenmuster an einen Naturhafen, von wuchtigen Festungsbauten flankiert. ›Bucht des Heldenmuts‹ lautet die wörtliche Übersetzung des Ortsnamens. Den seltsamen Namenszusatz erhielt Angra 1837 zum Dank dafür, dass König Pedro IV. die Stadt als Basis nutzen konnte, um von hier aus seinen Thronanspruch in Portugal durchzusetzen.

## Die Innenstadt

### Wie aus dem Ei gepellt
Idealer Ausgangspunkt für einen Spaziergang durch Angra ist der **Alto das Covas ❶**, ein markanter Geländesattel an der westlichen Einfallstraße. Hier halten Busse und Taxis, die meisten Hotels befinden sich in Fußgängerentfernung und in der Nähe gibt es große gebührenfreie Parkplätze. Am Alto das Covas treffen sich die Stadtbewohner, sitzen im Straßencafé oder auf Bänken im Schatten hoher Bäume. Hier steigen auch traditionelle Feste, etwa die populären Feierlichkeiten rund um den Johannistag und der eine oder andere »Stierkampf am Strick« (s. S. 269).

Die recht stark befahrene Hauptgeschäftsstraße **Rua da Sé** begrenzt nördlich die ruhigeren, rasterförmigen Straßenzüge, die sich zum Meer hin erstrecken. Diese entstanden im 16. Jh. auf dem Reißbrett, als Angra zur seinerzeit wichtigsten Hafenstadt des Archipels avancierte. Eine rege Bautätigkeit im Stil der Renaissance, später des Barock setzte ein. Vornehme Adelspaläste und Bürgerhäuser wurden errichtet. Ein schweres Erdbeben machte am 1. Januar 1980 innerhalb von elf Sekunden die ganze Pracht zunichte. Doch Angra entstand aus den Trümmern wieder, wurde originalgetreu restauriert und von der UNESCO zum Welterbe erklärt. Von dem Erdbeben blieben keinerlei Spuren, alles wirkt wie aus dem Ei gepellt.

### Fast schon museal
Bevor Sie diese Straßen näher erkunden, möchten Sie vielleicht einen Blick in die Kathedrale der Azoren werfen. Den geschwungenen Barockgiebel flankieren

---

**FAKTENCHECK** **F**

**Einwohner:** 11 000
**Bedeutung:** Offizieller Amtssitz des Azorenpräsidenten, Sitz des Repräsentanten der Republik Portugal, Bischofssitz der Azoren
**Stimmung auf den ersten Blick:** vornehm, gelassen
**Stimmung auf den zweiten Blick:** stolz auf die historische Bedeutung als ehemalige Hauptstadt, immer in Konkurrenz zu Ponta Delgada
**Besonderheiten:** historischer Kern als UNESCO-Welterbe, rasterförmige Straßenzüge, zahlreiche Baudenkmäler, wuchtige alte Festungen, lebendiger Jachthafen, gute Einkaufsmöglichkeiten, zwei Großhotels

# Angra do Heroísmo

## Ansehen

1. Alto das Covas
2. Sé Catedral do Santissimo Salvador
3. Palácio dos Bettencourt
4. Casa do Conde de Vila Flor
5. Palácio dos Capitães-Generais
6. Igreja do Colégio
7. Jardim Duque da Terceira
8. Alto da Memória
9. Castelo de São Sebastião
10. Igreja da Misericórdia
11. Castelo de São João Baptista
12. Portão de Armas
13. Monumento ao Povoamento da Terceira
14. Ermida de Santo António
15. Forte da Quebrada
16. Vigia da Baleia
17. MAH – Museu de Angra do Heroísmo/Igreja de Nossa Senhora da Guia
18. Império do Outeiro
19. Império dos Inocentes da Guarita

## Schlafen

1. Azoris Angra Garden
2. Pousada Forte Angra do Heroísmo
3. Beira Mar
4. Quinta da Nasce Água

## Essen

1. O Chico
2. As Nossas Ilhas
3. Q.B. Food Court
4. Chefes do Pátio
5. Cervejaria Angrense
6. Tasca das Tias

## Einkaufen

1. Mercado Duque de Bragança
2. O Forno

## Bewegen

1. ComunicAir
2. Ocean Emotion
3. Arraia Divers
4. Quinta do Galo

## Ausgehen

1. O Pirata
2. Havanna Club
3. Centro Cultural e de Congressos de Angra do Heroísmo (CCCAH)

zwei eckige Türme, getoppt von Spitzdächern, die im Wellenmuster gefliest sind. Der heutige Zustand entspricht dem Ursprungsbau aus dem 16./17. Jh., der nach dem Erdbeben originalgetreu wiederhergestellt wurde. Die Bezeichnung **Sé Catedral** ❷ leitet sich von lat. *sedes* (›Bischofssitz‹) her. Im Inneren ist der linke Seitenaltar mit einem Relief aus gehämmertem Silber einen speziellen Blick wert. Besonders wertvoll ist auch das indo-portugiesische Notenpult aus Brasilholz mit Einlegearbeiten aus Elfenbein. Neben dem Eingangsportal der Kathedrale erinnert eine Skulptur an den Besuch von Papst Johannes Paul II. auf den Azoren 1991.

Rua da Sé, touristische Besichtigung außerhalb der Messen Mo–Fr 10–18 Uhr, 2 €

### Paläste sind da mancherlei

Der stattliche **Palácio dos Bettencourt** ❸ (Ende 17. Jh.; Rua da Rosa 49) hinter der Kathedrale gehörte der vermögenden Familie Bettencourt. Diese stammte ursprünglich aus der Normandie und spielte Anfang des 15. Jh. bei der Eroberung der Kanareninseln Lanzarote und Fuerteventura durch Kastilien eine große Rolle. Über Madeira kam ein Familienzweig nach Terceira. Das Portal ist reich mit Steinmetzarbeiten im Stil des portugiesischen Frühbarock verziert. Über dem Eingang zeugt ein Wappenstein von dem Adelsgeschlecht. Jetzt soll

der Palast in ein Museum verwandelt werden und bleibt während der Renovierungsarbeiten geschlossen.

Zwei Straßen weiter, in der Fußgängerzone **Rua da Palha,** sitzt man gern im Café. Prachtstraße von Angra ist aber die **Rua Direita.** Sie säumen Adelspaläste, die heute feine Geschäfte und Restaurants beherbergen. Herausragend die **Casa do Conde de Vila Flor** ❹ (Haus Nr. 111–121), wo António de Noronha (1792–1860) lebte, der siebte Graf von Vila Flor. Er war ein Vertrauter von König Pedro IV. und von diesem als Generalkapitän der Azoren eingesetzt. Später wurde ihm der Titel ›Herzog von Terceira‹ verliehen.

Landeinwärts mündet die Rua Direita in die schwarz-weiß gepflasterte **Praça Velha,** wo das Herz der Stadt schlägt. Eigentlich ist auf dem Platz immer etwas los, speziell aber, wenn es im Ort etwas zu feiern gibt. Im Sommer finden hier nicht selten Live-Konzerte statt. Rundherum gruppieren sich wichtige Einrichtungen: Rathaus, Banken, Geschäfte, ein Hotel.

# Die obere Stadt

### Immer für einen Abstecher gut

Wuchtig überragt der **Palácio dos Capitães-Generais** ❺ (Führungen Di–So 10–17 Uhr, min. 15 Tage vorher online anmelden, 4 €) den Largo Prior do Crato. Heute ist der Palast offizieller Sitz des Azorenpräsidenten. Ursprünglich errichtete der Jesuitenorden das geräumige Bauwerk ab 1570. Er unterhielt darin ein Kolleg, also eine Oberschule für adelige Knaben. Später ging der Gebäudekomplex in Staatsbesitz über. Bis 1831 residierten hier die Generalkapitäne als Vertreter des Königshauses auf den Azoren. König Pedro IV. bereitete darin zu Beginn des 19. Jh. seine Invasion auf dem Festland vor, König Carlos I. wohnte hier anlässlich seines Azorenbesuchs 1901. Die Repräsentationsräume mit königlichem Originalmobiliar und der Kreuzgang der Jesuiten sind zu besichtigen, sofern sie nicht gerade für Empfänge genutzt werden.

Nebenan steht die **Igreja do Colégio** ❻ (So 10–12 Uhr), die einstige Jesuitenkirche (17. Jh.). Sie ist im Stil des Jesuitenbarocks üppig dekoriert, mit blau-weißen Fliesenbildern aus Delft und viel vergoldeter Holzschnitzerei.

### Hier versteckt sich das Paradies

Exotische Büsche und Bäume blühen um die Wette, Vögel kreischen, Frösche quaken in Tümpeln und Wasserbecken. Angras Stadtgarten **Jardim Duque da Terceira** ❼ (Rua do Marquês, Juni–Aug. 8–24 Uhr, Mai/Sept. 8–22 Uhr, Okt.–April 8–18 Uhr, Eintritt frei),

eine der schönsten klassischen Parkanlagen der Azoren, wurde schon ab 1882 angelegt. Zwei damals gepflanzte, heute gigantische Araukarien setzen Akzente. Formschnittbüsche nehmen gewagte Formen an, erinnern etwa an die Zwillingsschornsteine der Bauernhäuser Terceiras. Dazwischen flanieren Einheimische und Besucher, relaxen auf lauschigen Sitzbänken und bewundern das Pflastermosaik der Wege, das Persönlichkeiten aus der Inselgeschichte, Blüten und Vogelmotive abbildet.

Unternehmungslustige steigen über Terrassen, an Brunnen und Teichen vorbei bis zum oberen Ausgang am **Alto da Memória** ❽ hinauf. Dort erhebt sich der **Obelisco da Memória** mit schönem Blick über die Stadt. Königin Maria II. ließ den Obelisken 1845 aufstellen – in Erinnerung an ihren Vater Pedro IV., der 1832 von Angra aufgebrochen war,

*Einst schauten Soldaten von der Festung auf die Stadt, heute sind es Hotelgäste: Das Castelo de São Sebastião bietet aber immer noch einen hervorragenden Blick auf Angra do Heroísmo.*

um seine Ansprüche auf den portugiesischen Thron gegen seinen jüngeren Bruder Miguel durchzusetzen. Der Grundstein soll aus der Kaimauer von Angra stammen, von der aus Pedro IV. sein Schiff betrat.

Die Entdeckungsfahrer hatten an dieser exponierten Stelle eine Burg errichtet, die abgerissen wurde, um dem Denkmal Platz zu machen. Unterhalb der Burg hatte Álvaro Martins Homem ab 1460 eine erste Siedlung an der Ribeira dos Moinhos (›Mühlenbach‹) gegründet. Er ließ 12 Mühlen entlang des wasserreichen Bachs bauen, die Getreide mahlten und an durchreisende Schiffe verkauften. 1956 wurde der Bach umgeleitet, um zwei Elektrizitätskraftwerke mit seiner Wasserkraft zu betreiben. Die Rua do Pisão und ihre Nachbargassen mit ihrer niedrigen Bebauung erinnern noch an diesen spätmittelalterlichen Kern von Angra.

## Die Hafengegend

### Einmal Hafen, immer Hafen

Dem Hafen sieht man wahrlich nicht mehr an, dass Angra bis ins 18. Jh. hinein wichtigster Umschlagplatz für Waren und Passagiere im Atlantik war. Zwar bietet er durch dicke Molen jetzt noch mehr Sicherheit als zu Zeiten der Großsegler, die in der Bucht ankern mussten. Doch Frachtschiffe und Fähren werden längst in Praia da Vitória abgefertigt. Der alte Hafenkai **Porto das Pipas** verlor seine Bedeutung im 19. Jh., weil die Bucht für die immer größer werdenden Schiffe nicht tief genug war. Ein, zwei kleine Fischerboote halten noch die Stellung, ansonsten werden hier jetzt Jachten repariert. Überragt wird der Porto das Pipas vom **Castelo de São Sebastião** ❾, das im 16. Jh. zu seinem Schutz gebaut worden war.

In der Festung ist heute ein Hotel (s. S. 184) untergebracht. Stadteinwärts schließt die moderne **Marina** an, deren lange Schutzmole am Pátio da Alfândega beginnt, dem ehemaligen Zollkai. Ein Straßencafé bietet hier einen privilegierten Blick über Hafen und Bucht.

Eine blau-weiße Kirche beherrscht den Zollkai, die **Igreja da Misericórdia** ❿ (tagsüber meist geöffnet). Im vergoldeten Hauptaltar verehren die Stadtbewohner ihren Patron Senhor Santo Cristo. Schaurig sind die Katakomben unter dem Kirchenraum. Wahllos wurden dort in früheren Jahrhunderten die Toten übereinandergestapelt, dicke Schichten von Knochen sind zu sehen. Wann das geschah, weiß niemand. Der Überlieferung zufolge sollen es Piraten gewesen sein, die man keinem ordentlichen Begräbnis zuführen wollte. Sicherlich stammt das Massengrab aus einer Zeit, als hier noch ein Vorgängerbau der heutigen Kirche (18. Jh.) stand. Erst bei Restaurierungsarbeiten nach dem Erdbeben von 1980 wurde es wiederentdeckt.

### STAATLICHE WOHLFAHRT **S**

Blauer und weißer Anstrich deutet meist auf eine Igreja da Misericórdia hin. Die erste ihrer Art wurde 1498 in Lissabon von der damaligen Königswitwe gegründet. Ein Hospital gehörte dazu, von einer Bruderschaft unterhalten, in dem bedürftige Kranke gepflegt wurden. Schon bald war die mildtätige Einrichtung in ganz Portugal verbreitet. Auf den Azoren zählen die Kirchen der Misericórdia zu den imposantesten Baudenkmälern. Die Institution existiert bis heute und finanziert sich aus den Einnahmen der staatlichen Lotterie.

# Der Monte Brasil

### Angras Vulkanfestung

Hausberg von Angra ist der Monte Brasil (205 m). Als klobige Halbinsel schiebt er sich vor der Stadt in den Atlantik. Deren engste Stelle zum Land hin schnürt eine Festung ab. Das gewaltige **Castelo de São João Baptista** ⓫ (tgl. 9.30–12.30, 14–18 Uhr, Eintritt frei, Führungen nach Bedarf) wurde während der Zeit der spanischen Herrschaft Ende des 16. Jh. errichtet. Seinerzeit war es eine der größten Verteidigungsanlagen Europas. Hier wurden die Gold- und Silberschätze aus Mittel- und Südamerika eingelagert, während die Transportschiffe in Angra Station machten, um Proviant und Mannschaften aufzustocken. An Bord der ankernden und damit manövrierunfähigen Galeonen wären sie leichte Beute für Korsaren gewesen, die damals die Gewässer der Azoren unsicher machten.

Nachdem Portugal wieder unabhängig war, errichtete man zum Dank für die Vertreibung der Spanier im Inneren der Festung ab 1645 die **Igreja de São João Baptista.** Bis heute ist hier Militär stationiert. Soldaten führen Besucher durch die Anlage, die man durch einen Seiteneingang hinter einer Tordurchfahrt betritt. Zu besichtigen sind die Kirche und verschiedene Bollwerke, auf denen alte Bronzekanonen und Flak-Geschütze aus dem Zweiten Weltkrieg positioniert sind. Das der Stadt zugewandte Hauptportal **Portão de Armas** ⓬ ist stets verschlossen, lohnt aber wegen seiner frühbarocken Steinmetzverzierungen einen näheren Blick von außen. Beeindruckend auch die *bocas de lobo* (›Wolfsmäuler‹), Hindernisse im Burggraben, die Angreifern das Erstürmen der Festungsmauer erschwerten.

*Ein echter Hingucker sind die Murals am Pátio da Alfândega in Angra do Heroísmo.*

### Picknick auf dem Vulkan

Der äußere, 4 km lange Verteidigungswall des Castelo de São João Baptista umgibt den gesamten Monte Brasil. Durch das Torhaus neben der Festung gelangen Sie auf die schmale Zufahrtsstraße zum Monte Brasil. Oben befindet sich ein am Wochenende stark frequentiertes Picknickareal. Die Straße endet am **Pico das Cruzinhas** (168 m), einem Nebengipfel mit dem **Monumento ao Povoamento da Terceira** ⓭, einer Säule, gekrönt von einer Bänderkugel (Armillarsphäre, von antiken Seefahrern zur Standortbestimmung genutzt) und dem Kreuz des Christusritterordens. Beides sind ehemalige königliche Insignien und Symbole der portugiesischen Entdeckungsfahrten. Das Denkmal wurde 1932 am 500. Jahrestag der Inbesitznahme der Azoren durch Portugal eingeweiht. Von der

Plattform zu seinen Füßen bietet sich ein hervorragender Blick über Angra.

Der Rundwanderweg **PRC 4 TER** (2,5 Std., leicht) erschließt die weniger bekannten, nur zu Fuß erreichbaren Seiten des Monte Brasil. Er beginnt an der Zufahrt zum Castelo de São João Baptista. Erstes Ziel ist die **Ermida de Santo António** ⓮ mit wunderbarem Blick über die Hafenbucht von Angra. Weiter führt der Weg zum Hauptgipfel **Pico do Facho,** zum **Forte da Quebrada** ⓯ und zur **Vigia da Baleia** ⓰, einem alten Walfängerausguck. Vom Picknickplatz am Pico das Cruzinhas geht es steil abwärts zum Ausgangspunkt zurück.

## Museen

### Angra, die Azoren und die Welt

⓱ **MAH – Museu de Angra do Heroísmo:** Das Inselmuseum hat seinen Sitz im ehemaligen Franziskanerkloster. Seine historische Sammlung, die Angra als Drehscheibe im Atlantik über die Jahrhunderte hinweg präsentiert, wird in der Langzeitausstellung »Do Mar e da Terra« präsentiert. Außerdem finden interessante Wechselausstellungen statt. Im ehemaligen Refektorium (Speisesaal) des Klosters, das mit Azulejos aus dem 17. Jh. ausgekleidet ist, sind alte Kutschen zu sehen. Zu dem Komplex gehört die barocke Klosterkirche **Igreja de Nossa Senhora da Guia.** Ihre tragenden Pfeiler und Bögen sind aufwendig bemalt. Unter den Steinmetzarbeiten in der Vorhalle befinden sich gotische Bauelemente der Vorgängerkirche und als ältestes Stück ein Grabstein aus dem 15. Jh. Seinerzeit musste Vasco da Gama seinen Bruder Paulo hier beisetzen, der 1499 auf der Rückkehr von der Seereise nach Indien gestorben war.

Ladeira de São Francisco, http://museu-ang ra.azores.gov.pt, April–Sept. Di–So 10–17.30, Okt.–März Di–So 9.30–17 Uhr, 2 €

## Schlafen

Die meisten Terceira-Besucher kommen in den beiden Großhotels am westlichen Stadtrand von Angra do Heroísmo unter, Terceira Mar (www.bensaude.pt) und Hotel do Caracol (www.hoteldocaracol.com), die regelmäßig die besten Bewertungen bei Tripadvisor einfahren. Wem der Rund-um-Vier-Sterne-Komfort nicht so wichtig ist, der findet individuelle Alternativen sowohl in Angra als auch im benachbarten São Mateus (s. S. 188).

### Zentral und doch im Grünen

① **Azoris Angra Garden:** Wenn schon hier wohnen, dann richtig, nämlich im Balkonzimmer zum unmittelbar angrenzenden Jardim Duque da Terceira hinaus. Gut ausgestatteter Spa- und Fitnessbereich.

Praça Velha, T 295 20 66 00, www.azorisho tels.com, DZ ca. 100 €

### Ganz viel Atmosphäre

② **Pousada Forte Angra do Heroísmo:** Ins Gemäuer einer alten Festung betten? Warum nicht? Die Zimmer haben zwar keinen Balkon und sind recht klein, aber stilvoll eingerichtet. Fast unschlagbar die Lage zwischen Klippenküste und Hafen.

Rua do Castelinho, T 295 403 560, www. pousadas.pt, DZ ab 70 €

### Klassischer Stil

③ **Beira Mar:** Das überschaubar große Stadthotel steht ganz zentral direkt an der Uferfront. Mit Frühstücksterrasse über dem Hafen und gutem, gar nicht mal teurem Restaurant. Unbedingt Meerblickzimmer nehmen! Buchbar über www. booking.com.

Largo Miguel Corte Real 1–5, T 295 21 51 88, DZ ab 50 €

### Subtropischer Garten

④ **Quinta da Nasce Água:** Außerhalb gelegen, mitten im Grünen. Ein exotischer

# TOUR
# Heiliggeisttempel
# in Angra

**Volksarchitektur von der schönsten Seite**

Von den bunt bemalten, fotogenen Heiliggeisttempeln gibt es 68 auf der Insel. Nicht weit vom **Alto da Memória** steht der ehrwürdigste von allen, der **Império do Outeiro** ⑱ von 1670, im ältesten Stadtviertel von Angra. Seine Fassade wurde noch aus Natursteinen gemauert und nicht, wie bei jüngeren Bauten üblich, vollständig bemalt.

Als 1761 der Pico de Santa Bárbara im Westen der Insel ausbrach, zogen die verschiedenen Bruderschaften mit ihren Heiliggeistkronen los, um den Vulkan zu besänftigen. Die Krone aus dem Império do Outeiro soll als erste eingetroffen sein und die Lava zum Stillstand gebracht haben. König José I. verfügte daraufhin, dass sie bei Prozessionen mit mehreren Heiliggeistkronen stets voranzutragen sei. Folgen Sie nun der **Rua do Pisão** abwärts, an der sich im 15. Jh. die ersten Siedler niederließen. In ihrer Verlängerung, am Stadtmuseum vorbei, geht es zur Rua da Guarita.

Hier können Sie, wenn Sie sich etwa 200 m nach links wenden, dem vielleicht schönsten Tempel von Angra einen Besuch abstatten. Mit dem **Império dos Inocentes da Guarita** ⑲ verbinden sich bekannte Namen. Er wurde 1901 nach Plänen von João da Ponte erbaut, einem Architekten von São Miguel. Eine Engelsfigur von Sá e Silva ziert die Spitze des Giebels.

Ende Juli/Anf. August finden die Festas da Guarita statt.

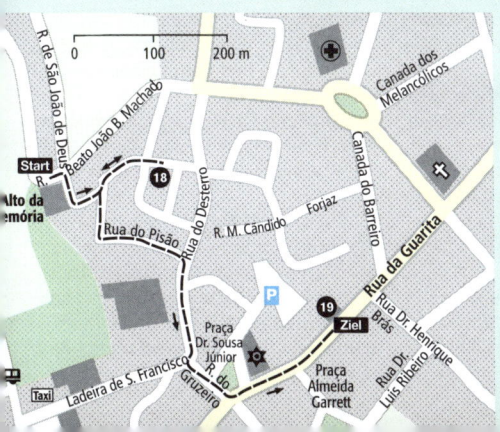

Park aus der Zeit um 1900 umgibt das vornehme Anwesen, das in ein kleines Landhotel verwandelt wurde. Ohne Mietwagen läuft hier allerdings fast nichts.

Vinha Brava, Lugar de Nasce Água, T 295 62 85 00, http://quintadanasce-agua.com, DZ um 110 €

## Essen

### Neue Bescheidenheit

**1** **O Chico:** Mit günstigen Preisen und großen Portionen lockt das modernisierte, kleine Restaurant. Inseltypische Gerichte, etwa *alcatra*.

Rua de São João 7, T 295 33 32 86, Mo–Sa 12–15, 18.30–22 Uhr

### Deftige Küche

**2** **As Nossas Ilhas:** Das geräumige Lokal befindet sich im ersten Stock der Markthalle, hat aber einen eigenen Eingang. Auf Fleisch und Fisch vom Grill sowie Hühnchenspieße spezialisiert, dazu wird frisches Gemüse serviert. Oft gibt es Büffet (um 10 €). Schöne Terrasse mit Blick über die Stadt.

Rua do Rego 25, T 913 30 38 39, tgl. 12–15, 18–22 Uhr

### Brandaktuell

**3** **Q.B. Food Court:** Ein Restaurant der neuen Generation, minimalistisch eingerichtet und spezialisiert auf Fusion-Küche, die auch mit Bio-Produkten arbeitet. Mediterranes mit portugiesischem Touch wird schön präsentiert. Auch Vegetarier kommen hier auf ihre Kosten. Mittelpreisig, an Wochentagen mittags nettes Lunch-Angebot (9 €).

Caminho do Meio São Carlos 50, T 295 33 39 99, tgl. 7–23 Uhr

### Schnörkellos

**4** **Chefes do Pátio:** In dem familiär geführten Lokal kommt gut zubereitete Regionalküche auf den Tisch, etwa

Fischröllchen mit Linguiça-Wurst oder Rindersteak mit Ei. Wochentags günstiger Mittagstisch (6,50 €).

Largo Prior do Crato 3–5, T 295 70 32 36, Mi–Mo 12–15, 19–22.30 Uhr

### Unkompliziert

**5** **Cervejaria Angrense:** Geräumiges Restaurant in traditionellem Stil, mit Tischen vor der Tür. Zwar wenig Auswahl, aber das Preis-Leistungs-Verhältnis stimmt.

Alto das Covas 22, T 295 21 71 40, tgl. geöffnet

### Charmantes Ambiente

**6** **Tasca das Tias:** Schnuckeliges Kneipenrestaurant mit großformatigen Schwarzweißbildern der namengebenden ›Tanten‹ (*tias*) an der Wand. Mit seiner mediterranen Küche im Moment total angesagt, Reservierung empfiehlt sich also. Für Azorenverhältnisse eher höhere Preise.

Rua de São João 117, T 295 62 80 62

## Einkaufen

### Markthalle

**1** **Mercado Duque de Bragança:** Beste Auswahl an einheimischem Obst, Gemüse, Fleisch und Fisch sowie Brot, Honig, Gewürzen und Blumen. Die Verkäufer haben ihren Spaß. »Um figo, dois figos, tres figos«, singt der Verkäufer, als er mir die drei gewünschten Feigen (*figos*) abzählt. Im Obergeschoss Galerie mit Verkauf von Kunsthandwerk und Aussichtsterrasse.

Rua do Rego, Mo–Fr 7–19, Sa 7–14 Uhr

### Süße Versuchungen

**2** **O Forno:** Anspruchsvolle Konditorware hat auf Terceira Tradition. Manche Rezepte sind klösterlichen Ursprungs, andere wurden für das wohlhabende Bürgertum des 19. Jh. in Angra kreiert. Ana

**B**

### BENDITOS PORMENORES

Außergewöhnliche Colliers und Ohrgehänge fertigt **Madalena Costa**. Ein wenig Mut gehört zum Tragen dazu. Jede ihrer Kreationen ist einzigartig und erzählt eine Geschichte. Ganz wichtig ist ihr die Verwendung von Recyclingmaterial. Unbekümmert kombiniert sie Muscheln und getrocknetes Moos mit bunten Fetzen, denen man ihre Herkunft aus Tetrapacks nicht mehr ansieht. Madalena Costa vertreibt ihren Schmuck über einige Verkaufsstellen in Angra, z. B. in den Hotels Terceira Mar, Caracol und Angra Marina oder bei MiCasa (Rua Direita 2, www.facebook.com/benditospormenores).

Costa experimentiert in ihrer Konditorei durchaus auch mit neuen Zutaten für ihre leckeren Torten, Kuchen und Pralinen. Ihr Spitzenprodukt ist allerdings der »Bôlo D. Amélia«, erzählt sie. »Dona Amélia, die einzige portugiesische Königin, die jemals die Azoren besuchte, mochte diese Cremetörtchen besonders.« Das war im Jahre 1901. Als Besonderheiten werden dieser Variante der *queijadas* Rosinen und Sirup aus Zuckerrohr zugefügt.
Rua de São João 53, Mo–Sa 8–19 Uhr

## Bewegen

### Radfahren
❶ **ComunicAir:** Mountainbiketouren auf alten Verbindungswegen durch Weideland und Wälder für alle Schwierigkeitsgrade, etwa eine selbstgeführte dreitägige Inselumrundung. Außerdem werden Touren per Seekajak veranstaltet, z. B. halbtags entlang der Südküste von São Mateus nach Silveira.
Rua de São Pedro 32, T 910 50 38 00, www.comunicair.pt

### Whalewatching
❷ **Ocean Emotion:** Vom Jachthafen läuft das geräumige Festrumpfboot ganzjährig zur Wal- und Delfinbeobachtung aus. Im Sommer auch Schwimmen mit Delfinen, wobei auf die Verantwortung den Tieren gegenüber geachtet wird. Außer-

dem steht Schnorcheln an nur per Boot erreichbaren Spots auf dem Programm.
Rua da Praia 49, T 917 07 21 54, www.oceanemotion.pt

### Tauchen
❸ **Arraia Divers:** PADI-Tauchbasis im Hotel do Caracol, auch für externe Teilnehmer. Getaucht wird am Hausriff und an diversen Spots rund um die Insel. Am Ostabhang des Monte Brasil liegt der Cemitério das Âncoras (›Ankerfriedhof‹). Unzählige Schiffe kappten dort ihre Anker und ließen sie zurück, weil plötzlich der Wind drehte und gefährlicher Wellengang aufkam.
Silveira, Estrada Regional 1, T 914 24 20 37, www.arraiadivers.com

### Reiten
❹ **Quinta do Galo:** Auf dem pädagogischen Bauernhof werden Pferde für Ausritte ausgeliehen. Nach Verabredung auch geführte Ausritte in die Berge Terceiras.
Terra Chã, Fonte Faneca 75, T 295 33 33 15, www.quintadogalo.pt

### Tuk-Tuk
**Tuk Angra Tour:** Bisher einziger Tuk-Tuk auf Terceira, von José Álvaro freundlich und ortskundig gefahren. Bietet Platz für zwei Passagiere. Die Stadtrundfahrten dauern 90 Min. und führen auch auf den Monte Brasil.
T 962 92 22 44, kein fester Standort

## Ausgehen

### Gastropub

🌼 **O Pirata:** Angesagter Treff in vorderster Reihe an der Küste, mit einer enormen Bierauswahl. Wer mag, kann hier auch lecker essen, Snacks oder einheimische Spezialitäten.

Rua da Rocha 64, www.facebook.com/opiratarestaurantebar, Mo–Do 12–24, Fr/Sa 12–2 Uhr

### Sommertraum

🌼 **Havanna Club:** Tagsüber Café und Bar, nachts steigt hier die Party, speziell an Sommerwochenenden. Themenabende, oft mit Livemusik, und kulturelle Events. Herausragende Lage am Jachthafen mit Super-Ausblicken von der Terrasse.

Porto das Pipas 154, tgl. 13–4 Uhr

### Kultur pur

🌼 **Centro Cultural e de Congressos de Angra do Heroísmo (CCCAH):** modernstes Kultur- und Veranstaltungszentrum der Azoren. Der extravagante Baustil lässt noch die Stierkampfarena erahnen, die sich zuvor hier befand. Theater, Konzerte, anspruchsvolle Filme, Ausstellungen. Das Centro beherbergt auch das Konzertcafé Piano Bar (Mo–Do 10.30–24, Fr 10.30–2, Sa 16–2 Uhr), auf dessen Bühne oft kleinere Events stattfinden.

Canada Nova de Santa Luzia, T 295 20 61 20, www.cmah.pt

## Feiern

• **Festas Sanjoaninas:** um den 24. Juni. In Angra feiert man das Johannisfest ausgiebig mit einem zehntägigen Kultur-, Musik- und Sportprogramm. Höhepunkte sind der Stiermarkt, Stierkämpfe und die Wahl der Johannisprinzessin. Jedes Jahr wechselt das Motto, die Stadt wird entsprechend geschmückt. Infos: www.sanjoaninas.pt.

• **Angrajazz:** vier Tage Anf. Okt. Jazzfestival mit Musikern von den Azoren, aus Europa und Nordamerika. Im Centro Cultural e de Congressos, das sich dann allabendlich in einen Jazzclub mit Atmosphäre verwandelt. Infos: www.angrajazz.com.

• **Festa da Castanha:** letztes Okt.-Wochenende. Terra Chã, der fruchtbare Landstrich oberhalb von Angra, gilt als bestes Anbaugebiet für die Edelkastanie. Auf dem Kirchplatz der Gemeinde werden gekochte Kastanien an die Besucher verteilt, dazu gibt es gegrillte Sardinen, Mais und Rotwein. An Ständen wird Backwerk aus Maronen verkauft. Folkloregruppen und Blasmusikanten sorgen für Unterhaltung.

## Infos

• **Information:** Delegação de Turismo da Terceira, Rua Direita 74, T 295 21 33 93, www.visitazores.com; Quiosque ART, Alto das Covas, T 295 21 85 42, http://pt.artazores.com

• **Internet:** www.cmah.pt

• **Flugzeug:** SATA-Stadtbüro, Rua da Esperança 2, Mo–Fr 9–18 Uhr.

• **Inselbusse:** www.evt.pt, in den Inselosten (Porto Judeu, Porto Martins, Praia) ab Praça Velha, in den Inselwesten (São Mateus, Biscoitos) ab Rua do Marquês (vor dem Eingang zum Jardim Duque da Terceira).

• **Stadtbusse:** In die Außenbezirke von Angra fahren Busse der EVT.

• **Taxis:** Praça Velha (T 295 21 20 05), Alto das Covas (T 295 21 30 88).

# São Mateus da Calheta 📍 Karte 4, C 3

Eine imposante Kirche beherrscht die Silhouette des Fischerorts. Als sie nach

*Kaffee, Limonade oder doch lieber ein Eis? Nach einem ausgiebigen Stadtbesuch lässt es sich im Hafen von Angra do Heroísmo wunderbar entspannen.*

sechzehnjähriger Bauzeit 1911 endlich fertiggestellt war, stand in den örtlichen Zeitungen zu lesen, sie sei für das Dorf viel zu groß geraten. Sie spiegle den Kontrast zwischen Arm und Reich allzu deutlich wider. In der Tat mussten viele Bewohner von São Mateus früher nach Amerika emigrieren, da der Fischfang zu wenig einbrachte.

### Wohlstand ist, wenn …

Inzwischen hat sich die finanzielle Lage in São Mateus deutlich verbessert. Der Hafen wurde modernisiert, hier liegt eine große Trawlerflotte. Kühlwagen der Händler holen den meist morgens eingebrachten Fang in der modernen Fischmarkthalle ab. Mehrere Fischrestaurants und etliche Bars, in denen die Fischer ihre Freizeit verbringen, säumen das Ufer. An einer kurzen Promenade befinden sich Treppeneinstiege ins Meer, die relativ gefahrloses Baden im Hafenbecken ermöglichen.

Drei restaurierte Walfangboote sind die Attraktion des **Museu Casa dos Botes Baleeiros** (Porto de São Mateus, tgl. 9–18 Uhr, Eintritt frei) in einem ehemaligen Bootsschuppen. Fotos dokumentieren, wie es früher am Hafen zuging, und Schautafeln erklären den handwerklichen Fischfang auf den Azoren.

Am Ostrand des Hafenbeckens ragen die wuchtigen Mauern des restaurierten **Forte Grande** (16. Jh.) auf. Heute hat in der alten Hafenfestung die örtliche Umweltorganisation Gê-Questa ihren Sitz und betreibt den **Núcleo Mu-**

**seológico do Mar** (www.facebook.com/ge.questa, Mo–Fr 9.30–20, Winter bis 17 Uhr). Das kleine Museum mit Aquarien und wechselnden Ausstellungen befasst sich mit der Ökologie und dem Schutz der Meere. Gê-Questa engagiert sich für die Nachhaltigkeit. So werden oft Workshops veranstaltet, die interessierte Inselbewohner etwa mit der Restaurierung alter Holzmöbel oder der Herstellung von Bio-Kosmetika vertraut machen.

### Lobesworte hören ist Spitze
Zwei besonders schöne Heiliggeisttempel stehen im Hinterland von São Mateus. Auf der Regionalstraße 6-2 von Angra nach São Bartolomeu passiert man zunächst den **Império do Cantinho** von 1860. Er ist ungewöhnlich breit und in verschiedenen Blautönen gestrichen. An der Fassade halten zwei Engel ein Spruchband: »Em louvor do Divino Espto. Santo« (Zum Lob des göttlichen Heiligen Geistes), ist darauf zu lesen.

In **São Bartolomeu** steht der Heiliggeisttempel an der Hauptstraße, am zentralen Platz. Krone und Taube sitzen

---

**SCHON MAL SEEPOCKEN PROBIERT?** **S**

Ein wenig Experimentierfreude sollten Sie schon mitbringen, wenn Sie sich an die *cracas* heranwagen. Dabei handelt es sich übrigens keineswegs um Kraken. Vielmehr bekommen Sie einen Berg von algenbewachsenen Schalentieren serviert, die an einen Korallenstock erinnern. Mit der Miniaturharpune, die fürsorglich dazu gereicht wird, können Sie den winzigen, sesshaften Krebstieren zu Leibe rücken. Macht viel Arbeit für wenig Ertrag, schmeckt entfernt wie Muschelfleisch und wunderbar nach Meer.

---

auf dem Dach des Tempels. Aufgemalte Blütenranken umgeben das Baujahr 1875 an der Fassade. Auch sonst ist der **Império de São Bartolomeu de Regatos** farbenfroh bemalt und zudem mit schmiedeeisernen Gittern verziert. In dem Anbau rechts lagern während des Heiliggeistfestes Brot, Fleisch und Wein.

## Schlafen

### Familiäre Noblesse
**Quinta das Mercês:** Hier wohnt man wie in einem privaten Herrenhaus. Gediegene Einrichtung mit alten portugiesischen Möbeln, in der Kaminlounge Polstersessel und Plüschvorhänge. Der Garten glänzt mit einem Infinity-Pool über der Klippenküste. Liebevoll zubereitetes Frühstück mit frischem Obst und Inselkäse.
Caminho de Baixo, T 295 642 588, www.quintadasmerces.com, DZ ca. 110 €

### Herrschaftlich
**Quinta do Martelo:** Das Landgut ist ein Klassiker unter den Unterkünften auf Terceira. Zimmer und Ferienhäuser sind antik im rustikalen Stil eingerichtet. Tennisplatz, Pool, Minigolf, Fitnessraum und Sauna gehören zur Anlage, außerdem werden Fahrräder verliehen.
Canada do Martelo 24, T 962 81 27 96, www.casasacorianas.com, DZ ab 80 €

## Essen

### Viele Locals als Gäste
**Beira Mar:** Das Hafenrestaurant schlechthin. Fangfrischen Fisch und Meeresfrüchte wählt man aus der Vitrine, wie es die Einheimischen mögen. Zum Nachtisch mundet Maracujatorte. Der Rahmen ist schlicht und zwanglos, die Preise halten sich im verträglichen Rahmen.
Canada do Porto 46, T 295 64 23 92, Di–So 12–23 Uhr

## Gehoben regionaltypisch

**Quinta do Martelo:** Spezialität ist *alcatra,* hier auch mit Wildkaninchen oder Huhn. Gerne werden biologisch erzeugte Produkte aus eigenem Anbau verwendet. Die Restaurantgäste dürfen das angeschlossene ethnografische Museum besichtigen. Mittelpreisig.

Im gleichnamigen Landgut (s. links), Do–Di 12–15, 18.30–22 Uhr

# Das Bergland

 Karte 4, C–D 2

Auf den saftigen Weiden in den Bergen stehen Kampfstiere, dazwischen wuchert ein Gebüsch aus einheimischem Lorbeer und Wacholder. Vielerorts hat der Vulkanismus Spuren hinterlassen, sei es in Form von Grotten, Schloten, Lavaströmen oder den Austrittsstellen schwefeliger Gase. Terceira besitzt mit »Os Montanheiros« seit den 1960er-Jahren einen sehr rührigen Hobbygeologen- und Höhlenforscherverein, der zwei Vulkanhöhlen für die Öffentlichkeit erschlossen hat.

## Ein unergründlicher Schlund

Kohlengrube lautet die wörtliche Übersetzung von **Algar do Carvão.** Dieser Schlot eines erloschenen Vulkans heißt so wegen des fast schwarzen Gesteins im Inneren. Gegen Ende des letzten Ausbruchs vor etwa 1700 bis 2100 Jahren entleerte er sich komplett. Zurück blieb ein fast 100 m tiefer Hohlraum. Selbst im Sommer bleibt es innen kalt und feucht. Besucher dürfen sich frei bewegen. Meist steht auch ein Führer von Os Montanheiros bereit, der auf Wunsch Erläuterungen auf Englisch gibt. Durch einen Fußgängertunnel betritt man den Vulkanschlot. Hoch oben ist

*Auf den Weihnachtsmann hofft man in der Gruta do Natal (s. S. 193) vergeblich, dafür sieht man faszinierende Felsformationen, die von der starken vulkanischen Aktivität der Gegend zeugen.*

# Lieblingsort

## Stinkende Schwefelhöhlen

Abseits des Weges droht hier Gefahr. Kochend heißer Dampf quillt aus Löchern im Boden. Es riecht nach faulen Eiern, typisches Zeichen für Schwefelwasserstoff. Um die Fumarolen herum zerfällt das Gestein zu Lehm, gelbe Schwefelkristalle reichern sich an. Im unwirtlichen Umfeld dieser **Furnas do Enxofre** (›Schwefelgrotten‹) halten nur Moose und Flechten durch. Erst weiter entfernt blüht im Spätsommer die Besenheide, wachsen Heidelbeersträucher, Fingerhüte und zartblaue Lobelien (EN 5-2a westl. Algar do Carvão, ♥ Karte 4, C 2).

der dicht bewachsene, natürliche Ausgang zu erkennen. Die Höhle erweitert sich nach unten und seitlich führt ein Abstecher in einen riesigen, blasenförmigen Hohlraum, die sogenannte Kathedrale. Wer Lust hat, steigt dann noch die steilen, rutschigen Treppenstufen hinab bis zu einem See am Grund der Höhle. In diesem Fall sind allerdings zurück zum Eingang rund 220 steile Stufen zu klettern.

ER 5, www.montanheiros.com, Ostern bis Ende Mai tgl. 14.30–17.15, Juni–Mitte Okt. tgl. 14–18, Mitte Okt.–Ostern Di/Mi u. Fr/Sa 14.30–17.15 Uhr, 6 €, Kombiticket mit Gruta do Natal (s. unten) 9 €

## Abenteuer mit und ohne Tunnel

Wer die zweite öffentlich zugängliche Höhle besuchen möchte, gelangt zunächst zur **Lagoa do Negro.** An dem allmählich verlandenden Kratersee sichteten aufmerksame Beobachter schon rund 150 Vogelarten. Eine Tafel informiert über die westlich angrenzenden **Mistérios Negros,** erst 1761 entstandene Lavaströme. Vier kleine Vulkane an der Südostflanke des Santa-Bárbara-Massivs sandten sie aus. Der Rundweg **PRC 01 TER** (2,5 Std., anspruchsvoll, www.trails.visitazores.com) erschließt dieses stark zerklüftete Gebiet. Er setzt allerdings einige Trittsicherheit voraus.

In einem traditionellen Steinhaus mit Zwillingsschornstein bei der Lagoa do Negro befindet sich der Eingang zur 700 m langen **Gruta do Natal** (›Weihnachtsgrotte‹). Auch sie entstand unter einem Lavastrom, allerdings unbekannten Alters. Ihren Namen verdankt sie der Tatsache, dass zu ihrer Eröffnung am 25. Dezember 1969 eine Messe gelesen wurde – ein Ereignis, das sich seither regelmäßig wiederholt. Man bekommt einen Schutzhelm verpasst und darf den Felstunnel dann in eigener Regie erkunden, was etwa 20 Min. dauert. Zu Beginn ist er recht breit. Auf Stricklava wandelnd gelangt man zu einem Stein-

altar, wo die Messen stattfinden. Links zweigt dort eine niedrige Seitenröhre ab, wo Abenteuerlustige hindurchkriechen können. Im Normalfall folgt man weiter dem Hauptgang. Nach rund 20 m tritt die Seitenröhre von links wieder hinzu. Erstarrte Gesteinstropfen hängen hier von der Decke. Das Ende des erschlossenen Höhlenteils ist erreicht, auf demselben Weg geht es zurück. Kurz vor der breiten Zugangstreppe leitet links eine schmale Natursteintreppe hinauf zu einem kleinen Rundweg durch einen engeren, niedrigeren Höhlenabschnitt, wo gebücktes Gehen angesagt ist. Den Boden bildet hier scharfkantige AA-Lava, dicke Schuhsohlen sind von Vorteil.

ER 3-1 Richtung Biscoitos, www.montanheiros.com, Zeiten wie Algar do Carvão, 6 €

## Romantik ohne Kerzenschein

Einkehrmöglichkeiten gibt es unmittelbar in den Bergen nicht. Also ist es nicht verkehrt, sich vor der Fahrt mit Proviant einzudecken. Damit ausgerüstet bietet sich ein Abstecher zur wildromantischen **Lagoa da Falcá,** auch Lagoa das Patas (›Entensee‹) genannt, an. Gegenüber dem dortigen Parkplatz liegt der Kratersee eingebettet in dichten Kryptomerienwald. Eine Kapelle steht am See, Hortensien säumen das Ufer, exotische Enten ziehen auf der Wasserfläche zwischen Seerosen ihre Kreise. Bänke und Rasenflächen laden zur Rast und zum Picknicken ein.

## Wo Nebel sich lichtet

Im Westen des Berglands ragt die mächtige **Serra de Santa Bárbara** (1021 m) auf. Gefühlt fast täglich hüllt sie sich in dichte Wolken. Sollten Sie ausnahmsweise einen klaren Tag erwischen, lohnt die Auffahrt auf kurvenreicher, schmaler Strecke zum höchsten, antennengekrönten Punkt Terceiras. Von oben fällt der Blick auf Angra und die anderen Inseln der Zentralgruppe. Das Innere der Serra bildet ein 2 km breiter, aber nur 150 m langer flacher Vulkankessel mit den Kraterseen **Lagoa Funda** und – jahreszeitlich austrocknend – **Lagoa Negra.** Wegen der noch gut erhaltenen endemischen Flora steht er komplett unter sehr strengem Naturschutz.

Am Südfuß des Berges, nicht weit von der Abzweigung zur Serra de Santa Bárbara, informiert das **Centro de Interpretação da Serra de Santa Bárbara** (ER 5, http://parquesnaturais.azores.gov.pt, Juni–Sept. tgl. 10–18, Okt.–Mai Di–Fr 10–17, Sa 14–17.30 Uhr, 3 €; mit Cafeteria und Shop) mit Schautafeln über den Naturpark Terceira. Dieser besteht aus 20 Schutzgebieten und deckt insgesamt fast ein Viertel der Insel ab.

# Der Südwesten

📍 Karte 4, B 3

An der Westküste Terceiras tragen die Dörfer so seltsame Namen wie Cinco Ribeiras (›fünf Flüsse‹) oder Doze Ribeiras (›zwölf Flüsse‹). Den ersten Siedlern im 15. Jh. scheint rasch die Fantasie bei der Benennung der neuen Örtlichkeiten ausgegangen zu sein. So zählten sie die Flüsse einfach durch, bei Angra beginnend im Uhrzeigersinn am Meer entlang. Santa Bárbara scheint aus dem Rahmen zu fallen, tut es aber nicht, denn der vollständige Ortsname lautet Santa Bárbara das Nove Ribeiras (*nove* = port. neun).

### Die Heilige mit dem Turm

In Santa Bárbara zeigt ein Pflastermosaik vor dem Kirchenportal den Turm, das Attribut der hl. Barbara. Genau gegenüber steht der **Império de Santa Bárbara,** der Heiliggeisttempel von 1876. Weiß ist er, mit ockergelben Kanten und Rahmen, und weist an der Frontfassade

drei spitzgiebelige Türen und eine Fensterrosette im damals aktuellen, neugotischen Stil auf. Eine Heiliggeistkrone mit der charakteristischen Darstellung einer Taube sitzt der Fassade auf. Dieses Motiv taucht auf den bestickten Türvorhängen wieder auf.

## Einkaufen

### Handgemachter Inselkäse

**Queijo Vaquinha:** In Cinco Ribeiras lädt Terceiras ältester Käsehersteller zu Besichtigung und Kauf ein. João Henrique Melo Cota und seine Mitarbeiter produzieren den *queijo da ilha* noch wie in alten Zeiten. Cinco Ribeiras, Canada do Pilar 5, tgl. 10–22 Uhr

### Töpferwaren

**Azulart:** Aurélia Rocha werkelt hier als eine der letzten Keramikerinnen der Insel. Verkaufsschlager sind ihre wunderschönen Fliesen. Außerdem gibt es viele handliche, fluggepäckfreundliche Dekorationsgegenstände. Einheimische Kunden kommen eher wegen der Gebrauchskeramik, erzählt sie. Cinco Ribeiras, Rua Dr. Marcelino Costa Moules 78, Mo–Sa 10.30–18.30 Uhr

# Der Nordwesten

📍 Karte 4, B 1–2

Weit ins Meer schiebt sich die felsige Landspitze **Ponta do Queimado** vor. An dem supermodernen, weiß-roten Glasfaser-Leuchtturm **Farol da Serreta** vorbei schraubt sich die Nebenstraße zur Küste hinab und endet dort wenige Meter oberhalb des Meeres. Walfänger nutzten diese Stelle früher als Ausguck,

# TOUR
# Wildnis pur
# an der Lagoinha

**Einen Kratersee im Wacholdergebüsch erwandern**

## Infos

**Start/Ziel:** an der
Canada das Fontes,
📍 Karte 4, B 2

**Dauer:** Rundweg,
2,5 Std., mittel-
schwer

**Anfahrt:** ER 1-1 bis
Abzweigung zum
Farol da Serreta (s.
S. 194; dort auch
Bushaltestelle), von
dort 400 m auf der
Straße südwärts,
dann links einbiegen
und 800 m bis zur
Wandertafel des
PRC 3 TER fahren
oder gehen

Ganz weit oben weicht der exotische Forst der **Mata da Serreta** (s. S. 196) Stück für Stück der natürlichen, einheimischen Vegetation. Das attraktive Waldgebiet erschließt der Rundweg **PRC 3 TER,** der je 400 Höhenmeter im Auf- und Abstieg überwindet. Er beginnt und endet an einer Wandertafel am Fahrweg **Canada das Fontes.** Dieser ehemalige Viehauftriebsweg beschreibt einen Bogen um den oberen Ortsrand von Serreta. Nach 100 m auf Asphaltdecke gehen Sie links einen Weg hinauf, der von vulkanischen Auswürflingen bedeckt ist. Etwa 400 m weiter wenden Sie sich nochmals links und schlagen einen Pfad ein, den ein dichter Kryptomerienwald säumt. Dieser wird später durch ursprünglich hier heimisches Wacholdergebüsch abgelöst.

Auch andere endemische Pflanzen, deren Vorkommen sich auf den Archipel beschränkt, sind hier zu beobachten, wie das Azoren-Johanniskraut oder der Lorbeer-Schneeball. Nach Überqueren eines Baches gilt es auf eine Abzweigung zu achten, die Sie etwa nach halber Gehzeit erreichen. Dort führt ein kurzer Abstecher links bergauf zur 777 m hoch gelegenen **Lagoinha,** einem romantischen Kratersee, den ein weitläufiger, grüner Wacholderteppich umrahmt. Kehren Sie zur Abzweigung zurück.

Dort halten Sie sich hangparallel und laufen dann rechts abwärts durch die Lorbeerwaldschlucht der **Ribeira do Além.** Auf rutschigem Untergrund queren Sie ein Waldgebiet am **Pico do Negrão** (640 m). Weideflächen und Hortensienhecken säumen das letzte Teilstück des Weges bis zum Ausgangspunkt an der Canada das Fontes.

Angler hocken sich heute gern wegen des Fischreichtums hierhin. Ein mehrterrassiger **Miradouro** bietet großartige Blicke entlang der Steilküste Richtung Norden sowie nach Süden zur Insel São Jorge.

## Das Aroma der Essenzen

Zwischen der Ponta do Queimado und Raminho liegt ein duftender, subtropischer Wald. Die exotische Vegetation der **Mata da Serreta** profitiert vom milden Klima in Meeresnähe. Im 15 ha großen Kernbereich hat die Forstverwaltung eine **Reserva Florestal de Recreio** ausgewiesen, einen Freizeitpark mit Spazierwegen, Aussichtspunkten, Picknicktischen und Kinderspielplatz. Unter Neuseeländischen Weihnachtsbäumen, Kryptomerien, Baumfarnen und Eukalyptusbäumen blühen Azaleen und Hortensien. Der Eingang ist nicht zu verfehlen, dank eines gewaltigen Barockbrunnens *(chafariz)* mit Spiralverzierung und einer Skulptur des mythischen Vogels Greif. Er sprudelte ursprünglich im Kreuzgang eines Klosters in Angra. Parkplan unter http://drrf-sraa.azores.gov.pt.

## Mit Flaggen, Feuer und Funk

Über Raminho und Altares hinweg schauen Sie vom **Miradouro do Raminho** weit nach Nordosten, bis zum Pico Matias Simão (s. rechts). Das Pflastermosaik auf der Aussichtsterrasse (Windrose) gilt als eines der schönsten Beispiele für die *calçada portuguesa* auf den Azoren, die typische portugiesische Pflastermosaikkunst.

Neben dem Miradouro do Raminho geht es auf einem Fahrweg 200 m abwärts zum **Miradouro da Vigia da Baleia.** Von dem Walfängerausguck 153 m über dem Meer gab früher ein Posten mit Flaggen, Feuer oder Funk Nachricht, sobald Wale in Sicht kamen. Rundherum liegt eine Picknickzone im Wald. Angler steigen auf einem abenteuerlich steilen Pfad hinab zur Küste. Wer es ihnen nachtun möchte, braucht mit Rückweg 20 Min.

## Auch Bauwerke kommunizieren

Der Bauernort **Altares** gefällt durch den architektonischen Dialog zwischen Kirche und Heiliggeisttempel, die sich an der Durchgangsstraße gegenüberstehen. Letzterer stammt von 1903, ist im damals aktuellen Jugendstil verglast und darüber hinaus komplett mit grünen und weißen Fliesen verkleidet.

In der ehemaligen Dorfschule von 1888 am Kirchvorplatz zeigt der winzige **Núcleo Museológico dos Altares** (Di–So 14–17 Uhr, Eintritt frei) alte Gerätschaften aus Haushaltung und Landwirtschaft und andere volkskundliche Exponate aus dem Ort. Außerdem

---

### ZWILLINGSSCHORNSTEINE    **Z**

Ungewöhnliche Bauformen erinnern in den Dörfern Terceiras an die Herkunft vieler Inselbewohner aus den südportugiesischen Regionen Algarve und Alentejo. Die Ziegeldächer der wuchtigen, keilförmigen ›Handteller-Schornsteine‹ *(chaminés de mãos postas)* verhindern das Eindringen von Regenwasser. Der *chaminé de duas grotas* hat zwei Kamine, denen fantasievolle, wie kleine Minarette geformte Keramiktürmchen aufsitzen. Sie gelten als maurisches Erbe. Die Schornsteine sind den Häusern seitlich angebaut, der Backofen darunter wird von der Küche aus bedient. Fast neben jedem Bauernhof steht eine *burra de milho* (Maiskiste), ein pyramidenförmiges Gestell, in dem Maiskolben hängen. Falls nicht vorhanden, dient auch gern ein Baum nebenan dem gleichen Zweck.

*Ein wahrer Vulkan-Segen: Die zerklüftete Biskuit-Lava gab dem Ort seinen Namen, doch Biscoitos verdankt ihr auch seine fruchtbaren Böden, auf denen Weinreben und Feigenbäume gedeihen.*

gibt es eine kleine Ausstellung zu Fauna, Flora und Ökologie der Insel.

Etwas abseits am Meer ragt der markante **Pico Matias Simão** (153 m) auf. Dank seines besonders festen Lavagesteins trotzte er der Erosion. Die Vulkankuppe lässt sich nur zu Fuß erkunden (mit Rückweg 30 Min.). In einer auffälligen Kurve der ER 1-1 an der östlichen Ortseinfahrt von Altares, wo man bei einem Straßenspiegel in die Canada do Pico einbiegt, geht es los. Am Gipfel hatten einst die Walfänger von Biscoitos ihren Ausguck, heute steht hier ein Kreuz. Zur Küste hin gähnt ein Abgrund.

## Essen

### Gutbürgerlich

**Caneta:** In einem schön hergerichteten Gutshaus am westlichen Ortsrand, mit Patio und gepflegtem Speiseraum. Typische Regionalküche, etwa *alcatra* oder Tintenfisch vom Grill.

Altares, Rua às Presas 13 (ER 1-1), T 295 98 91 62, www.restaurantecaneta.com, Di–So 12–15, 18–22 Uhr

# Biscoitos  📍 Karte 4, C 1

Dicht an dicht stehen die Häuser an der langgezogenen Dorfstraße und verleihen Biscoitos ein fast urbanes Flair. Das Zentrum markieren wie üblich die Kirche, ein Heiliggeisttempel, ein paar Lokale und Geschäfte. An der Straße zum Fischerhafen reihen sich Ferienvillen. Rundherum wachsen Weinreben und knorrige Feigenbäume auf kleinen, von niedrigen Mauern geschützten Feldern. Diese empfindlichen

Kulturen genießen die Wärme des dunklen, Wärme speichernden Bodens der Lavazunge, die sich im 18. Jh. hier ins Meer ergoss. Erst danach entstand der Ort, der seinen Namen der zerklüfteten Biskuit-Lava verdankt.

### Wie ein Fels in der Brandung

Lavapools gibt es auf den Azoren viele, doch keiner ist so schön wie die **Piscinas naturais** von Biscoitos. Eine natürliche Felsbarriere schirmt das innerste Becken vor der Brandung ab. Weiter draußen, wo die Wellen hineinschwappen, wird es abenteuerlicher. Bei ruhiger See wagen sich sportliche Menschen dennoch ins offene Meer. Deren Tatendrang sind allerdings Grenzen gesetzt. Eine Bojenkette hindert am allzu weiten Hinausschwimmen. Schmale, in die Felsen betonierte Nischen laden anschließend

*Was wächst, muss auch geerntet werden: Weinlese in Biscoitos, bei der schon die Kleinsten mithelfen*

zum ausgiebigen Sonnenbaden ein. Die Anlage ist frei zugänglich und bietet die übliche Infrastruktur.

### Der Azorenwein ist geduldig

Die örtlichen Winzer kämpfen gemeinsam für den Erhalt der Weinbauzone Biscoitos und gegen den Verkauf von Rebflächen als Bauland. Dazu gehört aber auch, dass die Inselbewohner den regionalen Wein wieder mehr zu schätzen wissen. Es geht vor allem um den Vinho Verdelho, den klassischen Süßwein, den nur noch wenige Produzenten herstellen. Denn die Produktion ist aufwendig und langwierig. Eine goldene Nase lässt sich damit derzeit nicht verdienen. Dabei »war dieser Wein schon auf Tischen bedeutender Leute wie Päpsten, englischen Königen und sogar russischen Zaren«, versicherte Dimas Simas Lopes der Nachrichtenagentur Lusa, wie die Zeitung »Açoriano Oriental« am 27. April 2015 berichtete. Der Arzt im Ruhestand bearbeitet einen Weinberg, der sich seit den 1930er-Jahren in Familienbesitz befindet. Für ihn ist der Weinbau in Biscoitos »ein Kunstwerk«, das finanzielle Hilfe von außen benötigt. José Manuel Cardoso, der eigentlich von Pico stammt und vor über 20 Jahren Weinfelder in Biscoitos erwarb, assistiert: Der Verdelho »macht viel Arbeit und ist nicht rentabel«. Er schätzt, dass 75 % der Anbaufläche im Ort brachliegen. Dabei gäbe es Hilfen, die bisher nicht in Anspruch genommen würden.

Das private **Museu do Vinho dos Biscoitos** gehört zur **Casa Agrícola Brum** (Canada do Caldeiro 3, ER 3-1 Richtung Angra, Di–Sa 13.30–16 Uhr, Eintritt frei), einem in fünfter Generation geführten Weingut von 1890. Die Ausstellung zeigt altes Winzergerät, Fotos und Dokumente, im Freien sind die verschiedenen auf den Azoren üblichen Rebsorten zu sehen. Zur Zeit der Weinlese können Sie zuschauen,

## SCHAUEN, PICKNICKEN, BADEN

**S**

Die schroffe Nordküste Terceiras hält einige Überraschungen bereit. Vier Flüsse – *quatro ribeiras* – münden beim gleichnamigen Dorf in die weit geschwungene Felsbucht **Baía das Quatro Ribeiras**. Der **Miradouro da Canada dos Sousas** (am Ostrand von Quatro Ribeiras als »Miradouro« ausgeschildert) wurde als Picknickplatz auf dem Bergrücken der Ponta da Furna angelegt, mit Superblick nach Osten über die Bucht. Etwas weiter östlich überschaut man diese auch vom **Miradouro dos Moinhos** bestens. Unten am Meer liegt zwischen zerklüfteten Klippen die **Zona Balnear**, ein Badeplatz mit ganz vielen Treppen und einem Pool, neben dem die Kaskade einer wildromantischen Wassermühle rauscht.

wie die Trauben verarbeitet werden. Im Verkaufsraum darf probiert werden, natürlich auch Verdelho, dessen Hauptprodukt die Familie Brum ist.

## Schlafen

### In historischem Stil
**Quinta do Rossio:** Landhotel mit vier Zimmern, familiär und liebevoll. Meerwasserpool und sogar Sauna. Traditionelles Frühstück, nach Anmeldung am Vortag auch Mittag- oder Abendessen.
Lugar do Rossio 20, Rua dos Boiões, T 295 90 83 25, www.quintadorossio.com, DZ 80 €

## Essen

### Viele einheimische Gäste
**O Pedro:** Ein kleines, preisgünstiges Restaurant bei der Kirche. Aus der Küche kommen gegrillte *lapas*, Tintenfischragout und andere Inselspeisen.
Caminho do Concelho, T 961 43 49 88, Mo–Sa 7.30–1 Uhr

### Strandlokal
**Bar do Abismo:** Die Snackbar im amerikanischen Stil serviert Hamburger oder Cheeseburger mit Pommes. Tische im Freien mit schönem Küstenblick.

Piscinas naturais, T 295 98 96 64, So–Do 8–24, Fr/Sa 10–2 Uhr

## Einkaufen

### Mercado Piscinas
In der Badesaison stehen am Zugang zu den Piscinas naturais ein paar Marktstände. Sie haben Kunsthandwerk, etwa geschnitzte Armreifen oder Trachtenpuppen, im Angebot. Außerdem gibt es lokales Obst und Gemüse, *tremoços* (Lupinensamen), pikant gewürztes Sauergemüse, Marmeladen und Backwaren, z. B. *queijadas*. Wenn die Feigen im September reif sind, werden sie nicht nur hier, sondern auch in einigen Häusern an der Zufahrtsstraße angeboten (Schilder: »Se venden figos«).

## Feiern

• **Festas da Vinha e do Vinho dos Biscoitos:** 1. Sept.-Wochenende. Die Weinlese ist Anlass für ein der Rebe (*vinha*) und dem Wein (*vinho*) gewidmetes Fest auf dem Gelände des Museu do Vinho (Eintrittsgebühr) – Gelegenheit, der Weinlese und dem Pressen der Trauben beizuwohnen und den frischen Most zu probieren; dazu Folkloremusik und Tanz, traditionelle Speisen und der vorjährige Wein.

# Ilha Graciosa – Überschaubar groß

Inselleben ganz entspannt: Graciosa wurde von der UNESCO zum Biosphärenreservat erklärt. Auf dem zweitkleinsten Eiland der Azoren sagen sich Fuchs und Hase Gute Nacht. Obwohl Graciosa ja eigentlich die Insel der Esel ist, sagen die anderen Azorianer. Früher kam einer auf sechs Einwohner, heute nicht einmal auf siebzig. Einst unverzichtbar, sind die Lasttiere in der Landwirtschaft nicht mehr gefragt. Doch obwohl inzwischen Traktoren und Pick-ups zum Einsatz kommen, geht es nach wie vor sehr beschaulich zu.

## Prima zum Relaxen

Wer absolute Ruhe sucht, ist auf Graciosa goldrichtig. Viel Spektakuläres gibt es nicht, außer der gigantischen Vulkanhöhle Furna do Enxofre, die allerdings zu den großen Naturwundern der Azoren zählt. Santa Cruz gilt als eine der schönsten Azorenstädte überhaupt. Ein weiterer Anziehungspunkt ist der nostalgische Thermalkurort Carapacho mit seinem zum Wellnesstempel ausgebauten Badehaus. Entspannt wird hier in heilsamem Wasser, das mit Badewannentemperatur aus dem Vulkanfels quillt.

### ORIENTIERUNG

**Infos:** www.visitazores.com, http://pt.artazores.com; am Flughafen keine Touristeninformation
**Verkehr:** Flughafen Aeródromo da Graciosa 1,5 km westlich von Santa Cruz, keine Linienbusse, bei Ankünften stehen Taxis bereit, Fluginfos: www.sata.pt. **Fährschiffe:** www.atlanticoline.pt, Fährhafen ist Praia, im Sommer 2–3 x pro Woche zu allen Inseln der Ost- und Mittelgruppe, im Hochsommer auch nach Flores. **Inselbusse:** auf zwei Rundkursen ab Santa Cruz mehrmals tgl. (Sa eingeschränkt, So keine Busse) zu den wichtigsten Orten des Inselostens/-westens. **Mietwagen:** mehrere Anbieter am Flughafen (nur bei Ankünften geöffnet) und in Santa Cruz.

## Nur wenige Urlauber

Zwar lockt ein noch recht neues Komforthotel in Santa Cruz immer mehr Besucher nach Graciosa. Auch gibt es ein paar kleinere Unterkünfte in der Stadt, am Hafen von Praia und in den ländlichen Bereichen. Dennoch bleibt die Insel ein Ziel für Individualreisende, die Abgeschiedenheit und Ursprünglichkeit suchen.

# Santa Cruz de Graciosa ♥ Karte 3, B 1

### Von Größenwahn keine Spur

Das Leben auf Graciosa spielt sich vorwiegend im Hauptort ab. Ihre zentrale **Praça Fontes Pereira de Melo** mit dem Rathaus nennen die Bewohner liebevoll Rossio, nach dem berühmten Vorbild in Lissabon. Immerhin handelt es sich um den weitläufigsten Stadtplatz der Azoren. Hohe Araukarien stehen Spalier neben zwei großen Wasserbecken am Nordrand des Platzes – Resten einer einstmals natürlichen Süßwasserlagune. Diese war den frühen Siedlern, die sich um 1475 hier niederließen, auf der ansonsten eher wasserarmen Insel mehr als willkommen. Der Südteil des Rossio ist allgemeiner Treffpunkt. Gewaltige Neuseeländische Weihnachtsbäume, einige davon schon im 19. Jh. gepflanzt, spenden Sitzbänken Schatten. Abends sorgen nostalgische Laternen für stimmungsvolle Beleuchtung und bei Volksfesten spielt auf dem offenen Pavillon die Musikkapelle.

Wassermangel war übrigens der Grund, warum der fruchtbare Boden rings um die Stadt für den Weinbau genutzt wurde und nicht für bewässerungsintensive Kulturen, wie etwa Orangen auf manchen anderen Inseln. Doch auch mit dem Weinexport ließ sich Geld verdienen, vor allem Ende des 18. bis Mitte des 19. Jh. Aus dieser Zeit stammen die vornehmen Adels- und Bürgerhäuser, die das Gesicht der Innenstadt prägen.

### Zwei Kirchen müssen sein

Der ursprüngliche Siedlungskern lag auf einer Anhöhe östlich der Lagune. Dort steht noch immer die Hauptkirche **Igreja Matriz de Santa Cruz**. Sie wurde um 1500 errichtet und besitzt aus der Gründungszeit eine Serie meisterhafter Tafelbilder im Hauptaltar, auf denen die Passion Christi dargestellt ist. Vermutlich stammen sie aus der Lissabonner Werkstatt von Cristóvão de Figueiredo, der zwischen 1515 und 1543 aktiv und einer der bekanntesten portugiesischen Renaissancemaler war. Um 1700 kamen die Barockfassade und die handbemalten, blau-weißen Azulejos hinzu.

Ein paar Schritte weiter wurde nur wenige Jahre nach der Igreja Matriz die zweite charakteristische Kirche von Santa Cruz errichtet, die **Igreja da Misericórdia** (auch Igreja de Santo Cristo genannt). Ihr war schon 1510 ein Hospital angeschlossen. Im Hauptaltar birgt sie eine Statue des Senhor Santo Cristo dos Milagres (19. Jh.), die beim größten Inselfest die Hauptrolle spielt (s. S. 207).

### Pilgerberg vor der Tür

Der 129 m hohe **Monte da Ajuda** südlich der Stadt ist der Hausberg von Santa Cruz. Drei Wallfahrtskirchen krönen den Vulkanhügel, von denen die erste auf dem Weg um den Kraterrand, die **Ermida de Nossa Senhora da Ajuda**,

---

### FAKTENCHECK

**Einwohner:** 4300
**Bedeutung:** zweitkleinste Azoreninsel
**Stimmung auf den ersten Blick:** liebenswert, um Aufmerksamkeit bemüht, total ›jwd‹
**Besonderheiten:** Die ganze Insel ist UNESCO-Biosphärenreservat, Refugium des Graciosa-Esels, einziges Thermalbad außerhalb von São Miguel, wichtiges Weinbaugebiet, beherbergt mit Furna do Enxofre eines der größten Naturwunder der Azoren.

# TOUR
# Umrundung der Caldeira von Graciosa

**Zu Fuß auf dem Kraterrand unterwegs**

## Infos

**Start/Ziel:** in Canada Longa, 📍 Karte 3, C 2

**Dauer:** Rundweg, 2 Std., leicht; Variante mit Furna do Enxofre 3 Std. (plus ca. 1,5 Std. für die Besichtigung)

**Anfahrt:** ER 2-2 bis Canada Longa, dort steht am Ausgangspunkt des PRC 2 GRA eine Wandertafel; Bus ab Santa Cruz/Praia mehrmals tgl. (nicht am Sonntag!)

Folgen Sie dem **PRC 2 GRA,** ausgehend von der Wandertafel in **Canada Longa,** bis zu einer Straßengabelung. Geradeaus führt dort ein Abstecher durch einen Tunnel in den Krater und zur Furna do Enxofre (s. S. 203). Wenn Sie zunächst zum Kraterrand aufsteigen möchten, halten Sie sich an der Gabelung rechts. Oben angelangt, umrunden Sie die Caldeira im Uhrzeigersinn auf einer abschnittsweise asphaltierten Erdpiste.

Schon bald führt rechts ein kurzer Treppenweg zur **Furna da Maria Encantada,** einem 56 m langen, bis zu 5 m breiten und knapp 6 m hohen natürlichen Vulkantunnel. Er entstand, als sich einst Lava über den Kraterrand ergoss, und wurde schon im 16. Jh. von dem Chronisten Gaspar Frutuoso unter dem Namen Furna do Castelo beschrieben. Der **Miradouro** am anderen Ende bietet Einblick ins Innere des weiten Kessels, dessen steile Hänge von Kryptomerien, Akazien und Klebsame – einem einst aus Australien eingeführten, sehr robusten Strauch mit gewellten Blättern – überwuchert werden. Die Route verläuft anschließend am äußeren, flachen Abhang der Caldeira. Sie schauen nach Nordosten Richtung Fenais, später auf die zerklüftete Südostspitze Ponta da Restinga mit einigen vorgelagerten Felsinseln. Schließlich rückt der Kurort Carapacho ins Blickfeld.

An der Nordwestseite des elliptischen Kraters treffen Sie wieder auf die vom Hinweg bekannte Strecke, die Sie nach **Canada Longa** zurückbringt. Wer mit dem Bus gekommen ist, kann nun durch den Kratertunnel zur **Furna do Enxofre** wandern. Mietwagenfahrer möchten die asphaltierte Strecke dorthin vielleicht lieber mit dem Auto zurücklegen.

**H**

## DER SCHÖNSTE HAFENBLICK

Die beste Aussicht auf Praia bietet der Platz vor der Ermida Nossa Senhora da Saúde. Die 1910 erbaute Wallfahrtskirche steht an der Nordostflanke des Monte da Saúde (193 m), eines Vulkankegels südlich der Stadt und ist über eine schmale Zufahrtsstraße zu erreichen, die in Santa Quitéria von der ER 2 Richtung Luz abzweigt.

die bemerkenswerteste und zugleich älteste ist. Errichtet wurde sie – so die Legende –, nachdem auf dem Monte da Ajuda auf wundersame Weise eine Marienfigur aufgefunden wurde. Der festungsähnliche Bau bildet mit der angrenzenden Pilgerherberge einen recht großzügigen Komplex. Meist sind alle drei Ermidas verschlossen. Der Aufstieg (ab Innenstadt mit Rückweg ca. 1 Std.) lohnt aber wegen des großartigen Blicks über Stadt und Meer.

# Praia (São Mateus)  ♀ Karte 3, C 2

### Nicht viel los, aber …

Hier befindet sich der Fährhafen der Insel. Einen schönen Anblick bieten die restaurierten Windmühlen in Hafennähe. Offiziell heißt die zweitgrößte Stadt, die aber lediglich 900 Einwohner hat, São Mateus. Gängiger ist allerdings der historische Name Praia (oder Vila da Praia). Als höchste Kirche der Insel beherrscht die **Igreja de São Mateus** das Stadtbild. An die Uferstraße grenzt die sandige **Praia de São Mateus,** vor

der die frühen Siedler einen sicheren Ankerplatz fanden.

### Ein liebenswerter Vogel

Vor der Stadt liegt die kleine Felsinsel **Il-héu da Praia,** die erodierte Ruine eines ehemaligen Vulkans. Wegen ihrer azorenweit herausragenden Bedeutung als Vogelbrutplatz steht sie unter Naturschutz. Nur hier kommt der erst seit den 1990er-Jahren als eigenständige Art erkannte, auf Graciosa endemische Monteiro-Wellenläufer vor. Dieser kleinste Meeresvogel des Archipels jagt Tag und Nacht an der Wasseroberfläche nach kleinen Fischen und Plankton. Im Sommer veranstaltet Nautigraciosa (s. S. 207) Bootsexkursionen, um diesen und andere Seevögel zu beobachten. Das Betreten des Ilhéu da Praia ist nur mit Genehmigung der Naturparkbehörde erlaubt.

# Caldeira  ♀ Karte 3, C 2

### Symbiose der Krater

Landschaftlich schönster Teil von Graciosa ist der Vulkankessel im Südosten. Eigentlich waren es sogar zwei Krater, die bei ihrem Einsturz vor wohl 12 000 Jahren zu einer Ellipse verschmolzen sind. Steil fallen die dicht bewaldeten Seitenwände zum Kratergrund ab, der in Längsrichtung 1600 m, quer nur 800 m misst. Ringsum bildet der maximal 405 m hohe Kraterrand die höchste Erhebung der Insel.

### Die Grenze zur Unterwelt

Eines der größten Naturwunder der gesamten Azoren verbirgt sich in der Caldeira, die **Furna do Enxofre** (›Schwefelhöhle‹). Sie war einmal, ähnlich wie der Algar do Carvão auf Terceira, ein Vulkanschlot. Dessen Lavaspiegel sank gegen Ende der Eruption und hinterließ schließlich unter einer riesigen Basaltkuppel eine 95 m tiefe, bis zu 130 m breite Höhle.

Durch einen Tunnel im Kraterrand führt eine Stichstraße ins Innere der Caldeira bis zur Furna do Enxofre. Im Besucherzentrum informiert eine Ausstellung ausführlich über die geologische Situation. Der Zugang zur Höhle erfolgt dann durch eine zugewucherte, natürliche Öffnung in der Basaltkuppel. 1879 stieg der begeisterte Naturforscher Albert I. von Monaco auf einer Strickleiter hinab. Um auch weniger risikofreudigen Menschen die Besichtigung zu ermöglichen, wurde in den 1930er-Jahren ein 37 m hoher Turm mit Wendeltreppe eingebaut. Unten geht es bis zu einer Stelle, wo man zur geheimnisvollen **Lagoa do Styx** blickt, deren Wasser den Höhlengrund ausfüllt. Bezeichnenderweise wurde der See nach dem Fluss benannt, der in der griechischen Mythologie die Grenze zwischen der Welt der Lebenden und der Unterwelt markiert. Fumarolen an der Höhleninnenwand stoßen ständig Schwefelwasserstoff und andere toxische Gase aus. Daher ist der Abstieg bis zum See nicht mehr erlaubt. Je nach Intensität der Emissionen und auch bei stärkerer Erdbebenaktivität muss der Besuch manchmal auf die Umgebung des Turms beschränkt oder die Höhle sogar komplett gesperrt werden.

http://parquesnaturais.azores.gov.pt, April–Okt. tgl. 10–18, Nov.-März Di–Fr 10–17, Sa 14–17.30 Uhr, 5 €

# Carapacho  ♀ Karte 3, C 2

## Wasser ist unentbehrlich

Ein Besuchermagnet ist das Thermalbad **Carapacho**. Das hiesige schwefel- und salzhaltige, alkalische Quellwasser soll Rheuma, Knochenerkrankungen und Hautirritationen heilen. Es sprudelt aus

einer Gesteinsspalte, die Verbindung zur Furna do Enxofre hat. Schon um 1750 wurden hier Badekuren durchgeführt und vor allem im 19. Jh. zog es wohlhabende Azorianer von allen Inseln nach Carapacho. Ihre Sommervillen machen noch heute den besonderen Charme des Ortes aus. Das alte Kurhaus wurde zur Wohlfühloase modernisiert (s. S. 207). Davor befindet sich ein frei zugängliches Meeresschwimmbecken.

Weiter westlich liegt der kleine Fischerhafen **Porto da Folga.** Er ist auch auf dem markierten, aussichtsreichen Wanderweg **PR 3 GRA** (1 Std., leicht) zu erreichen, der im Bauerndorf **Luz** am Heiliggeisttempel beginnt.

# Der Inselwesten

♀ Karte 3, B 1–2

## Inselüberquerung light

Bei Ribeirinha beginnt die **Serra Branca.** Ihre höchste Erhebung, den Vulkan **Caldeirinha** (360 m), kann man auf dem ersten Abschnitt des **PR 1 GRA** erwandern (mit Rückweg 30 Min., leicht, www.trails.visitazores.com) und den flachen Kraterrand, der einen engen Schlund umgibt, erklimmen. Der Ausblick über Graciosa und zu den anderen Inseln der Mittelgruppe ist großartig. Wer per Taxi gekommen ist, kann auf dem PR 1 GRA über die Caldeirinha hinaus auf alten Viehauftriebswegen bis Praia laufen (2,5 Std., leicht). Unterwegs bietet sich vom **Cruz de Barro Branco** ein Panoramablick zur Nordküste von Graciosa.

## Bauern und Fischer gucken

Weinberge und Viehweiden prägen den wenig besuchten, flachen Westteil Graciosas. Guadalupe und Vitória sind große Bauerndörfer. Ein Abstecher lohnt zum

**Porto Afonso,** dem alten Naturhafen von Vitória, aus dem noch ein paar Boote zum Fischfang auslaufen. Am Wochenende sitzen Angler an der nahen Felsküste und in der Sommersaison tummeln sich einheimische Badegäste in der Bucht.

## Museen

### Buntes Potpourri der Insel

**Museu da Graciosa:** Das Inselmuseum zeigt im früheren Wohn- und Geschäftshaus eines Weinexporteurs eine *adega* mit Weinpresse und anderem Originalgerät. Im neueren, avantgardistisch gestylten Trakt informiert eine Ausstellung über Aspekte der Insel: Geologie, Landwirtschaft, Bewässerungssysteme, traditionelles Handwerk, Musik, Karneval, Heiliggeistfeste. Zum Museum gehört auch der **Barracão dos Botes Baleeiros** (Rua Pedro Roberto Dias da Silva), ein alter Bootsschuppen mit dem Original eines Walfängerboots. Außerdem kann auf Anfrage eine restaurierte Windmühle besichtigt werden.
Largo Conde de Simas 17, www.museu-gra ciosa.azores.gov.pt, April–Sept. Di–So 10–18, Okt.–März Di–So 9.30–17.30 Uhr, 1 €

*Alle Jahre wieder: Die Farbe an den Häusern muss bei dem feuchten Klima oft erneuert werden.*

## Schlafen

### Extravagant gebaut

**Graciosa Resort Hotel:** Noch recht neuer Vier-Sterner mit 52 Zimmern, im für die Insel unerwarteten Designstil, Flachbauweise mit Lavasteinfassaden. An einem kleinen Hafen außerhalb von Santa Cruz, in Fußgängerentfernung gelegen. Buchbar z. B. über www.booking.com.
Santa Cruz, Porto da Barra, T 295 73 05 00, info@graciosahotel.com, DZ ab 80 €

### Kleines Frühstückshotel

**Ilha Graciosa:** In einem traditionellen Landhauskomplex am Stadtrand werden 16 eher kleine, etwas altmodisch möblierte Zimmer vermietet. Familiär geführt und von einem gemütlichen Garten umgeben. Buchbar über www.booking.com.
Santa Cruz, Avenida Mousinho de Albuquerque 49, T 295 71 26 75, DZ um 50 €

### Vom Feinsten

**Casa das Faias:** Äußerlich schlichtes Natursteinhaus, innen schickes Boutiquehotel. Sieben Zimmer und eine Suite mit Whirlpool. 200 m vom Hafenstrand gelegen. Buchbar über www.booking.com.
Praia, Rua Infante Dom Henrique 10, T 295 73 25 30, DZ um 80 €

### Originelle Location

**Moinho de Pedra:** Vier Ferienwohnungen im Landhausstil in einer restaurierten Windmühle nördlich des Hafens.
Praia, Rua dos Moinhos de Vento 28, T 295 71 25 01, www.moinhodepedra.pt, DZ ab 40 €

*Einsames Idyll – Graciosas Westen ist von Weinbergen geprägt.*

### Im Natursteinhaus
**Quinta dos Frutos:** In einem traditionellen Bauernhofkomplex inmitten von Apfelplantagen und Weideland werden drei hübsch eingerichtete Natursteinhäuser vermietet.
Vitória, Lugar da Vitória 10, T 295 71 25 57, DZ ca. 55 €

---

## Essen

---

### Bunte Mischung
**Apolo 80:** Nüchtern eingerichtet, aber man wird zu vernünftigem Preis ordentlich satt. Werktags günstiger Mittagstisch, abends azorianische Speisen à la carte, etwa *morcela com feijão* (Blutwurst mit Bohnen).
Santa Cruz, Rua D. João IV 8, T 295 71 26 60, tgl. 12–14.30, 19–23 Uhr

### Feiner Fisch
**Costa do Sol:** In Hafennähe, mit nettem Ambiente. Auf der Karte stehen Fischgerichte (Muräne, Tintenfisch), aber auch *carne assada* (Rinderschmorbraten) oder *costoleta de porco* (Schweinekotelett). Wechselnde Tagesgerichte um 5 € (nur mittags), ansonsten mittelhohe Preise.
Santa Cruz, Largo da Calheta 2, T 295 71 26 94, tgl. 12–15, 19–24 Uhr

### Am Hafen
**Marisqueira JJ:** Inselküche mit Fisch, aber auch Fleisch und Pasta. Typische Gerichte sind *cataplana* und *alcatra,* die Portionen sind riesig, das Preis-Leistungs-Verhältnis gut. In einem urigen alten Haus, wo die Natursteine aus den Wänden gucken.
Praia, Rua Fontes Pereira de Melo 148, T 295 73 28 55, tgl. 12–15, 19–23 Uhr

### Ausflugslokal
**Dolphin:** Modernes Restaurant mit großer Meerblickterrasse und frischem Fisch, gern als *cataplana* oder *espetada.* Außerdem gibt es oft *caldeirada de cabrito* (Zickleineintopf) und an Sommerwochenenden Büffet. Die Preise sind günstig.
Carapacho, T 295 71 20 14, tgl. 12–15, 18–22 Uhr

### In einem Gutshaus
**Quinta das Grotas:** Gehobene Regionalküche serviert dieses Spitzenlokal der Insel. Am Wochenende werden Brote im Holzofen auf althergebrachte Weise gebacken und Schmorgerichte zubereitet. Mittleres Preisniveau.
Ribeirinha, Caminho das Grotas 28, T 295 71 23 34, tgl. 12–14 und ab 19 Uhr

---

## Einkaufen

---

### Inselwein
**Adega e Cooperativa Agricola da Ilha Graciosa:** Probierstube und

gleichzeitig Verkaufsstelle der Agrargenossenschaft von Graciosa, die Weißwein der Marke Pedras Brancas keltert. Auch Melonen, Knoblauch, Honig und Marmeladen aus Weintrauben und Melonen sind im Angebot. Für die Insel hat das neue, öffentlich geförderte Gebäude der Kooperative eine große Bedeutung. Zentral wird hier alles verarbeitet, was die Landwirtschaft Graciosas zu bieten hat, der die Regionalregierung auf die Sprünge helfen will.

Santa Cruz, Charco da Cruz 12, www.face book.com/adegacooperativaagricola

### Kleine Käsekuchen

**Pastelaria Queijadas da Graciosa:** Am Nordrand der Stadt stellt diese Groß-Konditorei die gerühmten *queijadas* – süße Käsepasteten – her. Verkauf in Zwölferkartons.

Praia, Rochela, Canada Nova 36, Mo–Fr 9–18 Uhr

## Bewegen

### Radfahren und mehr

**Nautigraciosa:** Außer Fahrradverleih wird auch eine Vielzahl an organisierten Aktivitäten angeboten wie etwa Wanderungen, Vogelbeobachtung an Land und auf dem Meer, Inselrundfahrten per Boot, Whalewatching, Tauchen oder Seekajakverleih.

Santa Cruz, Rua do Corpo Santo 11, T 295 73 28 11, www.divinggraciosa.com

### Wellness pur

**Termas do Carapacho:** Im Souterrain des Kurhauses quillt das Heilwasser mit 35–40 °C aus dem Fels. Der Indoor-Bereich bietet einen kleinen Pool mit Badewannentemperatur (max. Aufenthaltsdauer 30 Min.) und Jacuzzi.

Carapacho, Rua Dr. Manuel de Menezes, Di/Do 12–17.30, Mi/Fr 12–19, Sa/So 10–17 Uhr, Mo geschl., 3 €

## Ausgehen

### Trendig

**Grafil Coffee Bar:** Der richtige Platz für einen Cocktail. Am Wochenende oft Livemusik oder DJ-Events.

Santa Cruz, Largo Conde de Simas 4, So–Do 7–2, Fr/Sa 7–4 Uhr

## Feiern

- **Carnaval:** Die Maskenbälle von Santa Cruz sind legendär. Höhepunkte sind die »Nacht der Phantasien« (Fr) und der Umzug der Karnevalsgruppen (So).
- **Festas do Senhor Santo Cristo dos Milagres:** 2. Aug.-Wochenende, fünf Tage. Populärstes Inselfest. Prozession mit der Figur des Wundertätigen Christus aus der Igreja da Misericórdia; Stierkämpfe im Krater des Monte da Ajuda und Folklore-Musikveranstaltungen.

## Infos

- **Information:** Posto de Turismo da Graciosa, Santa Cruz, Rua Eng. Manuel Rodrigues de Miranda 11, T 295 73 02 54, www.visitazores.com; Quiosque ART, Santa Cruz, Praça Fontes Pereira de Melo, T 295 71 28 88, http://pt.artazores.com.
- **Internet:** www.cm-graciosa.pt
- **Fähre:** www.atlanticoline.pt, Tickets am Hafenschalter in Praia oder in Reisebüros.
- **Inselbusse:** Transportes Colectivos da Ilha Graciosa, Santa Cruz, Rua da Boavista, T 292 73 23 63, dort auch zentrale Haltestelle und Fahrpläne
- **Taxis:** Santa Cruz, Praça Fontes Pereira de Melo (Rossio), T 295 71 23 42
- **Mietwagen:** Medina & Filhos, Santa Cruz, Rua da Misericórdia 9, T 295 71 20 94, www.medinarent.net; Graciosa, Santa Cruz, Largo de Santo António 138, T 295 71 22 74, www.rentacargraciosa.com

# *Zugabe*

# Der Graciosa-Esel

**F**rüher kam auf der Insel ein Esel auf sechs Einwohner, heute nicht einmal auf siebzig. Erst 2015 wurde der Graciosa-Esel als eigenständige Rasse anerkannt. Ursprünglich aus Nordafrika stammend, ist er auffällig klein und hat oft Streifen an Rücken, Bauch oder Beinen. Nach wie vor fehlt es an einer Ahnentafel, die es den Züchtern ermöglichen würde, Hilfsgelder zu beantragen. »Jede DNA-Analyse kostet 35 Euro und wir sind eine kleine Organisation. Es ist eine Frage des Geldes«, sagte Franco Ceraolo der Presseagentur Lusa. Der auf Graciosa ansässige Italiener – einst gefragter Bühnenbildner, der mit Bertolucci und Fellini arbeitete – ist die treibende Kraft hinter den Bemühungen, die Rasse zu erhalten. ∎

# Flores und Corvo

**Immer mehr im Trend** — ist Flores, die grünste und blühendste Azoreninsel, aber auch diejenige mit den beeindruckenden Steilküsten und Wasserfällen. Wie Robinson fühlt man sich auf dem kleinen Corvo.

### Flores ⭐

Sind schon andere Inseln des Archipels mit üppiger Natur gesegnet, so setzt Flores noch einen drauf mit seinem krassen Relief und seiner Blütenfülle.

### Museu da Fábrica da Baleia do Boqueirão

Das Museum in Santa Cruz das Flores ist harte Kost. Es macht mit der Lebenswirklichkeit früherer Tage eindrücklich vertraut.

### Das Flores Café & Wine

Eine Empfehlung für ein Flughafencafé? Ja, denn dieses Lokal ist so liebevoll hergerichtet, dass man es schlicht und einfach gern haben muss.

Wer verstanden werden will: nicht durch die Blume reden.

Eintauchen

### Fajã de Lopo Vaz

Ein kleines Paradies ganz ohne Autos: Stellenweise ist der Abstieg zum Strand etwas luftig, doch die Mühe lohnt sich. Unten gedeihen Wein und tropisches Obst.

### Fajã Grande

Der Ort ist weder Haupt- noch Fährhafenstadt, dafür aber wohl der westlichste Ort Europas. Für Individualtouristen wird er immer mehr zur heimlichen Hauptstadt von Flores. Wunderbares Ambiente zum Sonnenuntergang!

*Seite 220*

## Rocha dos Bordões

Die sollte man unbedingt anschauen: Diese Orgelpfeifen brauchen keinen internationalen Vergleich zu scheuen. Gewaltig und sehr majestätisch ragen die fast 30 m hohen Basaltsäulen aus der Umgebung heraus.

*Seite 220*

## Poço do Bacalhau

Unter den tollen Wasserfällen von Flores ist dieser etwas Besonderes: 90 m stürzt die Kaskade senkrecht die Steilwand hinab.

---

*Seite 225*

## Lagoa Funda

Eine Schwarzwaldszenerie auf den Azoren? Rund um den Kratersee wird sie geboten, doch statt Tannen und Fichten stehen hier aus Japan importierte Kryptomerien.

*Seite 226*

## Corvo

Die kleinste Azoreninsel und doch oho! Besteht nur aus einer 400-Einwohner-Stadt und einem gewaltigen Vulkankrater.

*10 km*

*Flores*

*Corvo*

• Ponta Delgada

**Flores** ⊛

Vila Nova
do Corvo

▪ Poço do Bacalhau
• Fajã Grande          ▪ Santa Cruz das Flores

Mosteiro
▪ Rocha dos Bordões
▪ Lagoa Funda
• Fajã de Lopo Vaz

Eine Kaskade von guten Wünschen kann ganz sicher nicht schaden.

Einblicke in die gesellschaftlichen Verstrickungen auf Corvo gewährt der Krimi »Das Schweigen der Familie« von Ben Faridi, als Zugabe gibt es Kochrezepte.

# erleben

# Die Abgelegenen

Abgelegen, aber nicht abgehängt sind die beiden Inseln der Westgruppe, die Amerika am nächsten liegen. Europas westlichster Punkt befindet sich auf Flores, der Blumeninsel. Mit Hortensienbüschen und Montbretien, die Straßen und Wege säumen, macht sie ihrem Namen alle Ehre. Santa Cruz das Flores ist nicht viel mehr als ein Dorf, mit zwei, drei Hotels und wenigen Restaurants. Dafür gibt es sage und schreibe drei Museen und vier alte Häfen, in denen Fischer- und Ausflugsboote und die Personenfähre nach Corvo starten.

## Fast märchenhaft

Lajes als zweite Zwergenmetropole der Insel wirkt möglicherweise noch dörflicher, trotz des Fähr- und Handelshafens. Das Urlauberleben spielt sich zu einem guten Teil im Fajã Grande ab, einem landschaftlich grandios gelegenen Fischer- und Badeort im Westen. Dort beginnen oder enden, je nach Perspektive, auch die beiden großartigsten Wanderwege der Insel – welche übrigens in ihrem menschenleeren Inneren eine ganze Seenplatte zu bieten hat, vulkanische Maare, lange erloschen, an

---

**ORIENTIERUNG** **O**

**Infos:** www.visitazores.com
**Verkehr:** Flughafen Flores bei Santa Cruz, zu Fuß 500 m, Fluginfos: www.ana.pt; Flughafen Corvo zu Fuß oder Sammeltaxi nach Vila do Corvo, Fluginfos: www.sata.pt.
**Fähren:** www.atlanticoline.pt; Personenfähre »Ariel« zwischen Santa Cruz das Flores (z. T. auch Lajes das Flores) und Corvo ganzjährig an 2–3 Tagen pro Woche, Ende Juni–Anf. Sept. tgl. außer Mi (Fahrzeit 40 Min., oneway 10 €), nur 12 Plätze, daher rechtzeitig buchen!; Fährschiffe Ende Juli/Aug. ab Lajes zur Zentral- und Ostgruppe. **Inselbusse** auf Flores: www.utc.pt, werktags 3–4 x tgl.; auf Corvo Sammeltaxis.

---

denen sich heute vielerlei Wasservögel tummeln.

Das kleine Corvo ist fast schon Kult. Schwer zu erreichen zwar, aber ein Ausflug von Flores auf die winzige Nachbarinsel ist ein Muss. Nur rund 400 Bewohner harren auf dem kleinsten Eiland der Azoren aus, sie leben fast ausschließlich im Hauptort Vila do Corvo. Der Rest der Insel ist Viehweide oder reinste Natur. Höhepunkt jeder Besichtigung ist der Blick in den Riesenkrater Caldeirão.

# Santa Cruz das Flores

📍Karte 1, C 2

Attraktiv liegt Santa Cruz über einer zerklüfteten Felsküste. Etwas erhöht und von fast jedem Punkt der Stadt aus zu sehen, hockt die Pfarrkirche (19. Jh.) auf einem mosaikgepflasterten Podest. Alles in allem wird in dem 1800-Einwohner-Ort eine ruhige Kugel geschoben. Seit der Walfang 1981 eingestellt und 1993 auch noch eine französische Fernmeldestation geschlossen wurde, fiel Santa Cruz in einen Dornröschenschlaf. Aus diesem ist es trotz gewisser Ansätze von Tourismus bisher nicht wirklich erwacht.

## Am Wasser gebaut

An der Klippenküste liegen mehrere natürliche Hafenbuchten und Felsbadeplätze. Vor der Altstadt startet im **Porto das Poças** die Fähre nach Corvo. Den **Porto Velho** (›alter Hafen‹) nutzen nur noch ein paar Fischerboote. Nördlich grenzt flughafennah das neuere Wohn-, Gewerbe- und Hotelviertel an. Diesem ist die recht großzügige Badeanlage **Piscinas Naturais** vorgelagert.

Noch weiter im Norden befindet sich am ehemaligen Walfängerhafen **Porto do Boqueirão** das **Centro de Interpretação Ambiental do Boqueirão,** das Besucherzentrum des Naturparks von Flores. Es informiert mit einer modernen Ausstellung zu den verschiedensten Aspekten der Flora, Fauna und Geologie

*In Santa Cruz das Flores laufen die Uhren langsamer als auf den anderen Azoren-Inseln. Wer Ruhe sucht – hier ist er richtig.*

# Lieblingsort

## Viel Grün um nichts

Teiche und Wassertreppen bilden eine nostalgische Forellenzucht. Rundherum winden sich Spazierwege zwischen subtropischen Bäumen, Tiergehegen und Vogelvolieren. Lauschige Picknick- und Grillstellen vervollständigen den Freizeitpark. Schöpfer der **Reserva Florestal Luís Paulo Camacho** (Karte 1, C 2) ist die Forstbehörde. Versäumen Sie nicht, zum Miradouro Belvedere am oberen Rand des Parkes hinaufzusteigen. Von dort schauen Sie auf einen Stausee mitten im Wald.

Mai–Okt. tgl. 9–17 (18/20) Uhr, Nov.–April geschl., Eintritt frei

der Insel. Mit virtuellen Aquarien liefert es Einblicke in die Unterwasserwelt vor der Küste (http://parquesnaturais.azores. gov.pt, April–Okt. tgl. 10–18, Nov.–März Di–Fr 10–17, Sa 14–17.30 Uhr, 3 €).

Schließlich folgt, in der Verlängerung der Landebahn des Flughafens, der winzige **Porto de São Pedro**. An ihm wie auch am Porto do Boqueirão gibt es weitere, einfacher gestaltete Felsbadeplätze.

## Museen

### Ehrwürdiger Rahmen

**Museu das Flores:** Das Inselmuseum logiert im ehemaligen Franziskanerkloster **Convento de São Boaventura.** Die Mönche hatten die Menschen seit der Stadtgründung 1508 jahrhundertelang immer wieder zum Durchhalten auf diesem entlegenen Außenposten Europas motiviert. Sie sorgten bis zur Auflösung ihres Ordens 1834 für Seelenheil, Krankenpflege und Schulbildung. Schon wegen der Klosterkirche, deren Holzdecke wunderbar mit floralen Motiven bemalt ist, lohnt der Besuch. In den Nachbarräumen befasst sich eine zeitgemäß gestaltete Ausstellung mit Aspekten der Inselgeschichte, etwa in der oberen Etage mit den Schiffen, die bei Flores auf Grund liefen.

Largo da Misericórdia, www.museu-flores. azores.gov.pt, April–Sept. Di–So 10–17.30, Okt.–März Di–So 9.30–17 Uhr, 1 €

### Schatten der Vergangenheit

**Museu da Fábrica da Baleia do Boqueirão:** In der ehemaligen Walfabrik mit dem enormen Schornstein dokumentiert ein Ableger des Inselmuseums den bis 1981 vom benachbarten Hafen aus betriebenen Walfang. Mit sorgfältig restauriertem Gerät, nachgestellten Originalszenen und Videos, in denen einstige Walfänger von ihrer harten und gefährlichen Tätigkeit berichten. Wenn auch die jüngere Generation diese rückblickend als barbarisch ansieht, so lebten doch viele Familien auf Flores davon. Bei der Einweihung 2015 sagte Azorenpräsident Vasco Cordeiro, das 1,5 Mio. Euro teure Projekt diene auch »dem Ziel des Zusammenhalts innerhalb der Region«. Die Regierung wolle Plätze, die an die Vergangenheit der Azoren erinnern, einer sinnvollen Zukunft zuführen – was in diesem Fall bedeute, eine touristische und kulturelle Attraktion zu schaffen.

Porto do Boqueirão, www.museu-flores. azores.gov.pt, Mo–Fr 9–17.30, So 14–17.30 Uhr, Sa geschl., 2,50 €

### Schlau auf dem Bau

**Museu e Auditorio Municipal:** Der futuristische Neubau am Südrand der Stadt unweit der Flughafenlandebahn ist wegen seiner ausgefallenen Architektur einen Umweg wert. Sein langer und flacher, dem Meer zugewandter, auf Stelzen gestützter Flügel wirkt wie der Gegenentwurf zu einem Wolkenkratzer. Nebenan sind auf Asphalt in weißen Lettern die Eckdaten der Inselgeschichte geschrieben. Das 2014 eingeweihte Stadtmuseum beherbergt wechselnde Ausstellungen, das Auditorium ist für kulturelle Veranstaltungen vorgesehen.

T 292 54 21 19, unregelmäßig geöffnet

## Schlafen

### Am alten Hafen

**Inatel Flores:** Das recht neue Vier-Sterne-Hotel bietet 26 gut ausgestattete Zimmer am einstigen Walfängerhafen. Vielleicht fehlt es noch etwas an Flair, dafür ist der Komfort für Inselverhältnisse relativ groß. Unbedingt ein Balkonzimmer mit Blick aufs Meer und die Nachbarinsel Corvo wählen!

Zona do Boqueirão, T 292 59 04 20, www. inatel.pt, DZ ab 85 €

### Zwei Sterne

**Ocidental:** Gefällt durch die azorianisch-maritime Architektur und die Lage über den Klippen. Die Zimmer sind zwar einfach eingerichtet, haben aber fast alle Meerblick und einen windgeschützten Balkon. Buchung über verschiedene Internetportale. Eigenes Zentrum für Bootsausflüge und Tauchen s. rechts.
Avenida dos Baleeiros, T 292 59 01 00, DZ ab 75 €

---

## Essen

### Ein Hauch von Asien

**Amanhecer:** Der indische Koch verleiht den portugiesischen Gerichten einen exotischen Touch. Einfaches, kleines, sehr persönlich geführtes Restaurant.

Rua Dr. Armas da Silveira 21, T 292 54 21 11, Mo 18–20.30, Di–Sa 12–14, 18–20.30 Uhr

### Inseltypisch

**Sereia:** Familiäres Lokal nicht weit vom Porto das Poças. Fisch gibt es frisch je nach Fang, außerdem Tintenfischragout und Brathähnchen. Günstige Preise.
Rua Dr. Armas da Silveira 30, T 292 59 22 20, Mo–Sa 12–15, 18.30–22 Uhr

### Außergewöhnlich

**Das Flores Café & Wine:** Am Flughafen einkehren? Warum nicht? Ein so liebevoll dekoriertes Airportcafé hat Seltenheitswert. Es gibt sogar eine Bücherecke mit Reiseliteratur. Teetrinker werden sich über den Tee von São Miguel freuen. Und auch das Angebot an Suppen, Sandwiches,

*Santa Cruz das Flores ist recht klein und hat nicht viele Hotels oder Restaurants zu bieten, aber an Booten mangelt es hier wahrlich nicht. Schließlich wollen die vier Häfen des Ortes auch gut bestückt werden.*

Desserts und Kuchen kann sich sehen lassen. So richtig voll wird es hier nur vor Abflügen und Ankünften.

Aeroporto das Flores, 2. Etage, T 910 32 04 92, tgl. 8.30–17 Uhr

bis zu »Adventure« steigern und sich bis zu 220 m durch rauschende Kaskaden abseilen.

Fazenda das Lajes, Rua do Areeiro 52, T 968 26 62 06, www.westcanyon.pt

## Einkaufen

### Inselkäse

**Queijaria Val da Fazenda:** Direkt vom Hersteller können Sie hier Frischkäse und gereiften Käse *(queijo curado)* der Marke Val da Vazenda erstehen. Außerdem werden Honig und lokales Kunsthandwerk verkauft.

Fazenda de Santa Cruz, tgl. 8–21 Uhr

## Bewegen

### Bootsausflüge und Tauchen

Mit dem Hartboden-Schlauchboot geht es bei **Malheiros Serpa** (T 917 91 89 64, www.malheiros.net) und **Extremo-cidente-Carlos Mendes** (über Hotel Ocidental s. links, www.facebook.com/extremocidente) zu den Brandungshöhlen Gruta dos Enxaréus und Gruta do Galo, in denen sich früher Piraten und Schmuggler versteckten. Auch Inselrundfahrten, und bei Bedarf wird nach Corvo übergesetzt. Gelegenheit zur Wal- und Delfinbeobachtung ist oft dabei. Bei dem bekannten einheimischen Naturfotografen Carlos Mendes, der den Winter schon einmal in Patagonien oder auf den Bahamas verbringt, steht außerdem Tauchen auf dem Programm.

### Canyoning

**WestCanyon:** Flores bietet mit seinen üppig grünen Schluchten und imposanten Wasserfällen beste Bedingungen für diesen Trendsport. Bei WestCanyon geht es mit dem Level »Experiences« los, wobei immerhin schon ein 18 m hoher Wasserfall zu bewältigen ist. Wer möchte, kann sich

## Ausgehen

### Beliebter Treff

**Buenavista Caffé:** Je nach Wetter und Wind im modernen Glasbau oder auf der Terrasse treffen sich zum Sonnenuntergang die jüngeren Stadtbewohner auf eine Cola oder ein Bier. Für den kleineren und größeren Hunger gibt es Snacks, Salate und dergleichen.

Avenida dos Baleeiros 1 (Piscinas Naturais), T 292 54 22 48, tgl. bis spätabends

### Disco Number One

**Hotel Café:** Nur am Wochenende ist hier richtig was los. Dann verwandelt sich das Hotelrestaurant gegen Mitternacht in eine Disco mit Themenabenden, DJ-Events oder Livemusik.

Hotel Ocidental (s. links), Mo–Sa 12–3 Uhr

## Infos

- **Information:** Posto de Turismo das Flores, Rua Dr. Armas da Silveira, T 292 59 23 69, www.visitazores.com. Filiale am Flughafen (nur Juli/Aug.).
- **Internet:** www.cmscflores.pt
- **Fähre:** nach Corvo ab Porto das Poças, s. S. 212; Tickets (auch für Fährschiffe ab Lajes) im Bürgerbüro RIAC, Praça Marquês de Pombal, Mo–Fr 9–12, 13–16.30 Uhr oder online.
- **Inselbusse:** www.utc.pt; nach Lajes, Fajã Grande, Ponta Delgada.
- **Taxis:** Praça 25 de Abril, T 292 59 25 98
- **Mietwagen:** am Flughafen Büros von Autatlantis (www.autatlantis.com) und Ilha Verde (www.ilhaverde.com).

# Lajes das Flores

📍 Karte 1, B 3

Wer mit der Autofähre anreist, betritt hier erstmals den Boden von Flores. Lajes ist zwar der Haupthafen der Insel, wirkt aber wie ein Dorf – bei nur 1500 Einwohnern kein Wunder. Neben der großen Fähr- und Handelsmole gibt es eine kleine Marina und wiederum daneben einen fast noch kleineren Strand mit Picknicktischen. Eine Barockkirche weist mit ihrer fliesenverkleideten Fassade zum Meer. Von ihrem Vorplatz aus wurden früher Piraten mit Kanonen abgewehrt. Eine Landmarke ganz im Süden des Ortes ist der Leuchtturm, der einem breiten, dreiflügeligen Gebäude aufsitzt.

### Ein autofreies Paradies
Die **Fajã de Lopo Vaz,** eine schmale Küstenebene westlich von Lajes, wirkt mit ihrem milden Klima und der Süßwasserquelle wie aus den Tropen. Es gibt zwei wunderschöne Kiesstrände, an denen Baden aber nur bei absolut ruhiger See angeraten ist. Zu erreichen ist das kleine Paradies nur zu Fuß, auf dem **PRC 04 FLO** (2 Std., mittelschwer, www.trails. visitazores.com). Am rund 250 m über dem Meer gelegenen **Miradouro da Fajã de Lopo Vaz** geht es los. Steil und manchmal etwas luftig führt der alte Verbindungsweg die Felsküste hinab – hier auf möglichen Steinschlag achten! Unten können Sie die Fajã erkunden, bevor es auf der schon bekannten Route zurück zum Miradouro geht.

## Museen

### Bügelförmiger Bau
**Museu Municipal das Lajes das Flores:** Mit dem noch recht neuen Stadtmuseum besitzt Lajes jetzt einen wichtigen kulturellen Anziehungspunkt. Allein schon wegen seiner ungewöhnlichen Architektur ist das auf Stelzen errichtete, mit hohen, verspiegelten Glaswänden versehene Gebäude mehr als einen Blick wert. Außer einem Saal für Wechselausstellungen beherbergt es auch ein Auditorium, eine Bibliothek und eine Bar.

Avenida do Emigrante 4, www.cmlajesdasflo res.pt, Ausstellungen (meist tgl. 14–18 Uhr) und Events zu wechselnden Zeiten

## Schlafen

### Kleines Gästehaus
**A Barraka:** Hier wohnen Sie keineswegs in einer Baracke, sondern finden vier liebevoll eingerichtete Zimmer vor, jedes in einer anderen Farbe gehalten. Küche und Bad werden gemeinsam genutzt. Die Gastgeber Camille und Marco wohnen in der Nähe, geben Tipps und kümmern sich um alles.

Fazenda das Lajes, Rua Eirinha Velha 9, T 961 72 42 90, www.abarraka.com, DZ 25 €

Außerdem werden in Lajes und den unmittelbar angrenzenden Orten Fazenda das Lajes und Lomba eine Reihe von Ferienhäusern und Privatzimmern vermietet (www.booking.com, www.airbnb.de, www.fewo-direkt.de), z. B. die gemütlich eingerichtete und super gelegene **Casa Pedras Brancas** von Joachim Holl.

## Essen

### Oft gelobt
**Casa do Rei:** Die Casa do Rei zählt zu den Spitzenlokalen der Insel. Vom Grill kommen Fisch und auch Fleisch. Aber auch für Vegetarier besteht eine gute Auswahl. Auch große Salate. Viele Zutaten stammen aus eigenem Anbau oder aus der Region. Mittelpreisig.

# TOUR
# Im wilden Westen von Flores

**Wanderung von Lajedo nach Fajã Grande**

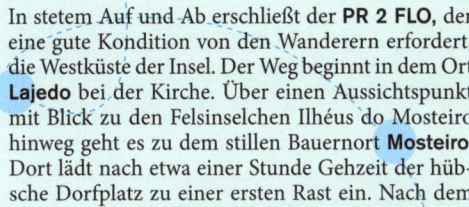

**Infos**

**Start:** in Lajedo (An-
fahrt per Linienbus
oder Taxi), 📍 B 3
**Dauer:** 3,5 Std.,
mittelschwer

In stetem Auf und Ab erschließt der **PR 2 FLO,** der
eine gute Kondition von den Wanderern erfordert,
die Westküste der Insel. Der Weg beginnt in dem Ort
**Lajedo** bei der Kirche. Über einen Aussichtspunkt
mit Blick zu den Felsinselchen Ilhéus do Mosteiro
hinweg geht es zu dem stillen Bauernort **Mosteiro.**
Dort lädt nach etwa einer Stunde Gehzeit der hübsche Dorfplatz zu einer ersten Rast ein. Nach dem
berühmten Platz in Lissabon nennt
er sich etwas vollmundig Largo do
Rossio. Noch einmal so weit ist es bis
**Fajãzinha,** das in einem fruchtbaren
Talkessel liegt.

Vor dem Abstieg zum Ort bietet
der **Miradouro do Portal** nochmals
einen großartigen Blick. Der Weg
verlässt jetzt die Küste und führt zu
einer historischen Wassermühle aus
dem Jahr 1862 an der Regionalstraße
hinauf. Man überquert die **Ribeira
Grande** auf der Straßenbrücke. Danach lohnt rechts ein 800 m langer
Abstecher zum **Poço da Ribeira do
Ferreiro.** Die Stelle ist von ausgesprochener landschaftlicher Schönheit. In den kleinen Kratersee plät-
schern über eine üppig überwucherte
Felswand mehrere hohe, schmale
Wasserfälle.

Zurück auf der Regionalstraße führt
bald eine Brücke über die **Ribeira do
Ferreiro.** Dann geht es rechts in einen
Asphaltweg hinein, der nach 700 m
in einen alten Pflasterweg überleitet.
Auf diesem wird, an kleinen Feldern
vorbei, schließlich **Fajã Grande**
erreicht.

Rua Peixoto Pimentel 33, T 292 59 32 62,
www.restaurantcasadorei.com, tgl.
18–21.30 Uhr

### Deftige Fleischküche
**O Forno Transmontano:** In rustikalem
Rahmen gibt es Köstlichkeiten wie *feijoa-
da* (reichhaltiger Bohneneintopf), *enchidos*
(Wurstwaren) und *cabrito* (Zicklein), gar-
niert mit allerlei Gemüse. Bitte beachten:
Essen nur nach Vorbestellung am Vortag!
Fazenda das Lajes, T 292 59 31 37, tgl.
12–14.30, 19–22 Uhr

## Feiern

• **Festa do Emigrante:** Mitte Juli. Bei
dem viertägigen Fest feiern Emigranten
auf Heimatbesuch ihr Wiedersehen mit
Freunden und Verwandten. Mit Trach-
tenumzügen, Folkloretanz, traditionellem
Essen und viel Musik.

## Infos

• **Im Internet:** www.cmlajesdasflores.com
• **Fähre:** s. S. 212, Tickets am Hafenschalter oder im Bürgerbüro RIAC, Avenida do Emigrante 8.
• **Mietwagen:** Autatlantis (www.autatlan
tis.com) liefert auf Wunsch vorbestellte
Wagen gegen einen Aufpreis am Fährhafen von Lajes aus.

# Fajã Grande

📍 **Karte1, A 2**

Die Bewohner von Fajã Grande leben
im westlichsten Ort Europas, worauf sie
mächtig stolz sind. Touristen wählen
das angenehme Natursteindorf immer
öfter als Standquartier. An Sommerwochenenden gesellen sich einheimische
Ausflügler dazu. Im 18./19. Jh. spielte
der Walfang hier eine große Rolle. Repräsentative Wohnhäuser aus dieser
Zeit zeugen vom damaligen Wohlstand.
Heute liegen im Hafen nur noch ein
paar kleine Sportfischerboote. Wer mag,
kann hier auch baden. Eine weitere Ba-
demöglichkeit ist die Zona Balnear mit
Picknickplatz am Nordrand des Ortes.

### Je höher, desto platsch
Nördlich von Fajã Grande stürzt eine
Kaskade 90 m senkrecht die Steilwand
hinab in den **Poço do Bacalhau,** einen
Naturbadeteich mit erfrischendem Wasser, in dem sich schon mal Aale tummeln.
Üppiges Grün und grobe graue Felsblöcke
umgeben die Stelle. Zu erreichen ist dieser
idyllische Fleck ab Fajã Grande in 15 Minuten zu Fuß. Man hält sich zunächst nach
Norden Richtung Ponta da Fajã, dann bei
einer Brücke rechts auf schmalem, beschil-
dertem Pfad. Die Kaskade speist sich aus

### WESTKÜSTENFLAIR

Besonderen Genuss bietet die Panoramafahrt von Lajedo Richtung Norden.
Steile Küstenhänge sind von einem Mosaik aus Weiden und Wäldern überzo-
gen, unterbrochen von unzähligen Hortensienhecken, die im Sommer tiefblau
leuchten. Orangerote Tupfer von Montbretien kommen hinzu. Hier macht Flores
seinem Ruf als ›Blumeninsel‹ alle Ehre. Vom **Miradouro Rocha dos Bordões**
können Sie den gleichnamigen, schroffen Felsklotz in Ruhe auf sich wirken
lassen. Die bis zu 28 m hohen Basaltsäulen an seiner Flanke zählen selbst im
internationalen Vergleich zu den gewaltigsten ihrer Art.

*La dolce vita: Bei Volksmusik und in trauter Runde lassen die Besucher und Bewohner von Fajã Grande den Tag ausklingen.*

der Ribeira das Casas, einem der wasserreichsten Wildbäche von Flores, der an der Westflanke des höchsten Inselgipfels Morro Alto (914 m) entspringt.

## Schlafen

### Für Traveller
**Argonauta:** Ungewöhnliches Bed & Breakfast in einem alten, zentral gelegenen Haus. Der italienische Eigner Stefano ist viel in der Welt herumgekommen. Drei Zimmer und zwei Suiten, Salon mit Bibliothek, offener Patio zum Relaxen. Alles stimmungsvoll mit einem Hauch Exotik.
Rua Senador André de Freitas 5, www.argonauta-flores.com, DZ ca. 60–80 €, Suite für 2 Pers. ca. 125 €

### Ein grünes Paradies
**Sítio da Assumada:** Das kleine Feriendorf befindet sich unter einheimischer Leitung. Komfortable Holzhäuser im Hüttenstil, ruhig gelegen und jedes von einem eigenen Garten mit Hängematte umgeben.
Rua da Assumada, T 924 19 54 07, www.sitiodaassumada.com, DZ ca. 100 €

### Feriendorf der besonderen Art
**Aldeia da Cuada:** Die Bauernhäuser eines schon vor Jahren verlassenen Weilers wurden in liebevoll eingerichtete Ferienhäuser verwandelt. Die kleineren sind für Paare oder Familien geeignet, im größten können bis zu 10 Personen unterkommen. Ca. 2 km von Fajã Grande entfernt.
Cuada, T 292 59 00 40, www.aldeiadacuada.com, Haus für 2 Pers. 75–90 €

### Perfekte Landidylle
**Aldeia dos Sonhos:** Mehrere alte Natursteinhäuser am Ortsrand von Fajãzinha wurden von Meinhard und Maria Erlacher in nette Nichtraucher-Gästehäuser verwandelt (zwei barrierefrei). Alle Häuser sind

separat von der Straße aus zu erreichen. Zeitgemäße Einrichtung, deutsche TV-Programme, Leihbibliothek, kleine Bar. Im Außenbereich Sitzgruppen, Grillmöglichkeit. *Fajãzinha, Rua do Pico Redondo 2, T 292 55 20 50, www.fajazinha.com, Haus für 2 Pers. ca. 80 €*

---

## Essen

### Viele Ausflügler am Meer
**Papadiamandis:** Beim Badeplatz gelegen, sehr geräumig. Am Wochenende genießen viele einheimische Familien regionale Spezialitäten in Riesenportionen, eine Kuchentheke für Süßmäuler gibt es auch. *Rua do Porto, T 917 94 71 18, tgl. 12–22 Uhr*

### Italienisch und gesund
**Casa da Vigia:** Liebevoll restauriertes Dorfhaus am Ortseingang. Alles hausgemacht, wenn möglich mit Bio-Produkten. Auch vegetarisches Essen, Kuchen, Eis. Mittelpreisig, eher übersichtliche Portionen. *Rua Assumada 6, T 292 55 22 17, nur Mai– Okt. geöffnet*

### Stimmungsvoll zum Sunset
**Pôr do Sol:** Logiert in einem musealen Gehöft unterhalb von Fajã Grande in Meeresnähe und hält, was der Name verspricht: Die inseltypische Küche, z. B. *morcela con inhame* oder frisches Fleisch aus eigener Produktion, genießt man mit Blick auf den Sonnenuntergang. Eher gehobene Preise, dafür wird aber wirklich etwas geboten. *Praia de Fajãzinha, T 292 55 20 75, Mo–Sa 12–14, 19–21, So 12–14 Uhr, außerhalb der Hochsaison z. T. nur am Wochenende*

---

## Einkaufen

### Traditionskäse
**Queijaria Pico Redondo:** Ilda Henriques fabriziert hier vollkommen hand-

werklich Frischkäse und *queijo curado* (relativ kurz gereiften Käse) der Marke Pico Redondo. *Fajãzinha, Pico Redondo 6, www.queijaria. fajazinha.com*

---

## Bewegen

### Unterwasserwelt
**Flores Dive Center:** Tauchausfahrten zu den besten Spots rund um Flores und Corvo, etwa zu den Wracks der Papadiamandis und der RMS Slavonia. Auch Schnorchelexkursionen und Bootsfahrten. *Fajã Grande, Rua das Courelas, T 964 79 49 43, www.floresdivecenter.com*

# Hochland  ♀ Karte 1, B 2

Das Inselinnere ist eine veritable Seenplatte, gegliedert durch zerfurchte Gebirgszüge und ebenmäßige Vulkankegel. Eine Rundfahrt zu den **Sete Lagos** (›sieben Seen‹) zeigt, dass es in puncto Flora und Fauna durchaus Unterschiede gibt. Sie alle aber entstanden wie die Eifel-Maare bei phreatomagmatischen Explosionen, also durch Kontakt heißen Magmas mit Grundwasser, vor etwa 3000 Jahren. Statt Lagoa ist oft auch der Name Caldeira zu hören oder lesen, nach dem Vulkankrater, den der jeweilige See ausfüllt.

### Zwiespältiges Angelvergnügen
Zur Einstimmung bietet sich ein Abstecher zur ganz im Osten der Hochebene gelegenen **Lagoa da Lomba** an. Das kleine, von dichtem Hortensiengebüsch umgebene Gewässer ist bereits ziemlich verlandet, wie ein Dickicht aus Wasserpflanzen zeigt. Dennoch wird hier geangelt. Die Forstbehörde setzt Regenbogenforellen aus der

# TOUR
# Highlight an der Küste

**Wanderung von Ponta Delgada nach Fajã Grande**

---

### Infos

📍 Karte 1, B 1–A 2

**Start:**
in Ponta Delgada
(Anfahrt per Linienbus
oder Taxi); anspruchs-
voll

**Dauer:** 4,5 Std.

---

Der **PR 1 FLO** erschließt die ansonsten wegen ihrer Steil-
heit fast unzugängliche Nordwestküste. Am westlichen
Ortsrand von **Ponta Delgada** geht es bei einer Infotafel
los, auf der Straße Richtung **Farol do Albarnaz** (wer mit
dem Taxi kommt, kann sich das erste Wegstück fahren
lassen und spart 1 Std. Gehzeit). Etwa 500 m vor dem
Leuchtturm biegt die Wanderroute links in den asphaltierten Fahrweg **Caminho das Lombas** ein (lohnender
Abstecher zum Farol, ca. eine halbe Stunde zusätzlich).
Dem Caminho das Lombas folgt man aufwärts, bis rechts
als Hohlweg ein alter Saumpfad abzweigt. Bis zu dieser
Stelle bringen Taxifahrer ihre Gäste.

Dieser teilweise gepflasterte Pfad
steigt zu einer Hochebene mit Rinderweiden an, folgt dann der Kante
über dem Steilabbruch zum Meer und
quert mehrere Bäche, deren schmale
Talmulden mit Wacholder, Lorbeer
und Hortensien zugewuchert sind. Zuweilen fällt der Blick auf die **Quebrada
Nova,** eine durch Bergsturz entstandene, unbewohnte Küstenebene, und auf
die Felsinsel Ilhéu Maria Vaz. Dann
beginnt ein Abstieg von etwa 400 Hö-
henmetern durch die Felswand hinab
zur Küste, der bei Regenwetter sehr
rutschig sein kann. Auch sind einige
Passagen recht luftig! Trittsicherheit
und Schwindelfreiheit sind gefragt.

Als Vorposten der Zivilisation wird
der nur noch sporadisch bewohnte,
winzige Ort **Ponta da Fajã** erreicht.
Nun auf der Straße, gelangen Sie –
am Abzweig zum **Poço do Bacalhau**
(s. S. 220) vorbei – zum Ziel, dem
Fischer- und Badeort **Fajã Grande.**

*Nein, keine Fotomontage: Am Miradouro das Lagoas kann man zwei Seen in unterschiedlichen Farben bewundern – die Lagoa Comprida und die Lagoa Negra oder Funda.*

Zuchtstation bei Fazenda (s. S. 214) ein, ebenso wie in manche Bäche der Insel. Diese Praktik ist umstritten, denn von Natur aus gibt es auf den Azoren keine Süßwasserfische – einmal abgesehen von Aalen, die in die Unterläufe der Bäche hineinwandern. Die Ausscheidungen der Forellen tragen zur Eutrophierung des Sees bei. Dadurch beschleunigt sich der natürliche Verlandungsprozess.

### Birding ganz speziell

Eine Gruppe von vier Kraterseen liegt weiter im Westen, nördlich der ER 2, wunderschön eingebettet in eine flachwellige Landschaft. Zur **Lagoa Comprida** und **Lagoa Negra** (auch Lagoa Funda) führt eine kurze Stichstraße, die zwischen beiden Seen am **Miradouro das Lagoas** endet. Mit 105 m ist die Lagoa Negra der tiefste See auf Flores. Dieser Tatsache verdankt sie auch ihren Namen (›Schwarzer See‹), obwohl die Wasseroberfläche eigentlich nicht schwarz, sondern eher in dunklerem Türkisgrün schimmert. Da beide Seen steile Ufer haben, halten sich hier kaum Wasservögel auf – ganz im Gegensatz zu den zwei benachbarten Lagoas.

Letztere können Sie auf dem ersten Abschnitt des markierten Wanderwegs **PR 3 FLO** (www.trails.visitazores.com) zu Fuß erkunden. Kurz vor dem Straßenende führt der Weg südlich um die Lagoa Comprida herum und weiter zur **Lagoa Seca** (›trockener See‹), in der sich meist wenig Wasser befindet. Ihr Kraterboden ist vielmehr ein Moor, wo die seltene Unheilvolle Wolfsmilch *(Euphorbia stygiana)* gedeiht (s. S. 280). Hier sind oft die mit den Stockenten verwandten, aus Amerika stammenden Dunkelenten zu Gast.

Nur 2 m tief ist die **Lagoa Branca,** die nach insgesamt 40 Min. Gehzeit folgt. Sie verwandelt sich im Sommer, wenn viel Wasser verdunstet, in einen Sumpf, in dem sich zahlreiche Vögel zur Nahrungssuche einfinden – ein Eldorado für Birdwatcher. Hier lässt sich immer wieder der Kanadareiher blicken, der als Zugvogel aus Amerika kommt. Auch Bekassine und Bruchwasserläufer sind regelmäßig zu sehen. Außerdem ist das Gequake von Fröschen je nach Jahreszeit unüberhörbar. Es handelt sich um Iberische Wasserfrösche, die im 19. Jh. auf den Azoren eingeführt wurden, um Mücken zu bekämpfen. An der Lagoa Branca empfiehlt es sich umzukehren, denn der nun folgende Abschnitt des Wanderwegs erfordert Schwindelfreiheit und Trittsicherheit und ist oft wegen Steinschlaggefahr oder Erdrutsch gesperrt (Informationen unter www.trails.visitazores.com).

### Schwarzwald auf Azorianisch

Nordöstlich von Lajedo liegt die 22 m tiefe **Lagoa Funda** (nicht zu verwechseln mit der Lagoa Negra s. links!). Ihre Uferabhänge stehen voller Kryptomerien, das Ambiente erinnert an den Schwarzwald. Unten gibt es einen kleinen Strand. Aber der steile Abstiegspfad, der an der Parkbucht mit Blick auf den See beginnt, ist meist zugewuchert und nicht wirklich zu empfehlen. Ein Wasserfall füllt die Lagoa Funda immer wieder auf und gleicht den Verlust durch Versickerung und Verdunstung aus. Dies ist eher die Ausnahme als die Regel. Die meisten anderen Seen speisen sich nur aus dem winterlichen Regenwasser.

Leichter zugänglich ist die kleinere, 16 m tiefe **Lagoa Rasa** nebenan, deren flache Umgebung von niedrigem Gebüsch bedeckt ist. Dorthin können Sie auf der Forstpiste weiterfahren oder auch zu Fuß gehen (mit Rückweg 1 Std.).

Lagoa Funda und Lagoa Rasa stehen gemeinsam unter Naturschutz. In Zukunft soll die einheimische Lorbeer- und Wacholdervegetation rund um die Seen sich von früheren Abholzungen erholen. Dafür will die Naturparkverwaltung die eingeführten ›exotischen‹ Pflanzenarten, etwa Hortensien, reduzieren. Ganz sollen diese allerdings nicht verschwinden, denn sie sind willkommene Farbakzente im grünen Teppich der ursprünglichen Azorenflora.

# Norden  ♥ Karte 1, B1–C2

Die aussichtsreiche Straße ER 1-20 erschließt den sehr ursprünglichen Nordosten und Norden. Immer wieder lohnt unterwegs der Halt an einem der Miradouros. Ein Abstecher führt in die Baía da Alagoa mit Picknickgelände hinter einem Kiesstrand. Der Küste vorgelagert ist die fotogene Felsinselgruppe **Ilhéus da Alagoa,** ein wichtiges Brutgebiet der Rosenseeschwalbe. Nach Passieren des ruhigen Dorfes Cedros verläuft die Strecke hoch über der brandungsumtosten Nordküste. Ein Abstecher führt hinunter nach Ponta Ruiva, eine winzige Siedlung im Windschatten eines Felskaps.

### Der Vorposten Europas

Mit 400 Einwohnern ist **Ponta Delgada** der einzige größere Ort im Norden. In der malerischen Hafenbucht liegen ein paar Fischerboote. An der Nordwestspitze der Insel, der Ponta do Albarnaz, steht ein eleganter Leuchtturm hoch über den Klippen. Der **Farol do Albarnaz** weist seit 1925 Schiffen den Weg zwischen Flores und Corvo. Mit 22 Seemeilen hat er die größte Reichweite aller Leuchttürme der Azoren. Von seiner Südseite bietet sich ein wunderbarer Blick zur Felsinsel **Ilhéu de Monchique,** dem – je nach Definition – westlichsten Punkt Europas. Richtung Norden schaut man bis Corvo.

## Essen

### Wohnzimmermäßig
**O Pescador:** Maritim dekoriert, familiär geführt. Meist gibt es fangfrischen Fisch, außerdem Zicklein und Lamm. Mittleres Preisniveau.
Ponta Delgada, Rua da Terra Chã, T 292 59 26 92, tgl. 9–24 Uhr

# Ilha do Corvo

📍 **Karte 2**

Die kleinste Azoreninsel wirkt wie eine Welt für sich. Besucher kommen von Flores meist nur für einen Tag, übernachtet wird aber auch immer öfter. Hauptattraktion ist der einsame Riesenkrater im Inselzentrum, der Caldeirão. Birdwatcher reisen an, um Seevögel zu beobachten. Im einzigen Ort Vila do Corvo (auch Vila Nova genannt) geht das Leben einen ruhigen Gang. Der Rest der Insel besteht aus grünem Weideland.

---

**FAKTENCHECK** **F**

**Einwohner:** 400
**Bedeutung:** mit Abstand kleinste der neun bewohnten Azoreninseln
**Stimmung auf den ersten Blick:** äußerst provinziell
**Stimmung auf den zweiten Blick:** jeder kennt jeden, man schiebt eine ruhige Kugel
**Besonderheiten:** nur ein Dorf, das sich Stadt nennt, attraktiver Kraterkessel im Inselinneren, Flughafen für kleine Inselflieger, grüne Landschaft mit vielen Kühen

---

Seit 2007 ist Corvo UNESCO-Biosphärenreservat.

### Janz weit draußen
In **Vila do Corvo** kennt jeder jeden. Die Menschen leben in kleinen Natursteinhäusern und treffen sich auf dem zentralen **Largo do Outeiro** oder in der dortigen Bar. Nur bei Ankünften von Fähren oder Fischerbooten ist im Hafen etwas los. Landet ein Flugzeug, verlagert sich das Geschehen zum kleinen Flughafen.

Einen guten Überblick bietet der **Miradouro do Portão** 150 m über der Stadt an der Straße zum Caldeirão (Spaziergang mit Rückweg ca. 45 Min.). Gebadet wird im **Porto Novo,** dem ehemaligen Walfängerhafen südlich des Flughafens, oder – am westlichen Ende der Landebahn – an der **Praia da Areia.**

In einem Komplex traditioneller Steinhäuser informiert die Naturparkbehörde im **Centro de Interpretação Ambiental e Cultural** über die besondere Inselnatur, die vor allem für Birdwatcher jede Menge Beobachtungsgelegenheiten bietet (Canada de Graciosa, http://parquesnaturais.azores.gov.pt, meist nur anlässlich von Veranstaltungen geöffnet, Eintritt frei).

### Azoren en miniature
Träge liegt ein achtförmiger See im Riesenkrater **Caldeirão.** Ringsum gipfelt der Kraterrand im Süden im **Morro dos Homens** (718 m), im Norden im **Serrão Alto** (663 m). In die Nähe von Letzerem führt von Vila do Corvo eine 7 km lange Stichstraße, an deren Ende man vom 550 m hoch gelegenen **Miradouro do Caldeirão** nach unten in den Vulkankessel schaut wie auf eine Landkarte. Die winzigen Inseln und Halbinseln unten im See werden gerne als Miniaturausgaben der großen Azoreninseln interpretiert. Den Miradouro erreichen Sie per Sammeltaxi oder Sie wandern

*Obwohl die Bewohner der Ilha do Corvo noch vom Fischfang leben, entwickelt sich der Tourismus auf der Insel zu einer immer größeren Einnahmequelle.*

auf der Zufahrtsstraße hinauf (mit Rückweg ca. 4 Std.).

Am Miradouro do Caldeirão beginnt der Wanderweg **PRC 02 COR** (2,5 Std., mittelschwer, www.trails.vi sitazores.com), der hinab zum 400 m über dem Meeresspiegel gelegenen Kraterboden führt. Unten folgt man an einem großen Felsblock der Beschilderung rechts Richtung See und umrundet den Kessel entgegen dem Uhrzeigersinn. Der Orientierung dient dabei großenteils das Ufer des Gewässers. Bei Nebel ist es wichtig, genau auf die Markierungen zu achten, da einige feuchte Stellen zu umgehen sind. Später am Südrand verläuft der Weg mit einigem Abstand zum See entlang mehrerer flacher Kuppen und einem Sumpfgebiet. Anschließend steigt man von dem markanten Felsblock wieder hoch zum Miradouro do Caldeirão auf schon bekannter Route.

## Schlafen

### Sympathisch und familiär

**Guest House Comodoro:** Das erste Haus am Platz verfügt über 14 gut ausgestattete Zimmer, Aufenthaltsraum und Gemeinschaftsküche. Bei der Buchung unbedingt auf die Ausrichtung der Zimmer achten. Von den schöneren blickt man über die Häuser von Vila do Corvo zum Atlantik oder Richtung Norden in die Berge. Caminho do Areeiro, T 292 59 61 28, www. comodoroazores.com, DZ ab 40 €

### Frischer neuer Inselstil

**Joe & Vera's Vintage Place:** Liebevoll eingerichtet. Jedes Zimmer hat ein eigenes Bad. Punktet auch durch die zentrale Lage neben der Kirche. Möblierte Lounge-Terrasse vor dem Haus. Mit eigenem Fahrradverleih (s. S. 228).

Rua da Matriz, T 914 11 20 97, www.joever
asplace.pt, DZ ca. 45 €

### Sehr persönlich geführt

**The Pirates Nest:** Kleine Pension am
oberen Ortsrand von Vila do Corvo, mit
schönem Stadtblick. Küche, Bad, Wasch-
maschine und Terrasse werden gemeinschaftlich genutzt. Gastgeber Luís kümmert
sich rührend und fährt seine Gäste auf der
Insel herum, zum Wandern und Birding.
Estrada do Caldeirão, T 963 73 19 53, www.
thepiratesnest.com, DZ ab 40 €

## Essen

### Bewährter Klassiker

**O Caldeirão:** Das einzige ›richtige‹ Restaurant der Insel, neben dem Flughafen. Typische Küche, oft Fisch aus frischem Fang
und mit etwas Glück auch gegrillte *lapas*.
Mittelpreisig, aber es gibt ein günstiges
Tagesgericht, ca. 7 € mit Getränk.
Caminho dos Moinhos, T 964 58 34 02, tgl.
12–14, 19–21 Uhr

---

### INSELWANDERN

Den Ausgangspunkt des Wanderwegs **PR 01 COR** (2 Std., leicht,
www.trails.visitazores.com) an der
**Cova Vermelha** kennen alle Taxifahrer auf Corvo. Auf alten, von Mauern
gesäumten Viehauftriebswegen geht
es in ca. 20 Min. zur Westküste, wo
an der Steilkante mit einiger Fantasie
die Felsformation **Cara do Índio**
(»Indianergesicht«) auszumachen ist.
Von hier verläuft der Weg mit Blick
auf **Vila do Corvo** stetig abwärts,
vorbei an alten Hirtenunterständen,
geologischen Formationen und knor-
rigen Wacholderbüschen. Die Route
durchquert die Stadt und endet an
der **Praia da Areia.**

### Familiäres Café

**Irmãos Metralha:** Familie Reis betreibt
die Bar in sehr persönlichem Stil, man
sitzt neben dem Tresen wie in der guten Stube. Hausgemachte Mahlzeiten,
einfach, aber schmackhaft. Unbedingt
vorbestellen!
Rua Joaquim Pedro Coelho, T 292 59 61 41,
tgl. 7–24 Uhr

## Bewegen

### Fahrradverleih

**Joe & Vera's Bike Rental:** In der
gleichnamigen Pension, aber auch für
Menschen, die nicht dort wohnen. Schicke
Mountainbikes mit Helm und Werkzeug.
Joe & Vera's Vintage Place s. S. 227

## Feiern

- **Festival dos Moinhos:** vier Tage um den
15. Aug. Ein in die Kirmes Nossa Senhora
dos Milagres integrierter Kulturevent mit
Folkpop und jungem Theater.

## Infos

- **Information:** Posto de Turismo do
Corvo, Caminho dos Moinhos, T 292
59 62 27, www.visitazores.com, www.
corvovirtual.pt
- **Fähre:** s. S. 212; Tickets im Bürgerbüro
RIAC, Rua do Jogo da Bola, Mo–Fr 9–19
Uhr oder unter www.atlanticoline.pt.
- **Busse/Taxis:** Die Funktion von Lini-
enbussen übernehmen Großraumtaxis,
die bei Bedarf Sammeltransporte vom
Hafen/Flughafen in die Stadt sowie nach
Fährankunft vom Hafen zum Caldeirão
durchführen (ca. 6 € pro Person).
Kontakte: Carlos Reis (T 292 59 61 41
oder 964 57 77 65), João Mendonça
(T 917 76 30 29).
- **Mietwagen:** keine.

# Zugabe
# Münzen aus Karthago

*Das Rätsel des verschollenen Geldes*

*So könnten sie ausschauen, die verschollenen punischen Münzen, die angeblich im 18. Jh. entdeckt wurden.*

**E**in schwarzes Tongefäß voller punischer Münzen sei 1749 auf Corvo entdeckt worden, heißt es. 1778 berichtete erstmals der schwedische Münzkundler Johann Frans Podolyn darüber. Bei einem Sturm hätten starke Wellen den Schatz am Strand freigespült. Der Fund wäre ein Hinweis auf frühe Seefahrer, die schon im Altertum die Azoren erreicht hätten, ohne Frage also eine Sensation. Auch die legendäre antike Reiterstatue am Caldeirão würde in einem neuen Licht erscheinen. Im 16. Jh. soll sie zerstört worden sein, wie Chronisten berichteten, bei dem Versuch, sie aus dem Fels zu lösen und dem König in Lissabon zu überbringen. Die ganze Geschichte der Erkundung des Atlantiks müsste umgeschrieben werden. Doch die Münzen sind verschollen.

Enrique Flórez, seines Zeichens Augustinerpater, Historiker und Numismatiker, übergab Podolyn 1761 in Madrid zwei Gold- und sieben Kupfermünzen. Angeblich stammten sie von den Azoren und waren ihm aus Lissabon geschickt worden. Dies sei nur ein Teil des Fundes gewesen, erzählte der Spanier dem Schweden. Die anderen, weniger gut erhaltenen Münzen hätten die Inselbewohner unter sich aufgeteilt. Wo sich

**Der Fund wäre eine Sensation für die Azoren.**

nun die Münzen befinden, die Podolyn genauso wie in der Folgezeit verschiedene weitere Experten auf etwa 340–300 v. Chr. datierte, bleibt im Dunkeln. Vielleicht gammeln sie irgendwo im Keller eines Museums unbeachtet vor sich hin. Mit modernen Methoden ließe sich verifizieren, ob sie echt sind, woran aber zeitgenössische Forscher wie Alexander von Humboldt keine Zweifel hegten. Letzterer soll allerdings die kolportierten Fundumstände als dubios bezeichnet haben. Kamen die Münzen etwa gar nicht von der Azoreninsel Corvo, sondern aus der Stadt Miranda do Corvo bei Coimbra? Oder sind sie erst nach der Besiedelung der Azoren durch die Portugiesen auf rätselhafte Weise nach Corvo gelangt? Fragen über Fragen. ∎

# Kleingedruckte

# Das

*Den Blick nach Westen, Richtung Amerika, in eine bessere Zukunft: Das Auswanderer-Denkmal in Ponta Delgada zeugt von einem Schicksal, das für viele Azorianer zur Realität wurde.*

## Anreise und Inselhopping

Atlantischer

Corvo
Flores
Graciosa
São Jorge
Terceira
Faial
Pico
São Miguel
Ozean
Santa Maria

### ... mit dem Flugzeug

Auf jeder der neun Azoreninseln gibt
es einen Flughafen. Der wichtigste ist
Ponta Delgada (São Miguel). Nur er wird
derzeit ab Deutschland auch direkt an-
geflogen: ab Frankfurt 1–3 x pro Woche
von Azores Airlines (www.azoresairlines.
pt), ab Frankfurt-Hahn 1 x pro Woche
von Ryanair (www.ryanair.com). Flugzeit
jeweils etwa 4 Std., hin und zurück nur
Flug zwischen 200 und 900 €. Flüge ab
Düsseldorf gibt es 2019 vorerst nicht
mehr.

Die Anreise mit der portugiesischen
Fluggesellschaft TAP Portugal (www.fly
tap.com) ab Frankfurt, Düsseldorf, Hamburg, München, Wien und Zürich mit Umsteigen in Lissabon liegt vom Preis her
ähnlich. Sie bietet sich vor allem an, wenn
man von Lissabon direkt nach Horta
(Faial) oder Terceira (jeweils täglich),
Santa Maria oder Pico (je ca. 1 x pro
Woche) fliegen möchte. Auch eine Kombination mit Madeira ist möglich, das die
SATA Air Açores (www.sata.pt) ca. 2 x
pro Woche mit Ponta Delgada verbindet.

Zwischen allen neun Azoreninseln
verkehren Propellermaschinen der SATA
Air Açores (Schalter an allen Flughäfen
und Büros in den Inselhauptorten, Adressen bei den jeweiligen Ortsbeschreibungen). Flüge zwischen den Inseln kosten
je nach Strecke und Termin oneway ca.
60–90 €. Mehrmals pro Tag bestehen
Verbindungen zwischen den Drehkreuzen
Ponta Delgada, Horta und Terceira. Von
dort geht es dann zu den anderen Inseln:
von Ponta Delgada 1–2 x tgl. nach Santa
Maria, von Horta 1–2 x tgl. nach Flores
und ca. 3 x pro Woche nach Corvo, von
Terceira je 1–2 x tgl. nach Pico, São Jorge und Graciosa. Innerhalb des *triângulo*,
des Dreiecks, das Faial, Pico und São
Jorge bilden, gibt es kaum direkte Flü-

### STECKBRIEF **S**

**Lage:** Der Archipel liegt im Mittelatlantik. Die Ostgruppe (São
Miguel, Santa Maria) ist von Europa
1400 km entfernt, die Westgruppe (Flores, Corvo) von Amerika
2350 km. Dazwischen liegen die fünf
Inseln der Zentralgruppe (Faial, Pico,
São Jorge, Terceira, Graciosa).
**Größe:** São Miguel 759 km$^2$, kleins-
te bewohnte Insel Corvo 17 km$^2$
**Geografie:** Höchster Berg ist
der Vulkan Pico (2351 m) auf der
gleichnamigen Insel. Mancherorts
zeugen heiße Quellen und Fumaro-
len von aktivem Vulkanismus.
**Einwohner:** 247 000, davon
138 000 auf São Miguel
**Hauptstadt:** Ponta Delgada 69 000
Einwohner
**Staat und Politik:** Der Archipel ist
teilautonom innerhalb Portugals.
**Amts- und Umgangssprache:**
Portugiesisch (Englisch)
**Währung:** Euro
**Vorwahl:** 00 351, dann folgt die
neunstellige Teilnehmernummer
**Zeitzone:** Azores Time (AZOT), 2
Std. gegenüber Mitteleuropa zurück
**Wirtschaft:** Viehwirtschaft, Fischerei,
Anbau von Ananas, Tee und Wein,
Tourismus (1,5 Mio. Übernachtun-
gen pro Jahr, 15 % Deutsche)

## PRIVAT ODER ÖFFENTLICH?

**P**

Für Aufregung sorgt derzeit die geplante Privatisierung der Fluglinie SATA. Sie stellt seit 1947 die so dringend notwendige Verbindung der Inseln untereinander sicher und hat mit ihrer Tochtergesellschaft Azores Airlines großen Anteil an den Flugbewegungen nach Europa und Amerika. Zwar war die SATA ursprünglich schon einmal ein Privatunternehmen, wurde aber 1980 verstaatlicht und gehört seither der Autonomen Region Azoren. Und damit dem Steuerzahler. Womit das Thema eine starke emotionale Komponente bekommt. Nun ist die Airline in die roten Zahlen gerutscht. Die derzeitige Regionalregierung von der PS (Sozialistische Partei) möchte Privatkapital ins Boot holen, ohne dabei die Mehrheit der Anteile abzugeben. Eine Tochter von Icelandair will mit 49 % einsteigen. Kritiker vom BE (Linksblock) befürchten eine Zerschlagung der Fluglinie und favorisieren Finanzspritzen aus öffentlichen Mitteln.

ge. Dort ist die Fähre das Verkehrsmittel erster Wahl. Eines sollte man unbedingt in die Reiseplanung einbeziehen: Der Flughafen auf Flores muss häufig wegen Sturm geschlossen werden, vor allem in den Wintermonaten!

### ... mit dem Schiff

**Fährverbindungen** vom europäischen Festland zu den Azoren bestehen nicht. Alle Fähren innerhalb des Archipels werden von der Atlânticoline (www.atlanticoline.pt) betrieben. Zwischen Ende Mai und Ende September verkehren zwei Autofähren der Linha Amarela (gelbe Linie) zwischen den Inseln der Ost- und Mittelgruppe, von Juni bis Anf. September auch nach Flores. Wetterbedingt kann es bei den planmäßigen Abfahrtszeiten Änderungen geben. Ticketverkauf online, in Reisebüros vor Ort (Adressliste s. Website) oder am jeweiligen Hafenschalter (öffnet 90 Min. vor Abfahrt). Preisbeispiele (pro Pers. oneway): Ponta Delgada (São Miguel) – Vila do Porto (Santa Maria) ca. 30 €, Ponta Delgada – Praia da Vitória (Terceira) ca. 50 €, am Hafenschalter zuzüglich 5 € Verwaltungsgebühr. Der Tarif Azores 4 You beinhaltet vier einfache Fahrten innerhalb derselben Inselgruppe (80 €) bzw. zwischen beliebigen Inseln (130 €). Die Fahrzeit dauert je nach Strecke 3,5–9 Std. Normalerweise wird tagsüber gefahren. Dennoch kann man an Bord Kabinen zubuchen (2 Pers. pro Strecke 40 €). Mietwagen dürfen nicht mitgenommen werden, Fahrradmitnahme s. S. 235.

**Personen- und kleine Autofähren** verbinden die Inseln des *triângulo* ganzjährig: Zwischen Horta (Faial) und Madalena (Pico) pendelt 4–7 x tgl. die Linha Azul (blaue Linie), Fahrzeit 30 Min., 3,60 €; etwas seltener zwischen Horta, Madalena, São Roque (Pico) und Velas (São Jorge) mit der Linha Verde (grüne Linie), Fahrzeit Horta – Velas ca. 1,5 Std., 15,50 €; Ende Juni bis Mitte Sept. fährt die Linha Lilás außerdem nach Calheta (São Jorge). Zwischen Santa Cruz das Flores und Corvo verkehrt eine Personenfähre der Linha Rosa im Hochsommer fast täglich, sonst 2 x pro Woche, Fahrzeit 40 Min., one-way 10 €; im Sommer z. T. auch Abfahrt in Lajes das Flores. Tickets jeweils am Hafenschalter oder am Automaten, keine Reservierung. Man sollte jedoch beachten: Fahrpläne können sich kurzfristig ändern und Fahrten auch ganz ausfallen.

# Bewegen und Entschleunigen

## Baden

Ein klassisches Badeziel sind die Azoren nicht. Wanderer und Naturtouristen nehmen aber gern die Gelegenheit wahr, hin und wieder in den Atlantik zu springen. Die Saison dauert etwa von Juni bis Oktober. Badeplätze gibt es auf allen Inseln. Oft verfügen sie über eine gute Infrastruktur (sanitäre Einrichtungen, Umkleidekabinen, Strandbar).

Der wohl schönste Sandstrand der Azoren, die Praia Formosa, liegt auf der Insel Santa Maria. Auf São Miguel sind der Strand von Mosteiros, die Praia de Santa Bárbara und die Praia de Baía d'Alto beliebt, auf Faial die Praia do Porto Pim (Horta) und die Praia do Almoxarife. Vorzeigestrand von Terceira ist die Praia Grande (Praia da Vitória). Wo Strände rar sind, gibt es Felsbadeplätze mit natürlichen Brandungspools. Besonders attraktive Anlagen dieser Art besitzen Anjos (Santa Maria), Lagoa (São Miguel), Varadouro (Faial), Furna de Santo António (Pico) und Biscoitos (Terceira).

An bewachten Stränden bedeutet eine rote Flagge Badeverbot. Gelb steht für ›Vorsicht‹, Grün für sicheres Baden. Mit der Brandung ist je nach Wetterlage nicht zu spaßen. Allgemein unterschätzt werden die Gezeiten. Der Tidenhub beträgt um 2 m. Bei Ebbe ist es schwierig, gegen den Strom anzuschwimmen. Besser also nur bei auflaufendem Wasser baden. Gezeitentabellen unter www. hidrografico.pt/previsao-mares.php (Niedrigwasser: baixa-mar, Hochwasser: preia-mar). Achtung vor Portugiesischen Galeeren! Die großen, lilafarbenen Seeblasen schwimmen vor allem im Frühjahr auf dem Wasser und verursachen mit ihren langen Tentakeln unangenehme Verbrennungen.

*Leinen los:*
*Die Segler machen sich startklar im*
*Hafen von Madalena auf Pico.*

Nacktbaden ist auf den Azoren übrigens nirgends erlaubt. Auch ›oben ohne‹ sieht man nur selten.

## Birding

Die sportliche Form der Vogelbeobachtung gilt als Trend-Hobby, dem mit steigender Tendenz Menschen sogar nach Büroschluss mitten in der Stadt frönen. Im Urlaub wird dann in der Natur so richtig losgelegt, wo die Azoren einiges in dieser Hinsicht zu bieten haben (s. S. 280).

## Bootstouren und Whalewatching

Ein Megatrend sind Ausfahrten per Schlauch- oder Festrumpfboot zur Beobachtung von Walen und Delfinen. Bis in die 1980er-Jahre hinein wurde von den

Azoren aus Walfang betrieben. Heute stehen die Meeressäuger – 24 Arten wurden bisher gezählt – unter Schutz. In den ehemaligen Walfängerausgucken (*vigias*) sitzen wieder Beobachtungsposten und dirigieren die Boote über Funk zu den besten Plätzen. Daher ist die Wahrscheinlichkeit, Wale oder zumindest die häufigeren Delfine wie auch Meeresschildkröten, fliegende Fische und verschiedene Seevögel zu Gesicht zu bekommen, sehr groß. Whalewatching wird speziell ab Ponta Delgada und Vila Franca do Campo (beide São Miguel), Horta (Faial) sowie Madalena und Lajes (beide Pico) angeboten.

An der Felsküste von Flores ist es je nach Wetterlage möglich, in Brandungsgrotten mit Schlauchbooten hineinzufahren – eine abenteuerliche Angelegenheit. Im Angebot ab Santa Cruz das Flores und Lajes das Flores.

### Canyoning

Der Trendsport wird auf São Miguel, Santa Maria, São Jorge, Terceira und Flores betrieben, wo es insgesamt über 50 geeignete Schluchten gibt. Zum Abenteuer gehören ›Abseiling‹ durch Kaskaden, Durchwaten von Gumpen und Sprünge ins Wasser. Die aktuell angesagte Variante, das Coasteering, ist eine Kombination aus Springen, Klettern und Schwimmen an Klippenküsten. Spezialanbieter unter: www.visitazores.com (Stichwort: Schluchtenwandern)

*Ein Trendsport, der immer beliebter wird: Beim Canyoning geht es über Stock und Stein und durchs Wasser.*

### EXPERTENMEINUNG **E**

»Die beste Zeit für das Whalewatching sind eigentlich die Monate März bis Mai. Da ist nicht so viel los, und die Vielfalt der Wale ist besonders groß.« Frank Wirth von Pico Sport (Pico, Madalena, www.pico-sport.com) s. S. 255

### Geocaching

Die Bedingungen für Geocacher auf den Azoren werden immer besser. Auf São Miguel gibt es schon etwa 1500 Caches, die allerdings oft nicht sehr einfallsreich versteckt sind, sondern sich an Wanderwegen befinden. Auch ist der Pflegezustand nicht immer optimal. Wer persönliche Tipps dazu haben möchte, bekommt diese z. B. von Beatrice Hoegerle und Agnes Wick, die in Ajuda da Bretanha Ferienhäuser und Apartments vermieten (www.casa-felicitas.com) und Geocaching als Hobby für sich entdeckt haben. Die anderen Inseln sind noch etwas weniger gut bestückt, holen aber auf. So sind es auf Santa Maria schon an die 100 Caches (Tipps dazu in der Pension Francisca, s. S. 92). Weitere Infos unter www.geocaching.com.

## Joggen und Walken

Einheimische Jogger und Walker sind gerne auf den Uferpromenaden der Städte unterwegs, speziell in Ponta Delgada, Horta und Angra do Heroísmo. Selbstredend ist der Untergrund dort befestigt. Wer Naturboden bevorzugt und längere Strecken laufen möchte, findet Dutzende von Routen aller Längen und Schwierigkeitsgrade unter: https://de.wikiloc.com/routen/jogging/portugal/azores

## Kajakfahren

Der Trendsport Seekajak hat auf den Azoren bereits zahlreiche Anhänger. Vermietung und geführte Touren bei Anbietern auf Faial (Horta), Pico (Lajes), São Jorge (Calheta), Terceira (Angra do Heroísmo), Graciosa (Santa Cruz). Auch auf den Seen von Sete Cidades auf São Miguel wird mit dem Kajak gefahren (zum Drei-Insel-Triathlon s. Kasten rechts).

## Motorroller

Die wenig befahrenen Inselstraßen bieten sich dafür an, bei gutem Wetter mit dem Motorroller unterwegs zu sein. Bei Nässe ist allerdings auf lehmverschmierten Strecken Vorsicht geboten. Autatlantis vermietet auf São Miguel (Ponta Delgada), Santa Maria, Pico, São Jorge, Terceira und Flores Motorroller der Marke Honda (um 25 €/Tag): www.autatlantis.com

## Radfahren

Die konditionellen Anforderungen sind angesichts des lebhaften Reliefs der Inseln nicht zu unterschätzen. Interessant für Radwanderer ist São Miguel mit seinen zahlreichen verkehrsarmen Nebenstraßen, asphaltierten Feldwegen und teilweise sogar Radwegen. Auf Faial wird ein Transfer zur Caldeira per Bus angeboten, um anschließend flott zum Meer hinunterzufahren (s. S. 113). Fahrradverleihfirmen sind eher dünn gesät. Es gibt sie in Ponta Delgada und Furnas (São Miguel), Vila do Porto (Santa Maria), Horta (Faial), Lajes (Pico), Angra (Terceira) und Santa Cruz (Graciosa).

Am besten fährt es sich natürlich mit dem eigenen Drahtesel. Fluggesellschaften nehmen eventuell Fahrräder nach Ponta Delgada mit (frühzeitig anmelden, Gebühr). Innerhalb der Azoren ist der Weitertransport per Flugzeug nicht möglich, wohl aber per Fährschiff, allerdings nur auf Anfrage (mindestens 48 Std. vor Abfahrt; pro Strecke ca. 5 €).

## SPORT-EVENTS

**Azores Trail Run:** Der Mega-Event Ende Mai besteht aus einer ganzen Serie von attraktiven Läufen auf der Insel Faial. Königsdisziplin ist der Whalers' Great Route Ultra-Trail (125 km). Leichter zu bewältigen sind etwa der Trail Ten Volcanoes (25 km) oder der Mini Family Trail (10 km). Eine vertikale Herausforderung stellt das Skyrunning (1000 Höhenmeter auf die Montanha do Pico) dar. Ableger des Azores Trail Run sind der Columbus Trail auf Santa Maria im Februar (u. a. mit dem 77 km langen Columbus Grand Trail) und das Triangle T. R. Adventure mit Läufen auf Faial, Pico und São Jorge Anf. Oktober. Infos: www.azorestrailrun.com.

**Drei-Insel-Triathlon:** Alle zwei Jahre (2020, 2022 …) findet der vom gleichnamigen Kultcafé veranstaltete Triatlo Peter Café Sport statt, meist am letzten Samstag im April. Die Athleten surfen ab Velas (São Jorge) nach Pico hinüber, strampeln dort auf dem Mountainbike über die Berge und setzen anschließend mit dem Seekajak nach Horta über – alles an einem Tag! Weitere Infos unter www.petercafesport.com.

## EXPERTENMEINUNG **E**

»Die Landschaft auf São Miguel ist nicht so flach wie in Norddeutschland oder den Niederlanden. Radfahren kann also ganz schön anstrengend sein. Am entspanntesten radelt es sich in dem Viereck zwischen Ponta Delgada, Capelas, Rabo de Peixe und Água de Pau. Eine nette Tour führt etwa von Ponta Delgada zum Pinhal da Paz.«
Daniel Melo, langjähriger Reiseleiter auf São Miguel und ein ausgemachter Inselkenner

**Meridian Touristik** (www.azoren-tours.de) offeriert achttägige Pakete für individuelles Radwandern (mit Mietfahrrad, Übernachtungen, Gepäcktransfers und ausführlichen Wegbeschreibungen). Eine Radrundreise – mit oder ohne Mietrad, geführt oder individuell durchführbar – bietet zu acht Terminen im Jahr **Amin Travel Zürich** (www.amin-travel.ch) an. Auch bei örtlichen Anbietern können geführte Halbtages- oder Tagestouren oder selbstgeführte Touren mit Mietrad gebucht werden, etwa ab Ponta Delgada (São Miguel).

### Reiten
Der Reitsport geht auf den Azoren auf die ›Orangenbarone‹ oder ›gentlemen farmers‹ des 18./19. Jh. zurück. So wurden die wohlhabenden Großgrundbesitzer und Orangenexporteure genannt, die meist angelsächsischer Herkunft waren und in herrschaftlichen ländlichen Anwesen residierten. In dieser Tradition bieten vor allem auf São Miguel einige zu Landhotels ausgebauten Gutshöfe (z. B. Casa do Monte in Santo António, Quinta das Queimadas bei Nordeste) ihren Gästen Reitgelegenheit. Pferde für Ausritte ausleihen kann man darüber hinaus in Ginetes (São Miguel), São Pedro (Santa Maria), Piedade (Pico) und Angra (Terceira). Ein ausgesprochener Reiterhof (mit Unterkunft, umfangreichem Ausrittprogramm, Reithalle, Unterricht) ist die Quinta da Terça bei Ponta Delgada:
www.quintadaterca.com

### Surfen
Windsurfing ist auf den Azoren weniger verbreitet. Dafür wird aber immer eifriger das Wellenreiten betrieben. Die beste Welle bieten einige Strände auf São Miguel und Santa Maria. Aber auch an den Küstenebenen von São Jorge kann das Bodysurfen reizvoll sein.

### Tauchen und Schnorcheln
In dem sehr sauberen Wasser rund um die Inseln erschließt sich eine artenreiche Meeresfauna. Deutschsprachige Tauchbasen gibt es auf Santa Maria (Vila do Porto) und Pico (Madalena). Auch einige Basen unter einheimischer Leitung (englischsprachig) sind auf Touristen eingestellt, etwa in Vila Franca do Campo (São Miguel), Horta (Faial) oder Urzelina (São Jorge). Hotels mit angeschlossenen Tauchbasen finden Sie auf São Miguel (Caloura), Terceira (Angra do Heroísmo) und Flores (Santa Cruz). Vielerorts ist auch Schnorcheln reizvoll, etwa im Kratersee des Ilhéu de Vila Franca (São Miguel).

### Wandern
Viele Urlauber kommen speziell zum Wandern auf die Azoren, die mit ihrer abwechslungsreichen Landschaft beste Voraussetzungen dafür bieten. Auf allen Inseln gibt es offiziell ausgewiesene, beschilderte und markierte Wege verschiedener Schwierigkeitsgrade. Für Mietwagenfahrer bieten sich eine Reihe von Rundwegen

an, Streckenwanderungen kann man per Linienbus oder Taxi organisieren. Wer es ganz bequem haben möchte, kann über Tanja Hausmann von Vista Verde Azores (www.vista-verde-azores.com) für individuelle Wandertouren auf allen Inseln einen Taxitransfer buchen. Sie stellen den Mietwagen am Endpunkt Ihrer Tour ab, werden vom Taxi zum Ausgangspunkt gefahren und wandern dann ganz entspannt.

Die schönsten Touren sind in den jeweiligen Inselkapiteln beschrieben. Auf weitere offizielle, markierte Wanderwege wird dort hingewiesen. Diese sind mit ausführlichen Beschreibungen (Port./ Engl.) und detaillierten Karten unter www.trails-azores.com oder als Folder in den Tourismusbüros vor Ort zu finden. Auf der Website ist auch vermerkt, ob Wege vorübergehend gesperrt sind (z. B. wegen Erdrutsch)!

### ENTSCHLEUNIGUNGS-TIPP **E**

Vulkanische Wellness ist in den **Termas das Caldeiras** in einem wildromantischen Tal oberhalb von Ribeira Grande (São Miguel) angesagt. Nach einer Wanderung oder Inselrundfahrt tut das warme Bad (39–40 °C) im naturtrüben Becken des alten Kurhauses ungemein gut. Auf kleinstem Raum ist alles da: Umkleidekabinen, Dusche, Schließfächer. Wer noch mehr für sein Wohlbefinden tun möchte, findet vielleicht an einer Massage, etwa mit Vulkanschlamm oder mit grünem Tee von São Miguel, Gefallen.
Caldeiras da Ribeira Grande, Largo das Caldeiras, T 296 09 87 11, www.facebook.com/termas dascaldeiras, tgl. 10–22 Uhr, Bad 3 €, Massage ca. 35 €

Geführte Tageswanderungen bieten einige örtliche Veranstalter an, speziell in den Sommermonaten. Hinweise dazu finden sich bei den Ortsbeschreibungen. Wanderungen unter vogelkundlichem und/oder botanischem Aspekt werden auf São Miguel und Faial durchgeführt (s. S. 76 und S. 105).

### Wellness

Wellness oder vielmehr Kururlaub hat auf den Azoren eine lange Tradition. Thermalwasser sprudelt mancherorts auf São Miguel und auch auf Graciosa aus dem Fels. Bereits seit dem 18. Jh. wird es für Badekuren genutzt. Bekanntester Kurort auf São Miguel ist Furnas mit dem wohl größten Thermalschwimmbecken Europas inmitten eines weitläufigen Parks. Mitten im Wald liegt das romantische Badebecken Caldeira Velha (s. S. 52). Bei Ginetes (São Miguel) ist eine Wellnessoase für Tagesgäste entstanden, wo außer Thermalpools auch Spa-Einrichtungen und diverse Anwendungen offeriert werden. Ebenso hat sich das alte Kurhaus von Carapacho (Graciosa) zu einer schicken kleinen Therme zum Relaxen gemausert.

## Einreisebestimmungen

Bei Einreise aus Schengen-Ländern, etwa aus Deutschland, Österreich oder der Schweiz, wird nicht kontrolliert. Personalausweis oder Pass werden aber von Fluggesellschaften, Hotels und Autovermietern verlangt.

**Zoll:** Innerhalb der EU akzeptiert der Zoll für den persönlichen Bedarf maximal 800 Zigaretten oder 200 Zigarren und 10 l Spirituosen (pro Person ab 15 bzw. 17 Jahren). Für die Schweiz gelten die internationalen Freigrenzen: 200 Zigaretten oder 50 Zigarren oder 250 g Tabak, 2 l Wein und 1 l Spirituosen sowie Geschenke im Wert bis zu 300 CHF.

## Elektrizität

Die Wechselstromspannung beträgt 230 Volt. Adapter werden nicht benötigt.

## Essen und Trinken

In der Mehrzahl der Restaurants (einfachere Variante: Snackbar) wird regionaltypisches Essen angeboten, oft in Büffetform. Nur wenige, meist etwas teurere Lokale auf den Hauptinseln experimentieren mit einer modernen, kreativen Küche. Internationale Restaurants sind sehr selten. Nur Pizza, Hamburger & Co. haben sich allgemein durchgesetzt. Die Azorianer nehmen das Mittagessen – meist ihre Hauptmahlzeit – üblicherweise gegen 13 Uhr ein. Abends füllen sich die Restaurants eher am Wochenende (Fr, Sa), wobei Touristen eher etwas früher, die Einheimischen oft erst ab 20 Uhr speisen. Viele Lokale haben durchgehend warme Küche.

## Feiertage

**1. Jan.** Neujahr (Ano Novo)
**25. April** Jahrestag der Revolution von 1974 (Dia da Liberdade)
**1. Mai** Tag der Arbeit (Dia do Trabalho)
**10. Juni** Nationalfeiertag im Gedenken an den Dichter Camões (Dia de Camões)
**15. Aug.** Mariä Himmelfahrt (Assunção)
**5. Okt.** Tag der Republik (Dia da República)
**1. Nov.** Allerheiligen (Todos os Santos)
**1. Dez.** Tag der Restauration (Dia da Restauração)
**8. Dez.** Mariä Empfängnis (Imaculada Conceição)
**25. Dez.** Weihnachten (Natal)
Variable Feiertage sind **Karfreitag** (Sexta-feira Santa), **Pfingstmontag** (Dia da Pombinha, auch als Tag der Autonomie der Azoren begangen) und **Fronleichnam** (Corpo de Deus).

## Geld

**Währung** auf den Azoren ist der Euro. Bei allen Banken, an Flughäfen, in Einkaufszentren und manchen größeren Hotels stehen **Geldautomaten**, an denen man mit Bankkarte (Maestro oder VPay) und PIN max. 200 € pro Tag abheben kann. **Kreditkarten** werden von größeren Hotels, Tankstellen, vielen Restaurants und Geschäften akzeptiert. Direktzahlung mit **Maestro/VPay** ist ebenfalls oft möglich. Bei Autovermietungen wird in der Regel anstelle einer Kaution die Vorlage einer Kreditkarte verlangt.

## Informationsquellen

### … in Deutschland
Turismo de Portugal
Zimmerstr. 56
10117 Berlin
T 030 254 10 60
www.visitportugal.com

### … auf den Azoren
Direcção Regional de Turismo
9900-112 Horta, Rua Ernesto Rebelo 14
T 292 20 05 00
(mit Zweigstellen auf allen Inseln, im jeweiligen Hauptort und/oder am Flughafen)

### Im Internet

**www.visitazores.com/de**
Offizielle Seite der Tourismusbehörde der Azorenregierung. Viel Wissenswertes über die Inseln, Hinweise auf aktuelle Veranstaltungen (u. a. auf Deutsch).

**www.azores.gov.pt**
Seite der Regionalregierung der Azoren mit aktuellen Infos über Wirtschaft, Kultur und Natur der Inseln (auf Portugiesisch und Englisch).

**www.azoren-online.com**

Private Seite mit sehr ausführlichen Informationen in deutscher Sprache zu allen Azoreninseln: Sehenswürdigkeiten, Ausflüge, praktische Hinweise, Adressen.

**www.trails-azores.com**

Alle offiziellen Wanderwege der Azoren mit ausführlichen Beschreibungen und Karten (u. a. auf Deutsch).

**http://pt.artazores.com**

Sehr informative Seite (auf Portugiesisch und Englisch) des Tourismusverbandes ART (Associação Regional de Turismo Açores) der Gemeinden auf den Inseln der Mittel- und Westgruppe. ART unterhält dort in den wichtigsten Orten auch Informationspavillons.

## Internetzugang

Das WLAN heißt hier Wi-Fi. Gratis surfen kann man in den Terminals von Flughäfen und Häfen, in Einkaufszentren, vielen Cafés, Bars und Restaurants. Manchmal ist ein Passwort zu erfragen. Die meisten Unterkünfte stellen ebenfalls WLAN zur Verfügung, häufig im Zimmer, ansonsten in öffentlichen Zonen wie Rezeptionsbereich oder Bar. Teilweise verlangen sie eine Gebühr.

## Kinder

Größere Hotels sind in der Regel mit Kinderbetten und Hochstühlen, teilweise auch mit Planschbecken auf die kleine Kundschaft eingestellt. Bei Tripadvisor steht eine Liste der Familien-Hotels mit Kommentaren von Reisenden. Alternativ bietet es sich an, ein Ferienhaus zu mieten, vielleicht sogar mit eigenem Pool. Die Einheimischen sind generell kinderfreundlich. Vor allem in Ausflugslokalen, die auch von azorianischen Familien besucht werden, sind die Kleinen gern gesehene Gäste. Kinderteller stehen eher selten auf der Speisekarte, aber häufig können halbe Portionen (*meia dose*) bestellt werden.

Für Kleinkinder sind die Azoren weniger geeignet, denn es fehlt an wirklich sicheren Badeplätzen und anderen passenden Angeboten. Ältere Kinder haben sicher Spaß an Ausfahrten zur Walbeobachtung. Manche Fahrradverleihfirmen vermieten Juniorräder (z. B. in Ponta Delgada, São Miguel). Jugendliche können auf Pico an Delfincamps teilnehmen (www.awo-reisen.de).

## Klima und Reisezeit

Das sprichwörtliche Azorenhoch verbleibt oft nur einen Tag bei den Inseln, um dann mit Westwinden nach Europa weiterzuziehen und Tiefausläufern Platz zu machen. So wechselt Sonnenschein in rascher Folge mit Regen, der im Winter deutlich öfter fällt als im Sommer. Die Lufttemperaturen

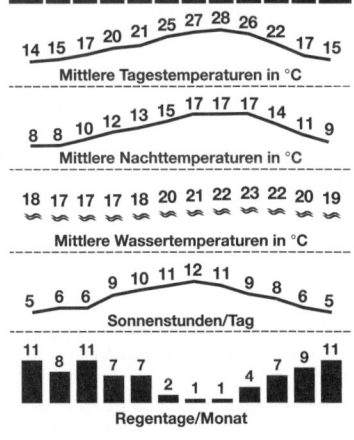

*So ist das Wetter in Ponta Delgada (São Miguel).*

*À sua saúde!*
*Bei einem kühlen Fläschchen Bier lässt*
*sich jedes Wetter genießen.*

sind im Jahres- und auch im Tagesverlauf sehr ausgeglichen. Recht hoch ist generell die Luftfeuchtigkeit, im August/September wird es schwülwarm. Verantwortlich für das milde Klima ist der Golfstrom, an dessen Südrand die Azoren liegen.

Während in den Bergen oft Nebelbänke liegen, ist das Wetter an den Küsten tendenziell besser. Die Südseiten der Inseln sind etwas sonniger und wärmer als die Nordseiten. Innerhalb des Archipels ist es am wärmsten auf den Ostinseln. Die Westgruppe verzeichnet etwas niedrigere Temperaturen, dafür aber stärkeren Wind.

Generell sind die Azoren eher ein Sommerziel, mit einer Hauptsaison während der portugiesischen Sommerferien von Ende Juli bis Anfang September. Dann sind Baden und Wassersport angesagt. Schwimmen im Meer ist aber schon ab Juni und bis in den Oktober hinein möglich. Wer möglichst viele Blüten erleben möchte, sollte zwischen Ostern und September anreisen. Inzwischen verlängert sich die Saison immer mehr ins Frühjahr und in den Herbst hinein. Tauchen, Brandungssurfen und Seekajakfahren sind prinzipiell sogar ganzjährig möglich, aber nicht unbedingt üblich, auch wegen des oft sehr starken Seegangs. Manche Tauchbasen schließen in den Wintermonaten. Radfahren und Wandern kann man ebenfalls das ganze Jahr über, allerdings ist die Zeit zwischen November und April regen- und nebelreicher als das Sommerhalbjahr. Winterliche Sturmtiefs können für extrem unfreundliches Wetter sorgen.

Kleidungsmäßig empfiehlt sich wegen der häufigen interinsularen Flüge und der Quartierwechsel eine praktische, strapazierfähige Ausstattung. In den schwülwarmen Monaten August und September sollte diese sehr luftig sein. Wegen möglichen Regenwetters und niedrigerer Temperaturen in den Bergen sollten jedoch auch in dieser Zeit eine winddichte Regenjacke (Schirme sind wegen des starken Windes nicht immer zu gebrauchen) und ein leichter Fleecepulli mit dabei sein. Dies gilt vor allem für die übrigen Sommermonate. Selbst im Juli ist es oft noch überraschend kühl.

Im Winterhalbjahr dürfen Anorak und Pulli dann auch etwas dicker sein. Wanderer benötigen außerdem wasserabweisende Trekkingschuhe mit gutem Profil.

## Literatur

**Fabian Ritter: Wale beobachten.** Ein Leitfaden zum sanften Whalewatching mit Beschreibung der 32 häufigsten Wal- und

Delfinarten und Tipps zur Beobachtung. Im deutschen Buchhandel.

**Gérard Soury: Wale und Delfine.** Einführung in die Biologie der Meeressäuger und das Verhalten beim Whalewatching, Bestimmungs- und Beobachtungstipps. Im deutschen Buchhandel.

**Peter Wirtz: Fischführer Madeira – Kanaren – Azoren.** Mit mehr als 200 Fotos werden 150 Arten von Küstenfischen des Ostatlantiks beschrieben, jeweils mit kurzem, aber sehr informativem und kurzweiligem Text. Gebraucht im Internet.

**Peter Wirtz und Helmut Debelius: Niedere Tiere, Mittelmeer und Atlantik.** Die Unterwasserfauna der Wirbellosen, etwa Tintenfische, Muscheln, Schnecken oder Krebse. Gebraucht im Internet.

**Andreas Stieglitz: Azorenflora.** Einführung in die einheimische Pflanzenwelt mit allen wichtigen Arten in Wort und Bild. Als Taschenbuch und E-Book erhältlich.

## Medizinische Versorgung

Mitglieder einer gesetzlichen Krankenkasse in der EU oder der Schweiz können sich bei Vorlage der **Europäischen Krankenversicherungskarte** (EHIC), in der Regel in die nationale Versichertenkarte integriert, kostenlos behandeln lassen. In privaten **Ärztezentren und Arztpraxen** wird die EHIC nicht akzeptiert. Auch in öffentlichen **Krankenhäusern und Gesundheitszentren** sind nicht alle Leistungen abgedeckt. In solchen Fällen müssen die Behandlungskosten zunächst selbst bezahlt werden. Zu Hause werden sie von der Krankenkasse erstattet, jedoch nicht immer in voller Höhe. Daher bewährt sich der Abschluss einer privaten Reisekrankenversicherung. Privatversicherte zahlen Behandlungs- und Krankenhauskosten vor Ort und bekommen sie zu Hause gegen Vorlage der Rechnung erstattet (möglichst detailliert ausstellen lassen).

## Krankenhäuser

**São Miguel:** Hospital do Divino Espírito Santo, Ponta Delgada, Avenida Dom Manuel I., T 296 20 30 00 (24 Std.)

**Faial:** Hospital da Horta, Estrada Principe Alberto do Mónaco, T 292 20 01 00 (allg.), 292 20 11 43 (Notfälle)

**Terceira:** Hospital de Santo Espírito da Ilha Terceira, Canada do Breado, T 295 40 32 00, www.hseit.pt

## Gesundheitszentren

In allen größeren Orten gibt es öffentliche Gesundheitszentren (Centros de Saúde; meist rund um die Uhr geöffnet). Viele Ärzte sprechen Englisch.

## Apotheken

In größeren Orten gibt es mindestens eine Apotheke (*farmácia*), zu erkennen am weißen Kreuz auf grünem Grund (meist Mo–Sa 9–13, 15–19 Uhr, z. T. auch So Vormittag geöffnet). Notdienstapotheken: www.farmaciasdeservico.net (nicht immer zuverlässig).

## Öffnungszeiten

**Banken:** Mo–Fr 8.30–14.45 Uhr

**Post:** meist Mo–Fr 9–12.30, 14.30–18 Uhr

**Geschäfte:** Mo–Fr 9–13, 14–18, Sa 9–13 Uhr (kleinere Läden); Mo–Sa 9–21, So 9–13 Uhr (Supermärkte). Große Supermärkte in Ponta Delgada, Lagoa und Ribeira Grande öffnen auch am Sonntag durchgehend bis 22/23 Uhr. Außerhab der Städte bekommt man das Nötigste am Sonntag an Tankstellen.

## Reisen mit Handicap

Für Behinderte sind die Azoren als Reiseziel bedingt zu empfehlen, die Infrastruktur wird ständig ausgebaut. Mehrere barrierefrei eingerichtete Hotels gibt es auf

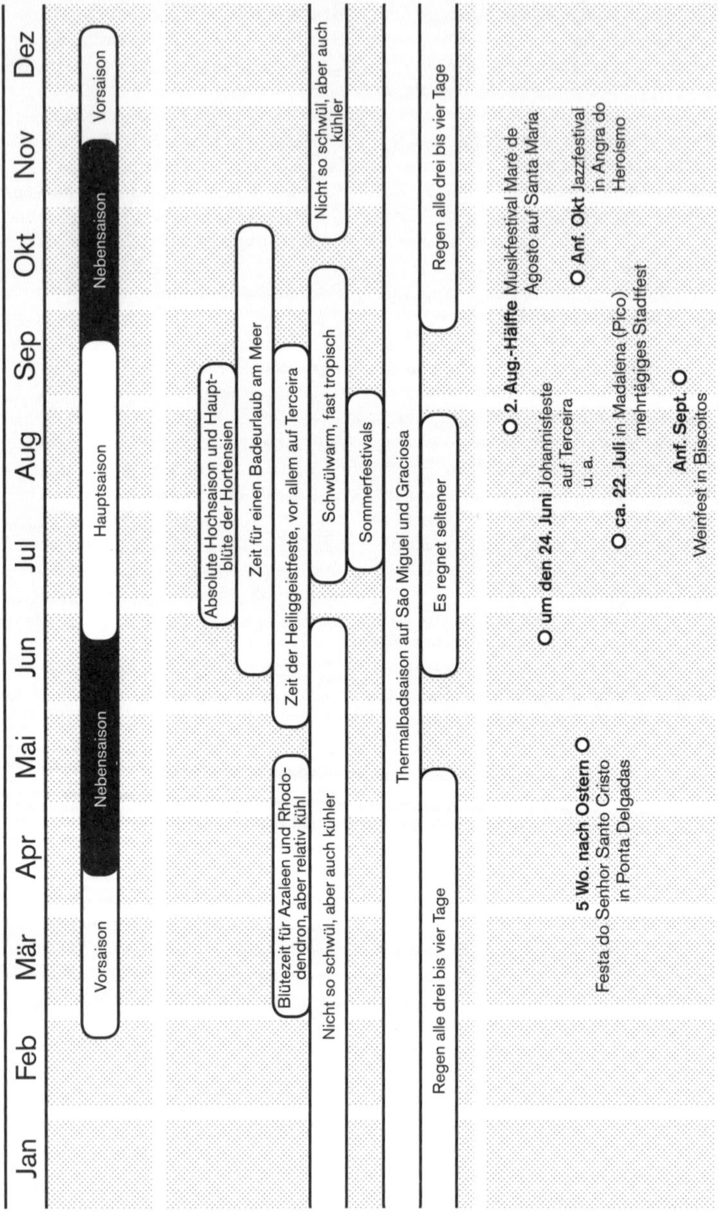

| Jan | Feb | Mär | Apr | Mai | Jun | Jul | Aug | Sep | Okt | Nov | Dez |
|-----|-----|-----|-----|-----|-----|-----|-----|-----|-----|-----|-----|

Vorsaison · Nebensaison · Hauptsaison · Nebensaison · Vorsaison

Blütezeit für Azaleen und Rhododendron, aber relativ kühl

Absolute Hochsaison und Hauptblüte der Hortensien

Zeit für einen Badeurlaub am Meer

Zeit der Heiligengeistfeste, vor allem auf Terceira

Nicht so schwül, aber auch kühler

Schwülwarm, fast tropisch

Nicht so schwül, aber auch kühler

Sommerfestivals

Thermalbadsaison auf São Miguel und Graciosa

Regen alle drei bis vier Tage

Es regnet seltener

Regen alle drei bis vier Tage

**5 Wo. nach Ostern** ○ Festa do Senhor Santo Cristo in Ponta Delgadas

○ **um den 24. Juni** Johannisfeste auf Terceira u. a.

○ **ca. 22. Juli** in Madalena (Pico) mehrtägiges Stadtfest

○ **2. Aug.-Hälfte** Musikfestival Maré de Agosto auf Santa Maria

**Anf. Sept.** ○ Weinfest in Biscoitos

○ **Anf. Okt** Jazzfestival in Angra do Heroísmo

São Miguel, Faial und Terceira. Speziell mit Urlaub für Menschen mit Behinderungen wirbt auch die Ferienanlage Aldeia dos Sonhos (www.fajazinha.com) auf Flores. Allgemeine Informationen zu Gruppenreisen und zur Organisation von Individualreisen erteilt die Bundesarbeitsgemeinschaft SELBSTHILFE e.V. (40215 Düsseldorf, Kirchfeldstr. 149, T 0211 310 06-0, www.bag-selbsthilfe.de).

## Reiseplanung

### Stippvisite: Azoren zum Kennenlernen

Eine Woche sollte es schon mindestens sein, sonst lohnt die Anreise nicht. Azoren-Neulinge beschränken sich dann meist auf São Miguel. Die Hauptinsel hat wirklich alles für einen ganzen Urlaub. Landschaftliche Highlights sind mit Seen gefüllte Riesenkrater, Schlammvulkane und siedende Quelltöpfe. Ponta Delgada bietet urbanes Flair, und wer dem lieber entgehen möchte, quartiert sich einfach in den kleinen Bauern- und Fischerdörfern ein. Wanderwege gibt es reichlich, es werden Mountainbiking, Canyoning und Kajakfahren praktiziert.

Ist mehr Zeit vorhanden, könnten zusätzlich die Inseln Faial und Pico auf dem Programm stehen, die sich dank ihrer räumlichen Nähe zueinander gut kombinieren lassen. Faial glänzt mit der kosmopolitischen Kleinstadt Horta, dem jüngsten Vulkan der Azoren und einem gewaltigen Kraterkessel. Pico hat eine Alleinstellung durch den dunkelgesteinigen, mit Abstand höchsten Berg des Archipels. Angesagt sind die Whalewatcherorte Madalena und Lajes, noch auf die Entdeckung wartet Picos grüner Osten.

### Rundreisevorschlag: Klassiker und Eskapaden

Ein Muss ist also São Miguel. Wer darüber hinaus die Azoren auf die klassische Art kennenlernen möchte, reist nach Faial, Pico und Terceira. Letztere Insel wird immer ein wenig stiefmütterlich behandelt, dabei strahlt sie eine besonders heitere Stimmung aus. Einzigartig sind hier die Heiliggeisttempel, abenteuerlich die Vulkanhöhlen, Urbanität und Historie vereinen sich in Angra do Heroísmo.

Wanderer und Naturliebhaber zieht es gern für ein paar Tage nach São Jorge oder auch nach Flores, wo dann meist ein Tagesausflug nach Corvo mit auf dem Programm steht. Diese Inseln werden oft mit São Miguel, Pico und Faial zu einer vierzehntägigen Wander-Rundreise kombiniert. Hingegen sind das sympathisch ländliche Taucherparadies Santa Maria und Graciosa mit seinem rätselhaften Vulkanschlund noch Ziele für echte Eskapaden.

### Gibt es überlaufene Touristen-hochburgen?

Keine Sorge, der Tourismus hat auf den Azoren noch längst nicht die Oberhand. Dazu ist das Wetter zu launenhaft und die Saison zu sehr auf den Hochsommer beschränkt – auch wenn, da im Juli/August alles schnell ausgebucht ist, immer mehr Inselkenner in der Vor- und Nachsaison anreisen. Am meisten los ist, wenn Kreuzfahrtschiffe in Ponta Delgada oder Horta (Faial) anlegen. Dann füllen sich die Städte mit Spaziergängern, Ausflugsbusse verstopfen die Straßen und an beliebten Aussichtspunkten quer über die Inseln wird es auf den Parkplätzen eng. Doch schon wenige Stunden später, wenn die Schiffe abdampfen, kehrt wieder Ruhe ein.

## Sicherheit und Notfälle

Die Azoren gelten als relativ sicher. Dennoch sind Wertsachen am besten im Hotelsafe (ca. 2 €/Tag) aufgehoben. Am besten nichts im Mietwagen liegen lassen.

## SOUVENIRS **S**

In Ponta Delgada (São Miguel) wird **Ananas** in handgepackten Kartons verkauft. Außerdem gibt es Konfitüre, Bonbons und Likör aus Ananas. Bei Ribeira Grande stellt eine Traditionsfirma **Maracujalikör** her, auch gedeiht dort der einzige **Tee** Europas (s. S. 48). Bäckereien in Vila do Campo (São Miguel) und Praia (Graciosa) produzieren winzige **Käsekuchen** (*queijadas*). Pico ist bekannt für seinen **Wein** und **Schnäpse** aus Trester und Feigen.

Überall auf den Azoreninseln kann man traditionelles **Kunsthandwerk** erwerben, von Keramik über Flechtwerk, Häkelarbeiten und Stickereien bis zu Arbeiten aus Feigenmark oder Fischschuppen.

Souvenirs aus echtem *scrimshaw* (Zähne und Knochen des Pottwals) sind mittlerweile extrem selten und sehr teuer. Wer sich für so etwas interessiert, sollte auf die Alternativen zurückgreifen, die ökologisch unbedenklich sind: Holz, Rinderknochen und pflanzliches Elfenbein von der südamerikanischen Steinnuss (Tagua).

Auf den Inseln gibt es keine Schlangen oder giftigen Skorpione. Haie werden vor den Küsten gefischt, Badeunfälle mit diesen Tieren sind aber sehr unwahrscheinlich. Der Atlantik kann tückisch sein, die Gezeitenunterschiede sind mit rund zwei Metern recht erheblich. An unbewachten Stränden empfiehlt sich das Baden nur bei ruhiger See und auflaufendem Wasser.

Vorübergehende Sperrungen von Wanderwegen aus Sicherheitsgründen, speziell nach winterlichen Erdrutschen, kommen vor. Sie werden vor Ort durch Schilder angezeigt und/oder stehen auf: www.trails-azores.com

### Notrufnummern

Notfall: T 112 (Polizei, Feuerwehr, Ambulanz)

Sperrnotruf für in Deutschland herausgegebene Kredit- und Debitkarten (›EC-Karten‹): T 0049 116 116

### Botschaften

Deutsches Honorarkonsulat
T 918 79 26 33
ponta-delgada@hk-diplo.de
www.lissabon.diplo. de

Österreichische Botschaft
T 213 94 39 00
lissabon-ob@bmeia.gv.at
www.aussenministerium.at/lissabon

Schweizer Botschaft
T 213 94 40 90
lis.vertretung@eda.admin.ch
www.eda.admin.ch

## Telefonieren

Das **Mobilfunknetz** ist auf den Azoren sehr gut ausgebaut. Ausländische Handys wählen sich problemlos in das portugiesische Netz ein. Dank der Abschaffung der Roaming-Gebühren innerhalb der EU telefonieren Handykunden aus EU-Ländern zum einheimischen Tarif (gilt nicht für Verträge, die in der Schweiz abgeschlossen wurden).

Öffentliche **Telefonsäulen** funktionieren mit Münzen und/oder Telefonkarten (Telecom Card PT; in Postfilialen oder autorisierten Geschäften).

**Internationale Vorwahlen:** D 0049, A 0043, CH 0041. **Gespräche nach Portugal:** Landesvorwahl 00351 plus neunstellige Teilnehmernummer (es gibt keine Ortsvorwahlen in Portugal).

## Trinkgeld

Zimmermädchen erhalten ca. 1 € pro Tag, Gepäckträger 0,50 € pro Gepäckstück. Taxifahrer erwarten meist kein Trinkgeld, man kann aber den Fahrpreis aufrunden. In Restaurants lässt man einige Münzen auf dem Teller mit dem Wechselgeld liegen. In Snackbars oder Cafeterias ist kein Trinkgeld üblich.

## Übernachten

In den Veranstalterkatalogen sind vorwiegend die großen Ferienhotels aufgeführt, aber auch individuellere Hotels, oft des oberen Preissegments. Einfachere Unterkünfte sowie Ferienwohnungen und Ferienhäuser können Sie bequem über Buchungsplattformen reservieren (z.B. www.booking.com, www.ab-in-den-Urlaub.de, www.expedia.de). Ganz auf Ferienwohnungen spezialisiert haben sich weitere Anbieter (z.B. www.fewo-direkt.de, www.casamundo.de, www.atraveo.de).

Im Trend liegt der ländliche Tourismus (Turismo Rural). Angeboten werden renovierte Bauernhäuser zur Alleinnutzung ebenso wie Zimmer oder Apartments in Bauernhöfen oder in Quintas, zu kleinen, komfortablen Landhotels umgebauten Gutshäusern. Über Reisebüros und Buchungsplattformen, speziell auch über www.casasacorianas.com und www.toprural.pt.

Auf den Azoren gibt es sechs wunderschöne, in historischen Bauten untergebrachte Jugendherbergen (Pousada de Juventude): in Ponta Delgada und Lagoa (São Miguel), Vila do Porto (Santa Maria), São Roque (Pico), Calheta (São Jorge) und Angra do Heroísmo (Terceira). Übernachtung im Mehrbettzimmer je nach Saison pro Person 14–20 €, Doppelzimmer (nicht überall verfügbar) 30–50 €. Eine Altersbeschränkung besteht nicht. Reservierung unter www.pousadasjuvacores.com.

Privat geführte Hostels sind auf den Inseln noch relativ selten, es gibt aber welche in Ponta Delgada (São Miguel) und Angra do Heroísmo (Terceira). Sie eignen sich für Menschen, die günstig im Dorm schlafen, dabei aber nicht auf Komfort und einen gewissen Stil verzichten möchten. Einige bieten auch Doppelzimmer.

Die Campingsaison auf den Azoren dauert etwa von Juni bis September, dann sind die Plätze vor allem am Wochenende vorwiegend durch Einheimische ausgelastet. Unter www.visitazores.com stehen die Kontaktinformationen zu Campingplätzen auf São Miguel, Faial, Pico, São Jorge, Terceira, Graciosa und Corvo. Die meisten sind eher einfach ausgestattet.

### DIE CRUX MIT DEN BETTEN **B**

In den größeren Hotels besteht meist die Wahl zwischen Doppelzimmern mit Twin-Betten (zwei Matratzen, zwei Laken und Decken) und Queensize- bzw. »französischen« Betten (eine große Matratze, Breite ca. 1,60 m, nur ein Laken und eine Decke für zwei Personen). In einfacheren Unterkünften stehen, falls Twin-Betten verfügbar sind, diese auseinander und ein Nachttisch dazwischen. Meist wird man dort aber ein etwas schmaleres »französisches« Bett (ca. 1,40 m breit) antreffen. Kann nicht nur für Menschen, die sich zwar ein Zimmer teilen möchten, aber kein Paar sind, zum Problem werden. Daher bitte vorher unbedingt kundig machen.

Auf Flores gibt es einen Campingplatz in Fajã Grande (bei der Strandbar Barraca Q'abana) sowie die Möglichkeit, z. B. auf dem Freizeitgelände bei Ponta Delgada im Norden der Insel zu zelten. Wildes Campen wird nicht gerne gesehen, im Krater des Pico soll es demnächst verboten werden. Brennspiritus für Campingkocher bekommt man am ehesten in Apotheken. Achtung: Die Mitnahme im Fluggepäck ist nicht erlaubt. Wer nicht alles mitschleppen möchte, kann Campingausrüstung leihen (Infos unter www.azoreseasycamp.com). Auf São Miguel werden Wohnmobile vermietet (www.azoresholidays.pt, ab 80 €/Tag). Mit diesen darf überall übernachtet werden, die Batterie kann man an Versorgungsstationen aufladen, Wasser gibt es an jeder Tankstelle.

## Umweltfreundlich unterwegs

Nachhaltiges Reisen muss keinen Verzicht bedeuten, sondern kann ganz im Gegenteil Spaß machen. Möglichkeiten, unterwegs und im Zielgebiet einen kleinen Beitrag zur Schonung der Ressourcen zu leisten, gibt es viele. Dazu gehören die Bevorzugung regionaler Produkte und die Nutzung öffentlicher Verkehrsmittel. Auch soziale Aspekte spielen eine Rolle, etwa die faire Bezahlung der Leistungsträger vor Ort. Immer mehr Reiseveranstalter sowie örtliche Unternehmen wie Hotels oder Ausflugsanbieter bemühen sich um diese Form von Tourismusent-

wicklung. Die folgenden Websites geben Tipps, wie Sie Ihre Reise nachhaltig gestalten können.

### www.fairunterwegs.org
Hier erfahren Sie, welche der zahlreichen Nachhaltigkeitssiegel wirkliches Engagement eines Veranstalters oder Unterkunftsbetriebs verraten. Mit zahlreichen Ideen, worauf Sie bei der Buchung achten sollten, um sozialverträglich und umweltbewusst zu reisen.

### www.careelite.de
Blogger Christoph kämpft für eine plastikfreie Welt und gibt 20 engagierte Tipps zur Gestaltung eines nachhaltigen Urlaubs.

### www.forumandersreisen.de
Wer auf die Azoren will, kommt um den Flug nicht herum. Doch sollte die Länge des Aufenthalts in einem akzeptablen Verhältnis zur Entfernung stehen, meint das Forum Anders Reisen, in dem mehr als 100 kleinere Reiseveranstalter organisiert sind, die u. a. auch Programme auf den Azoren anbieten.

### www.atmosfair.de
Im Rahmen des Atmosfair-Programms können Flugreisende klimaschädliche Emissionen durch einen freiwilligen Beitrag kompensieren. Das Geld fließt weltweit in nachhaltige Projekte.

### www.wirsindanderswo.de
Wer auf dieser Website das Stichwort

**GREEN KEY**

**G**

Derzeit fünf Unterkunftsbetriebe sind auf den Azoren mit dem ›Grünen Schlüssel‹ (www.greenkey.global) zertifiziert. Das internationale Label genießt einen guten Ruf, wird es doch von unabhängigen Stellen vergeben und die Kriterien sind transparent. Es geht darum, ökologische Verbesserungen einzuführen, etwa Mülltrennung oder Einsparung von Wasser und Strom.

Azoren eingibt, wird zu Spezialveranstaltern weitergeleitet, die ›grüne‹ Gruppen- und Individualreisen anbieten.

## Verkehrsmittel

### Bus

Auf den bevölkerungsreichsten Inseln São Miguel und Terceira verkehren relativ viele Linienbusse, auf den anderen Inseln werden selbst Hauptstrecken oft nur an Werktagen 1–2 x tgl. bedient. Entlegene Orte, Strände und Badebuchten sowie touristisch interessante Ziele im Inselinneren sind meist gar nicht zu erreichen. Weitere Hinweise in den Infoboxen der Reisekapitel.

### Taxi

Taxistände gibt es in allen größeren Ortschaften. An Flughäfen und Fährhäfen warten Taxis bei Ankünften. Taxameter sind auf den Azoren allerdings nicht üblich. Um die Tarife für Touristen transparenter zu machen, wurden an den Taxiständen von Ponta Delgada Informationstafeln aufgehängt (auch unter www.taxispdl.com). Innerstädtische Fahrten kosten um 5 €, eine in den Westen von São Miguel (2,5 Std.) z. B. um 50 €, der Transport von Ponta Delgada nach Furnas 35 €. Andernorts sollte der Preis vor Antritt der Fahrt erfragt werden. Viele Fahrer sprechen Englisch, geben gern Erklärungen und haben manchen Tipp parat. Wer eine Streckenwanderung unternehmen möchte, kann sich zum Ausgangspunkt fahren und am Endpunkt wieder abholen lassen.

### Mietwagen

Inklusive Vollkasko und Steuern kosten Mietwagen auf São Miguel bei unbegrenzter Kilometerzahl für einen Tag ab 23 €, bei mehrtägiger Miete über Internet ab 15 €. Teurer wird es auf den kleineren Inseln. Die Autos befinden sich in der Regel in gutem Zustand. Auf Corvo gibt es keine Mietwagen. Ansonsten finden Sie Büros von Autovermietern auf allen Inseln an den Flughäfen sowie in den Hauptorten. In entlegenen Gebieten übernehmen Hotelrezeptionen bzw. Ferienhausvermieter meist die Vermittlung. Azorenweit operierende Mietwagenfirmen sind Ilha Verde (T 296 30 48 91, www.ilhaverde.com) und Autatlantis (T 296 20 53 40, www.autatlantis.com). Für die Hochsaison im Sommer empfiehlt sich eine rechtzeitige Vorausbuchung (Reisebüro oder Internet), denn dann werden Mietwagen auf allen Inseln sehr knapp!

Fast alle Autovermietungen verlangen die Vorlage einer auf den Fahrer ausgestellten Kreditkarte (nicht EC-Karte!), einige geben kleinere Wagenmodelle aber auch gegen eine in bar hinterlegte Kaution heraus. Der Führerschein sollte mindestens ein, manchmal sogar drei Jahre alt sein. Entweder liegt das Mindestalter für den Mieter bei 23 Jahren oder Fahrer zwischen 19 und 22 Jahren zahlen einen Zuschlag von ca. 6 € pro Tag.

Die Verkehrsregeln entsprechen im Wesentlichen denen in Mitteleuropa. Im Pannenfall ist die im Auto liegende reflektierende Schutzweste anzuziehen. Die Promillegrenze liegt bei 0,5. Tempolimit auf vierspurigen Schnellstraßen 100 km/h, auf Landstraßen 80 km/h, innerorts 50 km/h, soweit nicht anders ausgeschildert.

## Wasser

Das Leitungswasser auf den Azoren gilt als hygienisch in Ordnung. Oft wird es jedoch stark gechlort, was den Geschmack beeinträchtigen kann. Zum Trinken sollte man lieber Tafelwasser im Geschäft kaufen, das auch günstig in Riesenflaschen (5 oder 7 l) angeboten wird.

# Sprachführer Portugiesisch

## AUSSPRACHE

Die Betonung liegt im Portugiesischen in der Regel auf der vorletzten Silbe.

**ão** wie nasales ›au‹
**c** vor ›a, o, u‹ wie ›k‹; vor ›e, i‹ wie ›ss‹
**ç** wie ›ss‹
**-em/-im/-om** am Wortende nasal gesprochen
**es** am Wortanfang wie ›isch‹
**g** vor ›a, o, u‹ wie ›g‹; vor ›e, i‹ wie ›sch‹
**h** wird nicht gesprochen
**j** wie ›sch‹
**lh** wie ›lj‹
**nh** wie ›nj‹
**o** wenn unbetont, dann wie ›u‹
**s** vor Konsonant wie ›sch‹; vor Vokal wie ›s‹
**x** wie »sch«, in Fremdwörtern (z. B. Taxi) wie »x«

## Allgemeines

| | |
|---|---|
| Guten Morgen | bom dia |
| Guten Tag | boa tarde (ab mittags) |
| Gute Nacht | boa noite |
| Hallo! | olá! |
| Auf Wiedersehen | adeus, até logo |
| bitte | faz favor |
| danke | obrigado (als Mann) obrigada (als Frau) |
| ja/nein | sim/não |
| Entschuldigen Sie! | desculpe! |
| Wie bitte? | como? |

## Unterwegs

| | |
|---|---|
| Haltestelle | paragem |
| Bus/Auto | autocarro/carro |
| Zug | comboio |
| Ausfahrt, -gang | saída |
| Tankstelle | posto de gasolina |
| rechts/links | à direita/à esquerda |
| geradeaus | em frente |
| Auskunft | informação |
| Postamt | correios |
| Bahnhof | estação |
| Flughafen | aeroporto |
| Stadtplan | mapa da cidade |
| Eingang | entrada |
| Ausfahrt/Ausgang | saída |
| geöffnet | aberto |
| geschlossen | fechado |
| Stadtzentrum | centro da cidade |
| Kirche | igreja |
| Museum | museu |
| Brücke | ponte |
| Platz | praça/largo |
| Strand | praia |

## Zeit

| | |
|---|---|
| Stunde | hora |
| Tag | dia |
| Woche | semana |
| Monat | mês |
| Jahr | ano |
| heute | hoje |
| gestern | ontem |
| morgen | amanhã |
| Montag | segunda-feira |
| Dienstag | terça-feira |
| Mittwoch | quarta-feira |
| Donnerstag | quinta-feira |
| Freitag | sexta-feira |
| Samstag | sábado |
| Sonntag | domingo |

## Notfall

| | |
|---|---|
| Hilfe! | socorro! |
| Polizei | polícia |
| Arzt/Zahnarzt | médico/dentista |
| Apotheke | farmácia |
| Krankenhaus | hospital |
| Unfall | acidente |
| Schmerzen | dor |
| Panne | avaria |

## Übernachten

| Hotel | hotel |
| Pension | pensão |
| Einzelzimmer/ | quarto individual/ |
| Doppelzimmer | com duas camas |
| mit/ohne Bad | com/sem casa de banho |
| Toilette | casa de banho |
| Dusche | duche |
| mit Frühstück | com pequeno almoço |
| Halbpension | meia-pensão |
| Gepäck | bagagem |
| Rechnung | factura |

## Einkaufen

| Geschäft | loja |
| Markt | mercado |
| Lebensmittel | alimentos |
| Bank | banco |
| Kreditkarte | cartão de credito |

| Geld | dinheiro |
| Geldautomat | caixa automático |
| teuer/billig | caro/barato |
| Größe | tamanho |
| bezahlen | pagar |

## Zahlen

| 1 | um/uma | 17 | dezassete |
| 2 | dois/duas | 18 | dezoito |
| 3 | três | 19 | dezanove |
| 4 | quatro | 20 | vinte |
| 5 | cinco | 21 | vinte-e-um |
| 6 | seis | 30 | trinta |
| 7 | sete | 40 | quarenta |
| 8 | oito | 50 | cinquenta |
| 9 | nove | 60 | sessenta |
| 10 | dez | 70 | setenta |
| 11 | onze | 80 | oitenta |
| 12 | doze | 90 | noventa |
| 13 | treze | 100 | cem, cento |
| 14 | quatorze | 150 | cento e |
| 15 | quinze | | cinquenta |
| 16 | dezasseis | 1000 | mil |

### WICHTIGE SÄTZE

**W**

**Allgemeines**

| Sprechen Sie Deutsch/Englisch? | Fala alemão/ inglês? |
| Ich verstehe nicht. | Não compreendo. |
| Ich spreche kein Portugiesisch. | Não falo português. |
| Ich heiße … | Chamo-me … |
| Wie heißt du/ heißen Sie? | Como te chamas/ se chama? |
| Wie geht es dir/ Ihnen? | Como estás/ está? |
| Danke, gut. | Bem, obrigado/-a. |

**Unterwegs**

| Wie komme ich zu/nach …? | Como se vai para …? |
| Wo ist …? | Onde está …? |
| Könnten Sie mir bitte … zeigen? | Pode-me mostrar …, faz favor? |

**Notfall**

| Können Sie mir bitte helfen? | Pode-me ajudar, faz favor? |

| Ich brauche einen Arzt. | Preciso de um médico. |
| Hier tut es mir weh. | Dói-me aqui. |

**Übernachten**

| Haben Sie ein freies Zimmer? | Tem um quarto disponível? |
| Wie viel kostet das Zimmer pro Nacht? | Quanto custa o quarto por noite? |
| Ich habe ein Zimmer bestellt. | Reservei um quarto. |

**Einkaufen**

| Wie viel kostet …? | Quanto custa? |
| Wann öffnet/ schließt …? | Quando abre/ fecha …? |

**Im Restaurant**

| Ich möchte einen Tisch reservieren. | Queria reservar uma mesa. |
| Die Speisekarte, bitte. | A ementa, faz favor. |
| Die Rechnung, bitte. | A conta, faz favor. |

# Kulinarisches Lexikon

## Allgemeines

| | |
|---|---|
| acompanhamentos | Beilagen |
| açúcar | Zucker |
| adoçante | Süßstoff |
| azeite | Öl |
| entradas | Vorspeise |
| lista dos vinhos | Weinkarte |
| petiscos | Appetithappen |
| pimenta | Pfeffer |
| prato do dia | Tagesgericht |
| prato principal | Hauptgericht |
| prato vegetariano | vegetarisches Gericht |
| sal | Salz |
| sobremesa | Nachspeise |
| sopa | Suppe |
| uma meia dose | eine halbe Portion |
| vinagre | Essig |

## Zubereitung

| | |
|---|---|
| assado | gebraten, auch: Braten |
| cozido | gekocht |
| doce | süß |
| estufado | geschmort |
| frio | kalt |
| frito | frittiert |
| grelhado/na brasa | gegrillt |
| guisado | geschmort |
| no espeto | am Spieß |
| no forno | im Ofen |
| picante | scharf |
| quente | warm, heiß |
| recheado | gefüllt |

## Vorspeisen

| | |
|---|---|
| azeitonas | Oliven |
| manteiga | Butter |
| pão | Brot |
| presunto | (roher) Schinken |
| queijo | Käse |

## Suppen

| | |
|---|---|
| caldo verde | grüne Kohlsuppe |
| canja da galinha | klare Hühnersuppe mit Reis |
| creme de marisco | (cremige) Meeresfrüchtesuppe |
| sopa de legumes/ peixe | Gemüse-/ Fischsuppe |

## Fisch und Meeresfrüchte

| | |
|---|---|
| amêijoa | Teppichmuschel |
| atum | Thunfisch |
| bacalhau | Stockfisch |
| besugo | Meerbrasse |
| camarão | Krabbe, kl. Garnele |
| espardarte | Schwertfisch |
| lagosta | Languste |
| lula | Kalmar |
| pargo | Seebrasse |
| tamboril | Seeteufel |

## Fleisch

| | |
|---|---|
| bife | Steak, Schnitzel |
| borrego | Lamm |
| cabrito | Zicklein |
| figado, iscas | Leber |
| frango | Hähnchen |
| galinha | Huhn |
| lombo | Lende/Rückenstück |
| pato | Ente |
| peru | Pute |
| porco | Schwein |
| vaca | Rind |
| vitela | Kalb, Färse |

## Gemüse und Beilagen

| | |
|---|---|
| alho | Knoblauch |
| arroz | Reis |
| batatas cozidas/ fritas | Salzkartoffeln/ Pommes frites |

| | |
|---|---|
| cebola | Zwiebel |
| cenoura | Karotte |
| cogumelos | Champignons |
| espinafre | Spinat |
| ervilhas | Erbsen |
| favas | Saubohnen |
| feijão (verde) | (grüne) Bohnen |
| massas | Nudeln |
| pepino | Gurke |
| pimento | Paprikaschote |
| salada (mista) | (gemischter) Salat |

## Azorianische Spezialitäten

| | |
|---|---|
| alcatra | Heiliggeistspeise |
| arroz de mariscos | üppiger Reiseintopf mit Meeresfrüchten |
| caldeirada | Fischeintopf mit Kartoffeln, Zwiebeln und Tomaten |
| carne de porco à Alentejana | geschmortes Schweinefleisch mit Venusmuscheln |
| cataplana | Schmorgericht aus einem typischen Kupfer- oder Eisentopf; verschiedenste Zutaten, meist Fisch oder Meeresfrüchte |
| chouriço com ovos | Knoblauchwurst vom Schwein mit Rührei |
| cozido | Eintopf aus Fleisch, Wurst, Kartoffeln und Gemüse |
| espetada | Spieß, gern mit Krabben oder Thunfisch, manchmal mit Fleisch |
| feijoada | Eintopf aus roten Bohnen, Speck und Wurst, meist mit Reis |
| morcela | Blutwurst, oft mit Ananas, Bohnen oder inhame (Taro) |
| polvo guisado | in Wein geschmorter Tintenfisch (Krake) |

| | |
|---|---|
| queijadas | Käsetörtchen aus Kuhmilch-Frischkäse, Eiern, Zucker, Butter und Weizenmehl |
| telha | ›Dachziegel‹, würzige Zubereitung von Fisch oder Meeresfrüchten, in einer Tonform im Ofen gegart |

## Nachspeisen und Obst

| | |
|---|---|
| ameixa | Trockenpflaume |
| ananás/abacaxi | Ananas |
| arroz doce | Milchreis |
| bolo/torta (de amêndoa) | (Mandel-)Kuchen |
| cereja | Kirsche |
| figo | Feige |
| gelado | Eis |
| laranja | Orange |
| leite creme | karamellisierter Eierpudding |
| limão | Zitrone |
| maçã assada | Bratapfel |
| meloa/melão | Melone |
| morango | Erdbeere |
| pêra | Birne |
| pêssego | Pfirsich |
| pudim flan | Karamellpudding |

## Getränke

| | |
|---|---|
| água com/sem gás | Mineralwasser/stilles Wasser |
| aguardente (velho) | (alter) Branntwein |
| bagaço | Tresterschnaps |
| café/bica | Kaffee (Espresso) |
| café com leite | Milchkaffee |
| caneca | großes Fassbier |
| cerveja | Flaschenbier |
| chá (preto/verde) | Tee (schwarzer/grüner) |
| galão | Milchkaffee im Glas |
| imperial | kleines Fassbier |
| macieira | Weinbrand |
| sumo de laranja | Orangensaft |
| vinho (branco/tinto) | (Weiß-, Rot-) Wein |

# Das

*Acapulco war einmal, auf den Azoren springt es sich ebenso gut von den Klippen, wenn nicht besser!*

# Magazin

# »Man muss Idealist sein«

*Begegnungen der anderen Art: Beim Tauchen mit Haien wird man ehrfürchtig.*

**Frank Wirth** — der Wildlife-Touristiker bietet auf Pico Whalewatching und Tauchgänge an und hat sich dem nachhaltigen Öko-Tourismus verschrieben. Susanne Lipps hat mit dem Chef von Pico Sport gesprochen.

Frank Wirth kam 1993 erstmals auf die Azoren und gründete drei Jahre später die Firma Pico Sport. Inzwischen ist er weltweit an verschiedenen Projekten zur Beobachtung, Erforschung und dem Schutz von Wildtieren beteiligt. Weitere Infos: www.pico-sport.com, www.wildlifeobservationsworldwide.com.

**Frank, du bist seit Jahrzehnten im Wildlife-Tourismus tätig. Wie hat das damals angefangen?**

Ich habe 1982 in Kenia einen Tauchschein gemacht. Das fand ich so toll, dass ich angefangen habe, um die Welt zu tingeln und als Tauchlehrer zu arbeiten. Irgendwann habe ich jemanden kennengelernt, der auf den Azoren Wale fotografieren wollte. Der hat mich eingeladen, so bin ich auf den Inseln gelandet.

**Die Azoren eignen sich sehr gut zum Whalewatching, auch zum Tauchen?**

Ja, die Azoren sind Treffpunkt der Lebewesen im Mittelatlantik. Rundherum ist das Meer tief und eine Unterwasserwüste. Mit den Strömungen kommen alle Nährstoffe am Mittelatlantischen Rücken zusammen und gelangen dort durch Upwelling an die Oberfläche. Kaltes, nährstoffreiches Wasser wird also nach oben gespült und lockt die ganzen Verwerter in der Nahrungskette an. Zum Fressen. So finden sich auch Haie, Schildkröten, Wale und Delfine ein, die am Ende der Nahrungskette stehen.

**Inzwischen bist du weltweit an vielen Projekten beteiligt. Azoren, Patago-** nien, Galapagos, Kenia, Norwegen, **die Liste ist lang. Wie bekommt man das alles unter einen Hut?**

(Lacht) Tja, man muss Idealist sein. Es passt auch saisonal sehr gut. In Norwegen ist im November Saison, da passiert auf den Azoren schon nichts mehr, weil das Wetter zu schlecht ist. Argentinien möchte ich nicht missen, und es lässt sich zeitlich auch ganz gut machen, weil die Glattwale im Oktober/November dort sind und die Orcas im März/April. Natürlich habe ich im Laufe der Jahre auch gute Mitarbeiter gewonnen, die mir das eine oder andere abnehmen.

**Erzählst du uns etwas über die speziellen Blauwal-Camps bei Pico Sport?**

Es hat sich herausgestellt, dass wir Blauwale und andere Großwale vor den Azoren gut beobachten können, insbesondere zwischen Februar und Mai. So kam mir die Idee, wir müssten mal das Label ändern. Denn früher waren die Azoren immer nur für Pottwale bekannt. Wir organisieren gemeinsam mit Biologen unsere Camps, in denen die Leute ein bisschen mehr erfahren können als nur: »Aha, das ist jetzt ein Blauwal.« Sie schauen auch hinter die Kulissen und bekommen detaillierte Informationen.

**Immer wieder gerät Whalewatching in die Kritik. Woran erkennt man einen guten Anbieter?**

(Lacht) Naja, ein guter Anbieter verspricht den Leuten nicht, dass sie die Wale auf der Schwanzflosse tanzend auf der Wasseroberfläche sehen können. Es fängt damit an, dass man klarstellt: Hier geht es um eine Naturbeobachtung. Und die ist immer anders. Es gibt Tage, da sieht man ganz viel, und die Leute kommen mit einem wahnsinnig eindrucksvollen Erlebnis zurück. Manchmal sieht man aber auch nur einen Blas. Es ist wichtig, dass man dann informiert, damit jeder weiß, warum das so ist. Außerdem das Handling auf dem Boot, die Begleitung der Gäste, die Ausstattung der Boote, wie sicher sind diese, haben die TÜV sozusagen. Das Wichtigste aber ist die Arbeit auf See: Halte ich meine Abstände ein, bin ich respektvoll dem Tier gegenüber?

**Du arbeitest auf Pico mit Einheimischen zusammen, die als Skipper die Boote steuern oder als Späher von Land aus gucken, wo die Wale gerade sind. Wie wichtig ist es, die Menschen vor Ort mitzunehmen, und wie stehen diese eigentlich zum Whalewatching?**

Nachhaltiger Tourismus bedeutet, dass man die lokale Bevölkerung einbeziehen muss. Ich kann nicht als ausländischer Investor kommen und alles nur mit Ausländern machen. Nein, ich muss mich mit der Kultur vor Ort identifizieren. Und zu dieser gehört auch der ehemalige Walfang. Wir haben es in den letzten 20 Jahren geschafft, die Inselbewohner zu sensibilisieren und ihnen zu zeigen, dass man mit der Walbeobachtung ganz gutes Geld verdienen kann. Bei uns arbeiten in der Hochsaison zwischen 30 und 40 Menschen, davon mindestens die Hälfte Azorianer, die damit ihren Lebensunterhalt bestreiten und das ganze Jahr davon leben können. Auf einer Insel wie Pico, wo gerade die Fischfabrik geschlossen wurde und ganz viele Arbeitsplätze weggefallen sind, ist eine Einrichtung wie unsere ganz wichtig.

**Ein wenig Nervenkitzel ist bei so einer Ausfahrt auf jeden Fall dabei.**

*Im Rausch der Tiefe: Respekt und Abstand sind wichtige Kriterien beim Tauchen mit Walen und Haien.*

### Wie gefährlich ist die Begegnung mit Walen?

Die Begegnung mit Walen ist völlig ungefährlich, wenn man mit den richtigen Leuten unterwegs ist. Wenn der Hobby-Kapitän rausfährt und sich einem Wal zu sehr nähert, nicht weiß, wie der reagiert, kann es sein, dass der Wal das Boot umkippt. Es gibt Gebiete, wo man Buckelwale beobachten kann, die ganz unvermittelt auch mal springen. Das ist bei uns hier nicht der Fall. Wir müssen einfach nur respektvoll mit den Tieren umgehen. Und kein Wal hat den Plan, dem Boot oder den darin sitzenden Menschen zu schaden.

**Apropos gefährlich. Nun wird ja bei Pico Sport auch mit Blauhaien getaucht. Für wen sind diese Tauchgänge geeignet?**

Blauhaie zählen zu den ungefährlichen Haien. Sie sind einfach nur an uns interessiert. Tatsächlich berühren sie teilweise von sich aus mit ihren Flossen die Menschen. Die Teilnehmer müssen einen Tauchschein besitzen, und wir machen vorher einen Check-Tauchgang. Wenn jemand vernünftig ausbalancieren und die Tiefe halten kann, nehmen wir den mit. Wir haben immer trainierte Shark-Guides im Wasser, die mit schwierigen Situationen umgehen können. Unsere Gäste sind also in sicheren Händen. Die Haie leben normalerweise in 500 bis 700 m Tiefe. Sie werden über Geruch angelockt, nicht angefüttert. Das ist ein großer Unterschied. Fischstücke werden bei uns zu einem Püree zerstampft und dieses als Geruchsspur ins Meer gelegt. Wenn ein Blauhai diese aufnimmt, folgt er ihr zur Oberfläche, denn er ist ein Aasverwerter. Wir haben dann einen Korb mit Thunfischköpfen im Wasser, der mit den Wellen auf und ab wippt. Damit halten wir die Haie bei Laune, bei uns zu bleiben.

**Du hast das Schwarzwassertauchen auf den Azoren eingeführt. Was dürfen wir uns darunter vorstellen?**

Ja, Blackwater Diving, das ist Tauchen in der Nacht. Wir fahren dazu an die Hänge des Mittelatlantischen Rückens, wo mit dem Upwelling Tiefseegestalten an die Oberfläche kommen: verschiedene Salpenarten, Tintenfische, Garnelen. Wir gehen in 2000 m tiefem Wasser ins Meer, in totaler Dunkelheit, und hängen an Strömungsleinen unter unserem Boot. Wir lassen die Taucher also nicht los. Das wäre zu gefährlich. Wenn wir das Licht ausschalten, sehen wir die Biolumineszenz. Salpen und Quallen leuchten dann in den Regenbogenfarben. Wenn wir die Lampen wieder anmachen, sehen wir faszinierende Lebensformen, die man so gar nicht identifizieren kann. Da müssen wirklich Fachleute her.

**Plastikmüll wird zu einer immer größeren Gefahr für die Meeresfauna. Was kann man als Veranstalter dagegen tun?**

Das ist eine große Herausforderung. Wir müssen versuchen, die Menschen zu sensibilisieren. Der Plastikmüll muss generell reduziert werden, und natürlich darf er nicht ins Meer geworfen werden. Wir haben an vielen Müllprojekten teilgenommen. Gerade machen wir mit der deutschen proWIN pro Nature Stiftung einen Film. Er zeigt der örtlichen Bevölkerung, wie gefährlich die Verschmutzung ist und aus welchen banalen Situationen heraus sie stattfinden kann. Wenn man sich etwa ein Speiseeis im Styroporbecher kauft und dieser dann vom Wind ins Meer geweht wird. Das haben wir gefilmt und stellen die Reise des Eisbechers nach, bis er in kleine Teile zerfallen ist. Manche Fische sind zu Junkies geworden, die Plastikmüll fressen. So gelangt dieser in die Nahrungskette.

**Was war bisher dein schönstes Erlebnis in den Gewässern der Azoren?**

Es ist schwierig, unter den vielen schönen Erlebnissen eins herauszupicken. Eine Nachtfahrt hat mich sehr begeistert, als wir mit dem Schlauchboot von Terceira nach Pico zurückgefahren sind. Delfine haben uns begleitet. Wir hatten Vollmond und dadurch eine sehr starke Biolumineszenz. Jedes Mal, wenn die Delfine aus dem Wasser gesprungen sind, haben sie einen Vorhang aus leuchtenden Lebewesen mitgebracht, der an ihnen abgeperlt ist. Das sah wie ein Komet aus, ganz toll. ∎

# »Halte ich meine Abstände ein, bin ich respektvoll dem Tier gegenüber?«

# Sprachlos mit Gänsehaut

**Whalewatching auf den Azoren** — mit leuchtenden Augen stehe ich auf diesem Katamaran, weil ich mittendrin bin, beim Whalewatching auf den Azoren. Und weil damit ein großer Wunsch für mich in Erfüllung geht.

Eigentlich bin ich gerade gar nicht da. Das Letzte, an das ich mich erinnern kann, ist, wie wir aus dem Hafen von Madalena ausgefahren sind. Vorbei an der Insel Faial. Vorbei auch am Regenbogen, der sich über den Atlantik spannte. Und vorbei an unzähligen Gelbschnabel-Sturmtauchern, die ganz knapp über den Wellen entlangglitten.

Portugiesische Galeeren segelten wie kleine Kriegsschiffe aus Plastik an uns vorüber. Der Kontakt mit diesen und dem Gift, das sie mit sich tragen, kann kleine Fische töten. Beim Menschen verursacht es unschöne Schmerzen. Das wird mir zum Glück mitgeteilt, bevor ich verträumt die Hand nach ihnen ausstrecke.

Verträumt, das bin ich wohl. Und ich bin auf einem Boot, das wird mir gerade wieder bewusst. Was ich hier mache, muss ich für einen Moment überdenken, dann fällt es mir wieder ein. Ich stieg hier drauf, um Wale zu beobachten. Nur hat mich das Auf und Ab der Wellen in Beschlag genommen. So sehr, dass alles andere um mich herum verblasste und sich auflöste. Der Atlantik verschluckte meine Gedanken, während wir erst einmal knapp eine Stunde lang raus aufs Meer und zwischen den Inseln hindurchfuhren. Ich habe einfach gestarrt. Nicht einmal das. Nur noch meine Hülle saß da. Steckte in einer weiteren wasserabweisenden, grünen Hülle, die extra für diesen Ausflug angeschafft wurde. Der Geist war irgendwo. Er muss überstürzt aufgebrochen sein. Hat nicht einmal eine Abwesenheitsnotiz hinterlassen. Ein seltenes, ein schönes Gefühl. Einfach so weg zu sein. Im Nirgendwo.

## Einst spähten nur Vigias, heute auch Touristen

Ein Ruf holt die verloren geglaubten Gedanken zurück. »Fünf Uhr!« Was, schon so spät? Das hektische Treiben um mich herum und das Zoom, Zooooom der Objektive und Klack, Klack, Klack der Kameras sagt mir, dass Zeit hier zwar entscheidend, die Uhrzeit anzusagen aber nicht das Anliegen ist. Das wäre auch eine Zumutung, weil sie sich alle zehn Minuten ändert. Sie macht Sprünge. Hüpft zwischen vollen Stunden vor und zurück. Stunden, die zur Orientierung dienen und Himmelsrichtungen anzeigen sollen, in denen wieder der Blas eines Wales aus dem Meer steigt oder der Rücken eines dieser Giganten zum Vorschein kommt. Im Zweifel vielleicht sogar vom größten Lebewesen der Welt, einem Blauwal.

Angehende sowie fertige Biologen und ein paar Touristen sind mit uns an Bord des Katamarans. Menschen, die der Natur näherkommen und sie erforschen wollen. Und jene, die sich einfach nach einem unvergesslichen Erlebnis sehnen. Uns alle vereint die Neugierde und die unbändige Freude, wenn sich wieder einer der Meeressäuger zeigt. Auch wenn wir meist nur einen Bruchteil zu Gesicht bekommen. Aber auch der ist dann schon verdammt groß. Denn bis zu 33 Meter lang und bis zu 200 Tonnen schwer kann ein ganzes Tier werden, wenn es sich um den größten von ihnen handelt.

Circa 25 Walarten können in den Gewässern der Azoren beobachtet werden. 25 von insgesamt 86. Kein schlechter Schnitt. Wir haben viel Glück an diesen beiden Tagen auf dem Atlantik. Ein bisschen kalkulierbar wird es zumindest ab dem Moment, in dem das Boot ablegt. Der Grund sind Helfer, die die Sache im Blick haben. Schon früher, zu Zeiten als auch auf den Azoren noch Walfang betrieben wurde, gab es sie bereits, die sogenannten *vigias*. Späher, die bereits ab dem frühen Morgen von einer Erhebung am Festland geduldig ihre Ferngläser über den Ozean gleiten lassen und Ausschau halten. Machen sie eine Sichtung, geben sie die Information per Funk oder Mobiltelefon weiter. Es zahlt sich aus. 99 Prozent Erfolgsquote verspricht der Touranbieter. Wir werden nicht enttäuscht.

Wieder starren alle in die Richtung, die gerade ausgerufen wurde. Stimmt, da ist was! Auch unserem erfahrenen Skipper wird die Uhrzeit übermittelt, in die er fahren soll. Er setzt den Katamaran in Gang. Die zwei, drei anderen Boote, die mit uns da draußen sind, tun es uns gleich. Dann ist Geduld gefragt. Entweder ist der Wal noch da und zeigt sich wieder. Oder er ist abgetaucht und nach drei, sieben oder neun Uhr gewandert und lässt sich erst einmal nicht mehr blicken. Aber meist dauert es nicht lange und an anderer Stelle taucht wieder einer auf. Momente, die mich jedes Mal wieder berühren und eine ordentliche Portion Gänsehaut hinterlassen. Ich kann dieses Gefühl einfach nicht beschreiben, weil es im wahrsten Sinne des Wortes sprachlos macht.

Später habe ich auf ein paar der Fotos gesehen, dass einer der Wale nicht allein war, sondern von einem Delfin begleitet wurde. Aber der ist mit seinen immerhin 1,70 bis 2,40 Metern Körpergröße neben dem sichtbaren Stück Wal in diesem Moment einfach komplett untergegangen. Er macht mir bewusst, wie groß der Wal gewesen sein muss. Irgendwie fühlt sich das unwirklich an, denn der Delfin erscheint wie eine Miniaturausgabe von sich selbst.

## Glück muss man haben

Das alles hier macht großen Spaß und ist sehr kurzweilig. Nicht zuletzt, weil die Experten an Bord viel erklären. Doch leider vergehen die drei Stunden, die so eine Tour dauert, wie im Flug. Dabei könnte ich noch Ewigkeiten damit verbringen, auf den Ozean zu schauen und belohnt zu werden.

So wie jetzt, wo ein Finnwal aus dem Wasser geschossen kommt, einen ansehnlichen Sprung macht, zurück auf die Oberfläche klatscht und wieder abtaucht. Freude ist gar kein Ausdruck. An Bord bricht eine Art Massenhysterie aus. So viele strahlende Gesichter auf so wenig Raum habe ich schon lange nicht mehr gesehen. Und – das lässt uns der Oberbiologe wissen – dass ein Finnwal springt, ist auch keine Selbstverständlichkeit. Es ist nicht einmal ganz klar, warum er das tut, wenn es denn passiert. Dass er es heute gleich vier Mal hintereinander macht, wie gerade eben, grenzt an unsägliches Glück. Die Frau neben mir will direkt nach der Ausfahrt Lotto spielen. Der Biologe rät ab. Das Glück wäre für heute aufgebraucht und sie solle besser einfach gar nichts mehr machen. Das war dann auch das Schlusswort für unser kleines Abenteuer. ∎

(Lu Morgenstern: www.lu-morgenstern.de/sprachlos-mit-gaensehaut-whale-watching-auf-den-azoren/)

# Der ewige Zweite

*Die Aussicht könnte besser sein:*
*Beim Aufstieg auf den Pico da Vara wähnt man*
*sich eher in Schottland als auf den Azoren.*

**Auf den Pico da Vara soll es gehen** — den zweithöchsten Berg der Azoren. Hoffentlich erleben Sie ihn bei besserem Wetter. Bei der Anfahrt sehen wir noch etwas: grüne Weiden, schier unendlich viele Kühe.

Unser Kleinbus verlässt die Schnellstraße, humpelt eine Schlaglochpiste hinauf. Nebel hüllt uns ein. »In drei Jahren habe ich den Pico da Vara nur zweimal wolkenfrei erlebt«, sagt der Guide. Das macht uns Mut. Schließlich ganz oben eine Landschaft, die an schottische Moore erinnert, vage nur durch die Nebeltröpfchen zu erkennen. Holzplanken überspannen sumpfige Stellen. Der Fahrer verabschiedet sich feixend.

## Schlammiger Aufstieg

Zunächst ist alles gut. Keine Sicht zwar, aber auch kein Regen. Doch je höher wir allmählich steigen, umso feuchter wird es. Bald schon fängt die Luft an zu tropfen. Jetzt tut wasserdichte Kleidung gute Dienste, aber welches Outfit ist schon absolut dicht? Auch der Boden wird nasser, der Guide sucht mehr oder weniger erfolgreich die jeweils trockenste Spur. Wir schlagen eine Schlammschlacht, irgendwann ist alles egal. Stufen wurden von wohlmeinenden Wegplanern in den Lehm geformt, durch Äste gestützt. Leider sammelt sich hinter den Ästen so manche Lache. Gummistiefel wären nicht schlecht ...

## Im Nebel ganz oben

Wir passieren zwei Denkmäler: zwei Flugzeugabstürze in den 1940er-Jahren. Damals befand sich der Flugplatz noch bei Ribeira Grande, erfahren wir. Der Anflug erfolgte am Pico da Vara vorbei.

Die Piloten verirrten sich im Nebel, nicht sehr beruhigend. Der weitere Aufstieg lenkt ab. Kurz vor dem Ziel kommt die Gipfelsäule in Sicht. Geschafft, 1103 m hoch! Die Sichtweite beträgt nur wenige Meter. Und dennoch ist es ein erhabenes Gefühl, auf Berg Nr. 2 der Azoren zu stehen. Schnell werden die obligatorischen Fotos gemacht. Inzwischen regnet es in Strömen. Gar nicht daran zu denken, unser Picknick auszupacken. Also nichts wie kehrtmachen. Zwei einsame Wanderer, die einzigen des heutigen Tages, kommen des Weges. Wir feixen uns gegenseitig an. Leichtfüßig, wenn auch schlammig erfolgt der Abstieg. Wir tauchen in Kryptomerienwald ein. Unser Guide zerreibt einen Zweig, es duftet angenehm nadelig. Erinnert an Fichte, aber aromatischer. Buchfinken rücken uns nahe, wohl um einen Brocken von unserem Lunchpaket abzustauben. Und da wartet schon der Bus. Fotos auf einer Wandertafel zeigen, wie es bei gutem Wetter am Gipfel ausgesehen hätte. »Nicht hinschauen«, meint der Guide. Der Busfahrer feixt. ∎

**FAZIT**

Für den Aufstieg zum Pico da Vara und ähnliche Bergtouren auf den Azoren unbedingt einen sonnigen Tag wählen! Wanderer benötigen eine Genehmigung, die bei organisierten Touren vom Veranstalter beschafft wird (s. S. 79).

# Vulkanische Erscheinungen

**Der Ursprung der Azoren ist feurig heiß** — 1957/58 entstand der neueste Vulkan auf Faial, 1980 und 1998 gab es schwere Erdbeben, und auf São Miguel blubbert ständig kochender Schlamm aus dem Boden.

Wie lebt es sich eigentlich auf einem Pulverfass? Kaum ein Tag vergeht auf den Azoren ohne irgendwelche Erdbeben mindestens der Stärke 2. Die meisten von ihnen haben ihr Epizentrum im Meer, doch auch an Land sind für Menschen spürbare Beben nicht selten. Das aktuelle Gefahrenpotenzial lässt sich online abrufen. Überall auf den Azoreninseln sind Sensoren verteilt, die jede seismische Schwingung registrieren.

Im Centro de Informação e Vigilância Sismovulcânica dos Açores in Ponta Delgada laufen alle Informationen zusammen. Auf der Website www.cvarg. azores.gov.pt blinkt das jeweils jüngste Ereignis auf einer Karte auf, weitere Erdstöße der vergangenen 24 Stunden sind rot markiert, diejenigen der letzten fünf Tage orange.

## Das Azoren-Dreieck

Eingeklemmt zwischen Mittelatlantischem Rücken, europäischer und afrikanischer Kontinentalplatte liegt die dreieckige, vulkanisch hochaktive Azoren-Mikroplatte. Ihr sitzen die Inseln der Ost- und Mittelgruppe auf, hier spielt sich das Geschehen ab. An zahlreichen Verwerfungen innerhalb der Mikroplatte staut sich Reibungs-energie auf, die sich immer wieder in Erdbeben entlädt. Außerdem wurden in historischer Zeit etwa 30 Vulkanausbrüche auf São Miguel und in der Mittelgruppe verzeichnet.

Hingegen sitzen Flores und Corvo auf der amerikanischen Kontinentalplatte, die um 1 cm pro Jahr nach Westen driftet, und entfernen sich somit vom restlichen Archipel. Der dortige Vulkanismus ist zur Ruhe gekommen. Auch auf Santa Maria, der mit rund acht Mio. Jahren ältesten der

*Die Algar do Carvão entstand vor 2000 Jahren während eines Vulkanausbruchs.*

Azoreninseln, ist es seit Menschengedenken ruhig geblieben.

## Tanz auf dem Vulkan

In Furnas auf São Miguel hocken die Leute regelrecht auf dem Vulkan, der seine derzeit zwar verhaltene, aber doch lauernde Aktivität durch kochende Quellen und blubbernden Schlamm beweist. Ob er denn keine Angst habe, wird ein Anwohner von einer brasilianischen Fernsehreporterin gefragt. »Nein«, sagt er. »Respekt ja, aber Angst nicht.«

Szenenwechsel: Die junge Dame vom Fernsehen steht nun am Fuß des Capelinhos-Vulkans auf Faial, interviewt einen älteren Herrn, einen Zeitzeugen des Ausbruchs von 1957. »Wir hatten ja keine Ahnung«, erklärt er. »Damals gab es ja noch nicht die heutigen Kommunikationsmöglichkeiten.« An der einsamen Westspitze von Faial stiegen damals gewaltige Dampf- und Schlammsäulen aus dem Atlantik empor, Felder und Weideland verschwanden unter einer Ascheschicht, anfänglich von der Inselbevölkerung unbemerkt. Inzwischen nicht mehr vorstellbar. Schon 1998, als Informationen noch vorwiegend aus Fernsehen und Tageszeitung kamen, sorgte der vorerst letzte Vulkanausbruch der Azoren für allgemeine Aufregung. Etwa 9 km vor Serreta an der Westküste Terceiras spielten sich Eruptionen rund 600 m unter der Meeresoberfläche ab. Dampfsäulen stiegen aus dem Atlantik und flüssiges Gestein erstarrte unter Wasser zu Kissenlava, die wie glasiert wirkt. Viele vulkanische Erscheinungen beobachteten die Geologen damals erstmals überhaupt, etwa schwimmende Lavablasen. Erst drei Jahre später beruhigte sich das Geschehen.

## Risikoabwägung

Via Satellit beobachten Wissenschaftler die Erdgezeiten, durch die sich die Inseln im Millimeter- oder gar Zentimeterbereich heben und senken. Dennoch gelang es den Forschern leider nicht, das letzte schwere Erdbeben von 1998 in der Mittelgruppe der Azoren vorauszusagen. Auf Faial, wo das Beben eine Stärke von 5,6 auf der Richterskala erreichte, gab es acht Tote, Tausende wurden obdachlos.

---

**WAS GIBT ES WO ZU SEHEN?** W

**Junge Vulkane:** Vulcão dos Capelinhos (Faial), Lavaströme (*mistérios*) bei São João, Prainha und Santa Luzia (Pico), Mistérios Negros (Terceira)

**Vulkanhöhlen:** Gruta do Carvão (São Miguel), Gruta das Torres und Furna de Frei Matias (Pico), Gruta do Natal und Algar do Carvão (beide Terceira), Furna do Enxofre (Graciosa)

**Caldeiras (Einsturzkrater, z. T. mit Seen):** Sete Cidades, Lagoa do Fogo und Lagoa das Furnas (São Miguel), Caldeira do Cabeço Gordo (Faial), Caldeira da Graciosa (Graciosa)

**Kleine Kraterseen (Maare):** Lagoa do Capitão und Lagoa do Caiado (Pico), Lagoa da Falcã (Terceira), Sete Lagoas (Flores)

**Solfataren und Schlammvulkane:** Furnas (São Miguel), Furnas do Enxofre (Terceira)

**Heiße Quellen:** Ferraria, Caldeiras da Ribeira Grande, Caldeira Velha und Furnas (São Miguel), Carapacho (Graciosa)

**Vulkanmuseen:** Observatório Vulcanológico e Geotérmico in Lagoa (São Miguel), Centro de Interpretação do Vulcão dos Capelinhos (Faial)

---

Auch die Vorhersage von Vulkanausbrüchen wird versucht. Zu diesem Zweck messen Forscher die Aktivität der Solfataren auf São Miguel und Terceira, wo heiße, schwefelige Dämpfe aus dem Erdinnern austreten. Solange sie sehr aktiv sind, heißt es, seien keine Eruptionen zu erwarten. Lässt ihre Tätigkeit jedoch nach, ist Vorsicht geboten.

Solfataren, etwa jene von Furnas (São Miguel) oder die Furnas do Enxofre (Terceira), zählen zu den großen Naturschauspielen auf den Azoren. Um sie herum zerfällt das Gestein zu Lehm, es entstehen Grotten (port. *furnas*). Dafür verantwortlich ist schwefelige Säure, die sich bildet, wenn Schwefelwasserstoff in Kontakt mit der Luft tritt. Zugleich reichern sich gelbe Schwefelkristalle um die Austrittsstellen an.

## Eine trügerische Ruhe?

So leben die Azorianer relativ sorglos in den Tag hinein. Was würde es schon bringen, sich ständig Gedanken darüber zu machen, ob einem morgen das Dach über dem Kopf zusammenfällt? Natürlich wird bei Neubauten auf erdbebensichere Bauweise geachtet. Niemand will, dass sich Katastrophen wie das Erdbeben von 1980, das Angra do Heroísmo bis auf die Grundmauern zerstörte, oder dasjenige von 1998 in der Zentralgruppe wiederholen.

Doch der Vulkanismus hat auch seine guten Seiten. Ältere, verwitterte Vulkanböden sind äußerst fruchtbar. Auf jüngeren Lavaströmen, deren dunkles Gestein die Sonnenwärme speichert, gedeihen Weinreben ganz vorzüglich. Heiße Quellen auf São Miguel und Graciosa laden zum Baden und zu Heilkuren ein. Erdwärme trägt zur Energieversorgung bei. Und nicht zuletzt wegen der vulkanischen Erscheinungen haben sich die Azoren zum Trendziel eines Geld auf die Inseln spülenden Naturtourismus entwickelt. ∎

*Majestätische Berge wie der Pico oder riesige Krater wie auf Faial zeugen von der ungeheuren vulkanischen Kraft, die die Landschaft der Azoren geformt hat und bis heute nicht zur Ruhe gekommen ist.*

# Fischfangquoten – ja oder nein?

**Strenge Quoten müssen her** — finden die Naturschützer. Die Fischer auf den Azoren sehen das anders: Sie plädieren für Ausnahmeregelungen, um ihre vorwiegend handwerkliche Fischerei zu schützen.

*Die Fischer der Azoren haben es nicht leicht, die Konkurrenz kommt aus Spanien und dem Festlandportugal.*

## Pro: Überfischung der Meere stoppen

Bis zum Jahr 2048 werden die Ozeane leergefischt sein, warnt die Welternährungsorganisation FAO. Schon jetzt ist bei 90 % der Fischarten die Belastungsgrenze erreicht oder gar überschritten. Die wenngleich strengen Fangquoten der EU sollen immer noch um ein Drittel über der als nachhaltig angesehenen Menge liegen. Im Nordostatlantik wird vor allem ein dramatisches Verschwinden verschiedener Haiarten verzeichnet. Meist sind die Haie ungewollter Beifang. In den letzten Jahren machte jedoch die industrielle Langleinenfischerei aus Spanien und Kontinentalportugal in den Azorengewässern nicht nur Jagd auf Thunfisch und Schwertfisch, sondern auch gezielt auf Haie. »Die Haipopulationen erholen sich nach Überfischung nur langsam, da Haie einen sehr langen Lebenszyklus haben«, erklärte der spanische Biologe Gonzalo Mucientes Sandoval gegenüber dem wissenschaftlichen Informationsdienst SINC. Auf den Azoren hat der Fang von *goraz* (Graubarsch oder Rote Fleckbrasse) große Bedeutung. Trotz traditioneller Fangmethoden ist auch dabei der Beifang von Haien unvermeidlich. Jetzt wurde eine maximale Quote für Haie von 10 Tonnen pro Jahr für die Fischer der Azoren festgelegt, womit automatisch auch der Fang des Graubarschs begrenzt wird.

## Contra: Handwerkliche Fischerei ist nachhaltig

»Manche unserer Fischer dürfen noch nicht einmal 30 kg *goraz* pro Jahr fangen«, klagte der Vorsitzende der freien Fischergewerkschaft von Rabo de Peixe, Luís Carlos Brum, gegenüber dem Fernsehsender RTB Açores. Das sei viel zu wenig, um ein akzeptables Einkommen zu erzielen. Schnell ist die Quote ausgeschöpft. Und zahlreiche Azorenfischer sind aufgrund der geringen Größe ihrer Boote – die meisten sind kürzer als neun Meter – und der traditionellen Fanggeräte auf eine oder wenige Fischarten spezialisiert. So angeln sie etwa den besonders wertvollen Speisefisch *goraz*, der in Tiefen zwischen 150 und 300 m lebt, mit langen Leinen, an denen Seitenschnüre mit dicken Tintenfischbrocken als Köder befestigt sind. Manchmal legen sie auch noch eine Geruchsspur mit Sardinen, um den Fisch anzulocken. Da es nicht möglich ist, in Zonen mit größeren Wassertiefen zu ankern, müssen die Fischerboote außerdem mit starken Strömungen und Wind kämpfen. Die auf diese Weise sehr hart handwerklich arbeitenden Fischer fühlen sich durch die EU-Fangquoten aus Brüssel diskriminiert. Im Grunde gibt es für die erlaubte Gesamtfangmenge, bei *goraz* zuletzt ca. 500 Tonnen für den gesamten Archipel, einfach zu viele Interessenten.

## Fazit: Eine einfache Lösung ist nicht in Sicht

Jetzt soll nach dem Willen der Azorenregierung eine Abwrackprämie für kleinere Boote Abhilfe schaffen – den Fischern soll dadurch die Aufgabe ihres Berufs versüßt werden. Ein Aufschrei geht durch die azorianische Öffentlichkeit. »Großartig! Anschließend kaufen wir den Fisch, den sie in unseren Gewässern gefangen haben, den Spaniern ab«, schreibt ein Kommentator in einer Online-Zeitung. Auf die viel auf den Inseln beklagte Tatsache anspielend, dass die großen, professionell ausgerüsteten spanischen Trawler auf zwei Fahrten mehr Fisch fangen als alle Azorianer zusammen im Jahr. ■

### REGIERUNG IN DER ZWICKMÜHLE

Man dürfe nicht nur über Umweltverträglichkeit und Wirtschaftlichkeit sprechen, sondern hätte auch eine soziale Verantwortung – das jedenfalls meint der zuständige Minister Gui Menezes. Regierungsvertreter wurden schon wiederholt bei der Europäischen Kommission vorstellig, um eine »positive Diskriminierung« der handwerklichen Fischerei mit gesonderten Quoten zu erreichen. Die Azorenregierung steckt in der Klemme. Einerseits möchte sie den einheimischen Fischern helfen, andererseits muss sie die in Brüssel festgelegten Fangquoten durchsetzen und dafür sorgen, dass geplünderte Fischbestände eine Chance zur Erholung haben. Luís Rodrigues, Regionaldirektor für Fischerei, sieht die Quotenpolitik insgesamt bestätigt, da sich die Bestände des *goraz* dank der starken Einschränkungen wieder sichtlich erholt haben.

# Das setzt allem die Krone auf

**Terceiras Heiliggeistfeste sind legendär** — auf den anderen acht Inseln wird gearbeitet, hier wird gefeiert, behaupten böse Zungen. Eine eher harmlose Stierkampfvariante gehört fast immer dazu.

Zwei Mietwagen fahren in den Ort hinein. Irgendwo im Norden der Insel, im bäuerlichen Speckgürtel Terceiras. Die Touristen staunen nicht schlecht, als ihnen durch die offenen Fenster Brote ins Auto gereicht werden. Ja geradezu aufgedrängt werden, denn ihre hilflosen Versuche, höflich abzulehnen, gehen erfolglos ins Leere. Ein paar Schritte weiter steigt eine Reisegruppe aus ihrem Bus, jeder bekommt sofort ein Brot in die Hand gedrückt. Was das denn zu bedeuten hätte, will eine Dame wissen. »Das ist das Brot des Heiligen Geistes«, erklärt ihr der Reiseleiter. »Der Pfarrer hat es zusammen mit dem Wein gesegnet.«

Letzterer steht in gewaltigen Fässern bereit, aus denen jemand eifrig Becher befüllt und diese an die Umstehenden verteilt. Daneben sind lange Tische aufgebaut, die vor Köstlichkeiten überborden: *tremoços* (Lupinensamen), eingelegte dicke Bohnen, *alcatra*, Milchreis mit Zimt. Büffet und Getränke scheinen zur allgemeinen Verfügung gedacht, jeder ist willkommen. »So ist es Sitte bei uns«, erklärt eine Dorfbewohnerin in holprigem Englisch.

Auf der kleinen Veranda des Heiliggeisttempels vis-à-vis der Kirche präsentiert sich ein festlich herausgeputztes

# »Ein ordentliches Heiliggeistfest endet mit einem Stierkampf.«

Paar. »Das ist der Mordomo, der alles organisiert«, informiert der Reiseleiter seine Gruppe dezent im Hintergrund. »Seine Gattin kümmert sich um die Speisen. Das Brot liefert die Dorfbäckerei. Alles andere wird von vielen fleißigen Helferinnen vorbereitet.«

**Nicht nur Speis und Trank**
Vorwiegend ältere Dorfbewohner scheinen hier versammelt, ruhen sich auf Bänken aus, plaudern und lassen die Seele baumeln. »Es fehlt der Nachwuchs. Jüngere Leute interessieren sich nicht mehr für unsere Bräuche«, erzählt ein recht betagter Herr. »Die haben heute andere Zerstreuungen. Es gibt ja inzwischen ein riesiges Freizeitangebot.« Zwei Schülerinnen widersprechen vehement. Stolz führen sie die Tischdekorationen vor, die sie liebevoll gebastelt haben.

Jetzt versammelt sich die Blasmusikkapelle. Die meist jungen Musikanten haben sich in dunkelblaue Anzüge und Kostüme geworfen. Mit ernster Miene warten sie auf ihren Einsatz, der Dirigent schwingt seinen Stab. Begleitet von der Musik zieht eine Prozession vom Tempel zur Kirche. Die Teilnehmer führen eine Krone mit und die rote Fahne des Heiligen Geistes mit seinem Symbol, der Taube.

Die Kirche ist bis auf den letzten Platz gefüllt, viele müssen das Geschehen von draußen verfolgen. Alle halten den Atem an, als der Pfarrer einem Würdenträger die Krone aufsetzt. »Der neue Heiliggeistkaiser, der für das nächste Jahr gewählt ist«, flüstert der Reiseleiter. Dann kehrt der Prozessionszug zum Tempel zurück, die Blasmusikkapelle spielt einen Tusch und es herrscht wieder Ruhe im Ort. Weiter wird gegessen, getrunken, geklönt.

Wie eigentlich immer bei derlei Volksfesten, passiert aus der Sicht eines Außenstehenden nicht viel. Für die Einheimischen scheint die Geselligkeit die Hauptrolle zu spielen. Die Busgesellschaft ist schon weg und auch die Fahrer der beiden Mietwagen werden unruhig. Der ältere Herr von vorhin hält sie zurück. »Ein ordentliches Heiliggeistfest endet mit einem Stierkampf«, meint er. »Bleiben Sie doch noch, es geht bald los.«

**Noch mal Glück gehabt**
Er zeigt in eine Straße, wo Hauseingänge und Erdgeschossfenster mit

---

**WANN UND WO WIRD GEFEIERT?** **F**

Die Heiliggeistfeste *(festas do Espírito Santo)* sind auf den Azoren ein mittelalterliches Relikt, das im übrigen Portugal nahezu verschwunden ist. Sie häufen sich zu Pfingsten, finden aber den ganzen Sommer über bis in den September hinein statt. In dieser Zeit wird an fast jedem Wochenende in irgendeinem Ort gefeiert. Stierkampf am Strick *(tourada à corda)* hat vom 1. Mai bis 15. Oktober Saison, ist oft in die Heiliggeistfeste integriert. Termine und Programme, die von Ort zu Ort und Jahr zu Jahr variieren können, stehen unter www.roteirodesazores.com oder sind in den örtlichen Tourismusbüros zu erfahren.

*Bloß weg hier! Bei der ›tourada a corda‹, der azorianischen Variante des Stierkampfes, geht es zwar unblutig zu, dennoch sollte man besser aufpassen, um nicht doch auf die Hörner genommen zu werden.*

Holzlatten und Sandsäcken verbarrikadiert sind. Neugierige lehnen sich in den Obergeschossen aus den Fenstern. Jemand weist den Touristen Plätze hinter einer Gartenmauer an. Es ist schon später Nachmittag, als ein lauter Böllerschuss erklingt. Der erste Stier wird freigelassen. Nicht ganz, denn sechs Hirten halten ihn mit einem langen, dicken Strick im Zaum. Das temperamentvolle Tier tobt durch die Straße, zieht seine Dompteure hinter sich her. Junge Dorfbewohner machen sich eine Gaudi daraus, den Stier mit Tüchern oder plötzlich aufgeklappten Regenschirmen zu reizen. Bevor sie auf die Hörner genommen werden, laufen sie davon. Manchmal wird es knapp. Im Hintergrund steht die Ambulanz bereit. Da hat der Stier die Touristen entdeckt. Neugierig schiebt er seinen massigen Kopf über die Mauer. Rasch reißen sie ihre Fotoapparate und Smartphones zurück.

Doch das Tier hat schon das Interesse verloren, hat jetzt offenbar eher Lust, auf seine Weide zurückzukehren. Also ab mit ihm in den Wagen. Wieder ein Böllerschuss, der nächste Stier ist an der Reihe. Müde schleicht er durch die Straße, lässt sich auch durch Anfeuerungen nicht zu hitzigerem Verhalten bewegen. Enttäuschung macht sich breit. Noch zwei Stiere werden durch die Straße getrieben, einer davon bringt die Menge noch einmal so richtig zum Kreischen. Nach zwei Stunden ist das Spektakel vorbei und die Touristen können sich endlich aus der Deckung hervorwagen. Interessant war's, unblutig ist es zum Glück für alle Beteiligten ausgegangen. ∎

# Erneuerbare Energien

**Corvo erprobt die Unabhängigkeit** — natürlich nicht politisch, sondern energetisch. Schritt für Schritt will die kleinste Azoreninsel ihre Elektrizitätserzeugung unabhängig von Erdölimporten machen.

Bis 2018 war sie neben Graciosa die einzige der neun Inseln, die noch keinen Strom aus Erneuerbaren ins Netz einspeisen konnte. Jetzt wird eine Photovoltaikanlage mit 300 Einheiten installiert. Ein erster Schritt für das Eiland, das sich wegen des oft zu starken Windes – der in der Spitze 250 Stundenkilometer übersteigen kann – schlecht für den Einsatz von Windrädern eignet.

Noch wird Strom auf dem gesamten Archipel überwiegend aus Erdöl erzeugt, die Erneuerbaren haben bislang einen Anteil von 37 %. Das bevölkerungsreiche São Miguel konnte aber dank der Geothermie schon 54 % erreichen. Bereits in naher Zukunft will die Azorenregierung insgesamt rund drei Fünftel des Stroms nachhaltig gewinnen, wobei den geplanten Müllverbrennungsanlagen auf São Miguel und Terceira eine bedeutende Rolle zukommen wird. Nicht nur die Umweltfreundlichkeit steht dabei für die Politik im Vordergrund, sondern auch die »Verminderung der Abhängigkeit von externen Faktoren«, wie Regional-präsident Vasco Cordeiro Ende 2017 gegenüber der Online-Zeitung »Diário de Notícias« betonte.

## Vulkan-Power

Am besten zur umweltfreundlichen Energiegewinnung eignet sich auf den Vulkaninseln die Erdwärme. Schon heute stammen rund 25 % des Azorenstroms aus geothermischen Kraftwerken, auf São Miguel sogar 40 %. Dort entstand in den 1980er-Jahren oberhalb von

### GEOTHERMIE LIVE  **G**

Die Besichtigung einer Erdwärmezentrale auf São Miguel steht eigentlich nicht auf dem üblichen touristischen Programm. Wer Interesse hat: Auf Anfrage ist eine solche eventuell über Geo Fun (Ponta Delgada, Avenida Infante Dom Henrique 71, T 296 09 26 70, www.geo-fun.com) möglich.

Ribeira Grande, wo schon in 500 m Tiefe Temperaturen von über 200 °C erreicht werden, die erste Central Geotérmica. In einem geschlossenen Kreislauf wird Wasser nach unten geleitet und treibt nach dem Wiederaufstieg als heißer Dampf eine Turbine an. Das kleine Kraftwerk ist bis heute in Betrieb. Ein größeres folgte in den 1990er-Jahren. Im November 2017 konnte nach langer Bauzeit endlich das Geothermie-Kraftwerk auf Terceira eingeweiht werden. Es hat vorerst eine Leistung von 3,5 Megawatt und soll damit ein Zehntel des Strombedarfs der Insel decken. Eine Verdreifachung der Leistung ist geplant.

**Ausgebremste Wasserkraft**

Hingegen liegt die Energiegewinnung aus dem Tidenhub inzwischen auf Eis. Das Gezeitenkraftwerk bei Cachorro, 1999 als eines der ersten in Europa eröffnet, sollte mit einer Leistung von 400 Kilowatt ein Zehntel des damaligen Strombedarfs von Pico liefern. »Doch die Anlage war nur kurz in Betrieb«, zitiert Beate Schümann den Wellenenergieexperten Frank Neumann (www.wissenschaft.de/ umwelt-natur/aus-wellen-werden-watt). Dieser behob ab 2007 im Auftrag der neuen Betreiberfirma Wave Energy Center (WavEC) die anfänglichen technischen Mängel. So konnte die Zentrale schließlich doch erfolgreich ans Netz gehen. Im Februar 2016 gab die WavEC allerdings bekannt, das Kraftwerk habe »seine Ziele als Pilotprojekt schon erfüllt«. Wenige Monate später wurde es stillgelegt. Zwar äußerte die Azorenregierung Interesse an einer Wiedereröffnung, doch ein heftiger Sturm am 18. April 2018 machte diese Pläne zunichte. Das bei dieser Gelegenheit von der Brandung stark zerstörte Gebäude wird jetzt demontiert. Die Anwohner werden sich freuen, denn die Anlage machte ordentlich Lärm. Neue Gezeitenenergieprojekte sind auf den Azoren im Moment nicht in Sicht.

Kraftfahrzeuge werden auf dem Archipel noch vorwiegend mit Benzin oder Diesel betrieben. Der nächste logische Schritt wäre also die forcierte Einführung von Elektrofahrzeugen. Zwar verkaufen sich diese von Jahr zu Jahr besser, allerdings sind die Stückzahlen insgesamt sehr gering. Eine Vorreiterrolle nehmen Behörden und Firmen ein, etwa die Autovermietungen Ilha Verde und Azores Easy Rent, die ihre Flotten gerade um Elektromobile erweitern. Und nicht zuletzt sind auch die Tuk-Tuks, die netten dreirädrigen Touristenkutschen in Ponta Delgada (s. S. 29), elektrisch angetrieben.

**Wie in guten alten Zeiten**

Derzeit existieren auf dem Archipel sieben Windparks und zwölf Wasserkraftwerke, letztere allerdings mit beschränkten Kapazitäten. Alles schon einmal dagewesen, möchte man meinen. Wassermühlen, die früher Getreide mahlten, sind auf São Miguel und Terceira allgegenwärtig. Heute dienen sie, ihrer ursprünglichen Funktion beraubt, als romantische Touristenattraktionen, beherbergen Cafés oder leiten Wasser in Badepools. Historische Windmühlen sind noch auf allen Inseln zu bewundern. Jede Insel hatte da sogar ihren eigenen Baustil entwickelt. Von einigen blieben nur Ruinen, andere wurden sorgfältig restauriert oder gar als originelle Unterkünfte hergerichtet. Eines aber hatten alle historischen Mühlen gemeinsam: Sie wandelten die Energie von Wasser und Wind noch nicht in Strom um, wie es die modernen Wasserkraftwerke und Windräder von heute tun. ∎

# Bauer sein ist eine Aufgabe

**Es lebe die Landwirtschaft** — auf den Azoren gibt sich die Agrarbranche traditionsbewusst. Was heute Geld und Exporterfolg bringt, hat seine Wurzeln im 18. oder 19. Jh.: Ananas, Tee, Wein und Milchprodukte. Alle diese Sparten florieren wieder dank steigender Nachfrage.

*Beim Feldbau kommen archaische Gerätschaften von anno dazumal zu Ehren. Viel größere Flächen widmen die Insellandwirte den Kühen, die das ganze Jahr über auf saftigen Weiden grasen dürfen.*

*Die Ananas ist klein, aber fein. Vielleicht schmeckt sie nirgendwo besser als hier? Vom Wein, dessen Reben sie hinter Lavasteinmäuerchen hegen, glauben das die Azoreaner sowieso.*

# Alles in Butter? Geflecktes Rindvieh ist der Azoren ganzer Stolz.

Tee wie in Indien. Mit einem Unterschied: Geerntet wird nicht mühselig von Hand, sondern mit der Heckenschere. So ist die Plantagenarbeit auch eher Männer- als Frauensache. Grüne Linien ziehen im Anbaugebiet im Norden São Miguels als geometrische Muster durch die Landschaft. Andernorts auf den Inseln streifen Rinderherden gemächlich über die Straßen. Wenn der Hirte mit seinem Stab Zeichen gibt, steht der Autoverkehr still. Aber wen sollte das stören? Auf den Azoren haben die Menschen noch Zeit, die Uhren gehen hier anders.

# Mehr Naturschutz wagen

**Unheilvolle Wolfsmilch und Azoren-Gimpel** — zwei Beispiele für Pflanzen und Tiere, die nur auf den Inseln und sonst nirgendwo sonst auf der Welt zu finden sind. Jetzt wird ihr Schutz vorangetrieben.

Zunächst einmal fallen aber die dunkelgrünen Nadelwälder auf. Hier wächst die Kryptomerie, auch Japanische Sicheltanne genannt, ein exotischer Forstbaum, den die Ökologen gar nicht mögen. Denn in seinem finsteren Schatten gedeihen weder einheimische Büsche und Kräuter noch wollen sich Tiere darin ansiedeln. Immerhin machen die Kryptomerienforste etwa die Hälfte der verbliebenen Waldfläche aus, die ohnehin nur 10 % der Gesamtfläche der Inseln beträgt. Doch es tut sich etwas. Auf São Miguel ist die Forstverwaltung bemüht, abgeholzte Kryptomerien durch einheimische, besser dem Standort angepasste Pflanzenarten zu ersetzen. In einer Baumschule bei Furnas werden sie herangezogen.

## Wald der Aromen

Aber welche sind das? In erster Linie der Azoren-Lorbeer, namengebend für den ursprünglich heimischen, immergrünen Lorbeerwald (port. *laurisilva*). Hinzu treten Kurzblättriger Wacholder, Lorbeer-Schneeball, Walzenförmiger Heidelbeerbaum und Azoren-Stechpalme. Meist bilden sie weniger einen ›Wald‹ als vielmehr ein Gebüsch. Die Würzkraft des Azoren-Lorbeers ist übrigens durchaus bescheiden, weshalb die Azorianer den ganz normalen Gewürzlorbeer im Supermarkt kaufen. Die Beeren des Kurzblättrigen Wacholders gelten gar als giftig. Und die Früchte des Heidelbeerbaums sind vielen Locals gar nicht als essbar bekannt. Erst neuerdings kommen Rezepte für Heidelbeermarmelade in Mode und man zieht im Frühherbst los, um die süßen Beeren zu sammeln.

## Verdrängungswettbewerb

Vielerorts musste der Lorbeerwald Weideflächen weichen. Die verbliebenen Flächen stehen heute unter Schutz. Zu diesem Zweck schuf die Azorenregierung auf jeder Insel einen Naturpark. Die Strategie heißt Wiederaufforstung.

Die Lorbeer-Wacholder-Vegetation gedeiht auf den Azoren ungefähr zwischen der 400-m-Höhenlinie und den höchsten Gipfeln, die kaum über 1000 m aufragen. Ausschließlich auf Pico wächst an den Flanken des dortigen Vulkans in 1500–2000 m Höhe eine Gebirgsflora, die an mitteleuropäische Heidelandschaften erinnert. Auf anderen Inseln ist sie hier und da auch in der Lorbeerwaldzone zu finden – an Stellen mit trockenem Mikroklima und kargen Böden, beispielsweise an den Furnas do Enxofre auf Terceira.

Während die Azoren-Baumheide im Gebirge ein Zwergstrauch bleibt, wächst sie in der milden Küstenzone zu Baumgröße heran. Gemeinsam mit der Wachsmyrte (auch Gagelbaum genannt) bildete sie dort früher so etwas wie eine Macchie. In jüngerer Zeit wurde sie aber immer mehr vom krausblättrigen Klebsamen (*Pittosporum undulatum*) verdrängt, einem im 18. Jh. aus Australien eingeführten Strauch, der als Windschutz um Orangenplantagen gepflanzt wurde und später verwilderte. Er ist durch seine gewellten Blätter und orangegelbe, klebrige – übrigens ungenießbare (!) – Früchte zu erkennen.

## Ein wahres Raritätenkabinett

Knapp 60 der insgesamt 800 Arten von Blütenpflanzen und Farnen der ursprünglichen Azorenflora sind endemisch, kommen also nur innerhalb des Archipels vor. Von diesen sind fast die Hälfte selten oder gar vom Aussterben bedroht, etwa die attraktive Azoren-Glockenblume mit ihren weißen bis rosafarbenen Blüten, die von Mai bis Oktober erscheinen. Sie ist ein salzverträglicher Zwergstrauch, der an Küstenfelsen gedeiht, vor allem auf Pico, São Jorge, Flores und Corvo.

Lange vermuteten die Botaniker, der Mensch hätte den Drachenbaum von den Kanarischen Inseln oder Madeira auf die Azoren gebracht. Inzwischen wurden jedoch ein paar natürliche Standorte an steilen, nahezu unzugänglichen Felswänden gefunden, so an der Südseite von São Jorge. In Parks und Gärten kultivierte, imposante Exemplare sind in Horta im Jardim Florêncio Terra und auf Pico beim Museu do Vinho in Madalena zu bewundern.

Eine außerordentlich rare, endemische Pflanze des Lorbeerwaldes ist die Unheilvolle Wolfsmilch (*Euphorbia stygiana*), die z. B. noch an der Lagoa do Fogo (São Miguel), in der Caldeira von Faial und im Hochland von Pico vorkommt. Sie wächst zu kräftigen, bis zu 5 m hohen Sträuchern heran. Von einer kleineren, auf Santa Maria beschränkten Unterart gedeihen noch 50 Exemplare bei São Lourenço.

## Ein blaues Wunder erleben

Wunderschöne Hortensien hüllen die Azoren ab Ende Juni in ein blaues Blütenkleid. Hinzu kommen orangerote Montbretien und die ganze Farbpalette des Gartenhibiskus. Kleine rosa Rosen setzen Akzente. Im September wer-

---

**BIRDING** **B**

Auf den Azoren wird die Vogelbeobachtung immer beliebter. Die portugiesische Gesellschaft für Vogelkunde (SPEA) bietet auf São Miguel Exkursionen an, um den Azoren-Gimpel zu beobachten, und der gut Deutsch sprechende Niederländer Gerbrand »Gerby« Michielsen (www.gerbybirding.com) führt ornithologische Ausflüge durch. Er legt gerade am blauen See von Sete Cidades ein Vogelhabitat mit künstlicher Insel und Beobachtungsplattform an. Auf Faial offeriert das Team von Naturalist (www.naturalist.pt) geführtes Birdwatching. Wer auf eigene Faust losziehen möchte, findet unter www.birdingazores.com (engl.) ausführliche Hinweise auf Beobachtungsplätze und zu erwartende Arten.

*Die Unheilvolle Wolfsmilch sieht gar nicht so bedrohlich aus, wie ihr Name vorgibt.*

den sie von den goldgelben Ähren der Schmetterlingsblume abgelöst. Ob diese als unerwünschtes Unkraut anzusehen ist, darüber gehen die Meinungen stark auseinander. Ihre Blüte zählt jedenfalls zu den reizvollsten Anblicken auf den Azoren. Ihr folgt im Oktober die kräftig rosa gefärbte Belladonna-Lilie, eine Amaryllis. Im Februar fängt die Blühsaison dann mit Kamelien wieder an, gefolgt von Azaleen und Rhododendren von März bis Mai. Alle diese Pflanzen wurden von Gartenfreunden aus anderen Kontinenten auf die Azoren gebracht, säumen heute überall Wege und Straßen, zieren Parks und sogar Wälder.

## Kleine Flieger ganz groß

Während die Meeresfauna mit Walen, Delfinen, Schildkröten und Seevögeln in großer Zahl aufwartet, nimmt sich die Tierwelt an Land auf den ersten Blick eher bescheiden aus, sieht man einmal von Rindern und anderen Nutztieren ab. Die einzige von Natur aus vertretene Säugetierart ist der nur 6 cm lange, endemische Azoren-Abendsegler. Er ist vorwiegend bei Sonnenuntergang und in der Zeit danach auf Insektenjagd unterwegs. Wegen rückläufiger Bestände gilt er als gefährdet.

Bei Furnas auf São Miguel ist er aber noch recht häufig zu sehen – so etwa auf dem Wanderweg zum Pico do Ferro oder sogar im Parque Terra Nostra, wo die Tiere oft zu Dutzenden in großen Bäumen hängen.

Dagegen gibt es eine Reihe von Vogelarten, allen voran den Mäusebussard. Die Entdeckungsfahrer hielten ihn für einen Habicht (port. *açor*) und benannten den Archipel nach ihm. Allerdings sind die Zeiten, als er große Schwärme bildete, vorbei. Über dem Rand der Caldeira von Faial dreht er noch relativ häufig seine Kreise. Noch gefährdeter ist der Azoren-Gimpel. Er lebt nur auf São Miguel. In dem entlegenen Bergmassiv des Pico da Vara findet er die Nahrung, die er benötigt: Knospen und Beeren einheimischer Baumarten. Sein Bestand umfasste zwischenzeitlich nur noch 400 Exemplare, jetzt sollen es dank strenger Schutzmaßnahmen wieder um die 1500 sein.

Ein Exot ist der rotköpfige Wellenastrild, ein Prachtfink, der irgendwann in den letzten Jahrzehnten aus Afrika eingewandert ist. Im Großen und Ganzen bevölkern jedoch Vögel die Inseln, die ihren mitteleuropäischen Verwandten recht ähnlich sehen und direkt von ihnen abstammen: Azoren-Amsel, Azoren-Buchfink, Azoren-Ringeltaube. Auch sie ernähren sich von den Früchten der Bäume und Sträucher. Im Verdauungstrakt der Vögel, die einst, wohl vom Wind getrieben, den Atlantik überquerten, gelangten die Pflanzensamen überhaupt erst auf die Inseln. Auch heute kommen immer noch neue Arten an und können sich für kürzere oder längere Zeit etablieren. So entdeckte der Vogelkenner Gerbrand Michielsen (s. Kasten links) Ende Februar 2018 erstmalig den Erlenzeisig auf São Miguel. »Bingo!!!! New species in Gerbyland«, schrieb er begeistert auf seiner Facebook-Seite. ∎

# Aus der Not heraus

**Abschied für lange Zeit** — bedeutete die Auswanderung in der Vergangheit für viele Azorianer. Sie verließen die Heimatinseln, auf denen sie keine Zukunft sahen, in Richtung USA oder Kanada.

Emigration gab es auf den Azoren schon im 16. Jh., wie der berühmte Chronist Gaspar Frutuoso notierte. Im 18. Jh. nahm dieses Phänomen drastisch zu. Vulkanausbrüche waren die Auslöser, aber auch Veränderungen der Sozialstruktur. Viele der *jornaleiros* (Tagelöhner) suchten ihr Heil in der Auswanderung nach Brasilien.

## Aller Anfang ist schwer

Erst im 19. Jh. wurde es populär, in die USA zu emigrieren – nach Hawaii, Kalifornien und in die Neuengland-Staaten. Kontakte zu amerikanischen Walfängern, die damals rund um die Azoren jagten und ihre Mannschaften auf den Inseln aufstockten, trugen viel dazu bei. Mancher blieb gleich an Bord, um mit in die Neue Welt zu fahren. Andere versteckten sich in den Laderäumen von Handelsschiffen, denn meist fehlte das Geld für eine offizielle Schiffspassage.

Ein Großteil der Auswanderungen fand erst im 20. Jh. statt. Allein zwischen 1970 und 1980 verließen rund 60 000 Azorianer, 20 % der damaligen Bevölkerung, die Inseln in Richtung USA oder Kanada. Meist waren es junge Männer, die zunächst als Arbeiter in Industrie, Bergbau, Landwirtschaft oder Eisenbahnbau Fuß fassten, bevor sie eine Braut von den Azoren nachholten, so wie es ihre Familien von ihnen erwarteten.

*Auch US-Präsidenten waren schon da: Nixon (rechts) in Angra do Heroísmo*

## Die zweite Generation

Unter den Kindern der Auswanderer finden sich Gewinner und Verlierer. Zu Ersteren zählt ohne Zweifel Nelly Furtado. Die Popsängerin feierte seit Beginn des Jahrtausends eine Reihe internationaler Erfolge, insbesondere mit ihrem 2006 erschienenen Album »Loose«. Ihre Eltern waren in den 1960er-Jahren von São Miguel nach Kanada ausgewandert, wo sie 1978 geboren wurde. Den ersten öffentlichen Auftritt hatte sie als Kind in einer Kirche, im Duett mit ihrer Mutter am portugiesischen Nationalfeiertag. Als Teenager wirkte sie in der Blasmusikkapelle der Emigrantengemeinde mit. Sie ist stolz auf ihre Wurzeln und betont immer wieder, wie sie aus ihrer Herkunft Kraft für die Karriere geschöpft hat. Ihr Werk wurde nicht unwesentlich durch die portugiesische Gesangsform Fado und die azorianische Folklore beeinflusst. Nachdem es einige Jahre recht still um sie geworden war, feierte sie 2017 ein Comeback mit ihrem sechsten Album »The Ride«.

# Heimatbande

Auch wenn ein Heimatbesuch allenfalls im Abstand von mehreren Jahren erschwinglich war, pflegten die Emigranten in Amerika sehr intensiv ihre Kultur und schickten ihren Familienangehörigen regelmäßig Geld. Diese Überweisungen sollen im 20. Jh. lange die wichtigste Einnahmequelle der Azorianer gewesen sein, vor ihren eigenen Einkommen.

In Amerika leben heute weit mehr Azorianer als auf den Inseln selbst, nämlich rund 1 Mio., die dort geborenen Nachkommen mitgezählt. Ab Anfang der 1980er-Jahre war eine wachsende Zahl von Rückkehrern zu verzeichnen. Diese brachten ihr jahrzehntelang vom Munde abgespartes Geld mit und machten sich damit selbstständig. Restaurants, Pensionen, Taxiunternehmen und kleine Supermärkte befinden sich häufig in der Hand von Heimkehrern. Nicht selten machen sie ihren Gewinn fast ausschließlich im August, wenn die in Amerika verbliebenen Emigranten ihren traditionellen Sommerurlaub in der azorianischen Heimat verbringen.

Bis 1990 verließen jedes Jahr mehrere Tausend Azorianer ihre Heimat. Danach nahm die Auswanderung nach Übersee drastisch ab und ist praktisch zum Stillstand gekommen. Die USA und Kanada lassen so gut wie keine Immigranten mehr ins Land. Nur nach Bermuda gehen noch ein paar Dutzend Menschen pro Jahr mit befristeten Arbeitsverträgen. »Die Emigration hat sich stark verändert«, erklärte der portugiesische Botschafter in Washington, Domingos Fezas Vital, 2018 in einem Interview mit der Online-Zeitung DN. »Wir haben heute viele junge Leute, die zum Forschen in akademischen Institutionen und Labors kommen.« Und er betonte auch, dass die Azoren nach wie vor ein wichtiges Bindeglied zwischen Portugal und den USA sind.

Parallel zu dieser Entwicklung haben sich auf den Azoren nach dem EU-Beitritt Portugals 1986 mit dem darauf folgenden Aufschwung neue Beschäftigungsmöglichkeiten ergeben. Nach einer vorübergehenden Krise zwischen 2007 und 2014 geht es nun wieder bergauf. Heute betrachten viele Azorianer ihre ausgewanderten Verwandten in Amerika eher mitleidig, weil es denen jetzt oft schlechter geht als den Daheimgebliebenen. Qualifizierte junge Menschen kehren nach dem Studium auf dem Festland zurück, da sie die Sicherheit und Lebensqualität auf den Azoren, etwa die günstigen klimatischen Bedingungen, zu schätzen wissen. ∎

**MEHR ERFAHREN**

Auf São Miguel dokumentiert das Museu da Emigração Açoriana die Auswanderung von den Azoren (s. S. 47). Auch im persönlichen Kontakt mit zurückgekehrten oder auf den Azoren urlaubenden Emigranten erfährt man einiges. Die meisten sprechen gut Englisch und kommen gerne mit europäischen Touristen ins Gespräch. Viele ehemalige Emigranten gründeten auf den Azoren Restaurants, so der Amerika-Rückkehrer Frank, dessen Lokal Vista da Baía auf Faial schon Kult ist (s. S. 119).

# Künstlerische Avantgarde

**Terry Portugal Costa** — die gute Seele der azorianischen Kunstszene. Jedes Jahr organisiert er das Azores Fringe Festival, ein einwöchiges Mega-Ereignis, das sich über alle neun Inseln erstreckt.

Mit Schwerpunkt auf Pico allerdings. »Die Insel Pico ist unser Haus, die Azoren sind unser Garten und die Welt ist unser Publikum«, ist sein Motto. Mehrere Hundert einheimische und auswärtige Künstler aus den Sparten Musik, Film, Bildhauerei, Malerei, Tanz und Fotografie kommen zusammen, um sich auszutauschen und gemeinsam zu arbeiten. Für Besucher gibt es jede Menge Interessantes und Anregendes zu erleben. Warum das Festival Ende Mai bis Juni stattfindet? Damit auf den Azoren endlich mal auch außerhalb der Hochsaison etwas geboten wird, heißt es. Ganz nebenbei ist Terry Portugal Costa, der Theater, Tanz und Musik studiert hat, Art Director bei der Firma MiratecArts,

*Im Zentrum für zeitgenössische Kunst in Ribeira Grande faszinieren die wechselnden Ausstellungen und auch die avantgardistische Architektur. Aus einer ehemaligen Schnapsfabrik wurde eine Pilgerstätte für Kunstfreunde.*

## STILVOLLER KUNSTGENUSS

Für die moderne Kunst »indoor« ein paar Adressen auf São Miguel:

**Arquipélago – Centro de Artes Contemporâneas (CAC):** Extravagantes Zentrum für zeitgenössische Kunst in Ribeira Grande s. S. 47

**Centro Cultural de Caloura:** Privatsammlung des bekanntesten azorianischen Malers Tomaz Borba Vieira, s. S. 57

**Galeria Fonseca Machedo:** Erste Adresse unter den Kunstgalerien Ponta Delgadas, immer gut für interessante Entdeckungen (Rua Guilherme Poças Falcão 21, www.fonsecamachedo.com, Mo–Sa 14–19 Uhr).

**Arco 8 Azores:** Total angesagte Kombi aus Nachtclub und Kunstgalerie, in einem Hafenschuppen von Ponta Delgada, den der portugiesische Street-Art-Künstler Vhils mit zweien seiner Charakterköpfe verzierte (Av. Abel Ferim Coutinho, www.facebook.com/arco8azores, Fr/Sa 22–4 Uhr).

die weitere kulturelle Events auf Pico und anderswo ausrichtet. Und er zeichnet für die Public Art Route mit inzwischen 30 Street-Art-Objekten in Madalena verantwortlich (www.facebook.com/azoresfringefestival, www.mirateca.com).

Apropos Pico: Auf der ganzen Insel verteilen sich die Sorrisos de Pedra (»lächelnde Steine«) von Helena Amaral. Etwa im Stadtgarten von Madalena, in der Quinta das Rosas oder im Mistério de São João. Schon über 150 vulkanische Bomben – durch die Luft geschleuderte und zu Spindeln erstarrte Lavafetzen – verwandelte die Bildhauerin in sympathische Smilies. »Im Gesicht, im Blick, im Lächeln von jedem von uns explodieren die Emotionen«, schreibt sie auf ihrer Facebook-Seite (www.facebook.com/sorrisosdepedra).

## Mit dem Herzen dabei

Auf São Miguel ist Yves Decoster der große Star unter den Künstlern. Kaum ein Ort, in dem nicht seine erfrischenden Herzensbilder an Hauswänden und Mauern zu entdecken sind. Überall verbreiten sie gute Laune. Der seit 1988 auf der Insel ansässige Belgier begann mit seinen Wandmalereien vor einigen Jahren »just for fun«. Dann wollten immer mehr Haus- und Geschäftsbesitzer eines seiner Kunstwerke haben und er machte ein Erfolgsmodell daraus. War die Herzblume anfangs sein Hauptmotiv, entdecken jetzt auch immer mehr Tiere sein Herz. 365 Herzen will Yves auf São Miguel und nirgendwo sonst schaffen, eine Zahl, die zum Leidwesen seiner Fans bald erreicht sein dürfte (www.facebook.com/pavillon.vila). Allerdings verblasst die Wandkunst mit den Jahren. Dann benötigen die Werke ein Fresh-up oder sie vergehen (Kontakt möglich über yvesdeco@hotmail.com).

Von São Miguel nahm 2011 auch das Festival Walk & Talk seinen Ausgang. Querbeet durch alle Kunstgattungen bietet es Kreativen eine Plattform, verbindend ist die Auseinandersetzung mit Kultur und Natur der Azoren. So finden schon einmal Kryptomerienholz, Fischschuppen oder Azulejos aus Lagoa als Materialien Verwendung. 2016 wurde das Festival auf Terceira ausgeweitet. Rund 100 im Kontext des Events entstandene Street-Art-Werke – Wandbilder, Skulpturen, Installationen – verbinden beide Inseln inzwischen auf dem Circuito de Arte Pública (www.walktalkazores.org, Sao Miguel 14 Tage im Juli, Terceira 8 Tage Ende Sept./Anf. Okt.). ∎

# Das zählt

**Jahreszahlen gibt's im Geschichtskapitel satt** — Hier wollen wir den Azoren mal auf den Zahn fühlen, was es sonst noch an Erwähnenswertem aus der Statistik und anderem Zählenswertem gibt.

## 5

Stunden sollte der *cozido das furnas* mindestens im heißen Vulkanboden bei den Caldeiras garen. Sechs Stunden sind auch nicht verkehrt, damit der üppige Fleisch- und Gemüseeintopf seine charakteristische Note erhält. Für die Variante mit *bacalhau* (Stockfisch) genügen drei bis vier Stunden.

## 12

Kilogramm Gewicht bringt ein Käse von São Jorge maximal auf die Waage, mindestens sind es 7 kg. Natürlich müssen Sie keinen kompletten Laib als Souvenir mit nach Hause nehmen. Es gibt den Queijo São Jorge auch in handlichen Stücken, transportsicher eingeschweißt, zu kaufen.

## 50

Tonnen Tee produzieren die beiden verbliebenen Teeplantagen auf São Miguel heute noch. Anfang des 20. Jh. kam allein Chá Gorreana auf 700 Tonnen. Im internationalen Vergleich ist das so oder so nicht mehr als ein Tropfen auf dem heißen Stein. Weltweit wurden laut Statistik der FAO 2016 fast 6 Mio. Tonnen Tee geerntet.

## 988

mm Niederschlag werden in Ponta Delgada pro Jahr verzeichnet. In Santa Cruz das Flores fallen hingegen 1413 mm Jahresniederschlag. Zum Vergleich: In Deutschland sind es im Mittel rund 850 mm.

## 165

Kreuzfahrtschiffe legten 2017 in den Häfen der Azoren an. Diese Form des Tourismus verzeichnete zuletzt enorme Zuwachsraten. Den größten Anteil daran hat der deutschsprachige Markt. So konnte etwa die Reederei AIDA die Zahl der Aufenthalte zwischen 2014 und 2017 von zwei auf 20 verzehnfachen.

## 215

Stierkämpfe am Strick wurden auf Terceira 2017 veranstaltet. Auf anderen Inseln finden diese Spektakel nur vereinzelt statt. Während es Stimmen aus der Politik gibt, die die *tourada à corda* auf die Liste der immateriellen Kulturgüter der Unesco hieven möchten, halten andere das nicht ungefährliche Spektakel für unzeitgemäß.

# 400

der seltenen Azoren-Gimpel lebten nur noch im äußersten Osten von São Miguel. Farmer, denen nicht passte, dass sie an Orangen-blüten knabberten, hatten ihnen ebenso zu schaffen gemacht wie Raritätensammler. Etwa ein Österreicher, der 1903 innerhalb von nur zwei Monaten 53 dieser Vögel fing. Jetzt ist der Bestand wieder auf rund 1500 Exemplare gestiegen.

# 3.000

Pflanzenarten soll ›Orangenbaron‹ José do Canto im 19. Jh. für seinen Park in Ponta Delgada gesammelt haben. Während er zunächst Ableger und Stecklinge aus den Kew Gardens bei London bezog, erhielt er bald Besuch von einigen europäischen Gartendirektoren, die ihrerseits auf der Suche nach Raritäten waren.

# 60.000

Azorianer wanderten allein zwischen 1970 und 1980 in die USA oder nach Kanada aus. Das entsprach 20 Prozent der damaligen Inselbevölkerung. Die Verbindungen nach Hause blieben aber immer eng. Viele Emigranten kehren im Alter zurück oder verbringen zumindest ihren Sommerurlaub in der Heimat.

# 8

Millionen Jahre hat Santa Maria, die älteste der Azoreninseln, nun schon auf dem Buckel. Vulkanisch aktiv ist sie allerdings schon lange nicht mehr. Hingegen kam es auf São Miguel und den Inseln der Mittelgruppe auch in historischer Zeit immer wieder zu Eruptionen, zuletzt zwischen den Jahren 1998 und 2001 vor der Westküste Terceiras.

# 246.746

Einwohner hatten die Azoren beim letzten Zensus 2011. Gleichzeitig wurden rund 249000 Rinder gezählt. Es ist also kein Scherz, wenn die Azorianer grinsend erzählen, es gäbe auf den Inseln mehr Rindviecher als Menschen. Zum Vergleich: In Deutschland kommen 6,5 Einwohner auf ein Rind.

# 11.000

Pottwale soll es im gesamten Nordatlantik geben. Wieviele davon sich regelmäßig bei den Azoren aufhalten, ist unbekannt. Zählungen sind mit großen Unsicherheiten behaftet. Jedenfalls ist bei rund 65 Prozent der Whalewatching-Ausfahrten mit Pottwalsichtungen zu rechnen.

# 2.351

Meter hoch ist die Montanha do Pico, höchster Berg der Azoren und ganz Portugals. Auf dem portugiesischem Festland folgt mit gebührendem, respektvollem Abstand der Torre (1993 m) – eine eher flache, unspektakuläre Kuppe in der Serra da Estrela.

Im Walmuseum von Lajes do Pico zeigt ein Gemälde von 1841 die Boote vor der Insel Pico mit dem Vulkan im Hintergrund.

# Reise durch Zeit & Raum

**Ein Irrtum mit Folgen** — Mäusebussarde kreisten über den Inseln, als die ersten Siedler landeten. Sie hielten sie für *açores*, Habichte, und hatten so auf Anhieb einen Namen für den Archipel gefunden.

## Die Entdeckungsfahrer
*1345–1493*

Eine portugiesische Atlantikexpedition fährt 1345 an den Azoren vorbei. Sechs Jahre später taucht der Archipel auf einer italienischen Seekarte auf. Doch die ›offizielle‹ Entdeckung erfolgt erst 1427, als Diego de Silves die Inseln der Ost- und Mittelgruppe sichtet. An Land geht er nicht. Das bleibt Gonçalo Velho Cabral vorbehalten, der 1432 Santa Maria und São Miguel für Portugal in Besitz nimmt. 1439 bringt er die ersten Siedler nach Santa Maria und 1444 auch nach São Miguel. Auf Terceira lassen sich 1451 die ersten Menschen dauerhaft nieder, bis 1470 werden auch die anderen Inseln kolonisiert. Christoph Kolumbus ankert auf der Rückkehr von Amerika 1493 in der Bucht von Anjos auf Santa Maria, um Wasser und Proviant an Bord zu nehmen. Dort wird er nicht eben freundlich empfangen, da er für die spanische Konkurrenz unterwegs ist.
*Zum Anschauen:*
*Ermida dos Anjos, s. S. 90*

## Schicksalhafter Städtezwist
*1499–1546*

Hauptstadt von São Miguel war zunächst Vila Franca do Campo, die dortige Michaelskirche fungierte als Hauptkirche der Insel. Dort mussten die Bewohner von Ponta Delgada an der Fronleichnamprozession teilnehmen, eine Unterwerfungsgeste, die ihnen nicht mehr passte, als ihr zunächst bescheidenes Fischerdorf dank seines sicheren Naturhafens an Bedeutung gewann. Aus nichtigem Grund kam es dann bei einem solchen Anlass zum Streit. Es gab Verwundete und die Prozession musste abgebrochen werden. Zurück in Ponta Delgada, beschlossen die Dorfvorsteher, heimlich einen Boten nach Lissabon zu schicken, um die Stadtrechte zu erbitten. Diese verlieh ihnen König Manuel I. tatsächlich 1499. Das Erdbeben von 1522, das in Vila Franca verheerende Schäden anrichtete, besiegelte das Schicksal der beiden Städte. 1546 erhob König João III. Ponta Delgada zum neuen Hauptort von São Miguel.
*Zum Anschauen:*
*Igreja de São Miguel, s. S. 60*

## Immer im Mittelpunkt
*1495–1588*

König Manuel I., der 1495 den portugiesischen Thron besteigt, lässt wichtige Seewege nach Amerika und Asien erschließen. Die Azoren entwickeln sich

zur Drehscheibe im Atlantik. Angra auf Terceira wird Bischofssitz und bald auch Haupthafen der Azoren. Glanzvoll wird die Stadt im Renaissance-Stil ausgebaut. Ab 1580 herrscht König Philipp II. von Spanien auch über Portugal. Auf den Azoren gibt es zunächst heftigen Widerstand. Die Bewohner von Terceira schlagen in der Baía da Salga zehn spanische Kriegsschiffe mittels einer Stierherde erfolgreich in die Flucht. Erst 1583 erobert Spanien die Inseln vollständig. In Angra und anderen Hafenstädten machen nun spanische Galeonen, auf dem Rückweg von Amerika mit Gold und Silber beladen, Station. Doch nach dem Untergang der Armada 1588 schwindet die spanische Macht. Angriffe englischer Korsaren auf die Azorenhäfen häufen sich und erfordern den Bau mächtiger Verteidigungsanlagen.
*Zum Anschauen:*
*Castelo de São João Baptista, s. S. 183*

## Heldenhafte Taten
*1640–1837*

Der portugiesische Adel ernennt 1640 einen neuen König aus seinen Reihen. Zwei Jahre später werden die Spanier auch von den Azoren vertrieben. Die Inseln erwachen aber nur langsam aus ihrem jahrzehntelangen Dornröschenschlaf. Erst als von Terceira der Miguelistenkrieg ausgeht, treten sie wieder ins Licht der Weltgeschichte. Pedro IV., rechtmäßiger Thronerbe in Portugal, dankt 1826 zugunsten seiner Tochter Maria II. ab, um stattdessen über Brasilien zu herrschen. Stattdessen ergreift in Lissabon sein jüngerer Bruder Miguel die Macht. Pedro versammelt im Gouverneurspalast von Angra seine Anhänger um sich und setzt 1832 nach Portugal über, um Miguel zu vertreiben und den Thron für seine Tochter zurückzugewinnen. Maria II. verleiht der Stadt Angra deshalb 1837 den Titel ›do Heroísmo‹ (des Heldenmuts).
*Zum Anschauen:*
*Palácio dos Capitães-Generais, s. S. 180*

## Ära der Orangenbarone
*1766–1864*

Die Feudalherren der einzelnen Inseln werden 1766 entmachtet. Stattdessen regiert jetzt ein Generalkapitän mit Sitz in Angra. Eine wirtschaftliche Belebung durch Export von Orangen nach Großbritannien ist die Folge. Die dadurch reich gewordenen Agrarunternehmer, die sogenannten ›Orangenbarone‹, errichten prächtige Landsitze mit exotischen Parks. Nach schweren Rückschlägen im Orangenanbau entdecken die Farmer 1864 auf São Miguel die Ananas als neues Exportprodukt.
*Zum Anschauen:*
*Jardim do Palácio de Sant'Ana, s. S. 23*

## Das große Pottwalschlachten
*1780–1984*

Seit 1780 befahren nordamerikanische Walfangschiffe immer öfter die Azorengewässer, in denen der Pottwal zahlreich vorkommt. Sie werben auch Seeleute auf den Inseln an. In Horta gründet der US-Konsul John Dabney eine erste walverarbeitende Fabrik. Ab den 1850er-Jahren entwickeln die Azorianer ihre eigene Form des handwerklichen Walfangs mit kleinen Booten. Der Zweite Weltkrieg, in dem Portugal neutral bleibt, ist ihre große Zeit, da internationale Konkurrenz wegfällt. Erst 1984 wird der Walfang offiziell beendet, nachdem die letzte Fabrik in São Roque do Pico ihre Pforten wegen Unrentabilität geschlossen hat.
*Zum Anschauen:*
*Museu da Indústria Baleeira, s. S. 142*

## Drehkreuz der Kabel
*1893–1969*

Zwischen Portugal und Faial wird 1893 ein erstes Seekabel verlegt. Horta entwickelt sich bald zu einer wichtigen Relaisstation für die transatlantische Nachrichtenübertragung und gewinnt ein kosmopolitisches

Flair. Je eine amerikanische, britische und deutsche Kabelgesellschaft sind in der Stadt vertreten. Nach dem Zweiten Weltkrieg werden die Transatlantikkabel allmählich überflüssig. Die letzte Kabelgesellschaft verabschiedet sich schließlich 1969 aus Horta.

*Zum Anschauen:*
*Trinity House, s. S. 106*

### Diktatur und Revolution
*1932–1976*

António Salazar errichtet 1932 eine diktatorische Herrschaft über Portugal. In dieser Zeit entsteht 1957/1958 auf Faial der jüngste Vulkan der Azoren. Mit der Nelkenrevolution endet die Diktatur 1974. Nach anfänglichen Schwierigkeiten stabilisiert sich die junge Demokratie. Eine Unabhängigkeitsbewegung auf den Azoren kann sich nicht durchsetzen. Vielmehr werden die Inseln 1976 autonome Region mit weitgehenden Selbstverwaltungsrechten, eigenem Präsidenten und Parlament.

*Zum Anschauen:*
*Vulcão dos Capelinhos, s. S. 116*

### Ära der Transatlantiksegler
*1950er-Jahre bis heute*

Erste Segler auf kleinen Jachten, die den Sprung über den Atlantik wagten, erscheinen in den 1950er-Jahren im Hafen von Horta und malen bunte Bilder an die Kaimauer. Ab 1986 wird die neue Marina von Horta zum Treffpunkt aller Segler, die den Archipel durchqueren. Absolutes Highlight aus Sicht der Azorianer ist die Einhand-Weltumsegelung von Genuíno Madruga. Am 6. Juni 2009 kehrt der von Pico stammende Segler nach zwei Jahren auf hoher See nach Lajes do Pico zurück. Einen Tag später wird er auf Faial im Clube Naval da Horta feierlich empfangen. Er betreibt heute ein Restaurant in Horta.

*Zum Anschauen:*
*Marina da Horta, s. S. 99*

### Europa und der Tourismus
*1986 bis heute*

Portugals Beitritt zur Europäischen Gemeinschaft (heute EU) im Jahre 1986 ist der Startschuss zur touristischen Entwicklung der Azoren. Die Inseln erhalten jetzt Fördermittel aus Brüssel zum Ausbau der Infrastruktur. Auf São Miguel und Terceira werden vierspurige Schnellstraßen gebaut, 2008 wird die neue Meeresfront von Ponta Delgada mit den Portas do Mar eingeweiht. Die Flugverbindungen sind ab 2015 erheblich ausgeweitet. Auch Kreuzfahrtschiffe laufen die Azoren immer öfter an, 2018 werden in Ponta Delgada bis zu vier dieser Ozeanriesen gleichzeitig gezählt. Der Tourismus boomt. Für 2019 werden wiederum Rekordzahlen erwartet.

*Zum Anschauen:*
*Portas do Mar, s. S. 17*

*Der Atlas Miller zeigt eine Karte der Azoren, die östliche Hälfte fehlt.*

# Azorianer oder Portugiesen?

**Das Verhältnis zu Portugal** — war immer speziell. Zwar sind die Azoren nicht so richtig eine Kolonie gewesen. Aber sie führten lange ein Aschenputteldasein, auch bedingt durch die weite Entfernung von Lissabon.

Die Unterschiede fangen schon bei der Sprache an. Portugiesen vom Festland tun sich oft schwer damit, die Azorianer zu verstehen. »Die machen den Mund beim Sprechen nicht auf«, heißt es. Wenn auch die Kontinentalportugiesen ansonsten oft nicht viel über die Azoren wissen, so ist doch der dortige Dialekt ein beliebtes Gesprächsthema und wird häufig nachgeäfft. Meist blendet das portugiesische Fernsehen sogar Untertitel ein, wenn jemand etwa von São Miguel interviewt wird. Selbst die Bewohner der anderen Inseln witzeln über die *são-miguelenses* und sagen, diese sprächen Japanisch. Dabei artikulieren sie nur jedes ›u‹ wie ein ›ü‹, einen Laut, den das Portugiesische eigentlich gar nicht kennt.

Diese Eigenart soll auf französische Kreuzfahrer zurückgehen, die auf dem Weg nach Jerusalem waren, dann aber auf São Miguel hängenblieben und dort den 1527 erstmals schriftlich erwähnten Ort Bretanha (›Bretagne‹) gründeten. Insbesondere in der dortigen Gegend, also im Nordwesten der Insel, hört man angeblich bis heute eine französische Sprachfärbung und Betonung heraus. Neuerdings wird der Dialekt von São Miguel, das *micaelense,* im Zeitraffertempo durch Standard-Portugiesisch verdrängt. Vor allem in Ponta Delgada ist das ›ü‹ immer seltener zu hören.

## Feudale Zeiten

Die Azoren wurden im 15. Jh. nach dem Kolonialprinzip erschlossen, das später auf Brasilien übertragen wurde. Dieses war strikt wirtschaftlich ausgerichtet. Der König ernannte Legatskapitäne (Statthalter) für die einzelnen Inseln, ein erbliches Amt, das mit dem Recht auf den Zehnten aus dem Exporterlös verbunden war. Im Gegenzug war der Statthalter für die Erschließung und Verteilung des Landes sowie für Sicherheit und Rechtsprechung verantwortlich. Verwandte und treue Gefolgsleute wurden mit Ländereien bedacht und pflanzten Zuckerrohr oder Färberwaid (*pastel*), eine Pflanze, die Indigoblau liefert. Für diesen wertvollen Naturfarbstoff wurde in Europa viel Geld bezahlt.

Zu Beginn fanden sich nur wenige portugiesische Bauern freiwillig bereit, auf die Azoren zu gehen. Denn für sie bedeutete es eine Reise ohne Wiederkehr – im Gegensatz zu den Feudalherren, die oft mehrere Monate im Jahr auf ihren Stammsitzen in Portugal verbrachten. So arbeiteten die Landgüter vor allem auf São Miguel mit afrikanischen Skla-

*Während des Zweiten Weltkriegs blieb Portugal neutral. Dennoch nutzten die Alliierten die Azoren ab 1943 als Stützpunkt.*

ven. Doch bald drohten Revolten und die Großgrundbesitzer gingen dazu über, *colonos* (Siedler) aus Portugal anzuwerben. Sie verpachteten ihnen Ackerland gegen die Hälfte des Gewinns. Diese ›Halbpacht‹ war für die Kolonien vorgesehen und in Portugal selbst nicht üblich. Als Rechtsform blieb sie auf den Azoren über die Jahrhunderte fast unverändert erhalten und überdauerte die Epoche des Orangen- und Weinexports (18./19. Jh.). In eingeschränkter Form bestand das Pachtsystem bis nach der Nelkenrevolution 1974 fort. Die verpachteten Parzellen waren meist winzig klein und konnten nicht auf mehrere Kinder aufgeteilt werden. So erbte der Älteste, die anderen mussten sich als Tagelöhner verdingen. Diese waren nur ein paar Monate im Jahr beschäftigt und hatten kaum ein Auskommen. Aus ihnen rekrutierten sich die meisten Amerika-Emigranten.

Erst Ende der 1970er-Jahre kam eine Gesetzesänderung, die es den Pächtern ermöglichte, das von ihnen bearbeitete Land zu kaufen. Günstige staatliche Kredite halfen dabei. Seither wird durch die vorherrschende Milch- und Fleischwirtschaft recht gut verdient, jedenfalls steht die Masse der Landwirte heute wesentlich besser da als jemals zuvor.

### Pro Amerika

Die engen Verbindungen der Bevölkerung zu Amerika durch die lange Emigrationsgeschichte legten es nahe, die Beziehungen zu den USA auch politisch zu intensivieren. Nach der Nelkenrevolution sah es vorübergehend so aus, als würden in Portugal sozialistisch-kommunistische Strömungen die Oberhand gewinnen. Als Gegenbewegung gründeten Azorianer am 8. April 1975 in London die Separatistenorganisation FLA, mit dem Ziel der Trennung des Archipels von Portugal und des Anschlusses an die USA. Obwohl die führenden Köpfe der Freiheitsbewegung nicht aus ihren Kreisen stammten, unterstützten auch die Großgrundbesitzer dieses Vorhaben, weil sie die Enteignung ihrer Ländereien durch eine Linksregierung in Lissabon befürchteten. Die FLA versuchte wiederholt, mit dem US-Außenministerium wegen einer Eingliederung zu verhandeln, wurde allerdings stets abgewiesen. So beschränkte sich ihr Handeln auf die Einschüchterung ihrer politischen Gegner und auf Protestaktionen in Lissabon.

Nach den ersten demokratischen Wahlen in Portugal 1975 sprachen sich in Lissabon nicht wenige Politiker für die Entlassung der Azoren in die Unabhängigkeit aus, nach dem Vorbild der westafrikanischen Inselgruppen Cabo Verde oder São Tomé. Schließlich setzten sich aber diejenigen Kräfte durch, die den Verbleib des Archipels im Staatsverbund befürworteten. Dabei spielte sicher eine Rolle, dass der ganz überwiegende Teil der Bevölkerung seine Wurzeln in Festlandportugal hat, auch wenn seit der Erstbesiedelung der Azoren Jahrhunderte vergangen sind.

### **A** AZOREANER ODER AZORIANER?

Seit der Rechtschreibreform von 2009, die erstmals gemeinsame Regeln für Portugal und Brasilien vorsieht, lautet die korrekte Bezeichnung für die Inselbewohner *açorianos*. Davor war *açoreanos* ebenfalls möglich und üblich, die Aussprache ist ohnehin identisch. Auch die deutsche Sprache kennt sowohl ›Azorianer‹ wie auch ›Azoreaner‹ bzw. ›Azorianerinnen‹ und ›Azoreanerinnen‹. Im Duden sind zwar die Azoren verzeichnet, nicht aber deren Bewohner. Eine offizielle Regelung gibt es im Deutschen also nicht. Beide Begriffe sind korrekt. Sogar Azorer wäre möglich und ist zuweilen zu finden. In diesem Buch heißt es ›Azorianer‹ und ›Azorianerinnen‹.

### Heute ganz entspannt

1976 erhielten die Azoren weitgehende Selbstverwaltungsrechte, inklusive eigenem Parlament und Präsident. Allgemeine Zufriedenheit herrschte deswegen anfangs noch nicht. Viele Azorianer empfanden die Institution des Ministers der Republik als koloniales Relikt. Als verlängerter Arm der Lissabonner Regierung auf den Inseln hatte er ein Vetorecht bei allen Entscheidungen der Azorenregierung. 2006 wurde er durch den weniger umstrittenen Repräsentanten der Republik ersetzt.

Inzwischen ist das Verhältnis zwischen den Azoren und dem portugiesischen Festland relativ relaxt. Dazu hat seit 1986 auch die EU beigetragen. Sie hat den Blick der Azorianer von Amerika weg Richtung Europa gelenkt. Die Azoren erhielten großzügige Fördermittel aus Brüssel, es entstanden Arbeitsplätze und eine moderne Infrastruktur. Und nicht zuletzt kommen auch die Touristen großenteils aus Europa. »Warum gibt es eigentlich einen Direktflug von Deutschland auf die Azoren«, fragt ein älterer Passagier, wohl ein Amerika-Emigrant, der irgendwie zufällig auf den Azores-Airlines-Flug von Frankfurt nach Ponta Delgada geraten ist. Freundlich erklärt ihm die Flugbegleiterin, dass diese Verbindung wegen der großen Nachfrage eingerichtet wurde. Eine jüngere Entwicklung, die azorianische Auswanderer, die jahrelang nicht auf den Inseln waren, in Erstaunen versetzt.

Politisch ticken die Azoren heute ähnlich wie das Festland. Hier wie dort wurde 2016 der parteilose Marcelo Rebelo de Sousa zum Staatspräsidenten gewählt. Bei den nationalen Parlamentswahlen setzte sich 2015 António Costa von der Sozialistischen Partei (PS) durch, bei den Regionalparlamentswahlen Ende 2016 auf den Azoren fuhr die PS mit 46,4 % ebenfalls eine deutliche Mehrheit ein und regiert mit 30 von 57 Sitzen. ∎

# Aus der Vulkanküche

**Der heiße Kessel aus Furnas** — ist nur eine von vielen Überraschungen, die die Köche für ihre Gäste bereithalten. Hauptrollen spielen Fisch, Weiderind, Käse und Ananas.

### ›Vulkanspeise‹

»Das ist unser Essen«, erkärt ein Tourguide. Vor den Augen seiner staunenden Gruppe ziehen Mitarbeiter des Restaurants Tony's einen riesigen Topf aus dem heißen Boden am Furnas-See. Der *cozido das Furnas* dürfte das ungewöhnlichste Gericht sein, das Sie auf den Azoren bestellen können. Im Thermalfeld neben brodelnden Quellen und blubberndem Schlamm über mehrere Stunden hinweg gegart, nimmt der reichhaltige Eintopf – gefühlt zumindest – einen ›Vulkangeschmack‹ an. Es gibt ihn in der gängigen Variante mit Fleisch oder – seltener bestellt – mit Stockfisch. Kartoffeln und Kohlgemüse sind bei beiden dabei. Der mit Fisch ist übrigens nicht wirklich fleischlos, denn er enthält reichlich Speck.

### Einst für die Armenspeisung

Mit großem Fleischanteil kommt auch die Heiliggeistspeise daher, das traditionell zur *festa do Espírito Santo* gereichte Rindfleischragout *alcatra*, das auf vielen Speisekarten steht. Auch zu Hause lässt es sich zubereiten – im von den Azoren mitgebrachten *alguidar* (Tonschüssel) oder ganz einfach im Römertopf. Hier ist das Rezept: Legen Sie für vier Personen den Boden der Form mit zwei bis drei klein geschnittenen Zwiebeln und zwei gehackten Knoblauchzehen aus. Darauf kommt eine ordentliche Portion Rindergulasch, das Sie mit Salz, drei Gewürznelken, einer Zimtstange, einer getrockneten, im Mörser zerstampften Chilischote (*malagueta*, vielleicht auch mitgebracht), einem Lorbeerblatt und etwas Tomatenpüree würzen. Darauf eine Handvoll Speckwürfel schichten. Mit Rotwein auffüllen, bis das Fleisch bedeckt ist, und zugedeckt bei 250 °C im Backofen zwei Stunden garen. Ganz wichtig: Anschließend über Nacht ruhen lassen und erst am nächsten Tag wieder

*Fladenbrot und Orangen: Manchmal reicht eine einfache Mahlzeit, um satt zu werden.*

aufwärmen und mit Salzkartoffeln servieren! Frei nach dem Motto, dass aufgewärmte Eintöpfe einfach besser schmecken. Warum das so ist, darüber hat sich der Physiker Thomas Vilgis Gedanken gemacht, der auf dem Gebiet der molekularen Lebensmittelwissenschaften forscht. »Aroma braucht Zeit«, erklärt er in einem Interview des SWR 1.

## Fisch gefällig?

Eine ganze Palette von Fischsorten wird auf Märkten und in Restaurants angeboten. Besonders häufig und – zugegeben – gar nicht schlecht ist der Gabeldorsch (*abrótea*). In Fischeintöpfen taucht gern der Meeraal (*congro*) auf. Thunfisch (*atum*) ist als Steak eine Delikatesse, die auf den Azoren gar nicht als solche angesehen wird, da er so allgegenwärtig ist. Aber Sie verpassen etwas, wenn Sie sich nicht den ganzen weiteren Fischen zuwenden, die Restaurantkellner so eifrig empfehlen: Wrackbarsch, Kaiserbarsch, Sackbrasse, Ringelbrasse, Degenfisch und Seeteufel, um nur einige aufzuzählen. Dagegen klingen die portugiesischen Namen *cherne*, *imperador*, *pargo*, *sargo*, *espada* und *tamboril* doch fast schon langweilig.

## Kleine Getränkekunde

Zum Frühstück trinken die Azorianer – auch im Hotel – eine Mischung aus Bohnen- und Getreidekaffee, der durch die Beimischung von Zichorienpulver recht bitter wird. Bei uns würde man ihn Muckefuck nennen. Wer ihn mag, kann ihn in riesigen Mengen genießen, denn er enthält ja kein Koffein. Bei den Einheimischen steht daher oft eine ganze Kanne auf dem Tisch. Einen ›richtigen‹ Kaffee genehmigen sich die Locals eher zwischendurch in einer Bar, wo er aus der Espressomaschine kommt. Außer dem eigentlichen Espresso (*café*) können Sie dort einen kleinen Milchkaffee in der Tasse *(meia de leite)*, einen großen Milchkaffee im Glas *(galão)* oder einen großen schwarzen Kaffee *(café americano)* bestellen. Schwarzer und grüner Tee wird zwar auf São Miguel produziert, dennoch suchen Sie ihn in Hotels und Lokalen oft vergeblich. Meist werden importierte Teebeutel verwendet. Allerdings kommen jetzt in den Städten Teestuben in Mode, die außer den einheimischen Sorten auch eine große Auswahl anderer Tees anbieten.

Ein typisches azorianisches Essen wird von Wein und Wasser begleitet, sowohl mittags als auch abends. Immer noch kommt Wein vorwiegend vom portugiesischen Festland. Dabei liefern die Regionen Pico, Graciosa und Biscoitos (Terceira) richtig edle Tropfen mit dem Qualitätssiegel VQPRD (Vinho de Qualidade Produzido em Região Demarcada). Vinho cheiro, »Duftwein«, ein herber Roter, wird vor allem auf São Miguel aus den sogenannten Amerikanerreben gewonnen – Hybriden nordamerikanischer Wildreben. Er ähnelt geschmacklich dem Brombeer- oder Kirschwein. Bier ist eher etwas für zwischendurch. Die Marken Especial (Pils) und Preta (Dunkelbier) werden von Melo Abreu in Ponta Delgada gebraut, die Firma stellt auch die populären Softdrinks Laranjada (Orangenlimonade) und Kima (Maracujalimonade) her. Die Etikette sieht vor, dass man nach dem Essen sofort die Rechnung verlangt, die Weinflasche eventuell sogar angebrochen stehen lässt. Für weitere Drinks am Abend wechseln die Einheimischen in eine Bar. ∎

## TYPISCH AZOREN

**Massa sovada:** ein süßes, mit Orangen- oder Zitronenschale gewürztes Brot. Zum Frühstück ein Genuss.

**Meeresschnecken:** Mit viel Knoblauch gegrillt kommen *lapas* als Vorspeise auf den Tisch.

**Suppen:** dürfen bei keinem Essen fehlen. Oft sind Kartoffeln die Basis, hinzu kommen Brunnenkresse *(agrião)* oder Gemüse *(legumes)*. Auch Fischsuppe *(sopa de peixe)* und Meeresfrüchtecreme *(creme de mariscos)* sind üblich.

**Stockfisch:** aus getrocknetem Kabeljau *(bacalhau)*. Einen Versuch wert, der Geschmack ist gewöhnungsbedürftig.

**Tintenfischragout:** Fast überall gibt es *guisado de polvo*, also in Wein geschmorten Kraken.

**Seafood-Eintöpfe:** Den Fischeintopf *caldeirada de peixe*, mit viel Koriander gewürzt, gibt es oft nur auf Bestellung. Von der Algarve übernommen wurde die *cataplana*, ein Fisch- und Meeresfrüchtegericht aus der großen Kupferpfanne.

**Queijadas:** winzige Käsekuchen, kommen aus Bäckereien in Vila Franca do Campo (São Miguel) und Praia (Graciosa).

**Ananas:** als Nachtisch quasi unentbehrlich. In Kombination mit Blutwurst auch Bestandteil der pikanten Spezialität *morcela con ananás*.

**Queijo São Jorge:** der Premium-Käse der Azoren, aus Rohmilch auf der gleichnamigen Insel produziert. Als Vorspeise oder zum Dessert.

**Queijo de Cabra:** Ziegenfrischkäse, einst Arme-Leute-Speise, heute Vorspeise in Restaurants mit der scharfen Würzsoße *piri-piri*.

*An dem namengebenden Vulkan kommt man auf Pico einfach nicht vorbei. Besonders schön ist er als Spiegelung in der Lagoa do Capitão.*

## DAS KLIMA IM BLICK **A**

Reisen bereichert und verbindet Menschen und Kulturen. Wer reist, erzeugt auch $CO_2$. Der Flugverkehr trägt mit einem Anteil von bis zu 10 % zur globalen Erwärmung bei. Wer das Klima schützen will, sollte sich für eine schonendere Reiseform (z. B. die Bahn) entscheiden – oder die Projekte von atmosfair unterstützen. Atmosfair ist eine gemeinnützige Klimaschutzorganisation. Die Idee: Flugpassagiere spenden einen kilometerabhängigen Beitrag für die von ihnen verursachten Emissionen und finanzieren damit Projekte in Entwicklungsländern, die dort den Ausstoß von Klimagasen verringern helfen. Dazu berechnet man mit dem Emissionsrechner auf www.atmosfair. de, wie viel $CO_2$ der Flug produziert und was es kostet, eine vergleichbare Menge Klimagase einzusparen (z. B. Berlin – London – Berlin 13 €). Atmosfair garantiert die sorgfältige Verwendung Ihres Beitrags.

**Susanne Lipps** gehört zu den unverbesserlichen Inselfans. So hat sie auch die Azoren bis in den letzten Winkel erkundet und als Reiseleiterin zahlreiche Wandergruppen durch den Archipel geführt. Immer gibt es Neues zu entdecken, an den von der Brandung umtosten Küsten, in den grünen Bergen und Schluchten im Inneren der Inseln, in den vulkanisch geprägten Mondlandschaften. Am Strand oder in einem netten Freiluftcafé nimmt die Autorin mehrerer DuMont-Reiseführer zu Portugal, Spanien und Cabo Verde gerne eine Auszeit.

**Abbildungsnachweis**
**Dronestagram,** Lyon (FR): S. 2/3 (Cclaus) **Jose Feliciano,** Pico (Azoren, PT): S: 123 M., 143, 198, 298/299 **Fotolia,** New York (USA): S. 210 M. (homydesign); 169 re. u. (Instantly); 14 re. (raquel); 14 li. (Filipe Samora); 97 re. u. (Sokolov); 149 re. u. (thecoach1); 15 re. u. (yurapk) **Getty Images,** München: S. 12/13, 240, 271 (Mauricio Abreu); 70 (AFP/Patricia de Melo Moreira); 181, 197, 262 (Jose A. Bernat Bacete); 288 (DEA/V. Gianella); Umschlagklappe vorn (EyeEm/Andrey Pysaryev) 52 (Gamma-Rapho/Bruno Perousse); 11, 252/253 (Handout/Romina Amato/Red Bull); 38 (Maya Karkalicheva); 67 (Harry Laub); 206 (Light Rocket/Wolfgang Kaehler); 41 (Look-foto/Hauke Dressler); 101 (Look-foto/Thomas Stankiewicz); 56 (myLoupe/Universal Images Group); 256 (Wolfgang Poelzer/WaterFrame); 254 (robertharding/Mark Harding); 109 (Frauke Scholz) **Huber-Images,** Garmisch-Partenkirchen: S. 221 (Günter Gräfenhain) **laif,** München: S. 133 (Johannes Arlt); 282 (Gamma-Rapho/Keystone-France); 123 re. o., 265 o. (hemis.fr/Reinhard Dirscherl); 77, 147, 213, 216, 234, 276 li. u. (hemis.fr/Franck Guiziou); 15 li., 69 (Frank Heuer); 8, 30, 224, 276 li. o., 277 u. (Andreas Hub); 295 (Ralf Kreuels); 137, 149 re. o., 205, 265 u., 276 re. (Karl-Heinz Raach); 125 (roberthading/Jean-Pierre De Mann); 97 M., 148 (roberthading/Ken Gillham) **Susanne Lipps,** Duisburg: S. 95, 121, 157, 167, 260, 284, 303 **Look,** München: S. 32 (Hauke Dressler); 80 (Franz Marc Frei); 162, 172, 192, 211 re., 227 (Thomas Stankiewicz) **Mauritius Images,** Mittenwald: S. 26 (Alamy/Mauricio Abreu); 291 (Alamy/ART Collection); 46, 58, 62, 64, 91 (Alamy/Gaspar Avila); 296 (Alamy/Michele und Tom Grimm); 268/269 (Alamy/Nuno Garuti); 114 (Alamy/Oliver Hoffmann); 33, 49, 230 (Alamy/Marshall Ikonography); 61 (Alamy/Murad RM); 97 re. o. (Alamy/NASA Image Collection); 233 (Alamy/Manuel Ribeiro); 6 (Alamy/Nicole Sánchez); 266 (Alamy/Kumar Sriskandan); 21 (Alamy/TNT Magazine Pixate Ltd); 293 (Alamy/War Archive); 22 (Alamy/Zoonar GmbH); 84, 92, 130, 149 li., 158, 183 (Walter Bibikow); 78 (Foto-Jost); 281 (Garden World Images/Kevin Howchin); 169 re. o. (imagebroker/Karol Kozlowski); 208/209 (imagebroker/Günter Lenz); 7 re. (imagebroker/Dirk Renckhoff); 277 o. (imagebroker/Robert Seitz); 75 (Masterfile RM/F. Lukasseck); 278/279 (nature picture library/Franco Banfi) **Khamis Nofal,** Köln: S. 50 **plainpicture,** Hamburg: Titelbild (Boris Schmalenberger) **Shutterstock.com,** Amsterdam (NL): S. 211 li. (ABBPhoto); 169 li. (Francesco Bonino); 168, 174 (Ana del Castillo); 123 re. u. (Dimedrol68); 15 re. o. (Karol Kozlowski); 122 (margostock); 96 (Pro Garten GmbH); 210 re. (sporto) **Thomas Stankiewicz,** München: S. 7 li., 17, 104, 127, 151, 165, 189, 191, 214 **Wikimedia Commons:** S. 229 (CC BY-SA 3.0/PHGCOM)

**Umschlagfotos**
Titelbild: Badende in einer Felsenbucht
Umschlagklappe vorn: Blick auf die Berghänge der Azoren

**Kartografie**
DuMont Reisekartografie, Fürstenfeldbruck
© DuMont Reiseverlag, Ostfildern

**Autorin:** Susanne Lipps  **Redaktion/Lektorat:** Sabine Zitzmann-Starz  **Bildredaktion:** Lucia Lehmann, Titelbild: Carmen Brunner  **Grafisches Konzept und Umschlaggestaltung:** zmyk, Oliver Griep und Jan Spading, Hamburg

**Hinweis:** Autorin und Verlag haben alle Informationen mit größtmöglicher Sorgfalt geprüft. Gleichwohl erfolgen alle Angaben ohne Gewähr. Bitte schreiben Sie uns! Über Ihre Rückmeldung und Ihre Verbesserungsvorschläge freuen wir uns: DuMont Reiseverlag, Postfach 3151, 73751 Ostfildern, info@dumontreise.de, www.dumontreise.de

1. Auflage 2019
© DuMont Reiseverlag, Ostfildern
Alle Rechte vorbehalten
Printed in Poland

# Offene Fragen*

**Warum kennen Touristen oft mehr Azoreninseln als die Azorianer selbst?**

**Wann findet auf den Azoren der nächste Vulkanausbruch statt?**

**Gibt es das Azorenhoch wirklich, und wenn ja, wo?**
*Seite 239*

**Wurde in der Lagoa do Fogo schon nach dem Ungeheuer Nessie gesucht?**

**Hätten die Bewohner von Santa Maria Kolumbus freundlicher empfangen, wenn sie gewusst hätten, dass er Amerika entdeckt hat?**
*Seite 90*

**Ist schon einmal ein Ufo auf dem Pico gelandet?**
*Seite 147*

**Wird die Brandung den Capelinhos in 50 Jahren verschluckt haben?**
*Seite 116*

**Sind die Thermen von Caldeiras heißer als eine gefüllte Badewanne?**
*Seite 51*

**Welche Vorteile hat das Leben auf Corvo?**
*Seite 226*

**Wurden Heiliggeistfeste erfunden, um den Frohsinn der Terceirenser in Bahnen zu lenken?**
*Seite 269*

**Interessieren sich Wale für Menschen?**

**Trifft der Spruch »Es gibt kein schlechtes Wetter, sondern nur falsch gekleidete Leute« ab einer bestimmten Regenmenge noch zu?**

*\* Fragen über Fragen – aber Ihre ist nicht dabei? Dann schreiben Sie an info@dumontreise.de. Über Anregungen für die nächste Ausgabe freuen wir uns.*